KB248866

표암

강세황

산문전집

지은이 강세황(姜世晃, 1712~1791)은 영·정조 시절에 주로 활동했던 문인이자 예술가이다. 본관은 진주(晋州), 자는 광지(光之)이다. 호는 첨재(添齋)·표옹(豹翁)·노죽(路竹)·산향재(山響齋)·표암(豹菴) 등 여럿이나 표암이 가장 잘 알려져 있다. 시호는 헌정(憲靖)이다. 문학, 서예, 그림 등 모든 분야에서 고루 뛰어난 능력을 지녀 영·정조 당시에 '시서화(詩書畵) 삼절(三節)'이라고 칭송을 받았던 인물이다. 그가 글씨나 그림을 보고 남긴 평은 당대 예술계의 기준이 될 정도였다.

옮긴이 박동욱(朴東昱, Pak, Dong Uk)은 1970년 서울 출생으로 한양대 국문과를 졸업하고 성균관대에서 박사학위를 받았다. 한서대 부설 동양고전연구소 연구위원으로 있으며, 현재 한양대 국문과 강의전담교수이다. 일평 조남권 선생님께 삶과 한문을 배우고 있다. 2001년 『라쁠륨』 가을호에 현대시로 등단하였다. 저서로는 『혜환 이용휴 시전집』(공역), 『살아있는 한자교과서』(공저), 『19세기 조선 지식인의 생각 창고』(공역), 『혜환 이용휴 산문전집』(공역) 등이 있다.

옮긴이 서신혜(徐信惠, Seo, Shin-hye)는 월출산 기슭에서 태어나 자랐다. 한양대 국문과를 졸업하고 같은 대학원에서 박사학위를 받았으며, 민족문화추진회 국역연수원을 수료하였다. 현재 모교에서 고전 서사를 가르친다. 『열녀 향랑을 말하다』 등 여러 권의 저서를 썼다. 최근에는 옛 음악인들의 삶을 통해 오늘을 생각해 본 책 『열정』, 묘향산에 관한 문화역사적 사연을 엮은 『오천년 역사 묘향에 오르다』(공저)를 썼다.

표암 강세황 산문전집

2008년 5월 25일 1판 1쇄 발행
2009년 9월 20일 1판 2쇄 발행

지은이 _ 강세황
옮긴이 _ 박동욱·서신혜
펴낸이 _ 박성모
펴낸곳 _ 소명출판
등록 _ 제13-522호
주소 _ 137-878 서울시 서초구 서초동 1621-18 (란빌딩 1층)
대표전화 _ (02) 585-7840
팩시밀리 _ (02) 585-7848

somyong@korea.com | www.somyong.co.kr

값 20,000원
ISBN 978-89-5626-302-1 93810

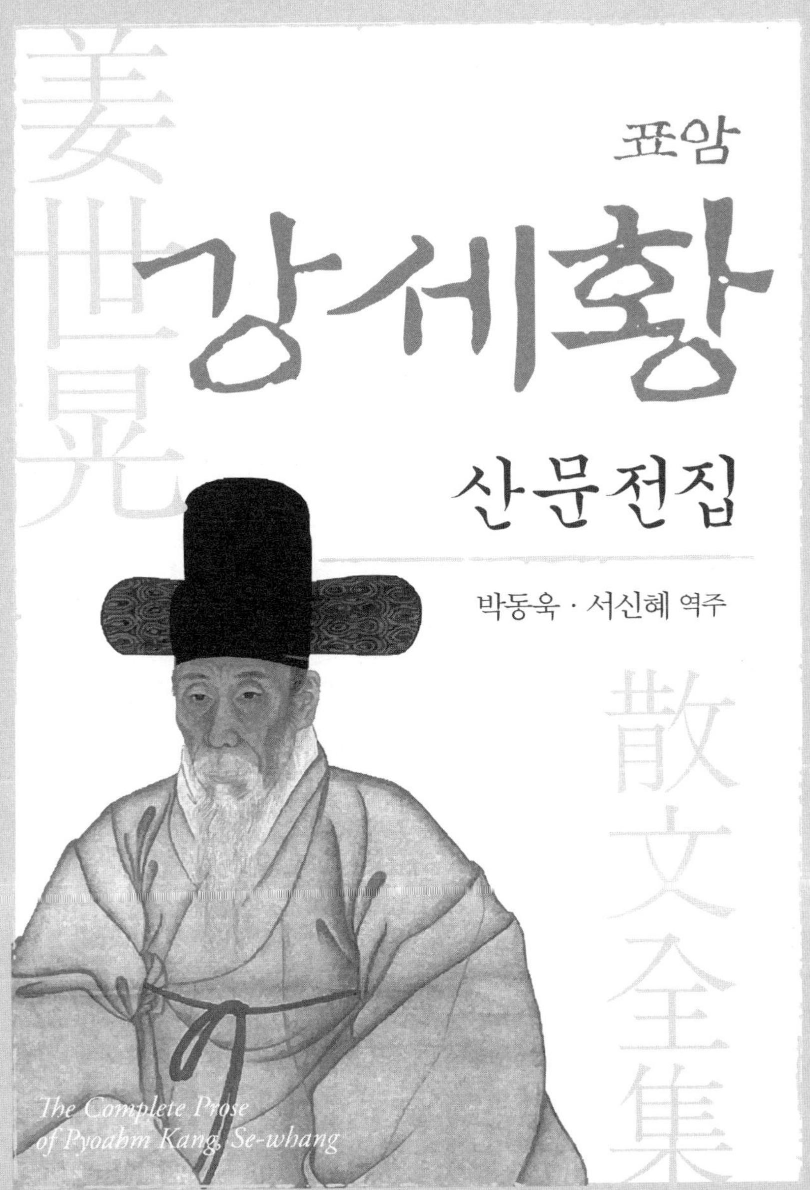

표암

강세황 산문전집

姜世晃 散文全集

박동욱 · 서신혜 역주

The Complete Prose of Pyoahm Kang, Se-whang

소명출판

일러두기

- 이 책은 표암 강세황의 산문을 완역한 것이다. 한국정신문화연구원에서 간행한 『표암유고』를 주요 텍스트로 삼고, 강한신 소장 『표암집』과 대조하였다. 서로 차이가 나는 것에는 따로 각주로 표시하였으며, 문맥에 맞추어 각기 어떤 글자를 따랐는지 써 두었다.
- 원문에 충실하여 직역하되 이해하기 어려운 것은 부분적으로 의역하였다. 원문은 구두를 표시하여 번역문 뒤에 실었다.
- 이해의 편의를 위하여 가급적 각주를 충실히 달았다.
- 서예나 그림, 책의 편명은 모두 「」로 표시하고, 책이름은 『』로 표시했다.

| 머리말 |

이 책은 표암 강세황의 산문집을 완역한 것이다. 강세황은 영정조 시절에 주로 활동했던 문인이자 예술가이다. 문학·서예·그림 등 모든 분야에서 고루 뛰어난 능력을 지녀 영정조 당시에 '시서화(詩書畵) 삼절(三節)'이라고 칭송을 받았던 인물이다. 조선후기 화단의 걸출한 인물인 단원 김홍도가 그에게 그림을 배웠기 때문에 김홍도의 스승으로도 잘 알려져 있다. 표암은 그야말로 조선후기 예술사와 문학사에서 빼놓을 수 없는 인물임에 틀림없다. 그가 남긴 전방위적인 업적은 후인들의 경탄을 자아내기에 충분하다.

고전과 관련된 여러 자료들을 접하다 보면 참으로 의아한 경우가 한두 번이 아니다. 너무나도 유명한 사람의 문집이기에 당연히 번역본이나 전집이 나왔을 것이라 생각한다. 그러나 막상 확인해 보면 실제로 그렇지 않은 경우가 많다. 한국시조사의 대표적 인물인 윤선도의 『고산유고(孤山遺稿)』가 불과 3~4년 전에야 번역되었고, 한국문학사의 거두인 연암 박지원의 문집이 최근에야 번역되었으니 다른 것은 더 볼 것도 없다. 표암 강세황의 경우도 마찬가지다. 그의 명성과 지명도를 고려해 볼 때 그의 문집이 아직까지 번역되지 않았다는 사실은 참으로 믿기 어렵다. 그러나 표암의 글은 그간 여러 학자들의 글에 단편적으로 한두 편씩 인용만 될 뿐 전집이나 선집의 형태로도 번역된 적이 없다. 평소 18세기 문단에 관심을 가졌던 우리는 주저 없이 표암의 문집에 관심을 갖게 되었다.

역자 두 사람이 2년여 가까이 매주 만나 한 작품씩 차례로 번역해 나갔다. 그런 다음 서로 여러 번 바꾸어 보면서 오류를 줄이고자 최선을 다하였다. 그래도 미심쩍은 부분은 동양고전연구소의 조남권 선생님께 여쭈어 문제를 해결하곤 했다. 이 자리를 빌어 선생님께 깊이 감사드린다. 자주 진행사항을 물으시며 격려해 주신 은사 정민 선생님 등 여러 분께도 감사하지 않을 수 없다.

이 책이 출판되는 것을 계기로 하여, 그간 원전 해독의 장애 때문에 표암의 진면모를 다 보지 못했던 많은 분들의 연구에 도움이 되었으면 좋겠다. 서예나 회화나 문학 등 다양한 분야의 연구가 활성화되기를 바란다. 또한 그간 이름만 들었으나 표암이 어떤 인물인지 알지 못했던 일반 독자들께도 일독해 볼 것을 권한다. 그의 글들을 따라 가 보면 표암의 가족은 물론 예술에 대한 그의 기준과 그의 감정 등을 엿볼 수 있을 것이다.

2008년 여름을 기다리며
역자들 삼가 쓰다

서序

기記

설說

소인小引

서書

계啓

제발題跋

쌍천雙川 손석휘孫錫輝의 글씨에 대한 평

찬讚

명銘

묘지명墓誌銘

묘갈명墓碣銘

제문祭文

행장行狀

부록附錄

:: 해제—표암 강세황과 그 산문집의 이모저모

서(序)

◎ 석가재 치대 이태길이 금강산에 유람 가는 것을 전송하는 글

送夕可齋李稚大泰吉遊金剛山序

내 친구인 석가옹(夕可翁)이 중랑 원굉도[1]의 유기(遊記)를 읽고 그의 아들에게 말하기를 "이 사람의 글은 표암 강세황의 단편들에 못 미치니 무얼 볼 것이 있겠느냐?"라 하였다. 하루는 채비를 차려서 금강산 유람을 떠나며 내게 들러 이별을 고하고 한 마디 해 달라고 하기에 내가 이렇게 말해 주었다.

"자네가 만일 금강산을 유람한다면 반드시 '여기가 우리 집 뒤쪽 언덕배기나 비탈만 못하다'라 하며 고생스럽게 멀리까지 온 것을 후회할 것일세."

1) 원굉도(袁宏道, 1568~1610) : 명대 문학가. 호는 석공(石公). 중랑(中郎)은 그의 자이다. 형 종도(宗道), 아우 중도(中道)와 함께 삼원(三袁)으로 일컬어지기도 하고, 출신지 이름을 따서 공안파(公安派)로 불리기도 한다. 평명(平明)하고 경묘한 시문은 북고의 풍조 속에 청신한 기풍을 도입하여 종성(鍾惺) 등의 경릉파(竟陵派)나 청나라 원매(袁枚)의 성령설(性靈說)의 선구가 되었다. 저서로 『원중랑집(袁中郎集)』(40권)이 있다.

"무슨 말인가?"

"산을 보는 안목은 책을 보는 것과 같네. 원중랑이 강표암만 못하다고 했다면 '신선의 산'은 천히 여기면서도 '보통의 경치'를 귀히 여길게 뻔하니 어찌 잘못된 견해가 아니겠나. 그러나 성긴 울타리가 있는 자그마한 집들이 이웃끼리 서로 잇닿아 있고 남새밭과 과수원이 거닐기에 충분하다면, 도리어 간혹 천만 개의 백옥(白玉)이 푸른 바다 위에 떨기처럼 모여 있는 것보다 나을 것이니, 이백(李白)[2]의 시에서 말한 '잠시 올라봄 괜찮아도 머물 수는 없겠네'[3]라는 경우이네. 내가 또 어찌 어느 것이 낫고 어느 것이 못한지 알겠나. 나를 원중랑과 비교한다면 어찌 이와 다르겠는가. 자네는 샅샅이 살펴보고 돌아와서 다시 나에게 귀띔해 주게. 자네가 나의 단편을 좋아하므로 글이 길어질까 염려되어 오직 이 같이 써서 전송하네."

原文‖ 吾友夕可翁, 閱袁中郎遊記, 語其子曰 : "此人比諸姜豹菴短篇, 殆有不可及者, 何足觀也." 一日扶笻蠟屐, 作金剛之遊, 過余而告別, 且索一語. 余曰 : "子若遊金剛, 則其必曰 '此不如吾屋後之一培塿一坡陀,' 悔其遠勞跋涉也." 曰 : "奚謂也?" 曰 : "觀山之眼, 與觀書同. 謂中郎之不如豹菴, 則其賤仙山而貴常境也, 必矣. 豈非倒見乎. 然踈籬小屋, 隣閈相接, 蔬圃果園, 堪供逍遙, 抑或有勝於千萬[4]白玉攢簇於滄溟之上, 白詩所謂'暫合登臨不合居'者, 吾又安知勝否之所在也哉. 豹菴之於中郎, 何以異此. 子其探歷而歸, 更以語我也. 子愛余短篇, 恐其長也, 惟書此以贐."

---

2) 이백(李白, 701~762) : 성당(盛唐) 때의 시인(詩人). 자는 태백(太白). 호는 청련(青蓮). 두보(杜甫)와 함께 시종(詩宗)으로 존앙 받았다. 그의 시는 서정성이 뛰어나 감각·직관에서 독보적 경지를 개척하고 있다. 또한 풍류를 좋아해 술과 달을 노래한 것이 많다. 저서에는 『이태백집(李太白集)』이 있다.

3) 잠시…… 적당하지 않다 : 이백의 시 「重夸州宅旦暮景色兼酬前篇末句」에 나오는 구절로, 시 전문은 "仙都難畫亦難書, 暫合登臨不合居. 繞郭烟嵐新雨後, 滿山樓閣上燈初. 人聲曉動千門闢, 湖色宵涵萬象虛. 爲問西州羅刹岸, 濤頭衝突近何如"라 했다.

4) 『표암집』에는 만천(萬千)이라 썼다.

◎ 수안 이씨 족보 서문 遂安李氏族譜序

이종보(李宗輔) 군이 그의 집안 족보 한 질을 내게 보이고 "이 족보는 지난 을미(1715)년에 간행한 것으로 올해로 68년이 되었습니다. 그 뒤에 자손이 번성하고 계파가 점차 나뉘어 보태지니 다시 편찬하지 않을 수 없어서 이제 고쳐 간행하려 합니다"라면서 내게 글을 구하여 서문으로 삼고자 하였다.

생각건대, 나의 할아버지 문정공(文貞公)[5]께서 일찍이 황해도 관찰사로 부임했을 때, 여러 선비들의 한결같은 요청으로 조정에 요청하여 고려 평장사(平章事)[6] 수안군(遂安君)[7]의 사당을 수안읍에 처음으로 세운 적이 있었다. 그 이후에 조정에서 특별히 사액(賜額)하여 지금까지 제사를 받들고 있다. 수안 이씨[8]는 널리 퍼져있고 숫자도 많은데 모두가 수안군의 후손이다.

---

5) 강백년(姜栢年, 1603~1681) : 조선 중기 문신. 본관은 진주. 자가 숙구(叔久), 호는 설봉(雪峯)이다. 시호가 문정공(文貞公)이다. 1627년 과거에 급제한 이래 동부승지, 예조참판 등을 역임하였다. 사신으로 청나라에 다녀오기도 했다. 청백리로 이름이 높았으며 만년에 기로소에 들었다. 저서로 『한계만록(閑溪漫錄)』 『설봉집(雪峯集)』이 있다.

6) 평장사(平章事) : 고려시대의 정2품 관직으로, 오늘날로 말하면 차관 정도의 지위이다. 982년 내사문하성(內史門下省)에 내사시랑평장사·문하시랑평장사를 두었고 이후에 중서문하성(中書門下省)에도 중서시랑평장사·문하시랑평장사·중서평장사·문하평장사를 두었다.

7) 수안군(遂安君) : 고려 후기의 문신인 이연송(李連松, ?~1320)을 가리킨다. 자는 백심(栢心), 호는(龍溪), 시호는 문익(文翼). 안향(安珦)의 문인이다. 수안 이씨의 시조가 되었다. 1303년 행재소(行在所)인 향수원(香水園)에 이르러 충선왕을 해치려는 음모가 있자 평리(評理) 박경량(朴景亮)·유복화(劉福和) 등과 함께 힘써 이를 막았으므로, 1308년 충선왕이 서용(敍用)하고 이것이 자손에까지 미치게 하였다. 그 뒤 수안군(遂安君)에 봉해졌다. 1320년 박경량과 함께 충선왕을 따라 원나라에 갔다가 충선왕이 모욕을 당하자 금산사(金山寺)에서 음독자살하였다.

8) 수안 이씨(遂安李氏) : 시조 이견웅(李堅雄)은 본래 경산(지금의 성주) 사람으로 고려 태조 왕건을 도와 견훤을 토평하여 삼중대광태사(三重大匡太師), 평장사(平章事), 벽상공신(壁上功臣)에 올랐다. 그 후 12세손까지 경산에 정착했으며, 수안이씨의 중시조로 꼽히는 13세손 이연송(李連松)이 충렬·충선·충숙 3왕대에 걸쳐 여러 관직을 역임하고 황해도 수안군의 영주로 봉해지자 후손들이 수안을 본관으로 삼았다.

아아! 그 높은 충성과 곧은 절개, 크고 위대한 공열이 지금까지 사람들의 눈과 귀에 뚜렷하게 남아 있도다. 옛 사람의 말에 '천 명의 생명을 구한 사람은 반드시 후손에게 복이 있다'라 한 것이 어찌 믿을 만하지 않은가.[9] 내가 이 족보의 서문을 쓰는 일에 대해서, 특별히 느낀 바가 있어서 감히 거절하지 않는 것은 다음과 같은 이유에서이다. 할아버지께서 수안군이 남긴 풍모와 공열에 대해서 진실로 높여서 드러내었더니, 이후에 할아버지께서도 수안 선비들이 조정에 요청한 일로 수안군(遂安君)의 사당에 종향(從享)되었기 때문이다. 이제 그 후손 이경회(李景會)가 힘을 써서 몇 해 동안 이루지 못했던 일을 이뤄냈으니, 이 또한 수안 이씨 중 인물이라고 이를 만하다.

原文 ‖ 李生宗輔, 視余其族譜一秩曰 : "是譜刊於去乙未, 于今六十八年矣. 厥後, 子孫蕃衍, 派系漸分, 不可不增輯重修, 方謀刊改." 徵余文而弁其首.

竊惟我王考文貞公, 曾按廉海西也, 因多士之齊請, 聞於朝, 而肇建勝國平章事遂安君院宇於遂邑. 伊後朝家特宣恩額, 至今俎豆之. 遂安之李布濩衆盛, 皆爲遂安君後.

嗚呼! 其危忠直節・豊功偉烈, 至今赫赫在人耳目. 古所謂'活千人必有後'者, 詎不信歟. 余於作是譜之序文, 別有所感而不敢辭者, 以其爲王考於遂安君遺風餘烈, 實尊仰而表章之, 伊後王考亦因遂儒之請於朝, 從而享之於遂安君院宇故也. 今其後孫景會能出力, 而辦此幾年未遑之擧, 亦可謂遂李有人矣.

◎ 연계지 서문 蓮溪志序

내가 나이 칠십이 넘어서 사신의 명을 받들었다. 연경에서 조정에 돌아오자마자 이제 또 총부(摠府)의 직책에 매였다. 궁궐에 숙직하러 드나들

9) 천 명의…… 있다 : 『자치통감』 21권 한기(漢紀) 12에 "내가 듣건대 천 명을 살린 사람은 자손이 봉함을 받는다던데 내가 살린 사람은 만여 명이니 후세가 부흥할 것인가[吾聞活千人, 子孫有封, 吾所活者, 萬餘人, 後世其興乎]"라 했다.

고, 능에 행차하시는 임금을 호종하느라 수레와 말 먼지 자욱한 사이에서 분주한 생활에 빠져 있게 되었다. 스스로 생각건대 쇠해가는 늘그막의 나이에 일을 하느라 쉬지도 못하고 있으니 절로 부끄럽고 탄식이 흘러나온다. 이 때 평안북도 철산(鐵山)에 살고 있는 정지현 군이 성남으로 나를 찾아왔다. 소매춤에서 『연계지』[10] 한 권을 꺼내 보였다. 대개 그가 한가한 곳에 살면서 짓고 읊은 글 수십 편을 모아 기록하고, 또 그곳 정자와 못의 아름다운 경치를 그림으로 그린 것이었다. 펼쳐 채 반도 읽기 전에 나는 망연자실하였다.

아! 남자가 세상에 나서 편안하고 부유하며 존귀하고 영화롭게 되기를 모두 다 바라나, 이른바 존귀하고 영화로운 사람은 수고로움이 심하고 근심도 매우 큰 법이니, 편안하고 부유한 즐거움과는 진실로 같이 말할 수 없는 것이다. 정군은 유명한 선조의 자손으로, 먼 시골에서 태어났지만 학문을 닦고 쌓아서 많은 저술이 있었다. 이따금 과거시험을 치렀지만 그의 뜻은 아니었다. 철산의 운암산(雲暗山) 기슭에 살았는데, 샘과 돌이 깊이 휘돌고, 숲과 나무가 그윽하며 무성하였다. 앞에는 네모난 못을 파서 연꽃을 심고 물고기도 길렀다. 농사도 짓고 독서도 하면서 부모를 봉양하였다. 또 그의 집에서는 고양이와 개가 서로 젖을 먹이는 기이한 일이 있어서 사람들이 다들 동소남[11]의 일에 견주었다. 대개 그는 아침에 나아가 밭을 갈고 저녁이면 돌아와 글을 읽었으니 실제로 동소남과 대략 비슷하지만, 내가 말하건대 그 봉양하는 두터움과 소

10) 강세황 문하에 출입하던 정지현(鄭趾顯)이 지인 200여 명에게 받은 시문을 모아 엮은 책이 『연계지』이다. 현재 규장각에 소장되어 있다. 강세황의 서자 강신(姜信)이 정지현의 초상화를 그린 것이 이 책에 있으므로, 이를 통해 강세황의 서화 솜씨가 아들에게 전수된 것을 볼 수 있다.

11) 동소남(董邵南) : 당(唐) 나라 사람. 이름은 약(約). 의리 있고 지극한 효성으로 부모를 봉양했으나 고을의 자사(刺史)가 추천하지 않아 어렵게 지냈다. 한퇴지(韓退之)도 그의 이러한 삶을 두고 「동생행(董生行)」이란 글을 지었다. 그의 효성에 미물인 가축들도 감화가 되어서 새끼 낳은 어미개가 먹이를 구하러 간 사이에 닭이 그 강아지에게 먹이를 쪼아 가져다주었다 한다. 「흥부가」에도 동소남의 효에 관한 부분이 나올 정도이다. 『소학(小學)』 「선행(善行)」 참조.

요하는 즐거움은 동소남에 비할 바가 아니다. 곧 중장통(仲長統)[12]이 말한 것이나 왕마힐이 살던 곳[13]과 서로 비슷했으니 편안하면서도 즐거움이 이미 지극하다 할 만하다. 이것에 비할 때, 서울의 먼지 구덩이에 머리를 처박고 밤늦게까지 그만두지 못하는 나와는 그 득실이 과연 어떠하겠는가. 흰 구름과 푸른 산이 천리 먼 곳에 있으니, 두보(杜甫)의 '아! 늘그막의 모습이여! 좋은 경치를 슬피 바라보네'[14]라는 시 구절을 길게 읊으면서, 다만 바람을 맞으며 길게 탄식할 뿐이다.

原文 余以望八之年, 奉使命. 纔自燕都還朝, 今又縻摠府之職. 出入禁直, 又將倍扈於陵寢之幸, 汨沒奔波於車馬塵溘之間. 自顧衰頹老耄之年, 形役不休, 不覺愧且歎. 乃者鐵山鄭生趾顯, 訪余於城南. 袖示蓮溪志一篇. 盖裒錄其幽居之題詠[15]篇什, 且圖畵其亭宇池沼之勝者. 披閱未半, 令人爽然自失.

嗟乎! 士生於世, 莫不願安富尊榮, 而所謂尊榮者, 勞碌旣甚, 其憂甚大, 其與安富之樂, 固不可以同年語也. 鄭生以名祖之孫, 生於遐鄕, 種學績文, 富有篇翰. 時或赴擧, 非其志也. 所居鐵之雲暗山麓, 泉石回邃, 林木幽茂. 前鑿方塘, 植蓮種魚. 以耕以讀, 以養其親. 且其家有猫犬相乳之異, 人皆

12) 중장통(仲長統, 180~220) : 후한(後漢)시대 고평(高平)사람. 자는 공리(公理). 직언하기를 즐겨 해서 사람들이 광생(狂生)이라 불렀다. 그는 평소 벼슬을 멀리하면서 '뒤에 산이 있고 앞으로는 시내를 굽어보며, 도랑을 파 주위를 두르고 대숲이 에워싼 곳이면 내 몸을 편히 쉬면서 우주 밖으로 나가 노닐 수가 있으니, 어찌 제왕의 문에 들어가는 것을 부러워하랴.' 하였다. 이와 같이 자기의 원림에서 지내는 심경을 읊은 「낙지론(樂志論)」이라는 글을 지었다. 여기에서 말하는 중장통이 말한 것이라 바로 이 「낙지론」을 가리킨다. 『후한서(後漢書)』「중장통전(仲長統傳)」에 자세하다.

13) 왕마힐이 살던 곳 : 왕마힐은 왕유(王維, 701~761)를 말한다. 그는 망천(輞川)에다 별장을 지어서 즐겼는데, 왕마힐이 살던 곳이란 바로 이것을 말한다. 왕유는 성당(盛唐)의 자연시인(自然詩人)으로 자는 마힐(摩詰)이다. 왕우승(王右丞)이라고도 불린다. 자연시파의 거두로 색채 이미지와 선의 이미지를 시에 도입한 것으로 유명하며, 순간적인 인상 묘사에 뛰어났다. 시뿐만 아니라 음악(音樂)에도 조예가 깊었고, 그림에도 뛰어나 남종화(南宗畵)의 비조로 일컬어진다. 저서에는 『왕우승집(王右丞集)』 6권이 있다.

14) 아…… 바라보네 : 두보의 「중과하씨오수(重過何氏五首)」 중 다섯 번째 시에 나오는 구절이다. "到此應常宿, 相留可判年, 蹉跎暮容色, 悵望好林泉, 何日霑微祿, 歸山買薄田, 斯遊恐不遂, 把酒意茫然."

15) 『표암집』에는 영(咏)으로 썼다. 의미 차이는 없다.

以董邵南比之. 盖其朝出耕夜歸讀, 實與董約畧彷佛, 而余則曰其奉養之厚, 逍遙之樂, 非董可比. 直可與仲長統之所論, 王摩詰之所居, 相甲乙, 所謂安且樂亦已極矣. 以此而較之, 於沒頭京塵, 鍾漏已盡而不能已者, 其得失果何如也. 雲白山青千里在望. 長吟杜工部, '嗟跎[16]暮容色, 悵望好林泉'之句, 惟臨風浩歎而已.

◎ 찰방 김홍도와 찰방 김응환을 전송하며 送金察訪弘道金察訪應煥序

우리나라 영동지방은 큰 바다에 가까운 데 뭇 산들이 옹기종기 모여 있다. 경치가 빼어나고 기이하며, 맑고 깊으며 그윽하였으니 모든 장소가 다 그러하였다. 그 중에 아홉 개의 군이 특별히 관동팔경이라 일컬어졌다. 무신(1788)년 가을 찰방[17] 김홍도[18]와 찰방 김응환[19]이 그림에 재능이 있어서 한 시대에 명성을 날렸다. 그러다가 특별히 상감의 명령을 받들어서 영동을 두루 다니면서 자연경관을 그림으로 그렸다. 무릇 요충지의 험함과 평탄함을 (실물과) 똑같이 그려냈으니 다만 경치가 특별

16) 『표암집』에는 차타(蹉跎)라 썼다. 두보 시의 원문도 이렇게 되어 있으므로 이에 따라야 할 듯하다.

17) 찰방(察訪) : 조선 시대 각 도의 역참(驛站)에 관한 일을 맡아보던 벼슬로 종6품에 해당한다. 마관(馬官)·우관(郵官)이라고 부르기도 한다. 『경국대전』에 의하면, 조선 초기 전국에 23명의 찰방과 18명의 역승(驛丞)을 두어 총 537역을 관장케 하였다가, 1535년에는 역승을 없애고 전국의 큰 역에 40명의 찰방을 두고 이를 찰방역이라 하였다.

18) 김홍도(金弘道, 1745~?) : 본관은 김해(金海). 자는 사능(士能), 호는 단원(檀園)·단구(丹邱)·서호(西湖)·고면거사(高眠居士)·첩취옹(輒醉翁). 강세황(姜世晃)의 천거로 도화서화원(圖畵署畵員)이 된 뒤 1771년에 왕세손(훗날의 정조)의 초상을 그렸고, 1781년에 어진화사(御眞畵師)로 정조를 그렸다. 산수화·인물화·신선화(神仙畵)·불화(佛畵)·풍속화에 모두 능하였고, 특히 산수화와 풍속화에 새로운 경지를 개척했다.

19) 김응환(金應煥, 1742~1789) : 본관은 개성. 자는 영수(永受), 호는 복헌(復軒)·담졸당(擔拙堂)이다. 의원(醫員) 진경(振景)의 아들이고 화원이었던 노태현(盧泰鉉)의 외손서(外孫婿)이다. 그는 정선의 영향을 발판으로 성장했던 조선 후기 정선파의 대표적 화가 중의 한 사람으로 진경산수의 발전 및 남종산수의 전개에 크게 기여하였다. 대표작으로 「금강산화첩」, 「금강전도」, 「강안청적도(江岸聽笛圖)」 등이 있다.

히 뛰어나서 훌륭하게 된 것만은 아니었다. 내가 이때에 마침 아들이 있는 회양부 관아에 이르렀는데[20], 김군 두 사람도 아홉 군으로부터 와서 장차 또 금강산에 들어가려 했다. 나도 그들과 동행했지만 홀로 늙고 쇠하여 꼼꼼히 찾고 두루 볼 수 없으므로 먼저 회양 관아에 돌아왔다. 김군들은 10여일 뒤에 돌아왔다.

그들의 행낭을 살펴보니 앞서 그린 것과 뒤에 그린 것을 합하여 모두 백여 폭 가량 되었다. 두 사람은 각자 그 장점을 살려서 한 명은 '씩씩하고 굳세면서도 울창하고 빼어난 풍치'를 다하였고, 다른 한 명은 '부드럽고 고우면서도 섬세하고 교묘한 모양'을 다하였으니, 둘 다 우리나라에 전에 있지 않았던 신필(神筆)이라 할 만하다.

어떤 이는 "산천(山川)에 정령이 있어서, 곡진하게 모사(摸寫)하여 샅샅이 드러내어 숨긴 것이 거의 없게 되는 것은 틀림없이 싫어할 것이다"라 했으니, 이것은 크게 잘못된 말이다. 보통사람들이 전신사조(傳神寫照)[21], 즉 초상화를 그리려면 예를 갖추어 훌륭한 화가를 모셔온다. 만일 그가 베껴 그리기를 잘하여 머리터럭 하나까지도 똑같이 하면 곧 기뻐하며 즐거워할 것이다. 내가 여기에서 홀로 생각하기를 '산천의 정령이 있다면 그 모사가 모양을 쏙 빼닮은 것을 싫어하지 않고, 오히려 그 모습이 매우 닮은 것을 좋아할 것이 틀림없다'고 여긴다.

함께 지낸지 얼마 못되어 서쪽으로 돌아간다고 이별을 고하니, 헤어질 때에 슬퍼서 이 글을 써서 주노라. 영동 산천의 정령도 반드시 은근한 석별의 뜻이 있을 것임을 나는 알겠다.

原文‖ 我國之嶺東, 濱於大海, 羣山叢萃. 特絶詭異, 淸幽深奧, 到處皆然. 其中九郡, 尤以八景稱. 戊申秋, 金察訪弘道金察訪應煥, 以工於繪事, 擅一代之

---

20) 이 글을 지은 시기는 표암의 나이 76세 때이다. 이 당시에 맏아들인 강인(姜寅)이 회양(淮陽)의 부사로 있었다.

21) 전신사조(傳神寫照) : 초상화에 있어서 인물의 외형묘사에만 그치지 않고 그 인물의 고매한 인격과 정신까지 나타내야 한다는 초상화론(肖像畵論)이다.

名. 特奉上命, 歷遍嶺東, 圖繪山川. 凡於關隘夷險, 莫不摸寫, 不但爲景物之殊甚盛事也. 余於是時, 適到兒子淮陽府衙, 金君兩人自九郡來, 將又入金剛. 余遂與偕行, 獨以老衰, 不能窮搜遍覽, 而先歸淮衙. 金君輩追還於十餘日之後.

搜其橐, 合前後, 爲百餘幅. 兩君各擅其長, 或遒雅雄健, 極薈蔚森秀之致, 或姸媚穠麗, 盡纖細巧妙之態, 均爲吾東前所未有之神筆也.

或者謂山川有靈, 必嫌其摸寫之曲盡, 搜剔殆無隱遁, 此有大不然者. 凡人之欲傳神寫照者, 禮邀良工, 若能極其傳摹, 無一髮不似, 則方得快意喜樂. 吾於是, 獨以爲山川之靈, 必不嫌其摸寫之盡態, 而樂其傳神之酷肖也.

同留未幾, 告別西歸, 臨分悵然, 書此以贈. 吾知嶺東山川之靈, 亦必有慇懃惜別之意矣.

◎ 성오재[22]에 대하여 省吾齋序

증자(曾子)[23]는 '날마다 세 번씩 나를 성찰한다'[24]라 하였으니, 이것은 배우는 사람들에게 가장 절실하고 긴요한 공부이다. 무릇 지금 사람에, 남의 장단점을 평하거나, 다른 이의 부귀를 부러워하고, 재물의 많고 적음을 꾸리거나, 영리(榮利)의 얻고 잃음을 비교하는 종류의 사람이 많이 있다. 그렇지만 어찌 일찍이 스스로 자신을 살피면서 증자의 교훈을 저

22) 성오재(省吾齋) : 강세황의 손자인 강이천의 『중암고(重菴稿)』에 「성오재기(省吾齋記)」가 실려져 있다.

23) 증삼(曾參, B.C.506~B.C.436) : 자는 자여(子輿). 증점(曾點)의 아들이다. 공자의 대표적인 제자의 한 사람으로, 특히 효심이 두터웠다고 한다. 스스로 반성하고 행하는 일에 힘써 공자의 도를 계승하였다. 공자의 맥이 증자로 이어지고, 그가 공자의 손자 자사(子思)를 가르쳐 이 맥이 맹자에게 전해진다는 것이 유교사상의 큰 맥이다. 때문에 증자가 중요하다.

24) 날마다…… 반성한다 : 『논어(論語)』 「학이(學而)」에, "증자가 말하기를 나는 하루에 세 번 나를 성찰한다. 남을 위해 꾀하다가 충성스럽지 못했는가, 벗과 더불어 교유할 때 미덥지 못했는가, 배운 것을 익히지 못했는가[曾子曰 : 吾日三省吾身, 爲人謀而不忠乎? 與朋友交, 而不信乎? 傳不習乎?]"라 하였다.

버리지 않는 이가 있겠는가? 예전에 친구인 박원오(朴元五)가 이 말을 가져다가 서재 이름을 지었으니, 요체를 얻어서 세속에서 하는 것과 다름이 있다고 할 만하다. 오직 내 친구가 아침・저녁으로 성찰하여 서재에 이름 붙인 뜻을 잊지 말기를 바라노니, 그렇다면 그의 발전을 어찌 헤아릴 수 있겠는가. 내가 장차 눈을 부비고 기다리겠노라.

기유(己酉, 1789)년 섣달에 표암이 쓰노라.

原文 ‖ 曾子曰'日三省吾身', 此乃學者最切要之工也. 凡今之人, 類多評論人之長短, 歆羨人之富貴, 營財賄之多寡, 較榮利之得失. 何嘗有自省吾身以無負曾子之訓耶. 乃者朴友元五, 拈出此語以名其齋, 可謂得其要而有異乎世俗之謂[25]也. 惟願朴友早夜省察以勿忘名齋之意焉, 則其進豈可量哉. 余將拭目以俟之. 己酉之臘, 豹翁書.

◎ 동추 김필우의 시집 서문 金同樞必祐詩集序

최근의 시들은 대체로 가볍고, 속되며, 진부하고 얕다. 구습이었던 난삽함과 기이함을 바로 잡기에는 충분하지만 당송 시대의 옛 법과는 점점 멀어졌다. 여항에서 노력하고 마음을 쓰는 사람들은 더욱 그러하다. 예전에 김상환(金尙桓)이 소매에서 시 한 축을 꺼내 보여 주었는데 그의 고조부이신 동중추께서 읊은 것이었다. 듣건대 동추 김필우[26]는 어려서부터 의술을 전공하여 일찍이 시문에는 온정신을 쏟지는 못했다 한다. 하지만 그가 읊조린 것을 음미해보면 화평하고 담박하여 시인의 깊은 아취가 있었다. 대개 시는 의술과 같으니, 망령되이 독한 약을 써서 병을 고치려 들면[27] 병이 낫기도 전에 먼저 죽을 수 있다. 이것은 난삽하고

25) 『표암집』에는 위(爲)로 되어 있다. 문맥상 위(爲)가 옳으므로 번역도 이에 따라 했다.
26) 김필우(金必祐) : 조선 후기의 여항시인. 본관은 광산(光山). 자는 길보(吉甫), 호는 무하옹(無何翁). 『풍요속선(風謠續選)』에 그의 율시 1편이 실려 있다.

기이한 것의 종류이다. 험한 것을 하려 하지 않고 기이한 방법으로 남을 놀래려 하지 않으면서 오직 옛 방법만을 따르는 것은, 이는 바로 시의 화평하고 담박한 어조였다.

내가 이 시를 쭉 읽어보고는 그 풍격이 평범하지 않은 것에 감탄했을 뿐만 아니라 그의 의술이 매우 깊었다는 것도 알 수 있었다. 비록 빠른 효험은 없었으나 고질병을 치료하여 완치할 수 있었으니 이 어찌 세속의 선비와 더불어 이야기할 수 있는 것이겠는가. 김상환이 바스러지고 문드러진 오래된 종이를 챙겨두어 백 년 후인 지금까지 전하게 하니 또한 어진 자손이라 할 만하다. 감탄만 하기에는 부족하여 드디어 축 뒤에다가 이와 같은 몇 마디 말을 써서 주노라.

原文‖ 近代之詩, 率多輕俗膚淺. 亦足[28]矯其舊習險澁詭異, 漸與唐宋古法遠. 至若閭巷之積力苦心者, 愈不可多得. 乃者金生尙桓袖詩一軸以示之, 乃其高祖同中樞所吟咏也. 聞金同樞早業醫, 未嘗專精於詞律. 然諷味其所吟哢, 和平澹泊, 深有詩人之趣. 盖詩猶醫也, 忘投瞑眩之劑以致病, 未及祛而命先殞者. 此則險澁詭異者流也. 不欲行危涉險, 不欲出奇驚人, 惟古方是循, 是乃詩之和平澹泊之調也.

余覽是詩而不但歎其風格之出常, 從以知其醫技之精深. 雖無近效, 可以療膏盲而得痊安, 是豈可與俗士言哉. 尙桓能保有破爛故紙, 至今傳流於百餘年之後, 亦可謂賢子孫也. 感歎不足, 遂書此數語於軸末以贈之.

27) 명현(瞑眩) : 한방에서 의사가 환자에게 투약하여 치유되어가는 과정에서 예기치 않게 일시적인 격화 또는 전적으로 다른 증세가 유발되었다가 결과적으로 완쾌되는 것을 일컫는 말이다. 아주 독한 약을 가리키는 말로도 쓰인다. 아주 어려운 간난신고 속에서 새로운 지평을 열 수 있다는 의미도 함축하고 있다. 『서경(書經)』 「열명상(說命上)」에 '눈앞이 아찔할 정도의 독한 약이 아니면 병이 낫지 않는 법이다'라 하였다.

28) 『표암집』에는 족(足)이 아니라 혹(或)이라 썼다.

기(記)

◎ 산향기 山響記[29)]

나는 성품이 아름다운 산수를 좋아했다. 하지만 일찍이 우울증을 앓은 탓에 다니는 데 어려움이 있어서 한 번도 높은 곳에 올라 바라보고 싶은 소원을 이루지 못했다. 오직 그림 그리는 일에 흥미를 붙여 스스로 즐겼다. 그러나 아취를 기이하게 하고 생각을 원대하게 한들 어찌 진짜 산수로 즐거움을 삼는 것만 하겠는가. 이것은 진실로 나의 병을 잊고 나의 소원을 보상하기에 충분치 않았다.

일찍이 구양수[30)]가 한 말을 보니 '거문고를 배워 그것을 즐기면 몸에 병이 있는 줄도 모르게 된다'[31)]고 하였다. 그래서 다시 거문고에 뜻을

---

29) 『표암집』에는 「산향재기(山響齋記)」라 썼다.

30) 구양수(歐陽修, 1007~1072) : 북송의 사상가. 이름은 수(修), 자는 영숙(永叔), 호는 취옹(醉翁) 또는 육일거사(六一居士). 시호는 문충공(文忠公)이다. 문장에 뛰어나 당송팔대가의 한 사람으로 꼽힌다. 특히 송대 고문의 위치를 확고히 하는 데에 큰 공이 있어 후세에 큰 영향을 미친 사람이다. 저서에 『신당서(新唐書)』, 『신오대사(新五代史)』 등이 있다.

두어 그 한가하고 담박하며, 그윽하고 고원한 소리를 얻음으로써 내 마음의 뜻을 조화롭게 하고 내 우울함을 털어버리려 하였다. 옛날 백아가 거문고를 연주하면 종자기는 그의 뜻이 산수에 있음을 알아차렸다 한다. 대개 거문고가 내는 소리는 산수와 꼭 어울린다. 그러나 내가 어찌 깊은 골짝, 기이한 바위, 나는 듯한 폭포수, 사나운 물결 사이에서 거문고를 안고 그 자연의 소리를 부려 서로 화답하고 호응하게 하겠는가.

이에 거처하는 작은 서재 네 벽에 온통 산수화를 그렸다. 산봉우리가 첩첩이고 하늘은 물방울이 맺힌 듯 푸르렀으며, 계곡 사이로 샘물이 내닫고 구름사이로 봉우리가 솟아 나왔다. 은둔자의 거처와 도사의 집, 절간들이 크고 높은 나무 사이에 은은하게 보일 듯 말 듯 비치고, 들판의 다리와 고기잡이배에 노니는 사람들이 그치지 않았다. 아침저녁으로 눈비 내리고, 어두워지고 밝아지는 흐름이 뚜렷이 눈에 보였다. 진짜 산수만 못하다고 할 만한 것은 오직 자연의 맑은 소리가 없는 것뿐이었다.

내가 이따금 거문고를 만져 곡조를 타서 그 사이에서 궁음(宮音)과 상음(商音)을 내면 예스러운 곡조와 우아한 운치에 나도 모르게 시원스레 그것과 하나가 되었다. 어떤 때에는 세찬 여울물이 돌에 부딪는 듯도 하고, 더러는 잔잔한 바람이 솔숲에 드는 듯도 하였으며, 때로는 어부들의 뱃노래 같기도 했고, 혹은 절간의 저물녘 종소리 같기도 하였다. 더러는 숲속에서 우는 학과 같기도 하고 이따금은 물속에서 읊조리는 용과도 같아서 산수 간의 모든 소리가 다 갖추어져 있었다. 이미 경치를 모두 살렸고 또 그 소리도 얻은 것이다. 이 둘이 합쳐져 하나가 되니 문득 그림이 그림인지 거문고가 거문고인지조차 알지 못하게 되었다. 이를 얻어서 바야흐로 병을 잊고 소원을 풀며 마음도 평화롭고 우울함까지 달아났다. 그러니 내가 또 어찌 반드시 채비를 차려 몸과 정신을 수고롭고 야위게 하면서 험한 곳을 오르고 자갈밭을 헤친 뒤에야 비로소

31) 구양수의 「동재기(東齋記)」에 나오는 구절이다.

유쾌하게 여기겠는가. 종병[32]은 그가 예전에 다녀본 곳을 방에 그려두고서 '거문고 곡조로 온 산 울리게 하고파라'라 하였으니 진실로 나보다 먼저 터득한 사람이라 할 만하다. 이 때문에 내 서재를 '산향재'라 한다.

原文‖ 余性愛佳山水. 而夙嬰幽憂之疾, 艱於動作, 不能一遂登覽之願. 惟寄興於繪事, 以自娛樂. 然其奇趣遐想, 詎能如眞山水爲可樂乎? 此固不足以忘我之疾而償我之願也.

嘗讀歐陽子之言曰 : '學琴而樂之, 不知疾之在體也.' 因復有意於琴, 庶得其閒澹幽遠之音, 以求和其心志散其憂鬱焉. 昔伯牙鼓琴, 子期知其志在山水. 盖琴之爲聲, 又與山水合矣. 余安得抱琴於邃壑奇巖飛流激浪之間, 使其自然之音, 得以相答而互應乎哉.

乃於所處之小齋四壁, 俱畵山水. 層巒疊巘, 空翠如滴, 奔泉絶磵, 穿雲絡石. 幽人隱者之廬, 與夫仙觀梵宮, 隱暎蔽虧於脩篁喬木, 野橋漁舟, 遊人相續. 朝暮雨雪, 晦明向背, 無不儼然在目. 所謂不及於眞山水者, 特其無山水之淸音耳.

余時撫絃按調, 鼓宮激商於其間, 則古操雅韻, 不覺泠泠然與之相合也. 或爲驚湍之觸石, 或爲微風之入松, 或爲漁歌之欸乃, 或爲崖寺之昏鐘, 或爲林間之唳鶴, 或爲水底之吟龍, 凡於山水之音, 卽無所不具. 盖旣盡其形, 而又得其音. 二者合而爲一, 忽不知畵之爲畵, 琴之爲琴也. 得此而方可以忘疾償願和心散鬱. 余又何必扶笻蠟屐, 勞形瘦神, 登崎嶇, 穿犖确而後, 始爲愉快也哉! 宗少文圖其所嘗遊履於室曰 : "撫琴動操, 欲令衆山皆響", 實可謂先獲者也. 扁吾齋曰, 山響.

32) 종병(宗炳, 375~443) : 남조 때 송나라 남양(南陽) 사람. 자는 소문(少文)이다. 송나라 무제의 부름에도 나아가지 않고 산수 산수를 즐기며 삶을 보냈다. 노년에는 그가 다녔던 산수를 그려놓고 '와유(臥遊), 즉 방안에 누워 즐겼다 한다. '거문고 곡조로 그림 가운데 온 산을 울리게 한다'는 이 말은 당시 문인들에게 큰 감명을 주었다. 그래서 홍대용도 이 구절을 끌어다가 누각을 짓고 그 이름을 '향산루(響山樓)'라 하였다는 이야기가 『을병연행록』에 나온다. 저서로 『화산수서(畵山水敍)』가 있다.

◎ 녹화헌기 綠畵軒記

예로부터 산의 빛깔을 말할 때 청(青)이나 벽(碧), 창(蒼)이나 취(翠)라고 하였지 초록이라 말한 사람은 없었다. 그러나 바야흐로 봄이 되어 어린 나무, 가는 풀이 산기슭을 덮으면 온통 초록빛 천지가 된다. 이른바 청(青), 벽(碧), 창(蒼), 취(翠)라는 것은 다만 하늘 가 먼 산을 가리켜 말한 것뿐이다. 당나라 사람의 시에 '석양이 어둑해지니 산 다시 초록이네'[33] 라고 한 것은 예전에 표현하지 못한 경지를 말했다고 할 만하기는 하나, 오히려 잘됐다고 말하기에는 미진하다. 오직 한유[34]의 「남산시」 중 '빈 하늘에 긴 눈썹 떠 있으니, 진초록으로 새로 그려낸 듯'이라는 시구는, 모습을 그려내는 솜씨가 매우 뛰어나다.

나는 봄비가 막 개이고 맑은 아지랑이가 갑자기 걷힐 때면 봉우리들을 마주하고 앉았다. 물들 듯한 새로운 초록빛이 내 옷깃을 칠 때에 일찍이 이 구절을 길게 읊조리며 홀로 표현의 기묘함을 감상하지 않은 적이 없었다. 스러져 가는 몇 칸 집이 안산의 남쪽에 있었는데 세월이 오래되어 절반 가량 무너져 내렸다. 아들놈이 행랑채에 자그마한 누각을 지었는데, 마을 남쪽 여러 봉우리와 바로 마주하고 있었다. 비록 기이하고 특별한 형상은 없지만 즐겁게 감상할 만은 하고, 들쭉날쭉 높고 낮은 봉우리들은 시를 읊조리거나 경치를 바라보기에 충분하였다. 어린 소나무와 삼초는 눈 가득히 빛을 자랑하며, 짙푸른 깃은 떨어질 듯하여 이장군(李將軍)[35]과 왕우승(王右丞)[36]이 그린 뛰어난 작품 같았다. 바

33) 설도(薛濤), 「제죽랑묘(題竹郎廟)」에 "竹郎廟前多古木, 夕陽沈沈山更綠. 何處江村有笛聲, 聲聲盡是迎郎曲"이라 했다.

34) 한유(韓愈, 768~824) : 당대(唐代) 문인(文人)이자 사상가. 자는 퇴지(退之). 창려 지역에 살았으므로 한창려(韓昌黎)라 하기도 한다. 고문운동(古文運動)의 대표적인 인물로, 그의 문장은 웅장하고 뜻이 깊어 유종원(柳宗元)과 더불어 '한유(韓柳)'로 일컬어졌다. 시 역시 구상이 기괴하고 뛰어나 이백(李白)과 두보(杜甫)의 뒤를 이어 하나의 독특한 경지를 이룩한 것으로 평가된다. 저서에는 『한창려집(韓昌黎集)』이 있다.

35) 이장군(李將軍) : 이사훈(李思訓)을 말한다. 당(唐)나라 종실(宗室)로서, 개원(開元)

라보고 있어도 싫증나지 않는 것이 어찌 경정산뿐이겠는가.[37] 마침내 한유의 말을 가져다가 '녹화헌'이라 이름 지었다. 손님 중에 이름이 좋지 않다고 비웃는 사람이 있기에 이렇게 답했다. "옛사람 중에도 나보다 먼저 이 말로 이름을 지은 사람이 있었소."

무자(戊子, 1768)년 9월 초 3일에 녹화헌에서 쓴다. 이때 마침 녹화헌 앞에서 벼 타작을 하고 있다.

原文‖ 自古言山色者, 曰青, 曰碧, 曰蒼, 曰翠, 未有言綠者. 然方當春時, 嫩樹細草, 衣被崗麓, 只是綠一色. 所謂青碧蒼翠者, 特指天際遠山而言耳. 唐人詩有曰, '夕陽沈沈山更綠', 可謂發前未發, 然猶未盡善也. 惟韓昌黎南山詩, 有'天空浮修眉, 濃綠畵新就'之句, 形容模寫, 極其工妙.

余每於春雨新晴, 淡靄乍收, 坐對群峯. 新綠如染, 撲人衣袂, 未嘗不長吟此句, 獨賞造語之奇. 弊廬數椽, 在安邑治南, 歲久頹圮者半. 兒子葺外舍小軒, 正對村南諸峯. 雖無奇形殊狀, 可以娛心快賞, 亦自端秀參差, 足供吟眺. 稚松雜草, 滿目弄色, 濃綠欲滴, 恍若李將軍王右丞着色得意筆. '相看不厭', 奚獨敬亭山也. 遂取韓語扁曰, 綠畵. 客有笑其命名之不佳, 則答曰 : "古之人亦有先我拈此語題扁者."

在戊子九月初三日, 書于綠畵軒. 時適刈稻打於軒前.

초에 팽국공(彭國公)으로 봉해졌다. 특히 금벽산수(金碧山水)를 잘 그렸는데, 그의 필격(筆格)이 매우 굳세었다. 나중에 좌무위대장군(左武衛大將軍)이 되었다. 아들 소도(昭道)도 아비를 계승하여 산수화로 유명하였다. 당시 사람들은 이사훈은 이장군이라 부르고, 소(小)이장군이라 불렀다. 특히 이사훈은 북종화(北宗畵)의 비조로 꼽힌다.

36) 왕우승(王右丞) : 왕유(王維)를 가리킨다.

37) 바라보고 있어도…… 경정산뿐이겠는가 : 이백(李白)의 「독좌경정산(獨坐敬亭山)」에서는 "衆鳥高飛盡, 孤云獨去閑, 相看兩不厭, 只有敬亭山"라 하였는데, 이 중 뒤의 두 구절을 이용한 것이다.

◎ 격포 유람기 遊格浦記

경인(庚寅, 1770)년 5월 나는 둘째아들의 임지인 부안에 있었다. 친구인 임성여(任聖與)[38]가 마침 정읍의 수령으로 있다가 부안으로 나를 찾아왔으므로 함께 격포[39]를 유람했다. 서문을 나서 서남쪽으로 가는데, 왼쪽으로 봉우리가 수십 리에 걸쳐 이어져 있었으니 이것이 변산의 바깥 기슭이다. 우뚝 솟은 산봉우리에 구름이 머물고 출렁이는 물결은 온갖 기이한 형상을 보였다. 왼쪽으로 큰 바다와 나란하였는데, 안개와 파도가 끝이 없었다. 때때로 점 같은 여러 푸른 봉우리들이 수평선 끝에 떠 있어, 대왕등도(大王登島)[40] 여러 섬과 경계를 이루고 있었다.

오시에 해창에 이르렀다. 해창은 변산 바깥에 있다. 그 앞이 포구와 가까웠다. 포구 밖의 기이한 봉우리는 뾰족하기가 바짝 세운 붓과 같았다. '바다 위 뾰쪽한 산 칼날과 같네[41]'라는 시구를 읊조리며 유주의 산수도 이와 비슷할 것이라 생각했다. 만조라 물이 점점 불어나 앞길이 물결에 잠겨 있어서 나아가려 해도 갈 수가 없었다. 점심을 먹은 후 같이 유람하던 나(羅)군과 함께 한가히 이야기하면서 조수가 빠지기를 애타게 기다렸다. 해가 기울자 물살이 점차 줄므로 말을 재촉하여 떠났다. 길은 매우 질척거렸으며 깨진 돌과 조개껍질이 땅 가득히 쭉 깔려 있었

38) 임원(任瑗) : 자는 성여(聖與). 『진망와유고(眞忘窩遺稿)』 2권 1책이 장서각에 소장되어 있을 뿐 이밖의 행적은 알려지지 않은 인물이다.

39) 격포(格浦) : 전북 부안군 해안. 옛날 군사주둔지인 격포진이 있었던 곳이다. 중국의 채석강이나 적벽강에 비견될 만큼 아름다운 곳이라 하여 이곳 격포 일대에 있는 강의 이름 역시 채석강과 적벽강이라 한다. 퇴적암이 빚어내는 절경으로 현대에도 많은 관광객이 몰린다.

40) 대왕등도(大王登島) : 왕등도는 격포 근처의 섬으로, 2개의 무인도와 6개의 돌섬으로 구성되어 있다. 보통 상왕등도와 하왕등도로 구분한다. 우럭 낚시를 즐기는 사람들이 주로 찾는 섬이기도 하다.

41) 중국 광서(廣西) 지방 유주(柳州)의 자사(刺史)를 역임했던 유종원(柳宗元)이 지은 「여호초상인동간산기경화친고(與浩初上人同看山寄京華親故)」에 "海畔尖山似劍鋩, 秋來處處割愁腸. 若爲化得身千億, 散上峰頭望故鄉"라 했다.

다. 산기슭이 조수에 씻기어서 바위들이 다 드러나 있었는데, 영롱하면서도 기묘하여 마치 조각한 듯 아름다웠다. 어떤 곳은 십 리 넘게 쭉 이어지기도 했고, 더러는 끊겼다가 다시 나오기도 했다. 만일 미불을 여기에 불러온다면, 일일이 다 절할 겨를이 없을 것이었다.[42] 포복해서 지나가려니 그 모습이 우습기도 했다. 조수가 다 빠지지 않은 곳도 있어서 말이 물속을 걷기도 했다. 말 앞의 검푸른 바다는 끝없이 펼쳐져 있었다. 물의 신선이 용을 타고 수면을 다니더라도 이보다 더 낫지는 않을 것 같았다. 이따금 조수를 피해서 봉우리에 오르기도 하고, 더러는 진창을 만나 정강이까지 빠지기도 하였다. 석양이 바다에 가라앉자 엷은 구름이 그것을 감쌌다. 빛깔은 연지 같고 크기는 수레바퀴 같았다. 일출과 비교해보면 어느 것이 더 기이한 장관인 줄 알지 못하겠다.

점차 어두컴컴해져서 길을 분간할 수 없었다. 진창에 자주 빠지고, 말과 마종들이 자빠지기도 했다. 마을 사람을 불러 횃불을 밝히고 이십여 리를 갔다. 길의 높낮이만 분간될 뿐 산의 모양이나 바다 빛깔은 분별할 수 없었다. 길 옆에 때때로 잡목 무더기가 있어서 비로소 바닷가가 끝나고 산 고개를 오르고 있음을 알게 되었다. 다시 한 포구에 갔고, 포구를 또 지나 긴 뚝방에 올랐다. 뚝방 옆에 돌이 어지럽게 쌓여 있었다. 이곳이 격포 만하루(挽河樓) 앞이다. 밤 이경에 가마에서 내려 숙소에 들었다. 집이 자못 널찍하였는데, 포진(浦鎭)의 군교들이 거처하는 곳이라 했다. 포진의 장수 한변철(韓弁哲)이 나와 인사를 했다. 저녁밥을 먹고 나니 이미 삼경이었다. 잠자리에 들어 곯아떨어졌다.

새벽에 일어나 창문을 열었다가 나도 모르는 사이에 탄성을 질렀다.

42) 미불(米芾, 1051～1107) : 송(宋)나라 양양(襄陽) 사람. 자는 원장(元章), 호는 해악외사(海嶽外史) 또는 녹문거사(鹿門居士). 미전(米顚)이라고도 불린다. 금석(金石)이나 고기(古器) 감상하기를 좋아했다. 특히 기석(奇石)을 좋아하여 특이한 돌을 보면 이것에 절하였으므로 '미원장이 돌에 절하였다[元章拜石]'라는 말까지 생길 정도였다. 시・서・화에 모두 뛰어나 삼절(三絶)로 일컬어지기도 한다. 소동파(蘇東坡)・황정견(黃庭堅) 등과 친교가 있었다.

산과 바다의 승경이 눈에 가득했던 것이다. 어제는 어두운 안개 속에 있던 것이 아침이 오자 활짝 개어 문득 새롭게 보이니 더욱 기이하고 환상적이었다. 이 또한 유람의 신통하면서도 오묘한 경지이다.

밥을 급히 먹고는 만하루에 올랐다. 만하루는 진영(鎭營) 장수의 관아 앞에 있었다. 어제 거쳐 왔던 긴 뚝방은 바로 그 앞에 있었다. 뚝방 왼쪽에서는 조수가 넘실댔고, 오른쪽 넓은 비탈에는 물이 가득하였다. 비탈 바깥쪽을 빙 두른 산들에는 성긴 소나무들이 드문드문 서 있었다. 오른쪽으로 산허리를 바라보니 오래된 홰나무 몇 그루가 구름이 모인 듯 울창한 곳에 전각의 모서리가 우뚝 솟아 있었으니, 행궁(行宮)이었다. 또 조금 동쪽의 뾰족한 봉우리들이 구름에 잠겨있어 가마를 타고 올라 보았다. 정상은 야트막한 담장으로 둘러싸여 있었다. 문에 들어서니 온갖 돌들이 높은 대를 이루고 있었고 누대 앞은 다섯 봉우리의 봉화대가 쭉 늘어서 있었다. 누대에 올라 서쪽으로 바라보니 넓고 넓은 푸른 바다가 하늘에 닿을 듯 끝이 없었다. 남쪽과 북쪽도 마찬가지였다. 아침 해가 비치니 찬란한 은빛으로 빛나서 위도(蝟島)에 있는 일곱 산을 지적할 수 있었으나, 모두 분별할 수는 없었다. 멀리 검은 콩 같은 몇 개의 점이 보이는데 모두 고기잡이 배라 했다. 황홀하고 괴이하여 내 몸이 진짜 신선이 되어서 구름 밖에서 높이 나는 것 같았다. 눈이 아찔하고 다리가 후들거려 오래 머물 수는 없으므로 서로 옷을 잡으며 아래로 내려왔다. 임성여가 '고요한 밤 삼만 리 파도, 밝은 달에 지팡이 휘두르며 하늘서 내려오네'43)라며 왕양명의 시를 읊었다(이하는 빠져 있다).

原文 庚寅五月, 余在仲子扶安任所. 任友聖與, 適宰井邑, 訪我于扶, 同作格浦之遊. 出西門, 西南行, 左挾連峰數十里不絶, 是爲邊山外麓. 蒼翠揷天雲屯,

43) 왕양명의 시 「범해(泛海)」 중에 두 구절을 읊은 것이다. 이 시 전문은 '지난 일 마음에 두지 않나니, 뜬 구름 하늘 지나는 것과 무에 다르리. 고요한 밤 삼만 리 파도, 밝은 달에 지팡이 휘두르며 하늘서 내려오네[險夷元不滯胸中, 何異浮雲過太空. 夜靜海濤三萬里, 月明飛錫下天風]'로 되어 있다.

浪踊奇詭萬狀. 左並大海, 烟浪無際, 時見數點青峯, 浮在天水之際, 爲界大[44]王登諸島.

午抵海倉, 倉在邊山[45]外. 前逼浦口, 浦外奇峯, 尖若卓筆, 吟誦'海上尖山似劒鋩'句, 想柳州山水亦爾. 晩潮漸漲, 前路浸, 洪濤中, 欲前進而不可得. 午飯已訖, 與同遊者羅生, 相待閒話, 苦待潮退, 至日昃. 水勢漸殺, 促駕而出. 路甚沮洳, 碎石蠔殼, 平鋪滿地. 山脚爲潮所漱蕩, 石骨盡露, 玲瓏透漏, 巧若雕斲. 或十餘里不絶, 或斷而復出. 使米老到此, 不暇盡拜. 將匍匐而過, 爲之一哂. 潮或未盡退, 馬行水中. 馬前, 滄溟無際. 意水仙乘蛟螭行水面, 亦不過如是. 或避潮陟嶺, 或衝泥沒脛. 西日沒於海面, 微雲罩之. 色如臙脂, 大若車輞. 比諸日出, 未知孰爲奇觀.

漸昏黑, 不分路陌. 青泥瀰浸, 馬顚僕仆. 呼村夫, 爇炬而行二十餘里. 只認路之高低, 未辨山容海色. 路傍時有褋樹叢生, 始知浦盡而登山坡. 復行一浦, 浦又盡, 上長堤. 堤傍累石爲闌. 是爲格浦之挽河樓前也. 夜將二更, 下轎, 入一院. 棟宇頗宏, 爲浦鎭諸校所處云. 浦將韓弁哲相進現. 夕飯則已三鼓矣. 就枕昏睡.

曉起拓窓, 不覺驚叫. 盖滿眼山海之勝. 昨在昏霧中, 朝來一開眼, 陟然創見, 尤覺奇幻. 亦遊者之神方妙境也.

促飯, 登挽河樓. 樓在鎭將廨宇之前. 昨所行長堤, 直其前. 堤左潮水正漲, 堤右廣陂瀲灎. 陂外羣山圍繞, 踈松離立. 右望山腰, 老槐數株, 鬱若屯雲, 殿角翬聳, 是爲行宮. 又小東尖峯入雲, 輿而登焉. 絶頂圍短墻. 入門, 累雜石爲高臺, 臺前列五峯堠. 登臺而西望, 萬頃滄海, 粘天無際. 南北亦然. 朝陽射之, 爛銀照耀, 指點蝟島七山, 亦不能盡辨. 遠見黑豆數點, 皆是漁船云. 倘怳驚怪, 此身眞羽化高翔於雲霄外. 目眩股栗, 不可久住, 相與攝衣步下. 聖與誦'夜靜海濤[46]三萬里, 月明飛錫下天風.' [已下缺]

44) 『표암집』에는 화(火)라 썼다.
45) 『표암집』에는 산(山)자를 하나 더 썼다.
46) 『표암집』에는 도(濤) 대신에 도(島)라 썼다.

예나 지금이나 화가는 각자 하나만 능숙하지 두루 솜씨가 있지는 못하다. 그런데 김홍도 군은 최근에 우리나라에서 태어나 어려서부터 그림 그리는 일을 전공하여 못하는 것이 없다. 인물(人物)·산수(山水)·선불(仙佛)·화과(花果)·금충(禽蟲)·어해(魚蟹)에 이르기까지 모두 오묘한 경지에 들었으니 옛 사람과 견주더라도 맞설 만한 사람이 거의 없다. 신선도나 화조도에 더욱 솜씨가 있어 이미 한 세대에 유명하고 후대까지 전할 만하다. 우리나라 인물이나 풍속을 그리는 데는 더욱 능하였다. 예를 들어 선비가 공부하는 모습·상인이 시장에 나서는 모습이나 나그네·규방 여인·농부·누에치는 여자·장군·이층집·황량한 산·들판의 물에 이르기까지 모습을 곡진하게 그려서 그 모양이 실물과 차이가 없었으니 이것은 옛날에도 일찍이 없었던 일이다.

무릇 화가들은 모두 전해오는 그림을 따라서 배우고 익혀서 솜씨를 쌓은 후에야 엇비슷하게 그려낼 수 있다. 그러나 독창적으로 터득하고 심지어 하늘의 조화를 오묘하게 얻기까지 하였으니 어찌 하늘에서 부여받은 재주가 남달라 세상 풍속을 훌쩍 넘어선 것이 아니겠는가. 옛 사람은 '닭이나 개를 그리기는 어렵지만 귀신을 그리기는 쉽다'[47]라 하였다. 눈으로 쉽게 볼 수 있으면 대충해서 사람을 속일 수 없기 때문이다. 세상에서는 김홍도의 뛰어난 재주에 놀라며 지금 사람들이 미칠 수 없는 경지라고 탄식하지 않는 사람이 없다. 이에 그림을 구하려는 사람들은 날로 많아져서 비단이 산더미처럼 쌓이고 재촉하는 사람들이 문을 가득 메워 잠자고 밥 먹을 겨를도 없을 지경이다.

---

47) 닭이나…… 쉽다 : 『한비자』 11권, 「외저설좌상(外儲說左上)」에 나오는 이야기이다. 손님 중에 제나라 왕을 위하여 그림 그리는 자가 있었다. 제왕이 어떤 것을 그리기가 가장 어렵냐고 묻자 그 사람은 귀신이 가장 쉽다고 했다. 그러면서 한 말이 바로 이 구절 "夫犬馬人所知也, 暮旦罄於前, 不可類之, 故難, 鬼魅無形者, 不罄於前, 故易之也"이다.

영조 조에 어진을 그릴 때 김홍도는 일을 맡으라는 부름을 받았다. 또 지금 임금[정조(正祖)] 때에도 명을 받들어 임금의 화상을 그려, 이를 크게 칭찬하는 뜻으로 특별히 찰방 벼슬에 임명되었다. 돌아와서는 방 한 칸을 마련하고 마당을 깨끗이하여, 좋은 화초들을 섞어 심었다. 집 안이 맑고 깨끗하여 한 점의 먼지도 일지 않았다. 책상과 안석 사이에는 오직 오래된 벼루와 고운 붓, 쓸 만한 묵과 희디 흰 비단만 있을 뿐이었다. 이에 스스로 단원이라 호를 짓고 나에게 기문을 지어주길 원했다.

내가 알기로, 단원은 명나라 때 이장형[48]의 호이다. 김홍도 군이 본떠서 자기의 호를 삼은 것은 무슨 생각에서인가? 그가 문사로서 고상하고 밝았으며, 그림도 기이하고 전아했던 것을 사모한 것일 게다. 지금 김홍도란 사람은, 생김새가 곱고 빼어날 뿐 아니라 속마음도 세속을 벗어나 있다. 보는 사람마다 그가 고아하게 세속을 벗어난 사람이지 시골의 촌놈들과는 다르다는 것을 알 수 있다. 성품상 거문고나 피리의 우아한 소리를 좋아하여 매번 꽃 핀 달밤이 되면 때때로 한두 곡조를 연주하는 것으로 즐거움을 삼았다. 그의 솜씨가 옛사람을 따라 잡을 수 있는 것은 말할 것도 없거니와 그 풍채도 훤칠하여 진나라나 송나라 때의 높은 선비 중 이장형 같은 사람에게 비할 수 있을 것이다. 그런데 이미 고원하여 그만 못할 것이 없다.

나는 노쇠한 나이에 군과 더불어 사포서(司圃署)의 동료가 된 적이 있다. 일이 있을 때마다 군은 번번이 나의 노쇠함을 걱정하며 내 대신 수고를 해 주었으니, 이것이 내가 더욱 잊지 못하는 바이다. 요즘에는 군이 그림을 그리면 으레 나를 찾아와서 한두 마디 평을 써 달라 했으므로, 궁궐에 있는 병풍이나 두루마리까지에도 더러 내 글씨로 쓴 것이

48) 이유방(李流芳, 1575~1629) : 명나라 때의 문인이자 화가. 자는 장형(長衡)이고 호는 포암(泡庵), 신오거사(愼娛居士). 성품이 강직하여 권세가에 아부할 줄 몰랐으므로 위충현(魏忠賢)이 생사(生祠)를 건설하였는데 참배하지 않았다. 주로 경물시나 응제시(應製詩)를 지었는데, 풍격이 질박하고 자연스러운 것이 특징이다. 저서로 『단원집(檀園集)』이 있다.

있다. 군과 나는 '나이를 잊고 지위를 잊은' 채 교제한 사이라 해도 괜찮을 것이다. 내가 단원에 대한 기문을 사양할 수 없고, 단원의 호에 대해서 말을 붙일 겨를도 없어서 대략 군의 평소 모습을 써주어 응하노라. 옛날 사람들은 소식(蘇軾)의 「취백당기(醉白堂記)」를 가지고 한기(韓琦)와 백낙천(白樂天)의 우열을 논한 것이라고 비판하였다. 이제 이 기문에서, 이장형과 김홍도의 우열을 논했다 하여 사람들이 혹 나를 꾸짖지 않겠는가.

내가 김홍도 군과 더불어 사귀는 동안 앞뒤로 모두 세 번 변했다. 처음에는 김홍도 군이 어린아이로 내 문하에 다닐 적이다. 이때는 이따금 그의 솜씨를 칭찬하기도 하고 더러는 그림 그리는 방법을 일러 주기도 하였다. 중년에는 함께 같은 관청에서 아침저녁으로 같이 있었다. 말년에는 함께 예술계에 있으면서 지기(知己)의 감정을 느꼈다. 김홍도 군은 나에게 글을 구하였지 다른 이에게 구하지 않았다. 반드시 나에게 온 것도 까닭이 있는 것이다.

原文 古今畵家, 各擅一能, 未能兼工. 金君士能生於東方近時, 自幼治繪事, 無所不能. 至於人物・山水・仙佛・花果・禽蟲・魚蟹, 皆入妙品, 比之於古人, 殆無可與爲抗者. 尤長於神仙・花鳥, 已足鳴一世, 而傳後代. 尤善於模[49]寫我東人物風俗. 至若儒士之攻業・商賈之趍市・行旅・閨闈・農夫・蠶女・重房・複戶・荒山・野水, 曲盡物態, 形容不爽, 此則古未嘗有也.

凡畵者, 皆從絹素流傳者, 而學習積力, 乃可髣髴, 而創意獨得, 以至巧奪天造, 豈非天賦之異, 逈超流俗也. 古人謂畵鷄犬難, 畵鬼神易. 以其目所易見者, 不可杜撰瞞人也. 世俗莫不驚士能之絶技, 歎今人之莫及. 於是, 求者日衆, 至於縑素堆積, 督索盈門, 至不暇於寢啖焉.

英廟朝, 圖繪御眞也, 士能被召相役. 又於當宁朝, 承命寫御容, 大稱旨, 特授督郵之任. 歸而治一室, 淨掃庭宇, 雜植嘉卉. 軒楹瀟灑, 一塵不起. 牀几之間, 惟古硯精毫, 佳墨霜絹而已. 乃自號檀園, 要余作記.

余惟檀園, 乃明朝李長蘅之號也. 君之襲以爲己有者, 其意何在? 不過慕

49) 『표암집』에는 모(模) 대신 모(摹)라 썼다.

其文士之高朗, 繪事之奇雅而已. 今者士能之爲人, 眉目姣秀, 襟懷脫灑. 見者皆可知爲高雅超俗, 非閭巷庸瑣之倫. 性且喜琴笛雅音, 每當花月之夕, 時弄一兩操, 以自娛. 卽無論其技藝之直追古人, 風神軒軒霞擧, 可以求於晉宋間高士, 若方之於李長蘅也. 則已遠過, 而無不及矣.

顧余老朽, 曾與君爲圃署之同寀. 每有事, 君輒悶其衰, 而代其勞, 此尤余所不能忘. 近日, 得君之畵者, 輒就余, 求一二評跋, 以至於大內之屛幛[50]卷軸, 亦或有拙字之題後. 君與余, 雖謂之忘年忘位之交可矣. 余於記檀園, 不能辭, 亦不暇就園之號而着語, 畧叙君平生以應之. 昔人以醉白堂記, 譖韓白優劣論嘲之. 今此記, 人或不以李金優劣論, 誚我耶.

余與士能交, 前後凡三變焉. 始也士能垂齠, 而遊吾門. 或奬美其能, 或指授畵訣焉. 中焉, 同居一官, 朝夕相處焉. 末乃共遊藝林, 有知己之感焉. 士能之求吾文, 不於他. 必於余者, 亦有以也.

◎ 단원기 또 하나 檀園記 又一本

찰방 김홍도의 자는 사능이다. 어릴 때부터 우리 집에 드나들었다. 그의 눈썹이 맑고 기골이 빼어난 것으로 보아, 세속에서 밥이나 지어먹는 사람의 기운은 아니었다. 이른 나이부터 기예가 뛰어나, 화원 중 진씨(秦氏)[51]·박씨(朴氏)[52]·변씨(卞氏)[53]·장씨(張氏)[54]도 한 수 아래일 정도였

50) 『표암집』에는 장(幛) 대신 장(障)이라 썼다.

51) 진재해(秦再奚, 1691~1769) : 조선후기 화가. 본관은 풍기(豊基), 자는 정백(井伯), 호는 벽은(僻隱)으로 화원 허승현(許承賢)의 손자사위이며, 역관 진시영(秦時英)의 아들이다. 도화서 화원을 역임했고 벼슬은 첨절제사와 충익장(忠翊將)을 지냈다. 초상을 특히 잘 그려 1713년 숙종 어진(肅宗御眞) 원유관본(遠遊冠本)과 익선관본(翼善冠本) 도사(圖寫)의 주관화사(主管畵師)로 활약하였다. 1728년 김두량(金斗樑), 박동보(朴東普) 등과 함께 양무원종공신(揚武原從功臣)의 훈호를 받았다. 산수에도 능했다고 한다. 유작으로 「월하취적도(月下吹笛圖)」가 전한다.

52) 박동보(朴東普, ?~?) : 조선후기 화가. 본관은 개성(開城), 호는 죽리(竹里)·청구자(靑丘子). 부사과(副司果)와 동지중추부사를 지냈다. 1711~1712년 통신사 행의 수행 화원으로 일본에 다녀왔다. 1733년 함세휘(咸世輝), 양기성(梁箕星)과 함께 영조어진(英祖御眞)을 그렸으며, 1735년에는 장득만(張得萬) 등과 함께 세조어진(世祖御眞)도

다. 무릇 누각(樓閣)·산수(山水)·인물(人物)·화훼(花卉)·충어(蟲魚)·금조(禽鳥)까지 그 모양을 꼭 닮아서 하늘의 조화를 빼앗기 일쑤였다. 조선 왕조 사백 년 이래 새로운 경지를 열었다 해도 괜찮을 것이다. 풍속·세태를 그려내는 데에는 더욱 장점이 있었다. 예를 들면 사람이 살아가면서 날마다 하는 수천 가지와 길거리·나루터·가게·점포·시험장·연희장 등과 같은 것도 한번 붓을 대기만 하면 사람들이 다들 크게 손뼉을 치면서 기이하다 탄성을 질렀다. 세상에서 '김사능의 풍속화'라고 하는 것이 이것이다. 만일 신령한 마음과 슬기로운 식견으로 홀로 천고의 오묘한 깨달음을 터득치 않았다면 어찌 능히 이렇게 할 수 있겠는가.

영조 말년에 어진(御眞)을 그리라고 당대 초상화에 재주가 있는 자들을 뽑았는데 군이 진실로 적격이었다. 일을 마치자 사포서 관직에[55] 임명되었는데, 때마침 나도 관직에 있어 군과 동료가 되었다. 예전에는 아이로만 보았는데 이제는 같은 반열에 있게 된 것이다. 나는 낮추 불러 한스럽게 하지 않았고 군도 자기를 낮추고 공손하여 으레 함께 일하는 것을 영광스레 여기었다. 나도 군이 자만하지 않는 것에 감복하기도 하였다.

그렸다. 1728년 진재해(秦再奚), 김두량(金斗樑) 등과 함께 양무원종공신(揚武原從功臣)으로 봉해졌다. 유작으로 「묵매도(墨梅圖)」 쌍폭이 전한다.

53) 변상벽(卞相璧, ?~?) : 본관은 밀양, 자는 완보(完甫), 호는 화재(和齋). 숙종 때 화원(畵員)을 거쳐 현감(縣監)을 지냈다. 고양이를 잘 그린다고 해서 변고양이[卞猫]라는 별명이 있었다. 새나 짐승을 그린 그림, 초상화에도 뛰어나 국수(國手)라는 칭호를 받았다. 작품에는 「추자도(雛子圖)」, 「묘작도(猫雀圖)」, 「춘일포충도(春日哺蟲圖)」, 「군학도(群鶴圖)」, 「계자도(鷄子圖)」 등이 있다.

54) 장경주(張景周, 1710~?) : 조선후기 화가. 본관은 인동(仁同), 자는 예보(禮甫). 이름의 '경(景)'자를 '경(敬)'으로 쓰기도 한다. 초상화에 뛰어나, 1744년 영조어진, 1748년에는 숙종어진 모사의 주필로 활약하였다. 이규상(李圭象)의 『일몽고(一夢稿)』에 따르면, 영조 연간의 고관들의 초상화는 대부분 그의 손으로 이루어졌다고 한다. 아버지 득만(得萬), 정홍래(鄭弘來), 조창희(趙昌禧) 등과 함께 1744년에 입사한 8인의 대신들을 기념하기 위해 그린 「기사경회첩(耆社慶會帖)」과 「조선영조왕이금상(朝鮮英祖王李昑像)」(보물 932) 등의 작품이 전한다.

55) 원문의 장공(掌供)은 사포서(司圃署)를 말한다. 사포서는 조선시대의 관청으로 주업무는 궁중의 채소전과 원포 관장이다.

우리 임금께서 보위에 오르신 지 5년에 선왕의 성대한 업적을 추모하기 위하여 어진(御眞)을 그리려고 솜씨가 뛰어난 사람을 찾았다. 관료들이 모두 "김홍도가 여기 있는데 다른 데서 구할 것 있겠습니까?"라 하였다. 은총을 입어 궁에 올라가서 마침내 감목(監牧) 한종유(韓宗裕)[56]와 함께 그림 그리는 일을 마쳤다. 얼마 안 되어 영남의 역참 말을 살피는 관리가 되었다. 조정에서 예인을 등용하는 일이 진실로 오래도록 끊어졌는데, 군이 포의가 할 수 있는 가장 높은 지위에 오른 것이다. 임기를 다 채우고 다시 화원에 돌아와서는 때로 내각에 들어가 청연루(淸讌樓)[57]의 모습을 그렸다. 바깥 사람 중에는 사실 아는 사람이 드물지만 임금께서는 미천하고 비루하다고 버려두지 않으셨으니, 군은 밤마다 감격하여 눈물을 흘리면서 어떻게 보답해야 할지 몰라 했다.

김홍도는 이밖에 음악에도 능통하여 거문고와 피리의 곡조를 매우 오묘하게 했고, 풍류가 호탕해서 칼을 치며 슬픈 노래를 부를 때마다 강개하여 간혹 몇 줄기의 눈물을 흘리고는 했다. 그의 심정을 아는 사람은 알 것이다.

듣자니 그의 거처는 모든 것이 깨끗이 정돈되어 있고 섬돌과 뜨락도 그윽하고 고요하였다 하니, 저자거리에 살면서도 속세를 벗어난 뜻이 있었던 것이다. 세상의 옹졸하고 악착스런 사람이 겉으로는 비록 김홍도와 함께 어깨를 치며 너니 내니 하더라도 또한 어찌 김홍도가 어떠한 사람인 줄 알 수 있겠는가. 김홍도가 일찍이 이유방의 사람됨을 흠모하여 그의 호를 본따서 단원이라 짓고 나에게 기문을 지어달라고 하였다. 김홍

56) 한종유(韓宗裕, 1737~?) : 조선 중기의 화가. 본관은 신평(新平). 화원집안으로서, 시웅(時雄)의 현손이며, 중흥(重興)의 맏아들이고, 절충(折衝)을 지낸 종일(宗一)의 형이며, 김득신(金得臣)·김석신(金碩臣)의 외삼촌이다. 도화서화원으로 감목관(監牧官)을 지냈다. 초상화에 뛰어나 1771년 김응하(金應河)의 유상을 모사하였으며, 1781년에는 정조어진 익선관본(翼善冠本) 도사(圖寫)의 주관화사(主管畵師)로 활약하였다.

57) 청연루(淸讌樓) : 경복궁 전각의 이름. 궁의 중심에 있는 아미산(峨嵋山)의 동쪽에 있었다.

도는 정원을 갖지 못하였으므로 내가 기문을 지어줄 수가 없다. 그래서 김홍도의 간략한 전기를 써서 벽 위에 이와 같이 붙여 놓으라고 준다.

原文‖ 金察訪弘道, 字士能. 童丱而遊余家. 見其眉淸骨秀, 有非烟火食者氣韻. 早擅絶藝, 院中所稱秦・朴・卞・張, 殆在下風. 凡樓閣・山水・人物・花卉・蟲魚・禽鳥, 無不酷肖其形像, 往往有奪天造. 我東四百年, 雖謂之闢天荒可也. 尤長於移狀俗態. 如人生日用百千云爲, 與夫街路・津渡・店坊・鋪肆・試院・戲場, 一下筆, 人莫不拍掌叫奇, 世稱金士能俗畵是已. 苟非靈心慧識, 獨解千古玅悟, 則烏能爲是哉.

英廟季載, 命畵御眞, 擇一世之善於傳神者, 君實膺焉. 告功叙勞, 拜掌供之官, 時余從仕, 得與君爲寮宷. 向者兒視之者, 今與比列. 余不敢爲嗟卑之恨, 而君則折節愈恭, 輒有與有榮之意焉. 余亦服君之不自多也.

惟我聖上, 臨御五載, 克追聖祖盛事, 摸畵天日, 必待神手. 縉紳大夫咸曰, "金弘道在焉, 不可他求." 承恩上殿, 遂與韓監牧宗裕, 祗服丹靑之役. 未幾出爲嶺郵馬官. 朝家之錄藝, 固爲曠絶, 而在君亦爲布衣之極也. 秩滿歸仕本院, 時入內閣, 點染淸謙[58]之觀. 外人實所罕知, 而聖明之不棄微陋, 君必感泣中夜, 不知所以圖報矣.

士能旁通音律, 琴笛韻詞, 極盡其妙, 風流豪宕, 每有擊劍悲歌之思, 慷慨或泣下數行. 士能之心, 自有知者知矣.

聞其居, 凡格淸整, 階塢窈窕, 闤闠之中, 便有出塵想. 世之庸陋齷齪者, 外雖與士能拍肩爾汝, 而亦何能知士能之爲何如人也. 士能常慕李流芳爲人, 移其號曰'檀園', 請余爲記. 士能固無園矣, 余不可爲記. 遂叙金弘道小傳, 寄題壁上如此.

◎ 금강산 유람기 遊金剛山記

산을 유람하는 것은 세상에서 가장 아름다운 일이다. 그러나 금강산을 유람하는 것이 세상 제일 나쁜 일이 되는 것은 어째서인가? 금강산이

58) 『표암집』에서는 연(讌)이라 썼다. 문맥상 이것이 옳다.

유람할 만하지 않다는 것은 아니다. 금강산은 삼신산에 속하는 신선 지역이요 영험한 진인(眞人)들의 거처로 온 나라에 크게 이름을 날렸다. 그래서 어린 아이나 부녀자들까지도 어릴 때부터 귀에 못이 박히도록 듣고 자연스레 입에 오르내리게 된다. 최해(崔瀣)의 「승려를 전송하는 글」59)에 보니 '어떤 이는 남을 거짓으로 꼬여 이르기를 이 산을 한 번만 보면 죽어도 나쁜 곳에 떨어지지 않는다'고 하였고, 또 '내가 사대부들 중에 산으로 유람 가는 사람을 보면 비록 그들을 말릴 힘은 없지만 속으로는 하찮게 여겼다'라고 하였다.

생각건대 옛날에 이 산이 중들의 꼬임을 당한 탓에 사람들이 모두 이곳에 모여들어 요즘보다 더 많을 지경이 되었다. 이제는 장사치, 걸인, 시골 할망구들이 줄을 이어 동쪽 골짜기를 찾는데, 저들이 어찌 산이 어떤 의미를 가진 줄 알겠는가. 다만 죽어도 나쁜 곳에 떨어지지 않는다는 한 마디 말에 마음이 끌렸기 때문이다. 사대부 중에 유람하는 사람들이야 어찌 걸인이나 시골 할망구와 모두 같겠는가마는, 산의 모양과 물의 기세 중 어떤 것이 기이하고 장대하며 또 어떤 것이 매우 특별한지를 저들이라고 어찌 다 알 수가 있겠는가. 또한 다만 여러 사람을 따라 평생 동안에 단 한 번 유람한 것을 자랑으로 여겨 다른 사람에게 과장하기를 마치 하늘 신선의 궁에나 간 듯 한다. 유람하지 못한 사람은 부끄러워하며 사람 축에 못 낄까 두려워하듯 하니, 내가 싫어하면서 세상 제일의 나쁜 일이라고 하는 까닭이 이것이다. 중년에 간혹 사람들 중에 이 산을 함께 유람하자고 나에게 청하는 사람이 있었고, 심지어 식량과 여비까지 준비하여 굳이 권하는 사람도 있었지만 나는 한 번도 가고자 하지 않았다. 속됨을 싫어하는 마음이 산을 좋아하는 것보다 앞섰기 때문이다.

무신년(1788) 가을 아들이 회양(淮陽) 부사에 임명되었으므로 나도 따

59) 최해(崔瀣, 1287~1340)의 『졸고천백(拙藁千百)』에 「송승선지유금강산서(送僧禪智遊金剛山序)」라는 제목으로 실려 있다.

라서 회양 관아에 이르렀다. 금강산은 회양에 속한 땅이니 부치(府治)와의 거리가 130리이다. 이때 마침 찰방 김응환과 찰방 김홍도가 영동 아홉 개 군의 명승을 두루 다 유람하면서 들르는 곳마다 그 경치를 그린 후 장차 이 산으로 들어가려 했다. 내가 이때에는 속됨을 싫어하는 마음으로도 산을 좋아하는 성질을 막을 수 없게 되었다. 그래서 9월 13일에 관아를 떠나서 김응환·김홍도 두 김군 및 막내아들 빈(儐), 서자 신(信), 친구인 임희양(任希養),[60] 황규언(黃奎彦)[61] 군과 함께 신창(新倉)을 향해 출발했다. 이튿날에도 계속 가다 보니 산길에는 단풍잎이 비단처럼 알록달록했다. 바람이 갑자기 서늘해지더니 때마침 눈발이 날려 옷깃을 때렸다. 아들 신과 김홍도는 말 위에서 통소를 불기도 하고 피리를 불기도 하면서 서로 화답하였다. 속담에 '추워 벌벌 떨면서도 나를 알아주는 사람이 없다며 큰소리친다'더니, 이처럼 세찬 추위에도 군이 통소와 피리를 연주하는 것이 바로 이러한 것을 이름이겠으니 한번 웃을 만하다.

날이 저물고 나서야 비로소 장안사에 도착했다. 절은 예로부터 이름난 사찰로 지금은 이미 스러져 다리는 끊기고 누대는 무너졌다. 중들도 뿔뿔이 흩어져 큰 집에 주인은 없고 다만 별 볼일 없는 종들 몇만 남아 서로 의지하며 지키는 듯하니 매우 애석한 일이다. 법당 오른쪽 요사채에서 잤다. 조카 박황(朴鎤)과 창해(滄海) 정란(鄭瀾)[62]까지 모두 와서 같

60) 임희양(任希養, 1737~1813) : 소북 계열 인물이다. 강이천의 문집에는 그와 관련된 「단원임장화상찬(鍛園任丈畫像讚)」이 남아 있다. 그는 시문에 능하여 안산사단(安山詞壇)에 참여한 사람이다. 문집으로 『학서집(鶴西集)』 5권이 있다 하나 확인할 수는 없다.

61) 황규언(黃奎彦) : 행적을 자세히 알 수는 없다. 『표암유고』에는 「희증황생규언(戱贈黃生奎彦)」에 그와 관련된 글이 있다.

62) 정란(鄭瀾), 1725~1791) : 조선 후기 여행가이자 시인. 본관은 동래(東萊). 자는 유관(幼觀), 호는 창해(滄海)이다. 본래 영남의 단성현(丹城縣)에 살았으나, 안산의 문인들과 교류가 많았다. 미술에도 조예가 깊었다. 정란의 시문은 『대동시선(大東詩選)』 권7에 칠언절구 2수, 칠언율시 1수와 김홍도(金弘道)가 그려준 「단원도(檀園圖)」의 제화시(題畫詩)를 포함 4편이 전해진다. 강이천(姜彛天)의 『중암고(重菴稿)』에 있는 「記滄海翁遊山事」, 「贐滄海鄭瀾楓嶽行」을 비롯하여 이용휴(李用休), 신경준(申景濬), 채제

이 잤다.

이튿날은 15일이다. 아침에 일어나 법당 불상을 대강 보았다. 이른바 사성전(四聖殿)이라는 곳 안에는 십육나한상이 있었는데 솜씨가 뛰어나 입신의 경지에 들었으니 꼭 살아 움직이는 것 같았다. 생전 처음 보는 것들이었다. 사찰은 산의 초입에 있어서 금강산의 문 역할을 한다. 산의 기세와 시내 소리에 이미 범상치 않다는 것을 깨달았다. 두 김씨는 대략 모양을 그렸고 나도 절 뜰에 나와 앉아 보이는 것들을 그렸다. 산 높이가 몇백 길이나 될지 알 수는 없지만 장엄하고 훌륭하여, 빼어나게 큰 사람이 아무 데도 의지하지 않은 채 우뚝이 서있는 듯하였다. 상봉(上峰) 오른편에 큰 바위로 된 봉우리가 있는데, 가파르게 깎고 새긴 듯한 모양이라 다른 봉우리와는 비교가 되지 않는다. 상봉 왼편에는 조그마한 바위로 이루어진 봉우리가 있는데, 첩첩이 쌓인 봉우리 옆으로 약간 드러나 있다. 그 빛깔은 은을 녹인 것 같았으니 이것이 혈망봉(穴望峰)이다. 금강산 전체로 보자면 이것은 하나의 저민 고기와 같다.

밥을 먹은 후 옥경대라는 곳으로 향하였다. 하나의 둥근 모양 돌이 백 칸짜리 집채만 하였다. 그 위에 오르자 깎아지른 듯한 벽이 보였는데 의지한 곳 없이 홀로 우뚝하였다. 위는 널찍하고 아래는 좁아서 마치 거울 자루를 경대에 세워둔 것 같았으니 이것을 명경대라 한다. 터를 이룬 둥근 바위는 이름이 옥경대라 한다. 대 앞 맑은 못이 거울 같으므로 옥경이라 일컫는 것은 이 때문인 듯하다. 이른바 황천강(黃泉江)이니 지옥문(地獄門)이니 하는 것은 모두 비길 데 없이 보잘 것 없는 것이어서 붓으로 기록할 만한 것이 못된다. 대체로 이 산의 봉우리나 골짜기의 이름은 모두 불교의 명칭이나 속담으로 붙인 것이니, 차일(遮日)·백마(白馬)·석응(石鷹)·담무갈(曇無竭)·미륵(彌勒)·오현(五賢)·가섭(迦葉) 등의 이름은 모두 매우 비루하여 묻고 싶지도 않다.

공(蔡濟恭), 성대중(成大中)의 문집에서 그에 관한 글들을 볼 수 있다.

길 옆에는 커다란 바위벽이 서 있었다. 위쪽에 세 개의 불상을 새겼고 왼쪽 면에도 여러 개의 불상을 그렸으며 또 그 옆으로 53개의 작은 불상을 새겼다. 중의 설명이 번다하여서 다 물을 수는 없었다. 또 백화암을 지났는데 암자는 이미 빈 채, 중 하나만 지키고 있다 한다. 암자 옆 땅이 자못 평탄한 곳에 큰 비석 서너 개와, 부도 대여섯 개가 있었다. 모두 옛날의 유명한 승려의 유적이라 한다. 표훈사에 들어 조금 쉬고는 길을 꺾어 만폭동(萬瀑洞)으로 향하였으나, 폭포는 하나도 없고 큰 시내에서 물이 내리쏟아지는 소리가 날 뿐이었다. 바위벽의 기세가 기이하고 웅장하여 마치 병풍을 두른 것 같았다. 아래로는 흰 돌이 쭈욱 어지러이 깔려 있었다. 바위 면에 양사언(楊士彦)[63]이 쓴 커다란 여덟 글자가 새겨져 있었다.

석양이 가까워 오므로 서둘러 정양사(正陽寺)로 향하였다. 절은 아주 높은 곳에 있어서 한 걸음 한 걸음 위로 갈수록 가마꾼이 땀을 흘리며 헐떡거렸다. 길도 매우 위태로웠다. 헐성루 앞에 도착하여 가마에서 내렸다. 누대에서 금강산 전체 모습을 다 볼 수 있다고들 하므로 재빨리 누대에 올라 앞 난간에 섰더니, 많은 봉우리가 겹겹이 쌓여서 형상을 이루 다 말할 수 없었다. 중들이 막대기 끝으로 가리키며 저건 무슨 봉우리, 저건 무슨 골짜기라 하는데 모두 분별할 수는 없었다. 오직 산의 동북쪽 가장 먼 곳에 흰 색 돌기둥이 옹기종기 모여 있고, 그 위는 둥근 봉우리가 덮고 있었다. 묻지 않아도 중향성과 비로봉임을 알 수 있었다. 누대 앞에 온갖 봉우리가 비록 매우 웅장하고 기이할지라도 이것들은

63) 양사언(楊士彦, 1517～1584) : 본관은 청주(淸州). 자는 응빙(應聘), 호는 봉래(蓬萊). 또 다른 호로 완구(完邱)・창해(滄海)・해객(海客) 등이 있다. 1546년 문과에 급제. 안변(安邊)군수로 재임 중 지릉(智陵)의 화재사건에 책임을 지고 귀양 갔다가, 2년 뒤 풀려나오는 길에 병사하였다. 시(詩)와 글씨에 모두 능하였는데, 특히 초서(草書)와 큰 글자를 잘 썼다. 안평대군(安平大君)・김구(金絿)・한호(韓濩) 등과 함께 조선 전기의 4대 서예가로 불렸다. 저서에 『봉래시집(蓬萊詩集)』이 있다. 그가 쓴 '봉래풍악원화동천(蓬萊楓岳元化洞天)'이라는 8글자가 금강산 바위에 새겨져 있는데, 금강산을 찾는 이마다 이 글자 이야기를 하고는 했다.

산에서는 예사롭게 볼 수 있는 경치이다. 옥 같은 죽순이 다투어 솟아 있는 듯, 서릿발 드러내는 칼날이 늘어서 있는 듯한 중향봉 같은 것은, 이 산 제일의 기이하고 환상적이며 아름다운 경치이다. 우리나라에 다시없을 곳임은 물론이요, 중국의 이름난 산 중에서 보더라도 또한 다시 찾을 수는 없을 곳이다. 몇 폭에다 대략 눈에 보이는 것을 그렸는데, 날은 이미 저물었다.

급히 누대에서 내려와서 표훈사로 돌아오려는데, 벽에 오도자(吳道子)[64]의 그림이 있다는 말을 들었다. 육면으로 된 누각 벽에 비단에 그려진 불상이 있는데, 그만그만한 중 무리의 그림일 뿐만 아니라 필적도 매우 최근 것이어서 논할 가치도 없었다. 이미 가마에 올랐는데, 가마꾼이 말하기를 "여기에서 천일대까지는 몇 걸음밖에 되지 않으니 올라 보지 않으시렵니까?" 하기에 곧 웃으며 허락하였다. 길옆에 계수나무가 있다기에 사람을 시켜 꺾어 오게 하여 보니 익가목(益加木)이었다. 그 맹랑하고 거짓됨이 이와 같았다. 그제서야 표훈사에 가서 머물러 잤다.

16일에 아들 빈(儐)과 여러 사람들은 수미탑과 원통암 등 여러 곳을 다녔으나 나는 매우 피곤하여서 쫓아갈 수 없었다. 아들 신(信)과 함께 절에 머물며 쉬다가 저녁때가 되어서야 다시 만폭동에 갔다. 빈이 돌아오기를 기다리기 위해서였는데 날이 저물어서 절로 되돌아왔다. 어두워진 후에야 사람들이 돌아와서는 보고 온 경치에 대해 이야기해 주었다. 또 길이 너무 험하여 가마를 탈 수 없으므로 모두 걸어서 오가느라 매우 지쳤다고 말해주었다. 내가 편안히 앉아 쉰 것은 참으로 잘한 일이었다. 한밤중에 두 김군이 백탑에서 돌아와 사람들과 함께 표훈사에서 잤다. 17일에 우리 일행은 곧장 관아로 돌아왔고, 두 김군은 유점사로 가서 여러 승경을 두루 유람한 후 회양의 관아로 돌아올 것을 약속하였다.

64) 오도현(吳道玄, ?~792) : 중국 당(唐)나라 때의 화가. 자는 도자(道子). 필법이 매우 뛰어나 서성(書聖)이라 일컬어졌다. 특히 불화와 산수화에 뛰어나 당대(唐代) 제일이라 일컬어지기도 했다. 공자상(孔子像)을 그린 것이 남아 전한다.

내가 산에 들어가 불과 세 밤을 잤는데, 표훈사에서 두 밤을 잤고, 하루는 휴식을 취하였다. 유람한 것이 겨우 하루 이틀인데, 몇 폭의 진경을 그려서 돌아왔다. 금강산을 대강 유람한 사람 중에 마땅히 나와 같은 사람은 없을 것이다. 산을 유람한 사람들은 으레 시를 짓는데, 혹 하나의 봉우리나 하나의 골짜기, 각 절이나 암자마다 제목을 붙여 각기 한 편씩을 지으니, 마치 일정을 기록한 일기와 같다. 만이천봉이 옥색 눈 같다거나 비단결 같다는 표현은 사람마다 똑같으므로 읽고 싶지도 않다. 이런 시들을 읽혀서 이 산을 못 가본 사람들이 마치 이 산 속에 있는 듯하게 만들 수 있겠는가. 만약 모습을 비슷하게 표현한 것으로 말한다면 오직 유기(遊記)가 가장 좋다. 그러나 이따금은 늘려서 지나치게 설명을 하여 두꺼운 분량으로 만들다 보니 항간에 떠도는 이야기들이 반복해서 나타나므로, 보는 사람을 더 싫증나도록 만들기도 한다. 오직 그림만은 모습에 약간의 차이가 있지만 나중에라도 누워서 보며 즐길 수 있을 것인데, 이 산이 생긴 이래 그림으로 나타낸 사람이 없었다.

근래에 정선(鄭敾)[65]과 심사정(沈師正)[66]이 그림을 잘 그린다고 이름이 났다. 각자 그린 것을 보면, 정선은 평소 익숙한 필법으로 자유롭게 휘둘러 돌 모양이나 봉우리 형상까지도 한결같이 열마준법(裂麻皴法)으로 어지럽게 그렸으므로 진경을 묘사하는 데에는 논하기에 부족한 듯 하다. 반면에 심사정은 정선보다는 약간 뛰어나지만 그 역시 고아하고 넓은

65) 정선(鄭敾, 1676~1759) : 조선후기 화가. 본관은 광주, 자는 원백(元伯), 호는 겸재(謙齋). 여러 벼슬을 거쳐 1756년에는 종2품 가선대부지중추부사(嘉善大夫知中樞府事)에 제수되었다. 화가로서는 파격적인 대우다. 자연미의 특성을 깊이 관찰하여 자신만의 독특한 화법을 개발하였다. 강희언(姜熙彦)·김윤겸(金允謙)·최북(崔北)·김응환(金應煥)·김홍도(金弘道)·정수영(鄭遂榮) 등 수많은 사람들에게 영향을 주어 진경산수화의 화풍이 다음 시대에까지 이어지게 만든 공이 있다. 「인왕제색도」 등 여러 작품이 전한다.

66) 심사정(沈師正, 1707~1769) : 본관은 청송(靑松), 자는 이숙(頤叔), 호는 현재(玄齋). 정선(鄭敾)의 문하에서 그림을 공부하였고 뒤에 중국 남화(南畫)와 북화(北畫)를 스스로 익혀 새로운 화풍을 이루었다. 김홍도(金弘道)와 함께 조선 중기의 대표적인 화가로 꼽힌다. 화훼(花卉)·초충(草蟲)을 비롯하여 영모(翎毛)와 산수(山水)에도 뛰어났다.

식견이 없다. 내가 비록 그려보고 싶지만 붓이 낯설고 솜씨가 형편없어서 할 수 없었다. 육유(陸游)[67]가 문장을 논한 시에 말하기를 '선배들은 우리의 노련함을 못 보았으니, 아마도 남은 한이 천년 가리라'[68]라 하였다. 한번 이 시구를 읊조리니 강개하여 한탄함을 이길 수 없구나.

原文 遊山, 是人間第一雅事. 而遊金剛, 爲第一俗惡事, 何也? 非謂金剛之不足遊也. 而金剛獨以海山仙區, 靈眞屈宅, 大擅一邦之名. 童兒婦女, 莫不自齠齔, 而慣於耳, 而騰於舌. 按崔瀣送僧序, 有曰 : "有誑誘人云, 一覩是山, 死不墮惡塗", 又曰 : "余見士夫有遊山者, 雖力不能止之, 心竊鄙之."

意者, 昔之此山爲僧輩誑誘, 人皆輻湊[69], 殆有加於近日也. 今之販夫・傭丐・野婆村嫗, 踵相躡於東峽者, 彼惡知山之爲何物. 而只以'死不墮惡塗'一言, 誘其衷也. 士夫之遊者, 亦豈盡知[70]傭丐・村婆, 然其何能盡解山形・水勢之何者爲奇壯, 何者爲絶特. 亦只隨衆逐隊, 以平生一遊爲能事, 向人誇張, 有若上淸都遊帝鄕. 其未曾遊者, 則歉愧如恐不能齒於恒人, 余之所憎厭謂之第一俗惡事者, 此也. 余於中歲, 或有人要偕遊此山者, 至於備糧費, 而懇請不已者, 而余不欲一往. 盖憎俗之心, 有以勝於愛山之癖也.

至戊申秋, 兒子拜淮陽倅, 余乃追到府衙. 而山爲淮之地, 距府治爲一百三十里. 時適有金察訪應煥・金察訪弘道, 自嶺東九郡, 遊歷名勝, 每於所過, 圖寫其勝槩, 將入是山. 余於是, 不能以憎俗之意, 禁遏愛山之癖. 乃於九月十三日離衙, 與兩金及季兒儐・庶子信・任友希養・黃君奎彦發向新倉. 其翌日, 又作行, 山路楓葉, 斑瀾[71]如錦. 風氣猝冷, 時有雪片飄打衣袂. 信兒與金士能[弘道字], 於馬上, 或吹[72]簫, 或吸笛[73], 相和之. 諺曰, "呼寒戰栗而大號知我者希", 値此嚴冷, 强奏笙簫, 政謂此也, 爲之一笑.

---

67) 육방옹(陸放翁) : 육유(陸游, 1125~1210)의 호. 송나라 때 문인. 자는 무관(務觀). 산음(山陰) 사람. 당대 문명이 높던 범성대(范成大) 등과 문자의 사귐을 나누었고, 당대 4대가의 한 사람으로 꼽혔다. 여러 벼슬을 거쳐 보장각대제(寶章閣待制)로 치사(致仕)하였다. 저서에 『검남시고(劍南詩藁)』와 『검남문집』 등이 전한다.

68) 육유의 시 원제와 전문은 다음과 같다. "文章在眼每森然, 力弱才疏挽不前. 前輩不生吾輩老, 恐留遺恨又千年."(「문장(文章)」)

69) 『표암집』에서는 주(湊) 대신 진(臻)이라 썼다.

70) 지(知)는 '여(如)'자의 오자인 듯하다.

71) 『표암집』에서는 반란(斑瀾)의 순서를 바꾸어 란반(瀾斑)이라 썼다.

72) 『표암집』에서는 취(吹) 대신 차(次)라고 썼다.

73) 『표암집』에서는 적(笛) 대신 생(笙)이라 썼다.

日已暮, 始抵長安寺. 寺故名刹, 今已殘毁, 橋崩樓頹. 僧徒散亡, 有似甲第傑搆無主, 只餘殘僕數人, 相依看守, 甚可慨也. 宿於法堂之右寮. 朴戚侄[74]鋭及鄭滄海瀾, 皆來會同宿.

翌日爲十五日. 朝起, 畧看法堂佛像. 有所謂四聖殿中塑十六羅漢, 巧妙入神, 宛若生動. 盖所創見也. 寺爲金剛之初境, 乃一山之門戶. 而山勢泉聲, 已覺壯偉不凡. 兩金畧圖形勢, 余則出坐寺庭, 摸其所見. 山高不知幾百丈, 磅礡雄偉, 儼然如傑巨人特立不倚. 上峰之右, 有大石峰, 巉削雕鏤, 已非他峰之可比. 上峰之左, 有一片石峰, 微露於疊嶂之側. 其色如鎔銀, 此爲穴望峰云. 金剛全體, 此爲一巒也.

飯訖, 向所謂玉鏡臺. 一圓石, 大如百間屋. 登其上, 望見削壁, 特立不倚. 上豊而下殺, 若鏡柄之竪於鏡臺也, 此名爲明鏡臺. 所坐圓石, 名爲玉鏡臺. 臺前澄潭若鏡, 玉鏡之稱, 或以此耶. 其所謂黃泉江・地獄門之稱, 皆無倫庸陋, 不足錄於筆下. 大抵此山之峰名洞號類, 皆以佛號與俗談稱之, 如遮日・白馬・石鷹, 或稱曇無竭・彌勒・五賢・迦葉等號, 皆陋甚, 不欲提問.

路傍有大石壁立. 上刻三佛像, 其左面又刻數佛, 傍又刻五十三小佛. 僧說尨雜, 不可窮詰也. 又歷白華菴, 菴已空, 只有一僧守之云. 菴之傍, 地勢頗平衍, 有穹碑三四, 浮屠五六, 皆古名僧遺蹟云. 入表訓少歇, 轉向萬瀑洞, 未嘗有一瀑, 只有大磵, 激射作聲. 壁勢奇壯若屛幛[75]. 下有白石, 平鋪錯列. 石面刻楊士彦八大字.

趂夕景, 催向正陽寺. 寺在絶高處, 步步向上, 輿夫汗喘. 路亦甚危. 到歇醒樓前, 下輿. 樓以盡覽金剛全面有稱. 催上樓, 倚前欄, 則萬峰堆疊, 不可盡狀. 僧輩以柱杖之端指示, 稱以某峰某洞, 皆不可辨. 惟山之東北最遠處, 白石柱攢簇, 其上有圓峰覆之. 不問而知爲衆香城・毘盧峯也. 樓前萬峰, 雖極雄奇, 此則或是山中恒有之景. 至若衆香如玉筍之競茁・霜劍之排列, 此爲一山第一奇幻巧壞之境. 卽無論東國所無, 雖求之中華名山, 亦不可復得也. 取片幅, 畧寫眼中所見, 日已暮矣.

催下樓, 欲還表訓, 聞壁有吳道子畵. 六面閣中壁, 有絹本佛像, 乃尋常僧輩之畵, 筆蹤亦甚新, 不足多辨也. 旣上輿, 輿夫曰: "此去天逸臺, 不過數步, 盍一登覽." 乃笑而許之. 路側有桂樹云, 使人折來視之, 乃益加木云.

74) 『표암집』에서는 질(侄) 대신 질(姪)이라 썼다.
75) 『표암집』에서는 장(幛) 대신 장(障)이라 썼다.

其孟浪無稽如此. 仍向表訓, 留宿.

十六日儐兒與諸人, 轉進須彌塔·圓通菴諸處, 余則疲甚, 不能從. 只與信兒留歇寺中, 向夕復往萬瀑. 爲待儐兒之還, 而日暮徑還寺中. 昏後諸人始還, 爲述所覽之勝. 且言路險甚, 不可以輿, 皆步而往還, 勞憊極矣. 余之安坐休息, 誠爲得計也. 夜分, 兩金自百塔來, 與諸人同宿表訓. 十七日, 吾輩直還衙中, 兩金轉向楡店, 約以遊歷諸勝, 當還向淮衙云.

余之入山, 不過三宿, 而再宿於表訓, 一日休歇. 所遊覽不過一兩日, 草得數幅眞境而還. 遊金剛之草草, 宜無有如余者也. 余謂遊山者, 輒有詩, 或一峰一壑, 一寺一菴, 拈以爲題, 各有一篇, 有若行程日錄. 萬二千峰玉雪錦障之句, 萬口雷同, 不堪寓目. 試讀此等詩, 其能使未見此山者, 如身在此山中否乎. 若論髣髴形容, 其惟遊記最勝. 然或者鋪張太過, 積成卷軸, 俚談俗說, 層見疊出, 尤令人厭看. 只有繪畫一事, 差可形容萬一, 爲後日臥遊, 而自有此山, 未有畫成者也.

近世鄭謙齋·沈玄齋, 素以工畫名. 各有所畫, 鄭則以其平生所熟習之筆法, 恣意揮麗[76], 毋論石勢峰形, 一例以裂痲皴法亂寫, 其於寫眞, 恐不足與論也. 沈則差勝於鄭, 而亦無高朗之識, 恢廓之見. 余雖欲寫, 筆生手澁, 不能下筆. 陸放翁論文詩曰, "前輩不見吾輩老, 恐留遺恨又千年," 一吟此句, 盖不勝其慨歎云.

◎ 중양절날 의관령에 오른 짧은 기록 重九日登義館嶺小記

의관령(義館嶺)은 회양군(淮陽郡) 북쪽에 있다. 거기에 있는 의령사(義嶺祠)에서 봄·가을이면 한양서 내린 향으로 제사를 지낸다. 옛날 고려 현종(顯宗, 1009~1031) 때 말갈족이 이 지역에 들이닥쳐 의관령 고갯마루에 머물렀다. 들쥐가 그들의 활시위를 갉아먹어 패배하여 돌아가게 되니 이때에 신이 도와준 것으로 여겼다.

나는 무신(戊申, 1788)년 가을 맏아들 인(儐)의 회양 부임지에 왔다. 얼

76) 『표암집』에는 려(麗) 대신 쇄(灑)를 썼다. 문맥상 쇄가 옳다.

마 안 되어 친구 임희양(任希養)[77]이 금강산을 유람하러 오고 황중화(黃仲華) 군도 한양에서 왔다. 때마침 중양절[78]이어서 함께 높은 곳에 올라 아름다운 절기를 즐기려 하였고, 아들 신(信)도 여기에 따랐다. 관기 한 명, 어린 기생 두 명, 아이 심부름꾼 다섯 명이 일행으로 참여했다. 좀 높은 곳에 올라 큰 나무 아래에서 쉬는 중에, 아들 신이 생황을 불고 어떤 이는 거문고를 탔으며 기생들은 속요(俗謠) 몇 곡을 불러 화음을 맞추었다.

회양군의 마을을 굽어보니 관사들이 바둑판을 대한 듯이 뚜렷하여 일일이 꼽을 수 있을 정도였다. 이때에 구름이 해를 가리고 잔잔한 바람이 건듯 부니, 온 산의 들국화가 붉은 잎과 뒤섞여 마치 금보장(錦步障)[79] 같았다. 높이 올라갈수록 오솔길은 구불구불하여 몇 발자국 더 가다가 자리를 펴고는 잠시 쉬었다. 정상에 이르니 비로소 의령사(義嶺祠)가 있었는데, 건물은 동향이었다. 또 동쪽에 있는 성황당은 남향이었다. 가시덤불이 울창하고, 산머루는 주렁주렁 온 숲에 가득하니, 아이 심부름꾼과 어린 기생들이 서로 다투어 이것을 땄다. 허리에 차는 북[小腰鼓]이 사당 안에 있었으니, 아마 무당이 신에게 제사드릴 때 쓰는 도구일 것이다. 아이 중에 어떤 녀석은 두들기며 박자를 맞추고 어떤 녀석은 생황을 불거나 거문고를 탔다. 지니고 온 작은 병을 가져다 갈증을 가시게 하려고 기울였더니 몇 방울밖에 안 나왔다. 웃으면서 마시

77) 임희량(任希養, 1737~1813) : 본관은 풍천. 자는 지중(志仲)이라는 것 이외에 알려진 것이 없다.

78) 중양절 : 우리나라에서는 양수가 겹치는 날인 3월 3일, 5월 5일, 7월 7일, 9월 9일은 길일이라고 여겼다. 앞에서 순서대로 하여 삼월삼짇날, 단오, 칠월칠석, 중양절이라 하였다. 특히 중양절에는 높은 산에 올라 시를 지으며 하루를 즐기는 풍습이 있었다. 이를 '등고(登高)'라 한다. 또 이때에는 국화주를 담아 먹거나 화전을 만들어 먹는 등 국화와 관련된 풍습도 행해졌다.

79) 금보장(錦步障) : 옛날에 귀현(貴顯)한 사람이 출행할 때 바람이나 먼지 등을 가리기 위해 길 좌우에 치는 비단으로 만든 휘장을 말한다. 진(晉) 나라 왕개(王愷)와 석숭(石崇)이 서로 부유함을 자랑하여, 왕개가 자사보장(紫紗步障) 40리를 치니 석숭은 금보장(錦步障) 50리를 쳤다고 한다.

지 않았다.

흥이 다하여 돌아가려는데 사당 뜰에 갑자기 어떤 누렁개가 보였다. 어디서 왔는지는 알 수 없었다. 임희양이 의아하여 "이 놈은 어디서 왔지?" 하였다. 조금 후에 한 여인이 머리에 광주리를 이고 손으로 향로를 잡은 채 그 개를 데리고 온 것이 보였다. 그제야 시골 여인이 사당에 기도하러 왔음을 알게 되었다. 곧 임희양과 함께 내려왔다. 사당 뜰에 내려오자마자 또 몇몇 여인을 보았다. 우리를 보고 급히 몸을 돌려 길 오른편의 덤불 사이에 숨었다. 우리도 못 본 체하고 내려와 마을 북쪽에서 앉아 쉬고 있었다. 한 여인이 신사에서 내려오므로 그제서야 길에서 피한 까닭을 묻자, 관기로 일찍이 부역에서 면제되어 기도하러 왔기 때문이라 했다. 계속해서 몇 마디를 건네고 관내의 와치헌(臥治軒)으로 돌아왔다. 아들 신은 사당 뜰에서 잠시 더 머물다 돌아왔고, 황군은 병으로 피곤하여서 도중에 먼저 돌아왔다.

原文 義館嶺在淮陽郡治之北. 有義嶺祠, 春秋自京師降香以祀焉. 昔在高麗顯宗時, 韃靼來侵府境, 宿於嶺上. 有山鼠囓其弓弦, 以致敗歸, 時以爲神之所祐云.

余於戊申秋, 來佳兒子淮陽任所. 未久, 而任友志仲爲遊楓嶽而來, 黃君仲華亦自京至. 時値重九, 謀與登高以酬佳節, 兒子信亦從焉. 府妓一人, 兒妓二人, 小童五人, 隨之. 登陟頗峻, 休於大樹下, 信兒吹笙, 或戞琴, 妓輩唱俚歌數曲, 以和之.

俯臨郡治之村舍, 官廨如對棋局, 歷歷可指. 時雲陰障日, 微風乍至, 四山細菊, 與紅葉相錯亂, 如錦步幛.[80] 登歷漸高, 微徑盤曲, 五步三步, 輒布席少歇. 至絶頂, 始有所謂義嶺祠, 祠向東. 又有城隍堂, 向南. 榛莽薈蔚, 蘡薁累累滿林, 小童兒妓, 爭相摘取. 有小腰鼓在祠中, 盖野巫祀神之具也. 兒輩或擊而應節, 或吹笙戞琴. 取所携小壺, 欲沃渴而傾之, 只有數滴, 笑而無所飮.

興盡將還, 祠庭忽有一黃犬. 不知自何而來. 志仲訝曰 : "此物何爲而至." 俄見一女頭戴筐榼, 手持香罏, 隨其犬而來, 始知有村女禱祀事. 卽與志仲

80) 『표암집』에는 장(幛) 대신 장(障)이라 썼다.

偕還下. 纔下祠庭, 又見數女人. 見吾輩, 急回身而隱於道右榛莽中. 吾輩亦不顧而下, 坐休於郡村之北. 一女人自神祠隨而下, 乃來路中回避者問之, 則府妓曾已免役, 爲禱祀而來. 仍與之數語而還歸郡之臥治軒. 信兒少留祠庭追歸, 黃君病憊, 中路先還.

◎ 두운지정 기문 逗雲池亭記

한양성 남문을 나와 꺾어 약간 동쪽으로 10리를 채 못가면 둔지가 있다. 봉우리나 바위 골짜기는 없는데 산이란 이름은 있고, 둔전은 없는데 둔전이란 이름은 있지만, 이것은 진실로 따져 물을 것이 없다. 들길은 구불구불하고 보리가 웃자란 가운데 수백의 농가가 있다. 두운지정[81]은 그 마을의 서북쪽에 자리잡았으며, 수십 칸 기와집이라 앉거나 눕는 것을 감당할 만하다. 한 칸짜리 작은 누대에서 크고 작은 두 못이 굽어보이는데, 연을 심어 놓아 물고기를 기르고, 축 늘어진 버드나무가 둘러싸고도 있다. 앞으로는 관악산과 동작나루를 마주하고 있다. 첩첩의 봉우리는 병풍 같고 흰 모래사장은 명주 같다. 뜰에는 온갖 꽃이 펼쳐져 있고 동산에는 밤나무 숲이 있으니, 때때로 들꽃을 따기도 하고 덜 익은 밤을 꺼내기도 할 수 있다. 진실로 오래도록 소일하면서 남은 생을 보낼 만한 곳이다. 내 나이 이미 일흔을 넘어 여든을 바라보는 때에 온갖 근심 떨쳐내고 돌아와 이곳에 누우니 내가 있을 곳을 얻었다고 이를 만하다. 내 남은 인생이 얼마나 되는지 알 수는 없지만 고요히 종일토록 앉아 있을 수 있는 날이 하루 이틀은 아닐 것이다. 그렇다면 노년에 얻을 바가 많다 하지 않겠는가.

原文 ‖ 出國都南門, 折而稍東不十里, 有屯地. 山未有峯巒巖壑, 而有山之稱, 無

81) 두운지정(逗雲池亭) : 강세황(姜世晃)이 거처하던 한강(漢江)가에 있던 별장 이름이다.

屯田之地, 而有屯地之號, 是固無足較詰也. 野徑紆回, 麥巃高低, 有村數百家. 逗雲池亭, 據其西北. 瓦屋數十間, 粗堪坐臥. 有小樓一間, 俯大小兩池, 種蓮養魚, 繞以垂柳. 前對冠嶽之山, 銅雀之津. 疊巘如障, 白沙如練. 庭列雜卉, 園有栗林, 有時摘野艶, 抽灊醒, 眞可以消永日遣餘年.[82] 余年已逾七望八, 百慮蹈寘, 歸臥于此, 亦可謂爰得我所. 余未知此去餘日能有幾何, 而靜坐一日之長, 不啻兩日. 則暮年所得不其多乎.

◎ 어가를 따라 금원을 유람한 기문 扈駕遊禁苑記

신축(辛丑, 1781)년 9월 초삼일에 나는 규장각에 있는 희우정(喜雨亭)[83]에 입시(入侍)하였으니 임금께서 다섯 빛깔 큰 비단폭에 병풍 글씨 쓰기를 명하셨기 때문이다. 붓을 채 대기 전에 임금께서 말씀하시기를

"여기에 구경할 만한 아름다운 곳이 있는데, 먼저 글씨를 쓴 후 노닐겠소 아니면 먼저 노닌 후에 쓰겠소?"

라 하였다. 내가 우물쭈물 미처 대답을 못하고 있는데 임금께서

"곧바로 대답을 안 하는 걸 보니 먼저 놀고 싶은 게로구먼."

이라 하셨다. 내가 처음 생각하기로는 승지를 동행시켜 그에게 길 안내를 시킬 줄 알았는데, 임금께서 갑자기 일어나 나오시는 것이었다. 처음에는 태평거(太平車)[84]를 내오라 명하셨다가 태평거가 도착하자 그것은

82) 『표암집』에는 일견(日遣) 사이에 이(而)가 더 있다.

83) 희우정(喜雨亭) : 정면 2칸, 측면 1칸의 우진각기와지붕의 정자이다. 『궁궐지(宮闕志)』에 의하면, 이 건물은 서향각(書香閣)의 북쪽에 있었으며 옛 이름은 취향정(醉香亭)이었다. 인조 23년(1645)에 초당(草堂)으로 창건되고 숙종 16년(1690)에 가뭄이 들어 비를 기다리다가 비가 내리게 되자 정명(亭名)을 희우(喜雨)로 바꾸고 지붕을 기와로 바꾸었다고 한다. 홑처마에 단청도 하지 않는 등 이 건물은 규모를 작게 하고 구성이 간결하게 하여 질박한 맛을 내었다.

84) 태평거(太平車) : 송(宋)나라 때부터 전래하던 것으로, 덮개가 없는 여러 채의 수레를 두 줄로 연결하여 말이나 나귀, 소로 끄는 수레이다. 『열하일기』에서는 태평거를 이렇게 설명했다. '타는 수레는 태평거라 한다. 바퀴 높이가 팔꿈치에 닿으며 바퀴마다 살

그냥 내버려두고 다시 남여(藍輿)를 대령하라 하셨다. 남여의 모양은 모두 중국의 방식을 본뜬 것으로 붉게 칠을 하고 기다란 채 안에 짧은 채가 있었으니 네 사람이 어깨에 메는 것이다.

남여에 오르자 붉은 일산이 앞에서 인도하여 영화당(映花堂)[85] 가로 나섰다. 승지(承旨) 서유방(徐有防)[86]과 김우진(金宇鎭),[87] 제학(提學) 서호수(徐浩修),[88] 직각(直閣) 김재찬(金載瓚)[89]과 서용보(徐龍輔),[90] 사관(史官)

이 서른 개인데, 대추나무로 둥글게 테를 메우고 쇳조각을 온 바퀴에 입혔다. 그 위에는 둥근 방을 만들어 세 사람이 들 만하다. 방에는 푸른 베 혹은 공단이나 우단으로 휘장을 치고 더러는 발을 드리워 은단추로 여닫게 되었다. 좌우에는 유리를 붙여서 창구멍을 내고, 앞에 널판을 가로놓아서 마부가 앉게 되었으며, 뒤에도 역시 하인이 앉게 마련이다. 나귀 한 마리가 끌고 갈 수 있으나 먼 길을 가려면 말이나 노새를 더 늘린다.'

85) 영화당(映花堂) : 조선 광해군 2년(1610)에 임금이 신하들과 더불어 꽃구경을 하고 시를 지으며 놀기 위해 만든 건물이다. 정조 재위 후에는 이곳을 과거 시험장으로 사용하였다. 영화당에는 시관이 자리하고 그 앞 춘당대에는 응시자들이 앉아서 과거를 보았다. 「춘향전」의 이몽룡이 이 춘당대(春堂臺)에서 장원급제한 시문이 '춘당춘색고금동(春堂春色古今同)'이다.

86) 서유방(徐有防, 1741∼1798) : 본관은 대구(大邱). 자는 원례(元禮), 호는 봉헌(奉軒), 시호는 효간(孝簡)이다. 1778년에 『속명의록』을 언해·간행하는 데 참여하는 등 정조의 정책을 적극 뒷받침하여 형 유린(有隣)과 함께 그 시기 권력의 중심부에 있었다. 장악원제조로 있던 1794년에는 악기와 음률을 바로잡았으며, 1795년에는 진하사로 북경에 다녀왔다. 1797년에는 강원도관찰사로서 간성의 인구실태를 조사하여 보고하는 등 직책에 따라 많은 일을 하였다. 글씨에 능하여 규장각 상량문을 썼다.

87) 김우진(金宇鎭, 1754∼?) : 본관은 강릉, 자는 성래(聖來)이다. 아버지는 영의정 상철(尙喆)이다. 음보(蔭補)로 참봉에 기용되어 1772년 정시문과에 급제, 이때 내의원 액예(掖隷)들이 약재를 정밀하고 의관들에게 무례한 짓을 하는 등의 작폐를 논하고 엄히 치죄할 것을 건의하였다. 1779년에 완풍군 담(完豊君 湛)의 역모사건과 관련하여 추국(推鞫)을 받고 제주도에 위리(圍籬) 안치되었다. 1791년 부친상을 당하여 풀려났다가 치상(治喪) 후 교동(喬桐)으로 이배되었다. 1830년 손자 긍창(兢昌)의 탄원으로 신원되어 그 관작이 회복되었다.

88) 서호수(徐浩修, 1736∼1799) : 본관은 대구(大邱). 자는 양직(養直), 시호는 문민(文敏)이다. 중추부판사 서명응(徐命膺)의 아들로, 1765년에 식년문과에 장원급제하여 지평(持平)이 되었으나, 과격한 언사(言事)로 인하여 남해(南海)로 유배되었다. 1776년 사은부사로 청나라를 다녀온 후에 규장각 직제학(直提學)이 되었다. 이후 1781년 『규장총목(奎章總目)』 편찬사업, 1799년에 『홍재전서(弘齋全書)』 속편 편찬 사업 등을 수행했다. 특히 1782년 평안도관찰사로 재직 당시 왕의 명으로 한구(韓構)의 글씨를 대본으로 8만여 자를 주조하였다. 저서로는 『연행기(燕行記)』가 있다.

김봉현(金鳳顯), 화원(畵員) 김응환(金應煥)이 따랐다. 북쪽으로 가며 이문원(摛文院[91])과 어수당(魚水堂[92])을 지나는데 수레 길이 숫돌처럼 평평한 가운데, 푸른 소나무와 붉은 단풍이 양 옆으로 은은하여서 장막을 두른 듯 신선세계에 들어선 듯도 하였다. 머리를 들고 눈을 돌려 구경하기에 매우 바빴다.

반 리쯤 가니 야트막한 고개가 있었고 고개 넘어 수백 보쯤 갔더니 숲이 트여 눈 앞이 환하였다. 바위 언덕과 소나무숲 사이에 정자가 있었는데 소요정(逍遙亭[93])이었다. 뜰은 깨끗하고 나지막한 담장이 둘러 있었다. 정자 앞에는 기이한 바위가 가로누웠는데 여러 줄의 글씨가 새겨져 있었으나 이끼가 끼어서 자세히 볼 수는 없었다. 바위 모서리와

---

89) 김재찬(金載瓚, 1746～1827) : 본관은 연안. 자는 국보(國寶), 호는 해석(海石), 시호는 문충(文忠)이다. 영의정 익(熤)의 아들로, 1774년 진사가 되고, 그해 정시문과에 급제하였다. 1781년 검열(檢閱)로서 『이문원강의(摛文院講義)』를 편집해서 왕에게 바쳤다. 1800년 실록청지사(實錄廳知事)로서 『정조실록』 편찬에 참여하였다. 1818년에 중추부판사(中樞府判事)가 되었다가 뒤에 다시 영의정을 지냈으며, 1823년 중추부영사(中樞府領事)가 되었다. 순조 묘정(廟庭)에 배향되었다. 저서로 『해석유고(海石遺稿)』, 『해석일록(海石日錄)』 등이 있다.

90) 서용보(徐龍輔, 1757～1824) : 본관은 달성(達城), 자는 여중(汝中), 호는 심재(心齋), 시호는 익헌(翼獻)이다. 1774년 생원시에 합격하고, 같은 해 증광문과(增廣文科)에 급제하여 여러 관직을 지낸 뒤 1783년 규장각직각(奎章閣直閣)에 임명되었다. 1792년 사은부사(謝恩副使)로 청(淸)나라에 다녀왔으며 경기도 관찰사 등을 거쳐 예조판서에 승진하였다. 1805년 사은사로 청나라에 다녀온 다음 사직하고 고향에 머물렀다가 1819년 영의정에 올랐다.

91) 이문원(摛文院) : 조선시대 역대 왕의 어제(御製)·어필(御筆)·어진(御眞)·고명(顧命)·지장(誌狀) 등을 봉안(奉安)·편찬·간행·보관한 곳이다. 창덕궁 안에 설치하였으며 규장각의 부대시설이다. 여기에는 많은 서적이 보관되어 있었다.

92) 어수당(魚水堂) : 동궐도를 보면 애련지와 연경당 앞쪽의 작은 연못 사이에 '어수당(魚水堂)'이라 편액을 건 정면 4칸, 측면 2칸 되는 팔작 기와집이 한 채 있었다.

93) 소요정(逍遙亭) : 옥류천을 바라 볼 수 있도록 옥류천 옆에 지은 정면 1칸, 측면 1칸의 사모정이다. 『궁궐지』에 의하면 인조 14년(1636)에 건립하였으며, 처음에는 탄서정(歎逝亭)으로 불렸다. 창덕궁에 있는 것들치고 매우 소박한 정자이지만, 역대 왕들이 이곳을 즐겨 찾아 숙종, 정조, 순조 등의 어제시가 남아 있다. 소요정에서는 왕이 신하들과 어울려 유상곡수를 즐기기도 했다. 오늘날에도 유상곡수의 흔적이 완연히 남아 있다.

표면은 여러 겹으로 구멍이 뚫려 화가들의 부벽준(斧劈皴)[94] 방식과 매우 비슷하였다. 대개 자연이 빚은 것이지 사람의 솜씨는 아니었다. 바위 아래에 평평한 반석은 둘레가 거의 20여 보인데, 이곳에 샘물을 끌어들여 유상곡수를 만들었다. 물은 정자의 북쪽을 감싸고 아래로 떨어져서는 폭포가 되었다가 정자의 뒤를 돌아서 흘러갔다. 정자의 약간 북쪽에 네모난 못이 있고 못 안에 청의정(淸漪亭)[95]이 있었으니 짚으로 지붕을 이었다. 약간 남쪽에 또 정자 하나가 못에 임하여 있었으니 태극정(太極亭)[96]이었다. 유상곡수는 대개 이 두 못에서 발원한 것이다. 약간 남쪽에는 자그마한 우물이 있었다. 두 승지가 물을 마셔 목을 축이므로 나도 마시게 해 달라고 하였다. 옆 사람이 은 대접 하나로 물을 길어주므로 몇 사발이나 마셨으니 멀리 걸어와서 매우 목이 말랐기 때문이다. 늙어서도 차가운 것을 꺼리지 않는다고 사람들이 입을 모아 칭찬하였다. 임금께서 향그러운 배 수십 개를 가져다 신하들에게 주라고 하셨으니 대개 그 갈증을 염려해서였다. 임금께서 신하들을 돌아보며 말씀하셨다.

"만약 비 온 뒤에 왔더라면 물이 제법 불어서 매우 볼 만했을 텐데

94) 부벽준(斧劈皴) : 동양화에서 쓰는 표현법으로, 뾰족하고 험악한 바위의 표면이나 깎아지른 산의 입체감과 질감을 표현할 때 쓴다. 붓을 옆으로 비스듬히 뉘어 재빨리 들면서 끌어당겨, 마치 도끼로 찍었을 때의 자국 같으며 끌로 판 자국과도 비슷하다. 힘차고 남성적인 느낌을 준다. 붓자국의 크기에 따라 대부벽준과 소부벽준으로 나뉜다. 북송 말기에 시작되었는데 북송 산수화와 남송 산수화를 연결하는 이당(李唐)에 의해 완성되었다.

95) 청의정(淸漪亭) : 옥류천 주변의 정자로 초가지붕을 인 것이 특징이다. 『궁궐지』에 의하면, 이것은 인조 14년(1636)에 건립한 것이다. 이곳 주위에 작은 논을 마련하여 여기서 벼를 심고 그 볏짚으로 지붕을 이었다 한다. 정조는 직접 「청의정시」를 지어 그곳에서의 아름다운 정취를 노래하기도 했다.

96) 태극정(太極亭) : 청의정 맞은편에 있는 정자가 태극정으로, 정면 1칸 측면 1칸의 사모지붕이다. 『궁궐지』에 의하면 인조 14년인 1636년에 건립한 것이다. 본래 이름은 운영정(雲影亭)이었는데 나중에 태극정으로 바꾸었다 한다. 정조는 역시 이곳의 정취를 담은 「태극정시(太極亭詩)」를 남겨 걸기도 했다. 오늘날은 그렇지 않지만, 『동궐도』에 보면 태극정 옆에 연못이 조성되어 있다.

지금은 물줄기가 줄어서 약하니 유감이오."

화원(畵員) 김응환(金應煥)에게 세 정자의 경치를 그리게 하셨는데, 밑그림이 채 완성되기도 전에 임금께서

"여기 다른 곳도 볼 만하오."

라 하시고는 가마를 재촉하셨다. 신하들을 돌아보시며 말씀하시기를

"이 길로 가면 옆에 굴 하나가 있는데, 굴의 깊이가 몇 리나 되는지 알 수 없을 정도요. 옛날에 어떤 사람이 안에 들어갔다가 큰 뱀에게 물렸으니 경들은 굳이 들어갈 것 없소."

라 하셨다.

가마를 따라 동쪽으로 꺾어 돌아 몇 리를 가자 정자가 소나무 틈으로 은은히 보였는데, 오솔길은 황량했다. 정자의 편액은 만송정(萬松亭)이라 했다. 굴이 그 옆에 있을 터인데 억지로 찾지는 않았다. 큰길로 되돌아와 또 몇 리를 가다보니 조각한 담과 색을 칠한 누각이 길 왼편에 나왔다. 임금께서는 지나치시며 들어가지 않으셨으나 일행에게는 두루 보게 하셨다. 문에 들어서니 편액은 망춘정(望春亭)[97]이라 되어 있었다. 육각형의 둥근 전각으로 전각 앞에 예닐곱 칸의 곁채를 두고 전각 가운데에 벽난로를 설치하였으니, 대개 중국의 방식을 모방한 것이다. 정자의 주춧돌은 모두 조각한 흰 옥이었는데 매우 정교하였다.

구경을 다하고 나오자 어가는 이미 수백 보 밖에 있는 조그마한 전각에 머물러 있었으므로 일행은 황급히 나아갔다. 난간에 조각을 해 놓은 돌다리를 건넜다. 다리를 건너자마자 팔각형의 정자가 있는데, 물을 가로질러 세워서 솜씨가 매우 화려하였다. 청동을 주조하여 큰 항아리처럼 둥글게 만들어 정자 꼭대기에 덮어 두었으니 존덕정(尊德亭)[98]이었

97) 망춘정(望春亭) : 현재는 사라지고 없는 정자이며, 본래 있던 위치 역시 정확하지가 않다. 『궁궐지』 기록에 따라 폄우사와 존덕정을 둘러싸고 있는 반월지 부근일 것이라고 할 뿐이다.

98) 존덕정(尊德亭) : 관람정의 돌다리 건너편에 지어진 육각형 정자이다. 헌종년간에 편찬된 『궁궐지』에 의하면 인조 22년인 1644년에 건립했다. 본래는 그 모양에 따라 육면

다. 정자에서 약간 남쪽으로 있는 우뚝한 전각(殿閣)은 폄우사(砭愚榭)[99]였다. 전각(殿閣) 앞의 뜰은 널찍했고 꽃담으로 둘러 있었다. 벽돌의 표면은 바둑판 같이 네모난 곳에 모두 꽃과 꽃가지를 새겨 두었는데 매우 정교하였다. (그것을) 담의 표면에 끼워놓으니 마치 자그마한 병풍을 펼쳐 놓은 것 같았다. 전각 앞 작은 문은 태청문이었다. 솜씨가 매우 예쁘고 고왔다. 옆 사람이 말하기를

"이 문이 궁궐 안에서 가장 기이하게 만들어진 것 같습니다."

하였다. 전각 옆에는 행각 대여섯 칸이 붙어 있었다.

계속해서 어가를 따라 행각(行閣)을 가로질러 동쪽으로 약 1리쯤 가고서야 비로소 궁궐 담 안쪽에 닿을 수 있었다. 담장을 돌아서 남쪽으로 가다가 높직한 고개에 이르렀다. 임금께서 어가에서 내려 소나무 아래 서시더니 신하들을 돌아보며 동쪽의 큰 원림을 가리키며

"이곳은 인평대군(麟平大君)[100]의 옛 궁이요."

라 하셨다. 또 약간 북쪽에 있는 정원 하나를 가리키시더니

"이곳은 누구의 집이오?"

하고 물으시자, 서유방이

"기재(企齋) 신광한(申光漢)[101]의 옛 집인데 지금은 어떤 유생(儒生)이

정으로 불렀다가 나중에 존덕정으로 이름을 바꾸었다 한다. 내부에 화려한 단청으로 장식했고 황룡과 청룡이 희롱하는 모습을 그린 것으로 보아 정자의 격식이 높았음을 알 수 있다.

99) 폄우사(砭愚榭) : 폄우(貶愚)란 어리석음을 경계하여 고쳐준다는 뜻으로, 이곳에서 순조의 세자였던 효명세자가 독서했다. 정면 3칸 측면 1칸의 맞배지붕으로 지었다. 정조의 「폄우사사영(砭愚榭四詠)」이 전하는 것으로 보아, 최소 1800년 이전에 지어진 것으로 보인다.

100) 이요(李㴭, 1622~1658) : 인평대군(麟平大君)의 이름. 자는 용함(用涵), 호는 송계(松溪), 시호는 충경(忠敬)이다. 1630년 인평대군에 봉해졌으며, 1636년의 병자호란 때에는 부왕(父王)을 남한산성(南漢山城)까지 호종했다. 1640년 볼모로 심양(瀋陽)에 갔다가 이듬해 풀려 귀국하였다. 1650년 이후 4차례에 걸쳐 사은사(謝恩使)로 청나라에 다녀왔다. 제자백가(諸子百家)에 정통하였으며, 서예와 그림에도 뛰어났다. 저서에 『송계집』, 『산행록(山行錄)』 등이 있다.

101) 신광한(申光漢, 1484~1555) : 본관은 고령(高靈). 자는 한지(漢之)·시회(時晦), 호는

살고 있습니다.”

라 대답했다. 유생은 곧 진사 박동현(朴東顯)[102]이다. 김우진이 나와 말하기를

“저곳이 저의 집입니다.”

라 하자 임금께서 말씀하시기를

“궁궐과 이웃해 있다니 매우 기쁘오.”

라 하셨다. 인하여 어가에 오르셔서 방향을 바꾸어 산기슭을 내려오니 곧 규장각의 서쪽 문인 영숙문(永肅門) 안에 도착하게 되었다. 이어서 공신문(拱辰門)으로 들어가서 희우정(喜雨亭)에 돌아왔다. 궁중의 진기한 음식을 내리시어 여러 각신(閣臣)들과 먹고 마셨다. 이 날은 날씨가 맑았고 미풍도 간간히 불었으며 지나온 소나무 숲은 푸르고 울창하였다. 시원한 소리와 짙은 그늘이 사람의 정신을 맑고 상쾌하게 하여 분주하게 오르내린 수고로움을 잊게 해주었다.

내가 생각하기에, 명나라의 양사기(楊士奇)[103]・이현(李賢)[104]・한옹(韓

기재(企齋)・낙봉(駱峰) 등 여럿이다. 시호는 문간(文簡)이다. 문장에 능하고 필력에 뛰어났다. 1518년 신진사류(新進士類)로서 조광조(趙光祖) 등과 함께 대사성(大司成)에 발탁되었으나 기묘사화에 연루되어 관직이 삭탈되었다가 후에 다시 등용되었다. 1545년 을사사화 때 위사공신(衛社功臣)이 되고, 같은 해 우찬성(右贊成)이 되는 등 활약하다가 1553년에 기로소에 들어갔다. 문집 『기재집(企齋集)』과 고소설 『기재기이(企齋記異)』를 남겼다.

102) 박동현(朴東顯, 1711～?) : 본관은 밀양(密陽), 자는 언회(彦晦), 호는 낙원(駱園). 그 밖에 행적을 알 수 있는 자료가 없다.

103) 양사기(楊士奇, 1365～1444) : 이름은 우(寓), 자는 사기(士奇), 호는 동리선생(東里先生)이다. 강서성(江西省) 태화(泰和) 출생. 영락제(永樂帝)가 즉위 후 양영(楊榮)과 함께 입각하여 정무에 참여하였다. 이후 건문(建文)에서 정통(正統)에 이르기까지 5대의 조정에 출사하여 정계의 중진으로서 내각의 권세를 확립함으로써, 양영・양부(楊溥)와 함께 삼양(三楊)이라는 칭호를 들었다. 그러나 만년에는 환신(宦臣) 세력의 대두로 고립되었다.

104) 이현(李賢, 1404～1466) : 명나라 때의 학사(學士). 시호는 문달공(文達公). 국가의 명을 받아 『대명일통지(大明一統志)』를 편찬하기도 하였고, 선종(宣宗)과 경제(景帝) 시절 문연각(文淵閣)에 심은 세 그루 작약을 두고 여러 사람들과 시를 지어 남긴 『옥당상화집(玉堂賞花集)』 등 많은 글을 남겼다.

雍)[105]이 모두 「사유서원기(賜遊西苑記)」[106]를 남겨 누대와 숲의 좋은 경치를 다 기록해 놓았다. 그러나 이 기록은 내사들이 그들을 인도하여 놀게 한 것에 불과하니, 어찌 우리 임금께서 몸소 이 미천한 신하들을 데리고 다니면서 뛰어난 경치를 하나하나 일러주시고 온화한 얼굴과 따뜻한 음성으로 한 식구처럼 하신 것과 같겠는가! 이는 다만 양(楊)씨와 이(李)씨 등 여러 사람들이 당시에 얻지 못한 것일 뿐 아니라, 지난 기록을 두루 살펴보아도 전혀 없는 일이다. 내가 어떠한 사람이건데 이와 같은 성스럽고 밝은 세상에서 다시없을 은혜를 받았단 말인가. 멍하니 하늘 상제의 세계[107]에 오른 꿈에서 깨어났나 의심했다. 대략 적어서 우리 자손들에게 전하여 보이노라.

原文 辛丑九月初三日, 臣姜世晃入侍於奎章閣之喜雨亭, 上以五色大錦牋, 命作屛書. 未及下筆, 敎曰 : "此有佳處, 可以遊賞, 欲先書而後遊乎, 欲先遊而後書乎". 臣逡巡未及對, 上曰 : "不卽對者, 其必欲先遊也." 臣初意, 命偕承宣史官, 使之導行. 上遽起而出. 初命出太平車, 車旣至, 置之, 復命具藍輿. 輿樣一倣華制, 丹其漆, 而有短杠於長杠之內, 四人肩之. 旣乘輿, 紅繖前導, 從映花堂畔而出. 承旨臣徐有防·臣金宇鎭·提學臣徐浩修·直閣臣金載瓚·臣徐龍輔·史官臣金鳳顯·畵員臣金應煥從. 向北而行, 過摛文院·魚水堂, 輦路如砥, 碧松丹楓, 左右掩映, 如圍幄幕, 如入洞天. 擧頭游目, 應接不暇.

行半里許, 有小嶺, 踰嶺數百步, 林開眼豁. 有亭出於巖阿松檜間, 扁以消遙, 庭除淨潔, 短墻傍圍, 亭前奇巖橫臥, 有刻數行書, 苔蝕, 未能諦視, 巖端石面, 嵌空層疊, 絶類畵家斧劈. 盖天巧, 非人工也. 巖下盤石平鋪, 周幾二十餘步, 引泉作流觴曲水. 水繞亭之北, 墮下爲瀑布, 環亭背而流. 亭稍北有方池, 池中有亭, 扁以淸漪, 覆以茅.[108] 稍南又有一亭臨池, 扁以太

105) 한옹(韓雍, 1422~1478) : 명나라 경제(景帝) 시절에 활동한 인물. 자는 영희(永熙). 명나라 장주사람. 강서순안사, 병우우시랑 등을 지냈다. 일찍이 강서(江西)를 순무(巡撫)하다가 여릉(廬陵) 출신의 현인(賢人)을 학궁(學宮)에 배향(配享)하는 일을 하였는데, 창기가 전기소설집 『전등여화(剪燈餘話)』를 지었다고 하여 그를 제외하고 배향한 일이 알려져 있다.

106) 서원(西苑) : 북경 옛 황성 서화문(西華門) 서쪽에 있던 원림을 말한다.

107) 균천(鈞天) : 균천(鈞天)은 상제(上帝)의 궁궐을 말한다.

기(記)

極. 流觴曲水者, 盖發源於兩池也. 稍南有小井. 兩承宣, 皆取飮沃渴, 余亦求飮. 左右以一銀椀汲進, 吸數盃[109]許, 盖步行遠而喉甚渴也. 諸人皆詑其老而不怕冷. 上命出香梨數十, 賜臣等, 盖盧[110]其煩渴也. 上顧謂臣等曰 : "若値雨後, 水勢差大, 甚有可觀, 今適水縮流細, 是可恨." 使畫員金應煥, 寫三亭之眞景. 粉本未及成, 上曰 : "此有他可賞處." 促命駕行, 回諭臣等曰 : "此去路邊有一窟, 窟深不知幾里. 昔有人入其中, 爲大蛇所傷, 卿等不必入見."

隨駕, 東折, 至數里, 有亭隱起松際, 逕路荒蕪, 亭扁以萬松, 盖窟在其傍而不及窮尋. 還取大路以行又數里, 雕墻畫閣, 出於路左. 上過而不入, 命臣等歷覽. 入其門, 亭扁以望春. 有六面圓殿, 殿前接以廊廡六七間, 殿之中設煖坑, 盖倣華制也. 亭之礎, 皆以白玉雕鏤, 極其精巧.

覽畢而出, 駕已駐數百步外一小殿, 臣等忙趨以進. 度雕欄[111]石橋. 橋纔窮, 有八面亭, 跨水而起, 制極華敞. 鑄青銅, 圓如大瓮, 覆於亭瓦之脊, 扁以尊德亭. 亭稍南, 殿閣巍然, 扁以砭愚榭. 殿前廣庭廓然, 圍以雕墻, 以甎面方如棋盤, 皆印花卉折枝, 窮工盡妙. 竪嵌於墻面, 如展小屛. 殿前有小門, 扁以太淸, 制極巧麗, 傍人曰 : "此門爲闕中第一奇制云." 殿傍接以行閣五六間.

仍隨駕穿行閣, 向東而行幾一里, 始抵宮墻之內. 循墻向南而行, 至一高坡. 上下輿, 立于松下, 顧諸臣, 東指大園林曰 : "此乃麟平舊宮也." 又指稍北一園曰 : "此是誰家?" 徐有防對曰 : "企齋申光漢舊第, 今爲一儒生所占." 儒生云者, 朴進士東顯也. 金宇鎭進曰 : "彼園墻, 乃是小臣家也." 上曰 : "與闕作隣, 甚可喜也." 仍乘輿而轉下山麓, 乃抵永肅門內, 仍從拱辰門而入, 還次喜雨亭. 宣賜御廚珍膳, 與諸閣臣, 旣醉且飽. 是日天氣淸朗, 微風時至, 所過松林, 蒼翠蔚密. 爽籟濃陰, 令人神思淸快, 殆不知奔走登陟之勞矣.

臣竊伏念, 皇朝楊士奇・李賢・韓雍輩, 皆有賜遊西苑記, 備述樓臺林木之勝. 然此不過令中官導之遊而已, 豈有如我聖上躬率螻蟻之賤, 指敎絶景勝地, 和色溫言, 無異家人也哉! 此非但楊李諸人所不得於當日, 歷攷往牒,

108) 『표암집』에서는 모(茅) 대신에 묘(茆)라 썼는데, 이 두 글자는 서로 통용되므로 의미는 같다.

109) 『표암집』에서는 배(盃) 대신에 배(杯)라 썼으나 같은 글자이다.

110) 노(盧)는 려(慮)의 오자인 듯하다.

111) 『표암집』에는 란(欄) 대신 란(闌)이라 썼다.

亦所絶無. 臣是何人, 乃能得此曠絶之渥於聖明之世也? 惝恍然疑如覺勻天[112]之夢. 畧記而傳示我子孫云爾.

◎ 울금바위 유람기 遊禹金巖記

부안 고을 서쪽 문을 나섰다. 서남쪽 방향으로 십여 리를 가니 들녘이 널찍이 펼쳐져 있었다. 왼쪽으로 먼 산을 보면 은은히 하늘가에 보이는 것이 고부와 정읍 등의 땅이다. 오른쪽에는 봉우리가 비단을 펼친 듯이 이어져 있는데 기세가 웅장하고 빼어났으니 곧 변산(邊山)이다. 산 동쪽 기슭에 동림서원(東林書院[113])이 있고 또 몇 리 정도를 가다보면 들판 낮은 언덕에는 소나무 몇백 그루가 있으며, 소나무 아래에 유천서원(柳川書院[114])이 있다. 또 십여 리를 가면 오른쪽에 변산으로 들어가는 입구가 나오고, 꺾어 돌아 몇 리를 가다 보면 어지러운 소나무 사이에 웅장한 건물이 날듯이 서 있으니 바로 개암사(開巖寺[115])이다.

절에 들어 뒤편을 우러러보니 만 길이나 되는 높은 봉우리가 구름 속에 들었고, 봉우리 위에는 세 개의 바위가 있었는데 높이가 다들 백여

112) 균(勻)은 아마도 균(鈞)의 의미로 쓴 듯하다. 균천은 상제의 궁궐이므로 의미상 이것이 가깝다.

113) 동림서원(東林書院) : 전라북도 부안군 상서면에 있던 서원. 숙종 20년인 1694년에 세워 유형원(柳馨遠) · 유문원(柳文遠) · 김서경(金瑞慶) · 김회신(金懷愼)을 봉안하였다가 1871년 대원군의 서원철폐령에 따라 폐지되었다. 지금은 빈 터에 동림사지(東林祠址)라는 비석만 남아 있다.

114) 유천서원(柳川書院) : 전라북도 부안군 보안면에 있던 서원. 효종 3년인 1652년에 세워 허진동(許震童) · 김횡 · 김명 · 김택삼을 봉안했다. 1865년 대원군의 서원철폐령으로 훼철되었다. 지금은 빈 터에 유허비만 남아 있다.

115) 개암사(開巖寺) : 전북 부안군 상서면에 있는 절. 선운사의 말사로, 634년에 백제의 묘련(妙蓮)이 창건하였고 삼국통일 후 676년에 원효(元曉)와 의상(義湘)이 중수하였다가 고려 충숙왕 1년인 1314년에 원감국사(圓鑑國師)가 지금의 자리에 중창하였다. 대웅전은 보물 제292호로 지정되어 있다.

길이나 되었다. 가마를 타고 오르니 바위 밑에 굴이 있었다. 큰 것은 백 칸 집과 같았고, 깊이는 수십 길이나 되었으며 여기 저기 있는 벽 무늬는 수놓은 비단과 같았다. 이곳을 우진굴(禹陳窟)이라고도 하고 우금굴(禹金窟)이라고도 한다. 굴 앞에는 눈썹 같이 작은 난초가 있었으며, 옥천암(玉泉菴)[116]이라는 편액이 붙어 있었다. 곧장 굴의 오른쪽을 돌아 고개를 넘어 몇 리를 가고 나서야 비로소 평탄한 길이 나왔다. 좌우에 있는 기이한 봉우리는 일일이 볼 겨를도 없었으며, 맑은 물줄기와 층층 절벽들은 인간 세상에서 볼 수 있는 풍경이 아니었다. 때가 음력 2월인데도 여전히 녹지 않은 눈이 남아있어 깊은 숲과 그윽한 시내에서 눈부실 정도로 비추고 있었다. 가마로 이십 리쯤 가서 실상사(實相寺)[117]에 이르렀다. 절은 매우 크고 웅장하지만 지금은 대부분 스러져 있었다. 절의 중이 옛 물건들을 꺼내 보여주는데, 오동(烏銅)으로 만든 향로(香爐)와 귀학(龜鶴)과 양지병(楊枝甁) 등이었다. 만들어진 것은 모두 기이하고 전아하며 정교하고 기교가 있었지만, 귀학만은 중들도 무슨 물건인지 알지 못하였다.

내가 "이것은 학의 입에 선향(線香)[118]을 머금게 하여 불을 사르는 것이니, 일종의 향로일세"라 했더니, 중들이 서로 돌아보면서 믿지 못하므로 그것 때문에 한바탕 웃었다. 여기에서 잤다. 아침에 일어나 두루 보다가 월명암(月明菴)[119]이 승경이란 말을 듣고는 가마를 재촉하여 절 뒤

---

116) 옥천암(玉泉菴) : 옥천암지는 개암사 뒷편에 있는 울금바위 남쪽에 위치한 약150평 정도의 작은 암자였던 것으로 보이는데 그 연혁은 알 수 없다. 현재 작은 할석(割石)을 사용한 초석들이 일부 노출되어 있고 주변은 잡목들이 얽혀 있어서 건물의 정확한 규모는 알 수 없다. 이 일대에서 수습되는 유물은 주로 평와편(平瓦片)인데 조선후기의 것들이어서 개암사에 속했던 조선후기의 암자였던 것으로 보인다.

117) 실상사(實相寺) : 부안군 변산면에 있는 절. 변산의 4대 사찰 중 하나로 꼽힌다. 신라 신문왕 9년인 689년에 초의선사가 창건하였고, 조선시대 효령대군이 중건하였다고 한다. 특히 대웅전 안에 있는 고려 초기 불상과 화엄경소(華嚴經疎) 등의 경판이 유명하다.

118) 선향(線香) : 향료의 가루를 송진 따위로 개어 가늘고 길게 굳혀 만든 향.

119) 월명암(月明菴) : 대둔산 태고사, 백암산 운문암과 함께 호남의 3대 성지로 꼽히는

편을 따라 높은 봉우리에 올랐다. 봉우리에 절벽이 우뚝하고, 돌길은 실처럼 가느다래서 발을 딛을 데가 없었다. 5리쯤 오르니 정상에 이르렀다. 남쪽으로 바다 입구를 바라보니 돛단배가 오가고 있었다. 한 점 같은 자그마한 섬이 있었는데 흥덕(興德)이라 하였다.

북쪽으로 꺾어 돌아 산허리를 따라가니 눈이 아직도 쌓여 있었는데, 정강이까지 빠질 정도의 깊이였다. 비탈길은 더욱 위태로워 아래로 천 길 벼랑에 임해있으니 만일 한번 발을 헛디디면 생명을 보존할 수 없을 것 같았다. 가마꾼 중이 크게 소리지르며 빨리 달리니 가마의 장대가 간혹 소나무에 닿기도 하고, 중의 발이 깊은 눈에 빠지기도 하였다. 얼음은 미끄럽고 바위도 험하여 기우뚱거리며 넘어지려한 것이 몇 번이었다. 가마를 멘 중에게 여러 번 주의를 주었지만 속도를 늦출 수 없었다. 때로 가마에서 내려 걸었지만 깊은 진창과 쌓인 눈을 만나 죽을 고생을 하였다.

월명암(月明菴)에 이르렀다. 지세가 매우 높아 온 산이 내려다보이는데 마치 물결이 계속되고 구름이 몰려있는 듯 했다. 산 밖의 바다 빛은 흐릿한데 때때로 먹구름이라도 깔리면 뚜렷하게 구분되지 않았다. 곧바로 옛 길을 따라 돌아가다 실상사 오른편에서 용추(龍湫)[120] 쪽으로 방향을 틀었다. 돌길의 위태로움이 월명암 길에 비해 더욱 심하여 가마를 탈 수가 없었다. 지팡이를 짚으며 엉금엉금 기어 몇 개의 고개를 넘으니 두 바위 사이에서 폭포가 쏟아져 내리는데 높이가 거의 수십 길 정

암자. 신라 신문왕 12년인 692년에 부설거사(浮雪居士)가 창건했다. 부설거사와 그의 부인 묘화 사이에 난 딸의 이름을 따서 월명사라 하였다 한다. 임진왜란 때 불탄 것을 나중에 진묵대사가 중수했고, 구한 말 의병의 활동지가 되었다가 다시 불탔다. 이후에도 중건했다가 여순반란사건 때 소실되는 등 파란이 많았다. 이곳에서는 내변산 일대를 한눈에 볼 수 있고, 암자 입구의 숲길이 운치 있는 덕에 현재도 사람들이 자주 찾는다.

120) 용추(龍湫) : 채석강과 함께 변산의 대표적 경치로 꼽히는 직소폭포를 가리킨다. 이 폭포는 30m 높이의 암벽에서 물이 떨어져 아래에 깊은 소를 이루는데, 이 소를 실상용추(實相龍湫)라 한다. 이곳의 물이 흘러 내려가 제이, 제삼의 폭포를 이루어 분옥담, 선녀탕을 이루었다가 서해까지 이어진다.

도 되었다. 눈을 내뿜는 듯 구슬이 튀듯이 그 기세가 지극히 기이하고 웅장하였으며, 바람이 들이쳐서 소리가 골짜기에 울렸다. 폭포를 따라 올라가는데 올라도 올라도 끝이 없었다.

또 산 정상에 올라 해협을 굽어보고 길을 꺾어 동쪽으로 내려가다가 또 방향을 돌려 북쪽으로 갔으니, 월명암으로부터 20리를 간 것이다. 내소사(來蘇寺)[121]에 이르렀다. 절 뒤편 봉우리는 곧 실상사 맞은편 산의 바깥쪽이다. 절은 화재를 겪어 중건된 것인데, 비록 웅장하거나 화려하지는 않지만 자못 매우 잘 정돈되어 있었다. 모두 단청을 칠하지 않았다. 이에 점심밥을 먹고 나서는 가마를 두고 말을 몰아 산 입구를 나섰다. 북쪽으로 가다가 다시 개암동(開巖洞) 입구 어제 갔던 길을 찾았다. 해가 뉘엿뉘엿 저물어서야 돌아올 수 있었다.[122]

原文‖ 出扶安縣西門. 向西南, 行十餘里, 野田茫茫. 左見遙山, 隱見天際, 爲高阜井邑等地. 右有連峰, 延錦[123]盤亙, 氣勢雄秀, 卽邊山也. 山之東麓有東林書院, 又行數里, 野中平阜, 有松數百株, 松下有柳川書院. 又行十餘里, 右入邊山之口, 折以行數里, 臺殿翼然於亂松間, 乃開巖寺也.

入寺, 仰見寺後, 萬丈高峰, 揷入雲際, 峯頭有三石, 高皆百餘丈. 乘肩輿上, 石底有窟. 大如百間屋, 深可數十丈, 壁紋縱橫, 如文錦焉, 是爲禹陳[或云金]窟. 窟前有小蘭若眉, 扁玉泉菴三字. 仍繞窟右, 踰嶺數里, 始得平路. 左右奇峯, 應接不暇, 淸流層壁, 非復人境. 時値仲春, 尙餘殘雪, 陸離

121) 내소사(來蘇寺) : 부안군 진서면 석포리에 있는 사찰로, 특히 진입로의 전나무 숲으로 유명하다. 백제 무왕 34년인 633년에 혜구두타가 창건한 후 중수를 거듭하였다. 특히 대웅전의 빼어난 단청과 연꽃 문양의 꽃문살, 국내 제일의 후불벽화인 백의관음보살좌상은 이 절의 자랑거리이다. 이밖에도 보물 227호로 지정된 고려동종 등 볼만한 것이 많다.

122) 우금암은 부안군 상서면 개암사 뒷산에 있는데, 현지에서는 울금바위라 불린다. 강세황은 아들 흔(俒)이 1770년 부안현감을 제수 받은 것을 계기로, 부안 명승지를 여행할 때 우금암도 찾았다. 그리고 이곳을 그림으로 그렸다. 2005년 3월 16일 조선일보 조용헌 칼럼에 의하면, 1770년 2월에 표암이 스케치한 '유우금암기(遊禹金巖記)'가 발견됐다. 길이 268.4cm, 높이 25.6cm, 닥종이에 먹으로 그린 두루마리 그림으로, 스케치 6점과 여행기로 구성됐다. 지금 미국 LA카운티박물관이 소장하고 있다.

123) 『표암집』에는 연금(延錦)의 순서를 바꾸어 금연(錦延)이라 썼다.

相映[124]於深林幽磵中. 以肩輿行二十餘里, 到實相寺. 寺甚宏壯, 今多頹圮. 寺僧出示古物, 有烏銅香爐·烏銅龜鶴·烏銅楊枝瓶. 製作亦皆奇雅精巧, 龜鶴, 僧輩不知爲何物.

余曰: "此乃含線香於鶴口, 以爇之, 亦香爐類也." 僧輩相顧不信, 爲之一笑. 仍留宿. 朝起周覽, 聞月明菴之勝, 促肩輿, 循寺後, 上峻峯. 峯勢壁立, 石路如線, 不可着足. 登頓五里餘, 至絶頂. 南望海口, 風帆來往. 有一點小島, 云是興德地.

北折而循山腰行, 餘雪尙積, 深可沒脛. 側徑危甚, 下臨千丈懸崖, 若一蹉跌, 性命難保. 輿僧大呼疾走, 輿竿或觸於松樹, 僧足或陷於深雪. 氷滑石峭, 傾側欲顚者數. 屢戒輿僧而不能緩步. 或下輿而步, 逢泥深雪厚, 艱難萬狀.

到月明菴, 地勢最高, 俯視全山, 如浪疊雲屯. 山外海色微茫, 時値雲陰, 不能歷歷持點. 卽循故路而還, 至實相寺之右, 轉向龍湫, 石路之危, 比月明菴路尤甚, 不可以輿. 扶杖匍匐踰數嶺, 飛瀑瀉於兩崖間, 高幾數十丈. 噴雪跳珠, 勢極奇壯, 風氣相盪, 聲震林壑. 循瀑而上, 登登不已.

又上山頂, 俯視海門, 折而東下, 又折而北, 自月明菴行二十里. 到來蘇寺. 寺後峰卽實相寺案山之外也. 寺經回祿而重建, 雖遜壯麗, 頗極整新, 皆未及加丹雘. 仍炊午飯, 始捨輿策馬, 出山口. 向北而行, 復尋開巖洞口昨行之路, 日纔入, 還歸.

◎ 강성사 그림 기문[125] 江城祠圖記[126]

장흥부(長興府) 북쪽에는 풍암서원(楓菴書院)이 있다. 풍암(楓菴) 문위세(文

124) 『표암집』에는 영(映) 대신 영(暎)이라 썼다. 둘은 같은 글자로 사용하니 의미 차이는 없다.

125) 강성사(江城祠): 임란 때 창의(倡義)한 장흥출신 사림 풍암(楓菴) 문위세(文緯世)를 향사(享祀)하기 위해 1644년에 월천(月川) 마을에 세운 것이다. 그 후 1734년 풍암의 9대조 삼우당(三憂堂) 문익점(文益漸)을 주벽(主壁)으로 하고 풍암을 배향(配享)하고, 1785년 삼우당의 출생지인 진주(晋州) 강성(江城)의 이름을 따서 강성서원(江城書院)으로 하였다. 조정에서는 편액을 내리고 예관을 보내 치제(致祭)하도록 하였다.

緯世)[126]는 퇴계선생의 뛰어난 제자이다. 학문에 공이 있고 배움의 길이 바른 까닭에 당시에 존경을 받았다. 만력(萬曆) 임진왜란 때 의병을 일으켜서 호남 네 지역의 왜적을 크게 쳐부순 까닭에 특별히 용담(龍潭) 현령과 파주(坡州) 목사에 제수되었다가 적이 물러가자 병을 핑계삼아 그만두고 고향으로 돌아와 삶을 마쳤다. 숭정(崇禎) 갑신(甲申, 1644)년에 도의 선비들이 앙모하는 것이 시간이 흐를수록 더욱 간절하여 월천(月川)가에 서원을 세웠다.

풍암의 9대조 충선공(忠宣公) 삼우당(三憂堂) 선생 휘 익점(益漸)은 고려 말에 태어났다. 공민왕 때 좌정언(左正言)으로 사신의 명령을 받들어 원나라에 들어갔는데, 충성스런 말을 한 것이 황제의 뜻을 거슬러서 남방의 운남 땅에 유배되었다가 삼 년 만에 돌아왔다.[128] 돌아오다가 밭에 눈같이 흰 꽃이 있는 것을 보고 크게 기이하게 여겨서 물으니 면화라 했다. 몇 송이를 따서 붓대에 넣고는 돌아와서 뜰에 심었더니 마침내 매우 번성해서 나라 안에 퍼지게 되었다. 대개 중국은 반출을 금지했는데도 우리나라에 면화가 있게 된 것은 선생으로부터 시작되었다. 말년에는 바른 말이 당시에 받아들여지지 않자 그만두고 방장산(方丈山) 아

126) 문위세(文緯世, 1534~1600) : 본관은 남평(南平). 자는 숙장(叔章)이고 호는 풍암(楓庵)이다. 유희춘(柳希春)·이황(李滉)의 문인이다. 1592년 임진왜란 때 박광전(朴光前)과 함께 의병을 일으켜 군량조달 등의 공을 세웠고, 1595년 용담현령(龍潭縣令)에 임명되었다. 1597년 정유재란 때 읍민을 동원, 왜군의 퇴로를 차단하고 많은 왜적을 무찔렀다. 1600년 파주목사에 임명되나, 신병으로 부임하지 못하고 죽었다. 강성서원(江城書院)에 봉안되었다.

127) 『표암집』에는 이 글이 실려 있지 않다.

128) 문익점은 1363년 좌정언(左正言)으로 서장관(書狀官)이 되어 계품사(啓稟使) 이공수(李公遂)를 따라 원(元)나라에 갔다. 원나라의 순제 임금은 고려 공민왕의 태도를 몹시 못마땅하게 여겼었는데, 문익점 일행이 원나라에 갔을 때는 원나라 임금 순제의 노여움이 극에 달했던 시기였다. 한 편 고려에서 죄를 짓고 원나라로 도망가 있던 최유라는 자가 순제 임금의 둘째 황후인 기황후와 짜고 공민왕을 쫓아내려 계획을 세우고 있었다. 이 소식을 들은 공민왕은 1364년 군사를 내어 고려 서북쪽으로 가 최유가 이끄는 군사를 모조리 물리쳤다. 오해받기 좋은 이런 상황에서 문익점은 중국에 갔다가 역적으로 몰려 중국 남쪽의 운남 땅으로 귀양을 간 것이다.

래로 돌아왔다. 홍무(洪武) 연간에 어머니의 상을 당해 시묘살이를 하다가 왜란을 만났다. 사람들은 모두 숨었지만 공은 홀로 통곡하면서 떠나지 않으니 적들이 감동하여 해치지 못하였다. 조정에서 그가 거처하는 곳에 돌을 세워 그 효를 드러나게 하였다. 이에 우리 태종대왕께서 공의 공훈을 기억하셔서 특별히 의정(議政)에 추증하시고 강성군(江城君)에 봉하셨으며, 충선(忠宣)이라는 시호를 하사하시고, 사당을 세워 제사하게 하셨다. 그 후 여러 임금이 연달아 은혜를 내리셔서 드디어 단성(丹城)에 사당을 세웠다. 영조 임자(壬子, 1732)년에 선비들은, 공에게는 이미 사당이 있으나 그 충효와 큰 절개, 면화를 보급한 특별한 공은 비록 집집마다 제사를 모신다 하더라도 그 공덕을 갚기가 어렵다고 여겼다. 마침내 다시 풍암서원에서 함께 제사를 올렸다. 을사(乙巳, 1785)년에는 관원을 보내어 제사를 지내게 하고 강성(江城)이라는 현판을 하사하셨다.

아! 두 선생의 도학은 순수하고 바르며 충성과 효도는 매우 뛰어났으니 후세 사람들이 높이는 것이 마땅하다. 심지어 강성공이 면화를 전해준 공은 그 혜택이 만민에게 돌아갔고 명성이 수천 년을 이어져 세상이 있는 한 계속될 것이니 서원의 성쇠나 흥망 같은 것은 논할 것이 못된다. 숭정 3년 정미(丁未, 1787)년 2월에 쓴다.

原文 長興府北有楓菴書院. 楓菴文公諱緯世, 爲退溪先生高弟. 其學問之功, 門路之正, 爲一時所尊. 當萬曆壬辰之難, 倡率義兵, 大破湖南四州之賊, 特除龍潭縣令·坡州牧使. 賊退, 謝病歸而終. 崇禎甲申, 一道章甫之慕仰, 久而愈切, 乃刱院宇於月川之上.

楓菴之九代祖, 忠宣公三憂堂先生諱益漸, 生于麗季. 恭愍朝, 以左正言, 奉使入元, 忠言忤上意, 謫南荒, 三年而歸. 歸路見野田有花如雪, 大奇之. 問之爲棉花. 摘數三花, 潛盛筆管, 歸種階庭, 遂大蕃茂, 仍盛于國中. 盖爲中國之所禁, 而東國之有綿, 自先生始. 晩以直道不容于時, 退歸方丈山下. 洪武中丁母憂, 廬墓時, 値倭亂. 人皆竄匿, 公獨叫號不去. 賊感而不可害. 朝廷命立石所居旌其孝. 粤我太宗大王, 追念公功勳, 特贈議政, 封江城君, 諡忠宣, 命立祠永享. 其後列聖連下恩命, 遂建祠於丹城. 至英廟壬子, 章甫輩以爲公雖已設祠, 其忠孝大節, 種綿奇勳, 雖家祀戶享, 難酬其功德. 遂復合享于楓菴, 乙巳乃遣官致祭, 賜江城之額.

嗚呼, 兩先生道學醇正, 忠孝卓絶, 宜爲後人尊尙. 而至若江城公傳植棉花之功, 澤被萬民, 名垂千禩, 直與天壤俱弊, 祠院之盛衰興廢, 有不足論也. 崇禎三丁未二月日.

설(說)

◎ 구원고 이야기 枸元膏說

해암은 이렇게 말했다.

"구원고(枸元膏)라는 것을 복용했다는 사람의 이야기가 있습니다. 이는 강희제(康熙帝)가 천하의 명의들을 모아서 함께 의논하여 이 약을 만들게 했습니다. 구기(枸杞)와 용안(龍眼)의 두 가지 맛으로 고(膏)를 만들어 복용하면 사람은 잠이 없어진답니다. 내가 자세히 알 수는 없지만 이 두 종류가 어떻게 능히 잠을 없앨 수가 있는 것이며, 또 사람이 이것을 복용하여 잠이 없어지면 무엇을 하려고 하는 것인가."

생각건대 혹 사람들이 잠을 자지 않으면 소동파가 '만일 칠십 년을 살더라도 곧 백사십 년을 사는 것이다'[129]라 했던 말의 뜻에 부합하는 것이 아닐까? 내가 어려서는 잠자기를 좋아하여 진선옹(陳仙翁)[130] 같은

---

129) 소동파는 「사명궁양도사식헌(司命宮楊道士息軒)」에서 "일 없이 조용히 앉았으려니, 하루가 이틀과 같구나. 칠십년을 산다면, 백사십년을 사는 것이로다[無事此靜坐, 一日似兩日; 若活七十年, 便是百四十]"라 했다.

버릇이 있었다가, 지금은 늙어 잠이 없는 것으로 오랫동안 고생을 하여 도리어 두보가 잠 못 이루는 것을 탄식하는 것처럼 한다. 비록 혹시라도 이 약을 주고 먹으라 권하는 자가 있어도, 진실로 그렇게 하고 싶지 않을 것 같다. 그러나 또 어찌 나 하나가 천하 후세의 생각을 단정할 수 있겠는가. 중생이 꿈속에 있는 듯 먼저 깨닫는 사람이 없으니, 이 약을 지은 뜻이 혹시 오랫동안 잠만 자는 무리[131]들을 깨우는 데 있는지도 모르겠다. 『본초강목(本草綱目)』[132]에 보니, 구기에는 쇠함을 북돋아주는 효과가 있고, 용안에는 심혈을 보충해주는 효능이 있다 하나 두 가지 모두 잠을 쫓는다는 설명은 없었다. 이것을 오래도록 복용한다면 그 효능이 어떠하겠는가. 만일 과연 쇠함을 북돋고 심혈을 보충할 수 있다면 이것도 늙은 사람에게 매우 괜찮을 것이니, 자는 것이나 자지 않는 것은 논할 것이 못 된다. 나 같이 군색한 형편에 어찌 여노(荔奴)를 많이 얻어서 늘 복용할 수 있겠는가마는 개의 남근 같은 것은 어찌 얻기가 어렵겠는가.

原文 ‖ 海巖云 : "有人服所謂枸元膏者說. 是康熙帝萃天下名醫, 共議作此劑. 以枸杞龍眼二味, 作膏服之, 令人無睡. 未知此二種, 料何以能令無睡, 而又欲人服此而無睡何爲也."

意或人能不睡, 則合於東坡所稱'若活七十年, 便是百四十'之意否耶. 余少而嗜睡, 有陳仙翁之癖, 今老矣, 長苦無睡, 反有杜少陵少睡眠之歎. 雖

130) 진선옹(陳仙翁) : 송(宋)나라 때 은자인 진단(陳摶)을 말한다. 자는 도남(圖南)이고, 호는 희이(希夷)이다. 화산(華山)에 은거하면서 수도(修道)했는데, 한 번 잠들면 백일이 넘도록 일어나지 않았다 한다. 저서로 『지현편(指玄篇)』 81장을 남겼다. 『송사(宋史)』 457권, 「은일전상 · 수양법선술(隱逸傳上 · 睡養法仙術)」과 『선출비고(仙術秘庫)』 2권에 보인다.

131) 갈수배(渴睡輩) : 송(宋) 나라 문목공(文穆公) 여몽정(呂蒙正)이 과거에 오르기 전에 잠자기를 좋아한 데서 나온 말로, 수면을 지나치게 좋아하는 사람을 가리키는 말로 사용한다. 『육일시화(六一詩話)』에 보인다.

132) 본초강목(本草綱目) : 중국 명(明)나라 때의 본초학자(本草學者) 이시진(李時珍, 1518~1593)이 30년에 걸쳐 집대성한 약학서(藥學書)이다. 약용(藥用)으로 쓰이는 1871종의 약재를 총망라하였다. 몇몇 문제제기가 있으나 국가가 아닌 개인의 힘으로 완성시킨 본초서라는 점에서 큰 의의가 있다.

或有與此藥而勸服者, 意固不欲. 然又烏可以余一人槩天下後世哉. 衆生在醉夢間, 未有先覺者, 此藥劑造之意, 其或在於喚醒長夜渴睡輩耶. 又未可知也. 考本草枸杞有扶衰之功, 龍眼有補心血之力, 幷無却睡之說. 服此之久, 當有效應之如何. 若果能扶衰補血, 此又甚宜於垂老之人. 睡與不睡所不論也. 余之寒窘, 顧安能多得荔奴以爲常餌乎, 如吠犬之根, 豈難得也.

소인(小引)

◎ 당시유향 소인 唐詩遺響小引

내가 열두 살 때 손수 이 책[133]을 베꼈는데, 가려 뽑은 것이 오직 중당 · 만당의 장편시뿐이었다. 대개 과거시험을 치를 때 참고하려고 한 것이다. 꼽아보면 10여 년이 되니, 아스라한 것이 전생의 일만 같아서 나도 모르게 책을 덮고 탄식하였다.

내가 이로 인해서 또 든 생각이 있다. 후대에 시를 배우는 사람들은 으레 초당 · 성당만을 대단하게 여기고 중당 · 만당에 대해서는 하찮게 여긴다. 그러나 이 어찌 시를 말하기에 충분한 것이겠는가. 요컨대 중당과 만당의 기이하고 화려함은 비록 초당과 성당의 예쁘고 전아함보다는 못하지만 이는 겉모습에 불과하다. 일찍이 이 책을 깊이 음미해 보니 시 짓는 사람의 바른 맥이 여기에 있음을 더욱 잘 알게 되었다. 비유하자면 안진경(顏眞卿)[134]과 유공권(柳公權)[135]의 서법과는 비슷하지만

133) 『당시유향(唐詩遺響)』: 양사홍(楊士弘)이 편집한 당시(唐詩)의 총집(總集) 이름.
134) 안진경(顏眞卿, 709~785) : 중국 당대(唐代)의 서예가. 자는 청신(淸臣)이다. 노군개

종요(鍾繇)[136]나 왕희지(王羲之)[137]와는 상당히 다르다고 할 수 있다. 그렇지만 그 안의 천만 가지 변화는 끝내 종요와 왕희지의 서법을 벗어나지 않는다. 만일 그 겉모습만을 논하고 그 깊이를 생각지 않는다면 다른 것만 알 뿐 같은 것은 알지 못함이니 어찌 이에 대해 함께 논할 수 있겠는가. 정사(丁巳, 1737)년(25세) 국화꽃 피는 가을 의산자(宜山子) 강세황은 산향재(山響齋)에서 쓰다.

原文 ‖ 余年十二時, 手錄此錄, 所選惟中晩唐長篇. 盖爲科場剽竊之具. 而到今屈指十餘年, 怳若前塵事, 不覺掩卷而發歎也.

余因是而又有得焉. 後代之學詩者, 輒稱唐之初盛, 於中晩唐, 則若不屑爲者. 然此烏足以言詩也哉. 要之, 中晩之奇麗, 雖遜於初盛之婉雅, 此特相其皮毛爾. 竊嘗深味乎此卷, 益覺詩家正脉之在此. 譬猶顔柳之書法, 雖似, 與鍾王逈異. 然其中千變萬幻, 終不外乎鍾王之法. 若只論其貌, 不究其深, 只知其異而不知其同者, 何可與論於此哉. 丁巳菊秋, 宜山子題于山響齋.

국공(魯郡開國公)에 봉해졌기 때문에 안노공(顔魯公)이라고도 불렸다. 평원태수(平原太守)로 있을 때 안녹산(安祿山)의 반란이 일어나자 의병을 거느리고 조정(朝廷)을 위하여 싸웠다. 784년 덕종(德宗)의 명으로 회서(淮西)의 반란군 이희열(李希烈)을 설득하러 갔다가 감금・살해되었다. 왕희지(王羲之)의 전아(典雅)한 서체와는 달리 남성적인 박력과 균제미(均齊美)를 함께 갖추어 당대 이후의 중국 서도(書道)를 지배하였고, 많은 제자를 남겼다.

135) 유공권(柳公權, 778~865) : 당나라 때의 서예가. 자는 성현(誠懸)이다. 해서(楷書)에 특히 뛰어났던 인물로, 당시 벼슬아치의 비문에 유공권의 글씨를 쓰지 않으면 불효라고 여겼을 정도가 되었다. 주로 안진경(顔眞卿)을 본받았는데, 안진경에 비해서 유공권의 글씨에는 뼈가 많아서 함께 세간의 주목을 끌었다 한다. 이 두 사람이 서예계에 미친 영향이 커서 함께 '안유(顔柳)'라고 불렸다.

136) 종요(鍾繇, 151~230) : 삼국시대 위나라의 서예가이자 정치가. 자는 원상(元常)이다. 처음에 후한의 상서복야였으나 위 태조 조조를 좇아 공로가 컸으므로 위나라 건국 후 태위를 거쳐 태부에 이르렀다. 유덕승(劉德昇)에게 글씨를 배웠는데, 특히 팔분(八分)에 능하였다.

137) 왕희지(王羲之, 307~365) : 동진(東晋)의 서예가. 자는 일일소(日逸少)이다. 우군장군의 벼슬을 하였기 때문에 왕우군이라 일컬었다. 해서, 행서, 초서의 격을 높였다는 평을 받는다. 중국 전역은 물론 우리나라에도 큰 영향을 끼쳐 오늘날까지 서예하는 사람들의 임서(臨書) 대상이 된다. 남긴 작품이 많은데 「난정집서(蘭亭集序)」, 「악의론(樂毅論)」 등이 유명하다.

◎ 낭옹 유이주 시고 소인 柳浪翁以柱詩稿小引

오늘날 시를 공부하는 사람들은 으레 당시(唐詩)만을 높이고 송시(宋詩)를 하찮게 본다. 성률을 조금이라도 이해하기만 하면 당시로써 자임하지 않음이 없다. 혹시라도 송시에 가깝다고 평할라치면 발끈 화를 내며 기뻐하지 않는다. 이 또한 어린 아이처럼 매우 어리석고 망령된 것이니 어찌 함께 시의 도를 논할 만하겠는가. 지금 세상에서 당시를 배웠다는 사람들은 다만 그 살갗의 자잘한 것만 보았을 뿐 피부의 만분의 일도 알지 못했으니 (시를) 아는 자들의 비웃음거리가 될 만하다.

지금 낭옹 유이주가 지은 시를 보니 필력이 노련하면서도 천진난만하여 마음속을 다 풀어내기를 자유자재로 하니 대체로 소순과 육유[138]의 풍모가 있었다. 옛 사람들이 말하기를 '거짓 도학보다는 참다운 문장이 낫다'라 했는데, 나는 '거짓 당조(唐調)보다는 진짜 송격(宋格)이 낫다'라고 말하고 싶다. 내가 낭옹과 더불어 마음껏 글을 지으면서 천고의 득실을 통쾌하게 논하여 마음을 다 쏟아내 보지 못한 것이 한스럽다. 낭옹의 손자 홍지(弘之)[139]가 나에게 품평을 요구하기에 그 뒤에 쓰노라. 생각해보면 내가 어찌 감당할 수 있겠는가마는 대강이나마 그 소감을 써서 돌려보내노라.

原文 ‖ 今之業詩者, 輒尊唐而卑宋. 稍解聲律, 無不以唐自命. 或以逼宋評之, 艴然不喜. 是亦小兒愚妄之甚者, 何足與論於詩道也. 今俗所學唐調者, 祇見其膚淺纖瑣, 未得毛皮之萬一, 足爲識者一笑而已.

---

138) 육유(陸游, 1125~1210) : 송나라 때 문인. 자는 무관(務觀), 호는 방옹(放翁). 산음(山陰) 사람. 처음에는 강서시파의 영향을 받았다가 나중에 일가를 이루었다. 당대 문명이 높던 범성대(范成大) 등과 널리 사귀었으며, 당대 4대가의 한 사람으로 꼽힌다. 보장각대제(寶章閣待制) 등의 벼슬을 하였다. 저서에 『검남시고(劍南詩藁)』와 『검남문집』이 전한다.

139) 유홍지(柳弘之, 1739~?) : 본관은 전주(全州), 자는 사능(士能)이다. 양주에 거처하였으며 아버지는 유포(柳逋)이고 조부는 유이주(柳以柱)이다. 1783년에 증광시(增廣試)에 급제하였다.

今見浪翁柳以柱所爲詩, 筆力蒼老, 天眞爛然, 輸寫淋漓, 縱意所如, 大有眉山劒南之風. 古人有曰 : '假道學不如眞文章', 余謂'假唐調不如眞宋格也.' 恨余未及與浪翁趺宕筆硯間, 快論千古得失, 以罄寸心也. 浪翁孫弘之要余品評, 而題其後. 顧余何足以當之, 略書其所感而歸之.

서(書)

◎ 아들 관의 편지에 답하다 – 이 때 관은 산사에 있었다 答僨兒書問 – 時兒在山寺

종신(宗臣)[140]은 자가 자상(子相)이고 호는 방성(方城)이다. 장가윤(張佳胤)[141]은 자가 초보(肖甫)이고 호는 거래(居來)이다. 여응거(余應擧)[142]는 자가 덕보(德甫)이고 호는 오거(午渠)이다. 장구일(張九一)[143]은 자가 조보(助甫)이고 호는 주전(周田)이다. 왕세무(王世懋)[144]는 자가 경미(敬美)이고

140) 종신(宗臣, 1525~1560) : 자는 자상(子相) 또는 방성(方城)이다. 명나라 후칠자(後七子)의 한 사람으로 꼽힌다. 그의 시는 이백의 시와 같이 질탕(跌宕)하고 준일(俊逸)하였으나 그 의경은 깊지는 못하였으며 간간이 얕고 속된 데에 빠지는 경우도 있어서 흠으로 지적된다. 저서로 『종자상집(宗子相集)』이 있다.

141) 장가윤(張佳胤, 1527~1588) : 자는 초보(肖甫) 시호는 양헌(襄憲). 명나라 동량(銅梁) 사람이다. 가정칠자(嘉靖七子)의 한 사람으로 꼽힌다. 저서로 『거래산방집(居來山房集)』이 있다.

142) 여응거(余應擧, 1514~1583) : 응거(應擧)는 여일덕(余日德)의 초명(初名)이다. 자는 덕보(德甫)이고 호는 오거(午渠)이다. 남창(南昌) 사람이다.

143) 장구일(張九一, 1533~1598) : 신채(新蔡) 사람. 저서에 『녹파루시집(綠波樓詩集)』이 있다.

144) 왕세무(王世懋, 1536~1588) : 명나라의 문학가. 자(字)는 경미(敬美)이고 호는 인주(麟洲). 문학으로 유명했던 왕세정의 동생으로, 그 역시 총명하고 학문을 좋아하였다.

호는 인주(獜洲)이다. 이창명(李滄溟)[145]은 따로 기록하지 않는다. 사진(謝榛)[146]은 자가 무진(茂榛)이고 호는 사명(四溟)이다. 유윤문(俞允文)은 자가 중울(仲蔚)이다. 서중행(徐中行)[147]은 자가 자여(子輿)이고 호는 용만(龍灣)이다. 오국윤(吳國允)[148]은 자가 명경(明卿)이고 호는 천루(川樓)이다. 양유예(梁有譽)는 자가 공실(公實)이고 호는 난정(蘭亭)이다. 대개 명나라 때의 아홉 재자(才子)로 일컬어졌다. 일찍이 아침저녁으로 이야기하며 자기 주장을 펼치었다. 이러한 사람들은 우레같이 귀에 익숙할 뿐만이 아닌데, 이제 이런 질문을 하는 것은 어째서인가? 너의 총명함은 네 작은 형에 크게 못 미치는 듯하구나. 마침 손님이 계셔서 책을 찾아볼 겨를은 없으므로 어느 지역 사람인지는 쓰지 않는다. 예를 들어 엄주(弇州)[149]는 태창(太倉)이고, 유중울(俞仲蔚)의 곤산(崑山)이며, 종자상은 흥화(興化)이다. 편지로 다 써주길 바라지는 마라.

原文‖ 宗臣, 字子相, 號方城. 張佳胤, 字肖甫, 號居來. 余應擧, 字德甫, 號午渠.

시로써 세상에 명성을 날렸다. 문학에 대한 주장은 기본적으로 왕세정과 비슷하다. 저서에 『예포힐여(藝圃頡餘)』 등을 남겼다.

145) 이반룡(李攀龍, 1514~1570) : 자는 우린(于鱗), 호는 창명(滄溟)이다. 역성(歷城) 사람이다. 고문, 특히 진한(秦漢) 의고문에 조예가 있어 당대 문단을 이끌었다. 그는 후칠자의 대표인물로 꼽히는데, 그 후칠자는 사진(謝榛) · 양유예(梁有譽) · 종신(宗臣) · 왕세정(王世貞) · 서중행(徐中行) · 오국륜(吳國倫)이다. 저서로 『창명집(滄溟集)』 30권이 있다.

146) 사진(謝榛, 1495~1575) : 자는 무진(茂秦)이고 호는 사명산인(四溟山人). 후칠자의 한 사람이다. 저서로는 『사명시화(四溟詩話)』가 있다.

147) 서중행(徐中行, 1517~1578) : 자는 자여(子輿), 호는 용만(龍灣)이며, 천목산인(天目山人)이라고도 한다. 장흥(長興) 사람이다. 명나라 후칠자(後七子)의 한 사람으로 꼽힌다. 저서로 『천목산당집(天目山堂集)』 20권과 『청라관시(青蘿館詩)』 6권이 전한다.

148) 오국륜(吳國倫, 1524~1593) : 자는 명경(明卿), 호는 담추동(甔甀洞)이다. 흥국(興國) 사람. 이반룡(李攀龍) · 왕세정(王世貞) 등과 더불어 후칠자(後七子)의 한 사람으로 꼽힌다. 저서로 『담추집(甔甀集)』 54권과 속집 27권이 전한다.

149) 왕세정(王世貞, 1526~1590) : 자는 원미(元美), 호는 엄주산인(弇州山人) 또는 봉주(鳳洲)이다. 태창 사람이다. 이반룡과 함께 후칠자의 대표인물로 꼽힌다. 시문에 뛰어나 이반룡(李攀龍)과 이름을 나란히 하였으므로 세상에서 '이왕(李王)'이라고 일컬어졌다. 저서에 『엄주산인사부고(弇州山人四部稿)』가 있다.

張九一, 字助甫, 號周田. 王世懋, 字敬美, 號𤢿洲. 李滄溟不別記. 謝榛, 字茂榛, 號四溟. 兪允文, 字仲蔚. 徐中行, 字子與, 號龍灣. 吳國允,[150] 字明卿, 號川樓. 梁有譽, 字公實, 號蘭亭. 明時, 盖有九才子之稱. 曾於朝夕談話提說. 此等人, 不啻如雷慣耳, 今有此問, 何也? 可想汝之聰明, 不及汝仲遠矣. 適客擾未暇檢書, 不記爲何地人. 如弇州之太倉, 兪仲蔚之崑山, 宗子相之興化. 想不待書示.

◎ 관에게 주다 – 역시 산사에 있을 때다 與𠍱 – 亦在山寺時

나는 평소 술을 즐기지 않는다. 주량 또한 매우 적다. 한 잔만 마셔도 으레 취하여 꼬꾸라진다. 술이 있으면 마시기는 하지만, 술이 없으면 마실 생각도 하지 않는다. 제사라는 것은 마땅히 죽은 이가 좋아하는 것을 기억해야 하는데, 나와 같은 사람은 술을 좋아한다고 말할 수 없으니 내가 죽은 뒤 아침저녁으로 음식을 올릴 때 절대로 술을 쓰지 않는 것이 마땅하다. 큰 제사를 지낼 때에만은 굳이 이것에 얽매여 술을 쓰지 않을 필요는 없다. 이것은 비록 내가 좋아하는 것은 아니지만 또한 간혹 음복을 위해 준비할 필요가 있기 때문이다. 나는 사는 동안 술을 즐겨하진 않고 어쩌다 마시는 정도였다. 그렇다면 죽은 후에 반드시 이런 전례에 따라 술을 따르는 것은 또한 '죽은 사람을 섬기기를 산 사람처럼 한다'는 뜻이 아니다. 하물며 가난한 집안에서 술을 계속 대기란 매우 어려운 일이니, 절대로 무리해서 평소에 술을 좋아하는 사람이나 부유한 사람들이 하는 것을 따를 필요는 없다. 내가 만일 임종할 때에 이런 말을 한다면 또한 더러 정신이 없을 때 남긴 말씀이라 여겨 따르지 않을 것이다. 어쩌다 의암 조종보[151]와 함께 이야기가 여기에 미쳤

150) 『표암집』에는 윤(允) 대신에 륜(倫)이라 썼다.
151) 조중보(趙重普, 1708~1781) : 자는 규보(奎輔), 호는 의암(蟻庵)이다. 본관은 양주(楊

으므로, 너에게 보여주어 경계로 삼는다.

原文 ‖ 余素不喜酒. 酒戶亦甚小. 纔傾一盞, 輒醺然醉倒. 遇酒輒飮, 無酒亦未嘗思飮. 祭者宜憶其所嗜, 如余者不可謂嗜酒者也, 余死後朝夕上食, 切勿用酒可也. 至於大祭享, 固不必拘此而廢之. 此則雖非其所嗜, 亦或有備享者故也. 余生時, 未嘗於飮, 時輒飮酒. 則死後必欲依例斟酒, 亦非事亡如生之義. 況貧家所極難繼者酒也, 切不可强效平生嗜飮者與富厚者而爲之也. 余若臨終, 有是言則亦或諉之亂命而不遵. 偶與蟻翁談及, 仍示汝爲戒.

◎ 관에게 寄俒兒

놋쇠로 작은 술단지를 만들었다. 서너 되들이쯤 된다. 뚜껑이 있고, 술통의 손잡이에 끈을 매달아서 기울여 따르기에 편리하다. 이런 제작법은 옛날 술단지와 비슷하다. 대개 술병은 안에 이따금 때가 끼더라도 문질러 씻을 수 없어서 몹시 불편했다. 이것은 마음껏 안팎을 씻을 수 있어 아주 좋다. 간혹 술을 담고, 혹은 맑은 꿀이나 고약 종류를 담을 수 있겠다. 제법이 매우 아름답구나.

原文 ‖ 以鍮作小樽. 可容數三升. 有盖有索繫於耳, 有流便於傾瀉. 此製有似古樽罍. 大抵甁, 則內或生垢而不可磨洗. 甚不便. 此則可以盡意洗滌內外. 甚好. 或盛酒, 或盛淸蜜膏藥之類. 製極雅.

州)이다. 안산 15학사 중 한 사람이다. 1738년에 진사시(進士試)에 합격하였다. 혜환이 그를 위해 「제의암조우문(祭蟻庵趙友文)」을 지었고, 강세황은 『표암유고(豹菴遺稿)』에 「의암소진찬(蟻庵小眞讚)」과 「간의암(簡蟻庵)」 등을 남기고 있다. 그의 문집은 전하지 않는다.

◎ 관에게 보내다 與僙兒

앞서 놋쇠 술통을 만드는 법에 대해서 편지에 말한 적이 있다. 또 한 가지 만드는 법이 떠올랐다. 세상에서 동로(銅爐)라 하는 것이다. 주둥이 중간에 구리로 판을 만들어 두 칸으로 만든다. 한 칸은 숯을 사르고 다른 한 칸에는 끓일 물을 담는다. 중간에 둔 판이 가열되면 저절로 물이 펄펄 끓는다. 애초에 반드시 한가운데에 섬을 만들 필요는 없다. 숯불 칸 아래에는 세 개의 구멍을 뚫고 또 그 아래에 둥근 다리를 만든다. 다리 밑도 동판으로 막는다. 둥근 다리 옆 숯불 사이가로 점화구를 가로 뚫어서 불길을 일으키는 바람이 통하게 하고, 또 숯불이 아래로 떨어지도록 한다. 이것은 보통 당나라의 방법과 다를 바 없다. 다만 중간 격판에 섬 만드는 방법만을 바꾸었을 뿐이다. 이를 이름하여 태극로(太極爐)라 하였으니, 물과 불에 음과 양의 이치가 있기 때문이다. 몸체는 굳이 클 필요는 없고 다만 몇 되만을 담을 수 있다면 충분하다. 이 방법은 옛날 책에서는 보이지 않고 오직 내 생각으로 만든 것이나 반드시 성공할 것을 의심치 않는다.

대개 가운데 섬을 데우는 것과 곁판을 데우는 것은 다름이 없다. 그러나 만들기는 훨씬 쉬울 것 같다. 이 그릇이 만일 만들어지면 세상에서 입철(笠鐵)이라 하는 것보다 훨씬 더 나을 것이니 또 매우 요긴한 물건이다. 끓일 수도 있고 차를 다릴 수도 있으며 술을 데울 수도 있고 아울러 화로로도 사용할 수 있으니 매우 오묘하다. 다만 가름판이 붙은 부분은 반드시 꼼꼼히 하여 새지 않도록 해야 한다. 이것은 대개 붕사를 사용하는 것이 좋다. 가름 동판은 전체적으로 넉넉하게 해서 사방에 여분을 남기고, 그 벽에다 붕사를 녹여서 붙이면 센 불에도 녹지 않을 것이다.

原文∥ 前以鍮樽造出, 有所書示. 而更思一制. 俗稱銅爐. 口中間以銅隔板, 分作二間. 一間[152]則爇炭, 其一間則盛湯. 中間隔板熱, 則自當湯沸. 元不必作島於當中也. 炭火間之底, 穿作數三孔, 又其底作圓圍之足. 足底亦以銅板塞之, 圓足之傍, 炭火間邊, 橫穿火門, 以通煽火之風. 且使炭火下落, 此則與尋常唐制無異. 只中間隔板, 以易作島之制耳. 名之曰, 太極罏, 謂其一水一火有一陰一陽之理也. 體不必大, 只使容數升, 則足矣. 此法不見古書, 惟以吾意刱設, 似必成無疑.

盖中島之熱, 與傍板之熱無異, 而製造則似易易矣. 此器若成, 大勝於俗稱笠鐵, 且至要之物也. 可以作湯, 可以煎茶, 可以溫酒, 兼以爐用, 至妙至妙矣. 但隔板付合處, 必須十分緻密無漏乃可. 此則多用硼砂, 可也. 隔板之銅, 使濶於全體, 使以四傍餘剩, 付於其壁中鎔硼砂, 則熾火不鎔矣.

152) 『표암집』에는 일(一) 앞에 기(其)를 더 썼다.

계(啓)

◎ 해암 유경종에게 답하는 계 答海巖啓

맑은 모습 못 뵌 지 오래라 그대 향한 마음이 간절했는데, 문득 받은 그대의 글에는 간절하고 지극한 뜻이 담겨있었습니다. 풍영(諷詠)하여 음미할 적에 감동되는 것이 많았으니 내가 그것을 갈무리해 두는 것을 영광이라 생각합니다.

우러러 생각해 보면, 그대는 도량이 넓고 깊으며 마음은 뛰어났습니다. 그대 문장의 원천은 삼협의 물을 거꾸로 쏟는 듯 끝없이 광대했고, 글의 진지(陣地)는 홀로 천 명의 군대를 쓸어버릴 듯[153] 종횡하여 대적할 이가 없었습니다. 평소 자연에 남다른 애착이 있었기 때문에 일찍이 물과 대나무가 있는 좋은 땅에 자리를 잡으니 시내와 산이 집의 창을 둘렀습니다. 이곳은 은자가 은둔할 만한 곳으로 거문고와 책이 옆에 늘어서 있으니 마

153) 두보(杜甫)의 「취가행(醉歌行)」이라는 시에, "사원은 삼협의 물을 거꾸로 쏟은 듯, 필진은 홀로 천 사람 군인을 쓸 듯[詞源倒流三峽水 筆陣獨掃千人軍]"이라 했다. 이 구절을 끌어와 쓴 표현이다. 삼협의 물이란 양자강 상류에 물길이 급한 곳을 말한다.

침내 명사의 풍류가 있게 되었지요. 굽은 난간에서 옷섶을 헤치면 못의 바람이 연꽃의 향기를 실어 보냈고, 한가한 정원을 거닐면 숲 속 달이 물풀 맑은 그늘에 흩어졌지요. 물외의 소요에 스스로 만족하다 보니 한가한 가운데 쓴 글은 더욱 많아졌습니다. 시렁에 가득한 책은 고금을 망라하고, 주머니를 채운 글은 달을 그리고 바람을 노래하지 않은 것이 없었습니다. 『태현경(太玄經)』의 깊은 뜻이 있었으니, 어찌 후세에 자운(子雲)[154]이 없겠소. 말에 기대어 잠깐 동안에 시를 지을 수 있는 그대의 뛰어난 재주[155]는 '지금 세상의 이백(李白)'이라 할 수 있을 정도입니다. 이에 읊는 여가에 변려문에 뛰어난 솜씨가 있어서 쏟아놓은 생각들이 맑고 새로워 붓 밑에 화려한 비단을 모아놓은 것 같았으며, 기염을 토한 것이 우뚝하고 넓어서 마음속에 별들을 펼쳐놓은 듯했지요. 진부한 것을 새롭고도 기이하게 변화시켜 환골탈태의 묘함을 더욱 잘 보였고, 굳세고 묵직함에 농짓거리를 섞었어도 억지로 꾸민 흔적이 전혀 없었소. 흡사 옛 작가의 솜씨 같아서 우뚝이 오늘날의 세속에서 미칠 사람이 없습니다. 백 번을 읽어도 물리지 않고, 참으로 입과 뺨 사이에서 향기가 일어남을 느끼게 되었지요. 깊숙이 간직하여 보배로 삼으니 문득 상자에 빛이 납니다. '흩어지는 꽃잎과 지는 잎[散花落藻]'이라는 표현은 구양수(歐陽修)와 소식(蘇軾)도 윗자리를 양보할 정도이고 '그림자 없어지고 바람을 쫓는다[絶影追風]'는 말은 장적(張籍)[156]과 황보식(皇甫湜)[157]을 진땀나게 할 만합니다.

154) 양웅(揚雄, B.C.53~A.D.18) : 자는 자운(子雲). 한(漢)나라 성도(成都)사람. 박학심사(博學深思)하여 문장(文章)으로 이름났다. 지위가 낮고 용모가 보잘것없어 사람들이 그의 저작을 주목하지 않았으나, 죽은 뒤 40년이 지나 그의 저작이 비로소 세상에 크게 알려져 당시의 종이값을 오르게 만들었다 한다. 『태현경(太玄經)』과 『법언(法言)』이 특히 유명하다.

155) 의마(倚馬) : 문장을 신속히 짓는다는 뜻으로, 본래는 의마칠지(倚馬七紙)라고 썼다. 진(晉)나라 원호(袁虎)가 말 앞에서 잠깐 사이에 격문(檄文)을 7장이나 지어낸 고사에서 생겼다가 나중에는 문재(文才)가 뛰어남을 이르는 말로 쓴다. 『세설신어(世說新語)』에 나온다.

156) 장적(張籍, 766?~830?) : 당나라의 문학가로 자는 문창(文昌)이다. 한유(韓愈)의 추천으로 벼슬길에 나섰다. 시 분야에서는 발전 과정상 두보와 백거이를 연결해 주는 역할을 한다는 평가를 받는다. 특히 전쟁중에 고통을 받는 백성들을 잘 형상화했다. 「성도

스스로 생각건대, 나는 졸렬하여 수호[158]라 불리기에 부족하며, 글재주도 보잘것없고 몸조차 쇠약하지만 늙은이의 마음속에 많은 감회가 일어남을 금하지 못하겠소. 아름다운 선물에 보답하지도 못하고 옛날에 배웠던 것도 모두 잊어버린 것이 부끄럽습니다.

原文 ‖ 久違淸範, 切嚮往之微忱, 忽枉高文, 荷繾綣之至意. 諷味多感. 藏弆爲榮.

仰惟海巖主人, 氣宇宏深, 襟懷犖落. 詞源倒流三峽水, 浩汗不窮, 筆陣獨掃千人軍, 縱橫無敵. 素抱烟霞之痼癖, 夙占水竹之勝區, 溪山繚繞於軒窓. 是爲隱者捿遁, 琴書錯列於左右, 居然名士風流. 曲檻披襟, 池風送荷芰香氣, 閒庭曳杖, 林月散藻荇淸陰. 自足物外之逍遙, 益富閒中之著述. 其書滿架, 摠是網古羅今, 有作盈囊, 無非批風抹月. 草玄奧旨, 豈無後世子雲. 倚馬雄才, 可謂今時太白. 肆於呻佔之餘暇, 迺有駢儷之遠投, 騁思淸新, 簇花錦於筆底, 吐焰雄博, 羅星斗於胸中. 化腐臭爲新奇, 益見爐錘之妙, 雜詼劇於莊重, 渾無斧斲之痕. 儼然是古作者所爲, 卓乎非今時俗可及. 百廻不厭讀, 儘覺牙頰生香. 什襲以爲珎, 頓令箱篋增色. 散花落藻, 合歐蘇之讓頭, 絶影追風, 使籍湜而流汗.

自念鄙拙, 譽乏繡虎, 技小雕虫, 蒲柳早衰, 不禁老懷之多感. 瓊琚莫報, 空愧舊學之都忘.

◎ 아름다운 구절 儷語

달밤에 서늘바람 부는 걸 보니, 며칠 안에 매미소리 청아하겠네.

原文 ‖ 是月也凉風至, 數日來蟬聲淸.

곡(成都曲)」, 「가악부(賈樂府)」 등의 작품이 유명하다.

157) 황보식(皇甫湜) : 중당(中唐)의 시인. 자는 지정(持正)이다. 한유의 문인(門人)으로, 저서 『황보지정집(皇甫持正集)』을 남겼다.

158) 수호(繡虎) : 문사가 화려하고 재기가 뛰어난 것을 말한다. 삼국 시대 위(魏) 나라 조자건(曹子建)의 문장이 뛰어나므로, 세상에서는 그를 수호라고 했다 한다. 『세설신어(世說新語)』 「상예(賞譽)」에 나온다.

◎ 문 충선공의 강성사 주련 文忠宣江城祠柱聯[159)]

검남에서[160)] 고결한 정신[161)] 쏟아 종묘와 사직 지탱하고, 우리나라에 면화씨를 퍼뜨려서 백성을 옷 입히었네.

原文 ‖ 注蘭佩於釖南, 扶持宗社, 播綿種於海外, 衣被生靈.

159) 이 글은 『표암집』에는 빠져있다.

160) 난패(蘭佩)는 난초를 허리에 찬다는 것인데, 주로 고결한 은사의 모습이나 정신을 나타낼 때 쓰는 말이다.

161) 충선공(忠宣公) 문익점(文益漸)이 고려 공민왕(恭愍王) 때 원나라에 사신으로 가서 왕을 위해 바른 말을 하다가 황제의 노여움을 사서 검남(劍南)으로 유배된 일을 표현한 것이다. 문익점은 돌아올 때에 목화를 몰래 가져와 사람들에게 직조(織組)를 가르쳤다. 그 공을 인정하여 나중에 강성군(江城君)에 봉해졌다.

제발(題跋)

◎ 미불의 「소한당기」 활자본 뒤에 쓰다 題米元章蕭閑堂記印本後

「소한당기」는 미불이 쓴 것이다. 글자는 용안(龍眼)[162]처럼 크고, 글씨의 분위기는 도약하여 날 듯하니 '하늘의 말이 고삐를 푼 듯하다'는 평가에 이의를 달 수 없다. 이따금 자로(子路)가 공자(孔子)를 뵙기 전 같은 기상을 드러내어, 사람으로 하여금 좋아하면서도 두려워하게 한다. 평소의 글씨와 비교해 보면 살점이 매우 많고 기세가 너무 방정맞으니, 혹시 베껴 본뜬 사람이 본래의 모습을 다소 실추시킨 것인지 모르겠다. 첩의 끝 부분에는 아들 미우인[163]의 짧은 발문이 있는데, 아버지의 솜

---

162) 용안(龍眼) : 원안(圓眼)이라고도 한다. 나뭇잎 옆 또는 가지 끝에 꽃이 피고 열매는 맺는다. 열매는 둥굴지만 굳센 털이 많고 껍질에도 돌기가 있다. 자양분(滋養分)이 많고 단맛이 있어서 따로 '용안육(龍眼肉)'이라 부르며 날로도 먹고 약재로도 쓴다. 중국(中國) 남방(南方)이 원산지이며, 동인도(東印度)나 대만(臺灣) 등에 분포한다.

163) 미우인(米友仁, 1085～1165) : 송나라의 화가. 자는 원휘(元暉), 호는 난졸노인(嬾拙老人)이다. 아버지 미불(米芾)을 대미(大米), 그를 소미(小米)라 한다. 미우인은 아버지를 이어 산수・화조의 화법을 배웠는데, 아버지를 닮아 호방한 기풍의 문인적 기질을 잃지 않았다. 미점(米點)을 써서 시시로 변하는 안개, 안개의 움직임에 따라 변하는 산

씨[164]를 잘 계승한 것이다. 뒤에 또 소암(邵菴) 우집(虞集)[165]의 발문이 있는데, 수백 마디 아름다운 말로 '마음과 솜씨가 서로 기뻐하는 모양이 종이와 먹에 그대로 남아 있다'라 칭찬하였으니 또한 깊이 체득한 것이 있었던 것이다. 우공은 문장으로 이름을 날렸고, 서법 또한 문단에 유명하였다. 지금 그의 글씨는 곱고도 수려하여 난초와 비취 같은 모습이 있으며, 때때로 송설(松雪) 조맹부(趙孟頫)[166]의 정취도 갖고 있으니 풍기(風氣)가 그렇게 만든 것이다. 또 경중(敬仲) 가구사(柯九思)[167]의 발문이 있는데 글씨가 풍만하여 옥가락지 같은 모양이 있었다. 원나라 사람 중에 이러한 기교에 힘썼던 사람이 많았다는 사실은 믿을 만하다.

原文 ‖ 蕭閑堂記, 米南宮書. 字如龍眼大, 筆意跳盪軒翥, 不可羈縶, 天馬脫銜之評, 無容改爲. 時時露子路未見夫子時氣像, 令人愛而怕之. 比平時書, 肉

이나 나무의 형태를 묘사하는 데에 뛰어났다. 고종(高宗)의 지우(知遇)를 입어 병부시랑(兵部侍郎) 등을 역임했다.

164) 기구(箕裘) : 아버지의 업적을 잘 계승한다는 뜻이다. 『예기(禮記)』 「학기(學記)」에, "활을 잘 만드는 집 자식은 반드시 키 만드는 법을 배우고, 풀무를 잘 하는 집 자식은 반드시 갖옷 짓는 법을 배운다[良弓之子, 必學爲箕, 良冶之子, 必學爲裘]"라 하였다.

165) 우집(虞集) : 원(元)나라 초기(初期)의 문학자. 자는 백생(伯生), 호는 소암(邵菴) 또는 도원(道園). 황제의 명을 받아 『경세대전(經世大典)』을 수찬(修撰)하였다. 벼슬은 규장각시서학사(奎章閣侍書學士)에 이르렀다. 저서에 『도원학고록(道園學古錄)』(50권)이 있다.

166) 조맹부(趙孟頫, 1254~1322) : 중국 원나라 때 화가이자 서예가. 자는 자앙(子昂), 호는 송설도인(松雪道人), 시호는 문민(文敏)이다. 절강성(浙江省) 오흥현(吳興縣) 출생. 송(宋)나라 종실 출신이나 원나라 세조(世祖)에게 뽑힌 이래 여러 왕제를 섬겼다. 송나라 태조의 후손이면서도 원나라를 섬겨 영달하였으므로, 후세에 비난을 면치 못했다. 특히 그림의 면에서는 오진(吳鎭)·황공망(黃公望)·왕몽(王蒙)과 더불어 원대의 4대가로 꼽힌다. 「중강첩도(重江疊圖)」, 「사마도권(飼馬圖卷)」 등의 그림과 「여중봉명본척독(與中峰明本尺牘)」 등의 글씨가 전한다.

167) 가구사(柯九思, 1312~1365) : 중국 원나라 때의 서화가. 자는 경중(敬仲), 호는 단구생(丹邱生). 당나라 때의 가장 전형직인 해서(楷書)의 필치를 받아들여 조자앙류(趙子昂流)의 글씨를 잘 썼다. 문종(文宗)이 즉위하기 전부터 지우(知遇)를 받아오다가 즉위한 후에는 규장각(奎章閣)에 등용되어 학사원 감서박사(學士院鑑書博士)로서 칙명에 따라 내부 소장의 법서(法書)·명화 등을 감정하였으나 문종이 죽은 후에는 소주(蘇州)에서 불우한 여생을 보냈다. 「독고본난정서(獨孤本蘭亭序)」(조자앙 13발본) 중에 가구사의 발문이 있다.

太勝，勢太佻，或者摸與榻者之小失本來面目耶，又未可知也. 帖尾虎兒小跋，不失乃翁箕裘. 後又有虞邵菴跋，亹亹數百言，稱'其心手交悅之狀，宛在紙墨'，亦有深得者耶. 虞公以文章擅，書法亦琅琅筆苑. 今其書便娟秀美，有蘭苕翡翠狀，時亦帶松雪意，亦風氣所使. 又有柯敬仲跋，豊盈有玉環態. 信乎元人工此技者之盛也.

◎ 『옥하만록』 아래에 삼가 쓰다 敬書玉河漫錄下

순치(順治) 경자(庚子, 1660)년 할아버지 문정공(文貞公)께서 부사(副使)로 연경에 가셔서 옥하관(玉河館)에 머무실 적에 이 만록(漫錄)을 쓰셨으니 모두 '경계하고 근심하라'는 말로, 절실하고 간절하여 후손들에게 교훈되지 않음이 없었다.

아아! 문정공께서는 평생토록 몸가짐을 조심하기를 깊은 못에 임하신 듯 얇은 얼음을 밟으시는 듯 옥을 다루듯 가득 찬 물그릇을 받들 듯이 하셨다. 어렸을 때 기질이 수척하여 옷도 이기지 못할 것[168] 같았으므로 보는 사람마다 오래 살기는 어렵다고 여겼다. 그러나 1품의 지위에 오르고 팔십 수를 누렸으니 덕을 좋아하며 살다가 천수를 마친 것은 요즘에 드물게 있는 경우이다. 이것은 실제로 공경하고 조심하며 경계하고 삼감으로 말미암아 큰 복[장수]에 이른 것이니, 이 한 책으로 또한 징험할 수 있겠다. 무릇 우리 자손들은 마땅히 사람마다 한 권씩 옮겨 써서 평생 받들어 행하는 것이 좋겠다.

기록이 노정을 쓴 것 뒤편에 있어서 종이는 해지고 먹빛은 바래서 사라져 버릴까 두려운 나머지 삼가 아들 빈에게 한 벌을 옮겨 쓰게 했다. 만록 안에는 속된 말들이 섞여있고 붓 가는 대로 곧장 썼지만 자구에

168) 불승의(不勝衣) : 옷의 무게를 이기지 못할 만큼 몸이 매우 허약하다는 말이다. 『순자(荀子)』 「비상(非相)」에 "葉公子高微小短瘠, 行若將不勝其衣"라 하였다.

손질할 것이 없었다. 더욱이 우매한 사람도 격려할 수 있을 것이니 후손들 중에 문자를 대략이라도 아는 사람은 모두 이해할 수 있을 것이다.

무자(戊子, 1768)년 2월 23일 손자 세황(世晃) 삼가 쓰다.

原文‖ 順治庚子, 先祖考文貞公, 以副使赴燕, 留玉河館之日, 有此漫錄所錄, 皆戒愼之語, 切實懇勤, 無非垂訓於後孫者也.

嗚呼! 文貞公, 平生操身, 如臨深履薄, 執玉奉盈. 少時氣質淸羸, 如不勝衣, 見者不曾以遐壽期之. 而位躋一品, 壽登八耋, 好德考終, 近代所罕. 此實由於敬謹戒愼, 以致遐福, 此一編, 亦可以徵之矣. 凡爲我子孫者, 宜人書一帙, 終身奉行者也.

錄在行程錄之後, 紙弊墨渝, 恐致泯滅, 謹使儐兒, 移寫一通. 錄中雜以俚語, 信筆直寫, 未嘗雕琢字句. 尤可以警動愚暗, 後孫之畧識文字者, 皆可以領解也.

時戊子二月二十三日, 孫世晃謹識.

◎ 파주 목사 신종옥의 묘갈 탁본 뒤에 쓰다 書申坡州從沃墓碣印本後

이 묘갈문은 의심스런 부분이 있다. 신공의 태어난 해는 쓰지 않고 도리어 진사에 합격하여 관직을 받은 때를 상세히 썼다. 또 '병인년 8월에 등창이 나서 가지 못했다'라 하고 또 '비록 일찍 주기는 하였으나'라고 하였으니, 후대 사람이 어떻게 그가 누린 수가 얼마나 되는지를 알 수 있겠는가?

묘갈 끝부분에는 글씨를 쓴 사람의 이름을 먼저 썼는데, 그는 조카 신잠(申潛)[169]이요 글을 지은 사람은 종제(從弟)인 신용개(申用漑)[170]라 하

169) 신잠(申潛, 1491~1554) : 본관은 고령(高靈). 자는 원량(元亮), 호는 영천자(靈川子)·아차산인(峨嵯山人)이다. 1519년 현량과(賢良科)에 급제하여 검열(檢閱)로 있다가 기묘사화로 파직, 신사무옥(辛巳誣獄)으로 장흥에 유배되어 17년을 살았다. 시·서·화에 모두 능하여 삼절(三絕)이라 일컬어지기도 했다. 저서 『영천집』과 그림 「설

여 모두 그 성(姓)까지 썼다. 보통 묘갈은 윗부분만 전서로 쓰고 앞뒷면에 모두 글을 쓰는데, 이것은 앞면에는 해서로 '아무개 공의 묘'라 쓰고 뒷면 머리 부분에서야 전서를 쓴 뒤 아래에 글을 썼다. 또 그 당시의 벼슬살이를 말하면서 '진사에 합격하여 선전관에 제수되고 또 강원도사에 임명되었으며, 군수와 목사가 된 후에 찰방에 제수되었다' 했으니 모두 지금과 다른 것이다.

신용개는 문장으로 명성이 있었는데, 이 문장은 평범하고 소략하여 볼 만한 것이 없다. 신잠도 서예로 명성이 있었는데, 이 글씨는 조맹부의 서법이 조금 보이기는 해도 또한 두드러진 점을 찾아볼 수 없다. 내가 한가한 날에 의암 조중보(趙重普)와 함께 산비탈을 산책하다 거친 들판에서 이 묘갈을 보고 손수 탁본했으나 이끼 때문에 거의 분별할 수 없었다. 다시 묘갈을 옮겨 전문을 기록한 후 내키는 대로 이와 같이 쓴다. 신씨의 자손은 지금 수원에 살고 있는데 자못 번성하다고 한다.

原文 此碣文有可疑者. 不書申公之生年, 而乃反詳書中進士拜職之年月. 又曰: "丙寅八月, 背疽不赴", 又曰: "雖早卒云云." 後人豈知其享年之幾何耶. 碣末先書書者姓名, 書者乃其侄[申潛], 撰者乃其堂弟[申用漑], 而皆書其姓字. 凡碣石頭書篆額, 前後面皆書文, 而此則前面楷書某公之墓, 後面乃頭書篆, 而下書文. 且論其時官方, 則中進士, 而授宣傳官, 又拜江原都事, 爲郡守牧使, 後拜察訪, 皆與今有異者也. 申用漑以文名, 而此文平淡疏略, 無可觀. 申潛以筆名, 而此書畧有松雪法, 亦未見其稍異也. 余於暇日, 與蟻菴散策山阿, 見此碣於荒原, 手爲摸搨, 苔蘚剝蝕, 殆不可辨. 復說碣, 錄其全文, 漫書之如此. 申之子孫, 方居於水原, 頗繁衍云.

중기려도(雪中騎驢圖)」 등이 전한다.

170) 신용개(申用漑, 1463~1519): 본관은 고령(高靈). 자는 개지(漑之)이고, 호는 이락정(二樂亭)·송계(松溪)·수옹(睡翁)이며, 시호 문경(文景)이다. 김종직(金宗直)의 제자로 1488년 문과에 급제, 1492년 사가독서하였다. 무오사화 때 김종직의 문인이라 하여 투옥되기도 했다. 강직한 성품으로 연산군의 비위를 거슬러 갑자사화 때 영광에 유배되기도 했다. 말년에는 벼슬이 좌의정에 이르렀다. 저서로 『이락정집』을 남겼고, 『속동문선』과 『속삼강행실도』를 펴내기도 했다.

◎ 옛날부터 간직해오던 『옥호빙』 뒤에 쓰다 題舊藏玉壺氷後

도유명(都維明)[171]은 숨어 살기에 힘썼다. 그의 아들인 도목[172]이 명성을 좋아하는 것을 괴이하게 여겨 늘 비웃으며 "특별한 사람이 책을 쓰고 특별한 사람이 책을 낸다 했는데, 우리 집안의 도목이 책을 쓰고 스스로 펴냈구나"[173]라 하였다. 도륭(屠隆)[174]이 "도목이 청사(淸事)를 편집하여 그 책의 이름을 『옥호빙(玉壺氷)』[175]이라 하였다"라 했다.

내가 생각하건대 종이 위의 옥호빙이 마음속의 옥호빙만 못하고, 마음속의 옥호빙을 가지고 있는 것이 마음속에 옥호빙이 없는 것만 못하다. 도목의 이 책은 아버지에게 비웃음을 당하고 당시 사람들에게 인정받지도 못했다. 그러나 기록한 맑은 일은 절로 눈을 놀라게 할 만하니 책상에 두고서 때때로 한 번씩 펴보는 것도 괜찮다. 이 책이 우리 집안에 소장된 지도 이미 백여 년이다. 증조부 죽창공(竹窓公)[176]의 장서인이 있으니 손자인 벽(璧)에까지 5대째 전해진 것이다. 장정을 다시 해서 주노니 귀히 여기고 또 귀히 여기라.

---

171) 도유명(都維明) : 명나라 때 사람. 자는 도인(都印), 호는 예암(豫菴)이다. 도목의 아버지이다.

172) 도목(都穆, 1459~1525) : 자는 현경(玄敬). 섬서(陜西)지방에 사신으로 가서 역대 산천승경과 건국형세, 고궁유적 등을 기록한 『서사기(西使記)』를 지었으며, 『사외류초(史外類抄)』와 『옥호빙』 등 여러 작품을 남겼다.

173) 명(明)나라 장일규(蔣一葵)의 「요산당외기(堯山堂外紀)」에 "維明博學多藝, 務爲韜晦. 怪玄敬好名, 每笑之云 : 別人著書別人開, 我家都穆著書自開"라 했다.

174) 도적수(屠赤水, 1542~1605) : 적수는 도륭(屠隆)의 호. 명나라 희곡작가. 저서로 『고반여사(考槃餘事)』가 있다.

175) 옥호빙(玉壺氷) : 명나라 때 나온 필기(筆記)작품이다. 1610년에 중국 사신 주지번(朱之蕃)이 허균에게 「서일전(棲逸傳)」, 「옥호빙(玉壺氷)」, 「와유록(臥遊錄)」 등 3종의 책을 선물하므로 허균이 이를 바탕으로 그 내용을 분류하여 『한정록』을 만들기도 했으니 「옥호빙」이 우리나라에 들어온 것은 상당히 오래되었다고 할 만하다.

176) 강주(姜籒, 1567~1650) : 본관은 진주, 자는 사고(師古), 그리고 호는 죽창(竹窓) · 채진자(采眞子)이다. 1585년 별시 문과에 합격하여 이조정랑 등을 지냈다. 1604년 집의로 있을 때 장흥병영(長興兵營)을 옮겨 지으면서 뇌물을 받은 죄로 의금부에 투옥되었다가 석방되었다. 광해군 때는 벼슬에 나가지 않다가 인조반정 후 관직에 나가 중추부첨지사가 되었다. 시문과 서예에 뛰어났다 한다. 저서로 『죽창집(竹窓集)』이 있다.

原文 ‖ 都維明[穆之父], 務爲韜晦. 怪其子玄敬好名, 每嗤之云 : "別人著書別人開, 我家都穆著書自開." 屠赤水曰 : "都穆輯淸事, 名其書曰 : '玉壺氷.'"

愚意, 紙上玉壺氷, 不如心中玉壺氷, 心中有玉壺氷, 不如心中無玉壺氷. 余謂, 穆之此書, 爲其父所嗤, 爲時人不許. 然所錄淸事, 自可醒眼, 不妨置案頭, 時一展閱. 此書爲吾家所藏, 已百餘歲. 有曾王考竹窓公印章, 於璧孫爲五世之傳. 改裝以付, 珍之珍之.

◎ 새로 판각한 「난정서」 인쇄본 뒤에 쓰다 題新刻蘭亭序印本後

세상에 전하는 법첩 중에는 대개 가짜가 많아서 거의 진짜를 찾기 어려운데 「난정서」의 경우는 더욱 심하다. 아마도 세상에서 높이는 대상이 되어 자주 본떠 판각하다 보니 점점 그 참됨을 잃었을 것이다. 자앙 조맹부조차도 진짜와 가짜를 구별하기 어렵다고 말한 적이 있다. 우리나라에 이르러서는 본뜬 솜씨가 졸렬하고 새긴 기술도 거칠어졌다. 잘못이 잘못으로 이어지는 것은 이상할 것 없으니 깊이 논할 필요도 없지만, 가장 심한 것은 감식할 사람조차 없어서 취사선택이 잘못된다는 점이다. 지금 세상에 전해지는 것들은 심지어 놀랄 만큼 결구가 이상하고 산만한 나쁜 습속이 있다. 획이 딱딱하기만 하거나 지렁이가 기어가는 것 같거나 파리가 꿈틀대는 것 같기조차 한다. 뒤에 배우는 젊은 사람들은 모두 살펴 깨닫지 못한 채 으레 왕희지의 글씨가 이와 같다느니, 진나라 법이 이러하다고들 하니 꽉 막히고 미혹된 것을 구제할 약조차 없다. 비록 뛰어난 재주가 있더라도 깨달음을 열 길이 없어서 흰머리 노인이 되도록 글씨를 쓴다 해도 끝내 외도(外道)에 들게 되니 어찌 애통하지 않겠는가? 내가 고본(古本)을 따라 손수 베껴 새기니, 이걸 보는 사람은 틀림없이 깜짝 놀라 달아날 것이다. 내가 꼭 서로 비교해보자고는 하지 않겠지만 다만 후세에 전하여 한 사람만이라도 깨달음이 있기를 바란다. 이것이 간절한 소망이다.

原文 法書之傳世者, 率多僞贋, 殆無一眞者, 惟蘭亭尤甚焉. 盖爲世所重而摸刻漸多, 漸失其眞. 子昻已有眞贋難別之語. 至吾東, 而摸手拙, 刻工粗. 無怪其以訛傳訛, 不足深論, 最是鑑識無人, 取捨乖謬. 卽今時俗所傳, 尤極駭異結搆, 散漫惡俗, 畫法木强, 有類蚓屈蠅癡. 後學小子, 都無省覺, 輒稱王書如此, 晉法如此, 晦塞冥迷, 莫可救藥. 雖有超異之才, 終無開悟之路, 白首攻書, 竟入外道, 寧不痛哉. 余從古本手摸以刻, 見者必驚愕却走. 余不必相較, 只冀傳之於後, 或有一人覺悟. 是所深望.

◎ 성씨 가문에서 예부터 간직해온 송설의 글씨 족자에 쓰다

題成氏家舊藏松雪書障子

송설 조맹부의 글씨 스물여덟 글자는 청송(聽松) 성수침[177] 선생께서 간직해 오신 것이다. 어떤 사람은 낙관이 없다고 하여 그것의 진위를 의심하기도 한다. 그러나 나는 그것이 참으로 진품임을 안다. 옛 사람이 조맹부의 글씨를 평하기를 "수천 년 이래 어디에서든 이런 글씨는 없었다"라 하였다. 무릇 옛 글씨 중에 대개 가짜가 많지만 조맹부의 글씨만은 가짜가 있을 수 없다. 수천 년 이래 온 땅에 없던 자취이니 진실로 감히 돌로 옥을 어지럽힐 수는 없는 것이다. 다시 어떤 사람이 용이 뛰고 봉황이 날아오르는 것 같은 이런 기세를 갖출 수 있을 것인가? 하물며 이것은 청송 선생이 감상하고 간직했던 것이니, 이것이 가짜가 아님이 충분히 증명된다. 만일 후대 사람들이 위조한 것이라면 반드시 자앙

177) 성수침(成守琛, 1493~1564) : 조선 전기의 학자. 본관은 창녕, 자는 중옥(仲玉), 호는 청송(聽松)·죽우당(竹雨堂) 등이다. 조광조의 문하에서 수학했다가 1519년 현량과에 천거되었다. 그러나 기묘사화로 스승 등이 화를 당하자 벼슬에 마음을 접고, 오직 경서를 두루 읽고 태극도(太極圖)를 깊이 연구했다. 후에 여러 차례 벼슬에 임명되었으나 모두 부임하지 않았다. 아들 혼(渾) 등 걸출한 유학자들을 제자로 키웠다. 글씨에도 뛰어나 일가를 이루었다. 저서로 『청송집』이 있으며, 글씨로 「방참판유녕묘갈(方參判有寧墓碣)」이 있다.

의 이름과 조맹부의 인장으로 교묘하게 사람들을 속이려 했을 텐데 이것만은 그렇지도 않았다. 틀림없는 진품이니 어찌 낙관이나 도장으로 꾸미겠는가? 다행이 이것이 우리나라에까지 흘러 전해져 아직 성씨 자손의 소유로 있다. 그렇지 않고서 만약 중국에 있었더라면 반드시 백 번 천 번 베껴쓰고 나무에 새겨 전하다가 본래의 면목을 다시는 찾을 수 없게 되었을 것이다. 이 자그마한 족자는 다만 성씨의 보물일 뿐 아니라 실로 우리나라에 다시 없을 희귀한 보배이고, 중국에서 구한다 해도 이와 견줄 만한 것이 드물 것이다. 내가 한 번 보게 된 것을 평생 행운으로 여겨서 감히 그 아래에 쓰노라.

原文 ‖ 趙松雪書二十八字, 爲聽松先生收藏. 人或以無款印, 疑其贋鼎, 余獨決知其爲眞跡. 古人評趙書曰:"上下數千年, 縱橫一萬里, 無此筆云." 凡古蹟率多僞贋, 惟趙書不可僞. 盖數千年一萬里所無之蹤, 固不敢爲碔砆亂玉. 更有何人辨此龍騰鳳翥之勢. 況乎此是聽松先生所鑑賞珍玩, 足可證其非贋也. 若後人贋作, 必有子昂字, 與趙氏印章, 以巧瞞人, 此獨不然. 千眞萬眞, 奚藉款印. 幸此流傳東土, 尙爲成氏子孫之有. 不爾而若在中國, 必千臨百摸, 棗木傳刻, 本來面目不可復尋. 此一小障, 不但爲成氏之寶玉大刀, 實吾東方絶世無敵之希珍, 求之中國, 亦罕其比. 余以一寓目, 爲平生幸, 敢題下方.

◎ 베껴 쓴 『명문기상』 책 아래에 쓰다 書手寫明文奇賞卷下

오른쪽에는 「종백께 올리는 글(上宗伯書)」이 두 편 있다.[178] 위에 있는 한 편은 간이(簡易) 최립(崔岦)[179]이 대신 지은 것이고, 아래 있는 한 편은 제

178) 『명문기상』 19권에는 조선 사신 김계휘의 이름으로 명나라 예부상서에게 올린 「상종백서(上宗伯書)」가 두 편 실려 있다. 실제로는 첫번째 글은 질정관(質正官)이었던 최립이, 두번째 글은 서장관이었던 고경명이 각각 지은 것이다. 책의 편찬자 진인석은 최립의 글에 대하여, "조선인은 송나라 때의 서적을 전혀 읽지 않으므로 그 글이 고아(古雅)하다"고 비평했다.

봉(霽峯) 고경명(高敬命)[180]이 대신 지은 것으로 명나라 사람 명경(明卿) 진인석(陳仁錫)[181]의 『명문기상(明文奇賞)』[182]에 실려 있다. 우리나라 사람의 시 중에 중국 사람의 시선집에 실린 것이 또한 매우 많다. 전겸익(錢謙益)[183]의 『열조시집(列朝詩集)』[184]과 같은 것을 예로 들면 우리나라 사람의 시가 실려 있는 것이 20명에 이를 정도로 많았지만 산문은 없었다. 지금 이 두 편이 여기에 실려 있고 또 그 글이 고아하다 평가되며 권점(圈點)이 여기저기 찍혀 있다. 중국의 글 쓰는 사람들에게 칭찬받은 것이 이와 같았으니 또한 다행이라 이를 만하다. 우리나라 선비는 대개 구차하고 간략하며 노둔하고 거칠다. 간혹 문사를 전공하는 사람들도 과거 시험 치를 표문을 짓는 기교에만 골몰할 뿐이다. 심지어 '문사(文辭)가

179) 최립(崔岦, 1539~1612) : 조선 중기의 문장가. 본관은 통천(通川), 자는 입지(立之), 호는 간이(簡易)이다. 1561년 문과에 장원으로 급제하여, 벼슬이 형조참판에 이르렀다. 문장에 능하여 '문장에 뛰어난 여덟 사람'으로 일컬어졌다. 저서에 『간이당집』이 있다.

180) 고경명(高敬命, 1533~1592) : 조선 중기의 문인이자 의병장. 자는 이순(而順), 호는 제봉(霽峯) 또는 태헌(苔軒)이요, 시호는 충열(忠烈)이다. 임진왜란 때 의병 6~7천명을 거느리고 북상하다가 금산 싸움에서 전사하였다. 시문과 글씨에 모두 뛰어났다. 저서로 『제봉집』이 전한다.

181) 진인석(陳仁錫) : 명나라 장주(長洲) 사람. 자는 명경(明卿)이다. 천계(天啓) 때 진사시에 급제하여 편수(編修)를 제수 받고 조칙(詔勅) 문서를 관장하였다. 그러다가 「위충현철권문(魏忠賢鐵券文)」의 찬술을 게을리 하였다가 하여 해직되었다가 숭정 초에 복직되기도 했다. 여러 벼슬을 거쳐 남경국자좨주(南京國子祭酒)가 되었다. 그는 천성이 학문을 좋아하고 저서를 즐겨하여 이 책 이외에도 『역경송(易經頌)』·『사서고(四書考)』 등 많은 저술을 남겼다.

182) 『명문기상(明文奇賞)』 : 명나라 말의 대문장가 진인석(陳仁錫)이 중국 고대의 초사(楚辭)로부터 송대 왕염오(王炎午)의 「부생제문승상문(附生祭文丞相文)」에 이르는 여러 명문들을 선정하여 모아서 중요한 곳마다 권점(圈點)을 치고 주해를 한 다음, 글 끝에 비평을 첨가하여 편찬한 중국 문학 평론서이다.

183) 전겸익(錢謙益, 1582~1664) : 자는 수지(受之), 호는 목재(牧齋)이다. 시문으로 당시 큰 명성을 얻어 오위업(吳偉業), 공정자(龔鼎孶)와 함께 '강좌삼대가(江左三大家)'라고 불렸다. 그가 남긴 시 중에는 응수(應酬)로 지은 것이 많았다가, 후기에는 격앙된 기운을 드러내고 홍망을 노래한 감개한 작품들을 짓기도 했다. 저서로는 『초학집(初學集)』, 『유학집(有學集)』 등이 있다.

184) 『열조시집(列朝詩集)』 : 전겸익이 1652년에 편찬한 중국 명대의 시인선집이다. 금나라 원호문의 『중주집』을 모방하여 편찬한 책이다. 황제로부터 외국인에 이르기까지 약 2000명에 이르는 사람들의 시를 모아 엮었다.

하나의 도'라는 것도 쓸모없는 것으로 여긴다. 비록 간간히 뛰어난 재주가 있더라도 마음에 두고 학습한 적이 없으니 인재가 날로 줄어들고 문풍이 일어나지 않음이 괴이할 것이 없다. 내가 우연히 『명문기상』을 보다가 이 두 글을 베껴쓰면서, 지금 세상에 다시는 이와 같은 글을 지을 수 있는 사람이 없음을 깊이 탄식하였다. 또 옛 사람이 문장에 힘을 써서 나라를 빛내고 후세에 물려줌이 이와 같음을 보게 되었다.

原文‖ 右上宗伯書二首. 上一首, 爲崔簡易岦代撰, 下一首, 爲高霽峯敬命代撰, 載於明人陳仁錫明卿明文奇賞. 吾東之詩, 載於華人詩選中, 亦多矣. 至若錢牧齊列朝詩集, 載東詩, 至二十人之多, 而惟文則未嘗有焉. 今此二首, 獲載于此, 且有其詞古雅之評, 點圈錯落. 爲中華作者所賞歎若此, 亦云幸矣. 士之生於[185]吾東者, 率多苟簡魯莽. 或有業文辭者, 不過汨沒於科場賦表之技. 至若[186]文辭一道, 視之爲無用. 雖間有超拔之才, 未嘗留心而學習, 毋怪乎人才之日下, 而文風之不振也. 余偶閱明文奇賞, 手錄此二首, 深慨夫今之世無復有能作是文者, 且以見昔人之能勉力文章, 華國而垂後若此也.

◎ 장태사 사적록 뒤에 쓰다 書張太師事蹟錄後

생각건대 고려 태사(太師) 포음(圃陰) 장정필(張貞弼)[187] 선생은 중국에서 우리나라로 건너와 도학을 번성케 하고 왕업을 도와서 명성과 공훈이 중국과 우리나라에 빛나게 되었으며, 훌륭한 인물로서 이윤(伊尹)이나 여상(呂尙)[188]과 비슷하다고 당시에 일컬음이 있을 정도였다. 조선 왕조

185) 『표암집』에서는 어(於)가 아니라 우(于)라고 썼으나 의미차이는 없다.
186) 『표암집』에서는 약(若)이 아니라 고(古)라 썼다. 문맥상 후자가 맞을 듯하다.
187) 장정필(張貞弼, 888~980) : 처음 이름은 길(吉)이었다. 호는 포음(圃陰)이다. 후백제 견훤과 고려 태조 왕건이 고창의 병산에서 부딪칠 때 왕건을 도왔다. 그 후 인동(仁同)에 물러가 강학하다가 만년에 안동으로 옮겨 거기에서 죽었다. 안동부의 백성들이 그 공덕을 추모하여 성종2년 사당을 세워 '삼태사(三太師)'를 함께 제사하였으며, 세조 3년에 왕명으로 인동에 서원을 세워 사액하였다.

에 이르러서 명신들이 주(疏)·소(奏)를 올려 기리고 칭찬하는 말도 또한 지극하였다. 여러 임금의 성교(聖教)가 해나 별처럼 밝아서 역사에 기록되어 있거늘, 하물며 탁월하고 뛰어난 업적이 또렷이 다른 사람의 이목에 있음에랴. 사람들이 모두 말하고 사람들이 모두 알고 있으니 뒤에 태어난 후학이 감히 찬양하는 한마디 말을 덧붙인 것이 아니다.

아! 공은 중국 절강성 사람인데 우리나라에 와서 머문 것이 첫 번째 기이함이요, 십 년을 보낸 후 중국에 돌아가서 관직이 이부상서에 이른 것이 두 번째 기이함이다. 남에게 무고를 당해 다시 우리나라에 도망 온 것이 세 번째 기이함이고, 당시 고려 태조의 창업을 만나 김태사·권태사와 함께 공신이 된 것이 네 번째 기이함이다. 하늘이 장차 한 나라에 유학을 일으키려고 이 사람에게 맡기기를 마치 면전에서 명령을 내린 것과 같이 하니 우리나라 천년 유학의 스승으로 삼는 것이 어찌 우연이겠는가.

지금 그의 후손인 서규(瑞奎) 씨는 세월이 흘러 혹 (장태사의 행적이) 사라져서 상고할 것이 없게 될까봐 두려워하였다. 그래서 포음공의 모든 글을 모아서 한 권의 책으로 엮었다. 책이 아직 완성되지 않아 내가 진실로 한번 보지는 못했지만 오히려 선열을 드러내어 후대에 영원히 전하려는 진실한 마음은 볼 수 있다. 나더러 책 말미에 한 마디 써 달라 했지만 별 볼 일 없는 내가 어찌 이 책에 대해 왈가왈부할 수 있겠는가. 그러나 효성스런 후손이 진지하게 구하는 간절함에 감동하여 요행히 천한 이름이 덧붙여 전해지는 영광이 있을까 하여 감히 사양하지 않고 대략 뒤에다 쓰노라. 포장하고 윤색하는 것은 절로 그 적임자가 있을 것이다.

188) 이윤(伊尹)은 탕왕을 도와 은(殷)나라의 창업을 이루고 재상이 되어 은나라를 흥왕시키는데 기여하였으며, 여상(呂商)은 무왕을 도와 주(周)나라의 창업을 이루고 재상이 되어 주나라를 안정시키는 데 크게 기여하였다. 특히 후자는 낚시를 하며 때를 기다렸다고 하여 강태공으로 더 알려져 있다.

原文 ‖ 竊惟麗朝張太師圃陰先生, 自中華來東國, 倡道學, 贊王業, 聲名勳烈, 焜耀於中華與東國. 至有當時夫子伯仲伊呂之稱. 迨我朝, 諸名臣疏奏, 褒揚稱說, 亦至矣. 列聖朝聖教, 炳如日星, 載在國乘, 況乎卓絶瑰瑋之蹟, 班班在人耳目. 夫人皆言之, 夫人皆知之, 有非後生末學所敢贅陳贊揚之一言.

嗚呼! 公以中華浙江人, 流寓於東國, 一奇也, 經十年而返中國, 官至吏部尙書, 二奇也, 爲人所誣, 復竄於東國, 三奇也, 時値麗太祖創業, 與金太師權太師, 同爲勳臣, 四奇也. 天之將欲興起斯文於一方也, 付畀斯人, 有若面命焉, 以爲吾東千載儒學之宗師, 夫豈偶然也哉.

今其後裔瑞奎甫懼世遠, 而或致湮沈無考. 乃裒輯屬於圃陰公之公私文字, 編成一書. 書尙未就, 余固不及一寓目, 猶可見表章先烈永垂後代之誠意也. 要余題一語於卷端, 顧余譾劣, 何足爲是編重輕. 而感孝孫勤求之懇, 幸賤名托傳之榮, 乃敢不辭, 畧書于後. 若夫鋪張而潤色之, 自有其人云.

◎ 아들 신의 꿩 그림 뒤에 쓰다 題信兒畵雉後

기유(己酉, 1789)년 4월에 회양(淮陽) 관아에 꿩을 바친 사람이 있었다. 아들 신이 그것을 그렸는데 모습이 꼭 닮았다. 예전에 변상벽(卞相璧)이란 사람이 고양이를 잘 그려서 당시 사람들이 그를 '변고양이'라고 불렀는데, 지금 혹 '강꿩'으로 불린다면 누가 더 부끄럽겠는가? 마땅히 꿩 그리는 데 애쓰지 않는 것이 좋겠다.

原文 ‖ 己酉四月, 有獻雉淮衙者. 信兒模寫, 頗得於形似. 向者有卞相璧者, 工畵猫, 時人以卞猫稱之. 今或有以姜雉稱之, 恥孰甚焉. 宜勿用工, 可也.

◎ 서양인이 그린 월영도 모사본에 쓰다 書西洋人所畵月影圖摸本後

서양 사람이 천리경을 만들었는데 다르게는 시원경(視遠鏡)이라고도 부른다. 이 천리경으로 천체의 모양을 보면 해와 달 · 별들의 모습을 뚜렷이 분별할 수 있다. 오성, 즉 금 · 목 · 수 · 화 · 토성의 모양도 각기 다르게 보인다. 이 월영도에서 보면 달 안은 아스라이 그림자 졌는데, 옛날부터 중국사람 중에 그 모양을 이와 같이 상세히 살핀 자는 없었다. (그 그림자가) 옥황상제의 궁인 광한궁이라는 설, 계수나무 그림자라는 설, 토끼와 두꺼비가 약을 찧는 모습이라는 설은 애초부터 분별할 것이 못된다. 오직 대지와 산하의 그림자라는 설은 지금까지 믿어졌지만 또한 황당한 것이니 대개 놔두고 논하지 않는 것이 좋겠다. 서양 사람인 대진현(戴進賢)[189]이 「천상도(天象圖)」를 그렸는데 달그림자 그린 것이 이와 같았다. 서자(庶子) 신(信)이 이것을 모사하였다.

原文‖ 西洋人造千里鏡, 一名視遠鏡. 以此鏡視天象, 則日月星辰體狀, 歷歷可辨. 五星之狀亦各不同. 此圖乃月中婆娑影, 自古中國人所未曾詳察其狀之如此者也. 廣寒宮之說, 桂影之說, 兎蟾擣藥之說, 初不足多辨. 惟大地山河影之說, 至今信之, 亦屬誕妄, 盖存而不論, 可也. 西洋人戴進賢, 作天象圖, 所畵月影如此. 庶子信移摸云爾.

◎ 중군 김세보의 유애비에 쓰다 題金中軍世輔遺愛碑

나는 몇 해 전(1779년)에 남양 땅을 다스렸다. 남양은 바닷가에 있어서 백성들이 고기잡이와 염전으로 생계를 꾸리다 보니 사나워져서 다스리

189) 대진현(戴進賢, 1680～1748) : 서양 선교사 쾨글러(Koegler)의 중국식 이름으로, 중국 천문학에 많은 기여를 한 것으로 평가된다. 1723년에 「황도총성도(黃道總星圖)」를 제작하였는데, 그의 이 천문도는 김정호(金正浩) 등에 의해 모사되어 목판 인쇄되었고, 사본들도 몇 개 알려져 있다.

기 어려웠다. 사랑하고 어루만지는 방법이 부족함을 스스로 부끄럽게 생각했지만, 돌아올 때까지 (백성의) 사랑이 남는다고 하는 것은 조금도 없었다.

지금 듣건대 김세보[190] 군은 오십 년 전에 남양의 중군[191]이었는데, 백성들이 빗돌을 세워 그를 칭송하였다 한다. 그의 손자인 형(泂)이 마침 이 임무를 맡았을 때에, 빗돌이 그동안 조정의 금지로 버려져 낮은 언덕과 거친 밭두둑 사이에 처박혀서 흙과 풀에 뒤덮여 다시는 찾을 수 없게 되었다는 사실을 비로소 듣게 되었다. 이에 옛 군교와 노인들에게 물어서 마침내 빗돌을 찾아 깨끗하게 씻어내니 자획이 뚜렷하여 분별할 수 있었으나 감히 다시 세우지는 못했다. 그래서 죽음으로 절개를 지킨 사람의 사당에 옮겨 묻고 옆에다가 그 일의 대강을 쓰고 중영(中營)에 현판을 걸었다 한다.

아! 중군의 맡은 일은 그 법령과 은혜가 백성에게 미치지는 못한다. 하물며 백성의 사납기가 이와 같은데도 그들로 하여금 잊지 못할 은혜를 갖게 했으니, 그가 어떤 덕스런 정사를 행하였기에 돌에 새겨서 기리게 되었는지는 모르겠다. 지금 그의 손자가 할아버지를 이어서, 아득하여 찾기 어려운 땅에서 그 새긴 돌을 찾았으니 또한 어찌 우연이겠는가. 나는 할 만한 위치에 있었는데도 은혜를 백성에게 조금도 미치게 하지 못했고, 김군은 법령을 내릴 수 없는 위치에서도 이와 같은 일이 있었다. 내가 이것에 대해서 더욱더 부끄럽고, 김군을 따를 수 없는 점이 많다는 것을 더욱 잘 알겠다.

原文 ‖ 余於年前宰南陽地. 南陽濱海, 氓俗以漁塩競利, 奸悍難治. 余竊愧字撫之

---

190) 이용휴의 『혜환잡저』에도 이 글과 관련된 「서김중군유애비기후(書金中軍遺愛碑記後)」가 남아 있다.

191) 중군(中軍) : 대장 또는 사(使)를 보좌하면서 실질적으로 모든 실무를 총괄하는 종 2품의 장군이다. 조선시대의 경관직(京官職)에서는 훈련도감 · 금위영 · 어영청 · 총융청 등에 두었으며, 외관직(外官職)에서는 절도사 · 방어사 · 통제사 밑에서 군대를 통할하는 역할을 했다.

乏術, 及歸, 少無遺愛可稱.

今聞金君世輔曾於五十年前, 爲南陽中軍, 民有竪碑而頌之者. 其孫洞適繼是任, 始聞有碑而間因朝禁而廢焉, 倒於短壟荒畦間, 土覆草沒, 不可復尋. 乃詢於舊校故老, 竟獲而洗濯之, 字畫宛然可辨, 不敢復竪. 而移埋於死節人祠, 傍書其事, 揭板於中營云.

嗟呼! 中軍之任, 其政令德惠, 無可及民者. 況氓俗之奸悍若此, 而乃能使有不忘之恩, 未知其行何德政, 致此刻石追頌. 今其孫踵祖武, 獲其刻於茫杳難尋之地, 亦豈偶然哉. 余處可爲之地, 無德惠之少及於民, 金君無政令之可施, 而能有此事. 余之愧於此尤甚, 而益知金君之不可及也多矣.

◎ 「난정서」 한 벌을 써서 새기고 그 아래 쓰다 自書蘭亭一本入刻 仍題其下

우리나라에 전하는 「난정서」 글씨는 마치 마른 섶이나 죽은 지렁이 같은데, 배우는 사람의 눈이 가려져 있어서 흰머리 노인이 되도록 힘 써 봐야 마침내 나쁜 길에 떨어지고 만다. 재차 새긴 고본(古本)은 비록 털끝만치라도 유감이 없다고는 말할 수 없지만 거의 진짜에 가깝다. 물정에 어두운 사람이 한번 보면 반드시 놀라 괴이하게 여기며 믿지 않을 것이지만 오랫동안 전하다 보면 혹 지혜로운 마음을 가진 사람이 번뜩 깨달을 수 있을 것이다.

原文‖ 東俗蘭亭, 如枯柴死蚓, 學者眯眼, 白首屹屹,[192] 竟墮魔道. 重刻古本, 雖不敢謂毫髮無憾, 差亦近眞. 盲俗觕見, 必驚愕不信, 然傳之久遠, 庶或有慧心人眼頓悟.

---

192) 『표암집』에서는 흘흘(屹屹) 대신 골골(矻矻)이라 썼으나 의미 차이는 없다.

◎ 「묵란죽권」 뒤에 쓰다 書墨蘭竹卷後

문동(文同)[193]이 그린 묵죽도는 대나무를 그린 것 중에 으뜸이다. 그 후로는 오흥(吳興) 조맹부(趙孟頫)가 화단을 주름잡았지만 우리나라에 이르면 취할 만한 사람이 거의 없다. 옛날 석양군(石陽君) 이정(李霆)[194]이 이것에 가장 솜씨가 좋았으며, 요즘에는 유덕장(柳德章)[195]이 석양군의 뒤를 이었다 할 만하다. 내가 옛 화보를 보고 7~8폭을 임서했지만, 이로 인해서 옛 사람의 오묘한 경지에까지 나아갔는지 어쩐지는 모르겠다.

난을 그리는 것에는 뛰어난 사람이 더욱 드물다. 대개 우리나라에는 옛날부터 '난'이라 이르는 것이 없었다. 비록 더러 그림을 보고 따라 그려보지만 진짜 난을 본 적이 없으므로 그림 속에 혼을 불어넣을 수가 없다. 옛날의 좋은 화보는 우리나라에 전해진 것이 없고, 또 화보 중에서 몇 폭 모사한 것이 전해진다고 한들 혹 이로 인하여 묘한 것을 깨닫는 사람이 있겠는가?

---

193) 문동(文同, 1018~1079) : 자는 여가(與可), 호는 금강도인(錦江道人)·소소선생(笑笑先生)이다. 석실선생(石室先生)이라 부르기도 하였다. 1078년 호주(湖州) 태수가 되어 다음 해 초 부임하는 도중 죽었기 때문에 문호주(文湖州)라고 부르기도 한다. 시문과 글씨, 죽화(竹畵)에 뛰어났다. 그의 묵죽도는 '소쇄(蕭灑)의 자태가 풍부하다'는 평을 받을 정도여서, 후세에 묵죽(墨竹)의 개조(開祖)라고 추앙받았다. 저서에 『단연집(丹淵集)』 4권이 있다.

194) 이정(李霆, 1541~?) : 자는 중섭(仲燮), 호는 탄은(灘隱)이다. 세종의 현손으로, 석양정에 봉해졌으므로 석양군(石陽君) 또는 석양공자(石陽公子)로 불린다. 시서화(詩書畵)에 뛰어났으며 대나무를 잘 그렸다. 임란 때 오른팔이 부러진 뒤에 그림을 중단했으나 곧 회복되자 화필이 더욱 능숙해졌다. 그는 필력이 강했으며 특히 구도를 잘 잡아 조선 묵죽화의 최고봉이라 평가를 받는다. 1662년에 그린 「우죽도(雨竹圖)」 등 여러 작품이 전한다.

195) 유덕장(柳德章, 1694~1774) : 영조 때의 화가. 자는 자고(子固)·성유(聖攸). 호는 수운(岫雲)·가산(茄山)이다. 본관은 진주(晋州). 성삼(星三)의 아들. 벼슬은 동지중추부사(同知中樞府事)에 이르렀다. 조선 중기의 이정(李霆)과 후기의 신위(申緯)와 함께 조선시대의 3대 묵죽화가로 꼽힌다. 석북 김광수가 그의 그림을 두고 '속세를 벗어난 기세가 있다'며 극찬하기까지 하였다. 작품으로 「묵죽도(墨竹圖)」, 「설죽도(雪竹圖)」 등이 있다.

『십죽제화보(十竹齊畵譜)』[196]에 있는 「난보(蘭譜)」를 지금 여기에 옮겨 그린다. 그러나 난을 그리고자 하는 사람들이 어찌 이것을 가지고 그 오묘함에 이를 수 있겠는가? 모름지기 난이나 대나무 실물을 잘 살피고, 선배들이 남긴 것을 널리 보는 것은 물론 따라 그려보는 노력을 쌓아야만 성공할 수 있을 것이다. 또 배우는 사람이 가진 식견의 깊이와 필력의 강약과도 관계가 있다. 비록 장난거리에 불과한 일이라도 그 어려움이 이와 같은데 누가 학문과 문사 쌓는 일을 제쳐놓고 보잘 것 없는 작은 기예에 정신과 세월을 소비하겠는가?

原文‖ 文與可之墨竹, 幾爲寫竹之宗. 其後趙吳興擅場, 至於吾東, 殆無可以取之者. 古有石陽公子, 寂竗此技, 近世柳岫雲, 可以追蹤石陽. 余從舊畵譜, 臨得七八幅, 未知因此而可趂古人竗處否.

至若墨蘭, 尤是寥絶響. 盖吾東自古無所謂蘭者. 雖或從紙絹摸寫, 既未見眞蘭, 無以傳神寫照. 舊有佳譜, 亦無傳道[197]東國者, 又於譜中, 傳摸數幅, 或有因此妙解者耶.

十竹齋畵譜, 有蘭亭譜, 今移寫於此. 然欲畵蘭竹者, 何能以是臻其奥妙耶. 須熟看蘭竹眞形, 廣閱前輩遺蹟, 兼有績費摸寫之工, 乃可有成. 又係于學者之識解之淺深, 筆力之健弱. 雖是游戲之事, 其難有如此, 誰能廢問學之工·棄文詞之業, 耗精神·費日月於無所用小技也哉.

---

196) 십죽제화보(十竹齊畵譜): 십죽재 호정언(胡正言)이 1644년 편찬한 중국 명나라 말기의 목판화보로 십죽재서화보(十竹齋書畵譜)라고도 한다. 선인들의 화훼영모(花卉翎毛) 등을 본떠서 만든 것인데 여러 색으로 인쇄되어 명청 시대에 널리 쓰였다. 화훼영모를 한데 섞은 서화보 외에도 과보(果譜)·영모보(翎毛譜)·묵화보(墨花譜)·난보(蘭譜)·죽보(竹譜)·매보(梅譜)·석보(石譜)의 8보로 이루어져 있다. 난보를 제외한 다른 보에는 그림 다음에 선인들의 제시(題詩)를 실었다. 특히 색조와 먹을 이용한 인쇄의 농담(濃淡)이 뛰어나다.

197) 『표암집』에서는 도(道) 대신에 도(到)라 썼다. 문맥상 후자가 맞으므로 이것에 따라 해석한다.

◎ 송하옹의 서첩 뒤에 쓰다 題松下翁[198]書帖後

요즘에는 애송이 어린 아이도 붓 잡는 법을 배우기만 하면 으레 종요(鍾繇)와 왕희지(王羲之)만을 보배로 여기고, 미불(米芾)・채양(蔡襄)[199]・조맹부(趙孟頫)・문징명(文徵明)[200]은 모두 거들떠보지도 않는다. 서법(書法)은 시대의 흐름과 함께 하는 것이므로, 마치 강물을 되돌릴 수 없는 것처럼 사람의 힘으로 그것을 돌릴 수 없다. 쓰는 사람의 인품의 현명함과 우매함, 학식의 깊음과 얕음이 붓과 종이 사이에 드러나지 않는 것이 없으니 어리석고 속된 사람이 경박하게 스스로 떠벌려서 지금과 후대를 속일 수 있는 것이 아니다. 만일 안목이 있는 사람으로 하여금 한 번만 보게 하면 조금도 가릴 수 없게 된다. 감별하고 감식하는 것도 그 사람에게 달려 있으니, 말로 다투어 득실을 따질 수 없다. 내가 서도(書道)에 대해서 애써 공부한 것이 없어 감히 함부로 말할 수는 없지만, 다만 평소의 견해를 이와 같이 적어본다.

原文 ‖ 今世乳臭小兒, 初學把筆, 輒珍鍾王, 至於米蔡趙文, 皆不數也. 豈知書法與代高下, 不可以人力挽回, 有若江河之推移. 其人品之賢愚, 學識之淺深, 莫

---

198) 조윤형(曺允亨, 1725～1799) : 본관은 창녕(昌寧), 자는 치행(穉行), 호는 송하옹(松下翁)이다. 개성부유수 명교(命敎)의 아들로, 학행(學行)으로 천거되어 상의원주부(尙衣院主簿), 예조좌랑을 거쳤다. 특히 초서와 예서에 뛰어나 송나라 미원장(米元章)과 방불하였다. 천성이 고결하고 검소한 것으로 유명하였다. 「이보혁무신기공비(李普赫戊申紀功碑)」, 「유점사풍악당대사비(楡岾寺楓嶽堂大師碑)」 등의 글씨를 남겼다.

199) 채양(蔡襄, 1012～1067) : 자는 군모(君謨), 시호는 충혜(忠惠)이다. 문학적 재능에 뛰어난 풍류객으로 유명하였다. 글씨에도 뛰어나 소식(蘇軾)・황정견(黃庭堅)・미불(米芾)과 더불어 송나라 4대가로 꼽힌다. 처음에는 왕희지(王羲之)풍의 글씨를 쓰다가 나중에는 안진경(顔眞卿)의 필체를 배워 독자적 서풍을 이루었다. 모든 서체에 뛰어났다. 저서로 『다록(茶錄)』・『여지보(荔枝譜)』・『채충혜공집(蔡忠惠公集)』 등이 있다.

200) 문징명(文徵明, 1470～1559) : 본명은 벽(璧)이고 자가 징명(徵明)이나 세상에 문징명으로 주로 일컬어졌다. 호는 형산(衡山)이다. 같은 고장 사람 심주(沈周)와 그림을 배웠고 이후에도 곽희(郭熙)・이당(李唐)・왕몽(王蒙) 등 원(元)나라 말기 4대가에게 사숙하여 그들의 화풍을 절충한 경향이 있다. 나중에는 심주와 함께 남종화 중흥의 중심인물이 되었다. 글씨의 경우 이응정(李應禎)・왕희지(王羲之)・조맹부(趙孟頫)의 영향을 받았다.

不於毫素間發現, 有非魯莽淺俗者, 所可沾沾自衒, 以欺今與後也. 苟使有眼者一覷, 自不敢以毫釐蔽隱. 其辨別鑑識, 亦在其人, 不可以言語爭辨得失也. 余於書道, 未有眞積力學之工, 固不敢妄論, 只書平日所見如此云爾.

◎ 이양빙의 「성황비」를 베껴쓴 뒤에 쓰다 題手摹李陽氷城隍碑後

당(唐)나라 이양빙[201]이 쓴 성황비는 모두 86자이다. 그 중 세 글자는 온전치 못하다. 상고시대의 문자를 지금 볼 수는 없지만 우비(禹碑)[202]는 가짜이고, 역각(嶧刻)[203]도 진품은 아닌 것 같다. 이양빙은 이사(李斯)[204]에게 필법(筆法)을 배워, 우아하고 수려하여 옛 뜻을 많이 지녔다. 지금 옛 사람의 붓놀림[用筆]과 글자 씀[結字]의 묘함을 보려 한다면 이 한 사람을 참조하면 될 것이나, 남아있는 글씨가 매우 드물어서 내가 본 것

201) 이양빙(李陽氷): 당 나라 때의 명필. 자는 소온(小溫)이다. 특히 전서(篆書)로 유명해서 '당(唐)나라 3백 년 동안에 전서로 일컬을 사람은 오직 양빙(陽氷)일 뿐'이라는 평가를 받았다. 일반적으로 전서를 배우려면 금문(金文)·대전(大篆)을 거쳐 설문해자(說文解字)를 그 전범(典範)으로 한 후, 이양빙(李陽氷)의 전법(篆法)을 거쳐야만 정통으로 인정받았다. 이백의 친척이다. 이백이 만년에 안휘성에서 살던 이양빙에게 의지하였다가 그곳에서 죽었다.

202) 우비(禹碑): 구루비(岣嶁碑)라고도 하는데, 이 비석은 중국 하나라 때 우임금이 치수할 때 새긴 것이라 전해 온다. 중국 형산현(衡山縣) 운밀봉(雲密峯)에 있는데, 파손되어 77자만 남아 있다. 워낙 오래 전의 것이라 진의가 의심스러웠는데, 근래의 고증에 의하면 명(明) 나라 양신(楊愼)이 위조한 것이라고도 한다.

203) 역각(嶧刻): 역산비(嶧山碑) 또는 역산각석(嶧山刻石)이라고도 한다. 진시황 28년에 순행(巡行) 도중 역산에 올라가 진나라의 공덕을 찬송하며 새긴 비명(碑銘)을 말한다. 이사(李斯)가 전서로 썼다.

204) 이사(李斯, ?~BC 208): 진나라 때의 법가류(法家流)의 정치가. 승상(丞相) 여불위(呂不韋)에게 발탁되어 활약하다가 시황제(始皇帝)가 6국을 통일한 후에는 승상이 되었다. 군현제(郡縣制)를 실시하고 분서갱유(焚書坑儒)를 단행한 것 등이 모두 그의 공이다. 시황제가 죽은 후 환관 조고(趙高)와 짜고 호해(胡亥)를 2세 황제로 옹립하여 권력을 마음대로 휘둘렀으나 결국 조고의 참소로 투옥되어 함양(咸陽)의 시장터에서 처형되었다.

으로는 삼분비(三墳碑)와 이것밖에 없다.

지금 세상에 전서(篆書)를 배우는 사람들은 마음대로 손을 움직인다. 그러다 보니 혹 해서와 초서의 점과 획을 섞어서 편한 대로 내그어 속된 이목을 기쁘게 하기도 하고, 더러는 괴이한 모양을 만들어 귀 어둡고 눈 먼 사람들을 속이면서 스스로 높여댄다. 이것은 모두 안타까운 일이어서 비난할 가치조차 없다. 내가 생각하기에, 전서를 쓰면서 이양빙의 필법과 어긋나는 사람은 바른 길에서 벗어난 것이요 엉터리이다. 손수 이 본을 베껴 그 개요를 보존하여서 뒷사람들로 하여금 본받게 하련다. 신축(辛丑, 1781)년 8월 표암 노인은 쓴다.

原文 ∥ 唐李陽氷書城隍碑, 合八十六字. 其中三字不完. 余惟上古文字, 今不可得以見之, 禹碑贋也, 嶧刻訛也. 陽氷得法於李斯, 蒼雅森秀, 寂有古意. 今欲見古人用筆結字之妙, 賴有此一人, 而其筆跡甚稀, 余之所見, 惟三墳碑與此本耳.

今俗學篆書者, 師心信手. 或雜楷草之點畫, 以趨便易, 而悅俗目, 或作詭狀異態, 以欺聾盲, 而高自許. 是皆可哀而不足非也. 余謂篆書而有違陽氷者, 外道也, 杜撰也. 手摹此本, 以存其槩要, 作後人師法. 辛丑八月, 豹菴老人跋.

◎ 또 쓰다 又題

예부터 지금까지 우리나라 전서(篆書)에는 두 가지 체가 있다.

하나는 편봉[205]으로 획을 그어서 일부러 전필, 즉 떨듯이 글씨를 써

---

205) 편봉(偏鋒) : 획의 가장자리 한편으로 필봉이 움직이는 것으로, 측봉(側鋒)이라고도 한다. 편봉으로 운필을 하면 서선의 한쪽은 매끈하고 반대편은 서선이 거칠게 보이기 때문에 이렇게 쓴 글씨는 획형이 평평하고 가벼우며 힘이 없어 보인다. 중봉으로 쓴 글씨는 입체적이고 서선이 살아있는 듯하지만 편봉으로 글씨를 쓰게 되면 힘이 약하고 획형이 보잘 것 없어 보인다.

서[206] 점마다 초서(草書)의 기운을 띠게 하고 삐침마다 해서(楷書)의 기운을 띠게 한 것이다. 그렇게 해놓고는 스스로 우비(禹碑)에서 나왔다 이르니, 어찌 우비가 뒷사람이 가짜로 만든 것임을 알겠는가? 더구나 지금의 획으로 망령되이 옛 글자를 만들어 억지로 마구 써진 듯한 모양을 만드니 용렬하고 나쁜 버릇을 벗어나지 못한 것이다.

다른 하나는 멋대로 붓을 놀려 함부로 쓰며 원(圓)[207]과 전(轉)[208]에만 힘써서 거친 획으로 어지럽게 써내려가 옛날의 모양새가 있게 하려 한 것이다. 그러나 이것은 점점 참된 뜻을 잃어서 세속의 이목만을 속이고 있을 뿐이다. 오직 이양빙의 글씨만은 엄격하고 정직하여 법도가 삼엄한 가운데에서도 절로 변화가 풍부하다. 배우고 익히는 사람들은 진실로 그 묘함을 이해하지 못하고 또 어려운 것은 꺼려 모두들 양주나 묵적으로 흘러들어가 버린다. 아! 작은 기예도 이와 같은데 하물며 큰 것이랴.

原文 東俗篆書, 古今有二體.

一則偏鋒發畫, 故作戰筆, 點每帶草, 撇輒如楷. 自謂出於禹碑, 豈知禹碑是後人贋作. 況以今畫, 妄作古字, 强爲淋漓之態, 不離庸惡之習.

一則放筆妄作, 惟事圓轉, 麤畫亂寫, 要有古態, 漸失眞意, 只欺俗目. 惟此陽氷之筆, 方嚴正直, 規度森嚴之中, 自饒變幻. 學習者, 固未能解其妙, 且憚於難能, 滔滔流於之楊之墨. 嗚呼! 小技如此, 況其大者乎.

---

206) 전필(戰筆) : 필치에 힘을 주어서 손을 떨 듯이 쓰는 서체로, 옷 주름 등을 묘사하는 데 쓴다. 수(隋)나라의 손상자(孫尙子)가 창시했다고 전해지나 확실치 않으며, 오대(五代)시기 남당(南唐)의 후주(後主) 이욱(李煜)이 이 필체를 애용하자 당시 화가들이 이를 좇으면서 그림에 널리 응용되었다.

207) 원(圓) : 붓을 댄 곳과 뗀 곳이 모두 둥근 형태를 이루게 하는 것을 말한다. 이렇게 하면 그 필획의 둥글고 힘이 센 느낌을 낼 수 있다. 속으로 살찐 듯한 획의 모양이 드러나기 때문에 강한 골력(骨力)이 밖으로 드러나지 않으므로 '내함(內含)'이라고 한다.

208) 전(轉) : 붓을 종이에 대고 둥글게 굴림으로써 모나지 않은 필획(筆劃)을 만드는 것이다. 이렇게 쓰기 위해서는 붓을 움직이는 속도를 빠르게 하면서도 각 획의 속도를 고르게 해야 한다. 전서(篆書)나 초서(草書)에서 많이 쓰인다.

◎ 시중 조윤형의 여러 체 글씨 뒤에 쓰다 題曺時中允亨各體書後

옛날 명필이라 불리던 사람 중에도 모든 서체에서 다 오묘한 경지에 이른 이는 없었다. 장욱(張旭)[209]은 초서로 명성을 날렸다. 그러나 해서로 쓴 「낭관청벽기(郎官廳壁記)」라는 작품 하나만이 전한다. 미불은 평소에 해서를 쓰지 않았다. 「서원아집도서(西園雅集圖序)」[210]와 같은 것은 성심을 다해 해서로 썼지마는 끝내 초서의 필법을 띠었으니, 기예가 매우 뛰어났던 사람도 둘 다 잘할 수는 없음을 이제야 알겠다. 송하옹 조윤형의 이 첩은 전서・예서・해서・행서・초서마다 극치에 이르렀으니, 옛사람 중에서도 찾아보기 힘든 경우이다. 장욱과 미불로 하여금 그를 보게 한다면 뭐라고 말할는지 알 수 없다.

나도 어릴 때부터 글씨 쓰기를 좋아했으나 부지런하고 독실하게 여기에 공을 쏟아붓지는 못했고, 지금은 이미 늙어버려 글씨 연습을 하지 않은 지 오래되었다. 이 첩을 보니 페르시아 시장에 들어선 것 같아, 보석들에 눈을 빼앗기기만 할 뿐 그것이 무슨 물건인지 명명할 수조차 없다. 감탄한 나머지 이 몇 마디 말을 쓰노라. 후에 이 첩을 보는 사람들은 내가 당돌하게도 억지로 아는 척한다고 비웃을지 모르겠다.

原文 ‖ 昔之名筆, 未有各體之幷臻其妙者. 張旭以草稱. 而惟傳郎官廳壁記楷書一帖. 米芾平生不作眞書, 如西園雅集圖序, 極意作楷, 而終帶草法, 始知藝之至者, 不兩能也. 松翁此帖, 各眞古隷楷行草, 莫不造極, 殆前無故人也. 未知使張與米見之, 當謂如何.

---

209) 장욱(張旭, 675~750) : 당나라 때 서예가. 자는 백고(伯高)이다. 장전(張顚)이라고도 불렸으며, 초서(草書)에 능하여 초성(草聖)이라 일컬어지기도 했다. 술만 마시면 미친 듯이 글씨를 쓰고, 술이 깨고 난 뒤에는 자신의 글을 신필(神筆)이라 자찬했던 기이한 인물이다. 당시 사람들은 '이백(李白)의 시, 배호(裴旻)의 칼춤, 장욱의 글씨'를 가리켜 삼절(三節)이라 일컫기도 하였다.

210) 서원아집(西園雅集) : 1086년경 북송 때 왕선의 저택인 서원에서 소식, 채조, 이지의, 소철, 황정견, 이공린, 조보지, 장뢰, 정가회, 진관, 진경원, 미불, 왕흥신, 원통대사, 유경, 왕선 등 16명의 문인묵객이 자리를 함께 하였다는 고사에서 비롯한 화제이다.

余亦少好作字, 而不能勤篤用工, 今已老耋, 久廢筆硏. 覽此, 如入波斯市, 徒知衆寶之奪目, 莫能名何物也. 感歎之餘, 題此數語. 後之見此帖者, 無乃笑余之唐突强解事耶.

◎ 수호계 명단 발문 修好禊座目跋

병신년(1776) 계를 시작했을 적에 명단이 있었다. 그러나 중간에 화재를 만나 책표지가 다 타버렸다. 지금 사명(士明)이 새로 하나의 책자로 만들어 나에게 옮겨 적기를 청하였다. 드디어 손수 한 벌을 베껴 썼다. 추가할 내용이 있어서 또한 다시 여러 가지를 나열하여 뒷사람들의 볼거리로 만드니, 사명은 잘 간직하라. 훗날 기록에 있는 이의 자손들이 이것을 본다면 반드시 대를 이은 교제를 더욱 돈독히 하리니, 선대의 정의를 저버리지 않게 할 것이 이 책 안에 있다.

原文‖ 禊始於丙申, 有座目, 而中遭回祿, 冊面焦爛. 今者士明, 新裝一冊子, 倩我移錄. 遂手寫一通. 又有追錄, 亦復列書, 以作後觀, 士明其珎藏焉. 後之錄中子孫觀此, 其必益篤世好, 毋替先誼, 其在此一卷矣.

◎ 채양의 『여지보』를 임서하고 그 아래에 쓰다 臨書蔡襄荔枝譜, 仍題其下

송나라에서 서예로 이름난 4대가가 있으니, 소식(蘇軾)·황정견(黃庭堅)[211]·미불(米芾)·채양(蔡襄)이다. 우리나라에서 소식과 황정견은 문장

---

211) 황정견(黃庭堅, 1045~1105): 송나라 때 시인이자 화가. 자는 노직(魯直), 호는 산곡(山谷)이다. 강서시파(江西詩派)의 창시자이다. 스승인 소식(蘇軾)과 함께 송대를 대표하는 시인으로 꼽혔으며, 죽어서는 두보의 계승자로 추앙받았다. 글씨에도 뛰어나 채

으로만 알려져 있지, 서예의 명인이라는 것은 거의들 모른다. 미불의 이름은 근래에야 비로소 크게 알려진 것일 뿐 백여 년 전에는 미불이란 사람을 알지 못했으니, 이것은 무슨 까닭에서인가? 요즘 한두 사람이 글씨로 우쭐대며 간혹 스스로를 '미불체'라 일컫는데,[212] 우리나라 사람들이 미불을 알게 된 것은 대개 이로부터 시작된다. 미불의 작품으로 전해지는 것은 중국에서 구입해 가지고 온 것이 많다. 미불의 글씨는 대개 광기가 있고 괴상하게 날뛰며, 휘갈기고 넘어지고 자빠져서 보통 사람들의 눈을 쉽게 놀라게 한다. 심지어 저잣거리의 꼬맹이라도 모두들 미불체만을 일컬을 정도이다.

유독 채양은 어떤 사람인지 거의 알지 못하니, 하물며 그의 서법이 어떠한지를 알 수 있겠는가? 채양의 글씨는 방정하고 엄숙하며, 도탑고 묵직할 뿐만 아니라 법도가 엄연하고 고아하여 속된 사람들이 엿볼 수 없는 경지이다. 법첩 중에 간혹 보이기도 하지만 골라내어 감상하는 사람이 없으니, 매우 어리석고 무지한 것이다. 후세에 채양의 글씨로 전하는 것이 적고, 게다가 중국에서 우리나라로 사들여온 것도 없으니 풍속의 어리석음이 또한 참 딱하다.

우연히 채양이 쓴 『여지보』[213]를 보았다. 판각의 상태가 좋지 않아 채양의 수준을 가늠하기에는 부족하나 단아하고 정돈되어 백대의 본보기가 되기에 충분하니 재미삼아 한 차례 임서한다. 다만 한 차례 베낀 것뿐이니 어찌 한 점이나 한 획이라도 진면목을 가졌겠는가? 또한 비웃

양·소식·미불과 함께 북송의 4대가로 꼽힌다. 저서로 『예장황선생문집(豫章黃先生文集)』30권이 있다.

212) 윤순(尹淳, 1680~1741)은 영조연간에 미불의 서풍을 잘 소화하여 백하체(白下體)를 이루었으며, 그의 제자 이광사(李匡師, 1705~1777)도 이런 서풍의 영향을 집대성한 것으로 평가된다. 그러므로 여기에서 미불체로 일컫는다는 한두 사람은 아마 이 둘이 아닌가 싶다. 이 말을 하고 있는 강세황 역시 미불·조맹부를 배워 세련된 서풍을 이룬 인물로 평가된다.

213) 여지보(荔枝譜) : 당시 푸젠지역에서 재배 되던 32종 식물에 대해 기록한 책이다. 각 식물에 대해 그것의 산지, 재배기술, 가공 및 저장방법이 열거되어 있다.

음을 당할 만하다. 그러나 후대의 젊은이로 하여금 채양이 송나라 서법의 대가이며 정종(正宗)이란 것을 알게 하려 한다.

原文 ‖ 宋之以書名者, 有四大家焉, 蘇・黃・米・蔡也. 至於吾東, 蘇・黃, 惟以文章稱, 殆不知爲墨池名家. 米之名, 近始大著. 百餘年前未有知米者, 此何故也. 近來一二人, 以書自許者, 或自稱米體, 東人之知米, 盖自此始. 米貼[214]之傳世者, 多自中華買至. 米書大抵狂怪跳踉, 攲斜偃仆, 易驚凡夫之目. 至若市井小兒, 亦皆稱米體.

獨蔡則殆不知爲何人, 況能知其書法之如何也耶. 蔡書方嚴敦重, 規度儼雅, 有非庸俗之所可窺測. 或有見於法帖中, 亦未有拈出賞識者, 其愚迷無知也, 甚矣. 蔡書之傳後者, 亦不爲不少, 而亦未有購至東國者, 俗之椎魯, 亦可哀也.

夫偶見蔡書荔枝譜. 板刻不佳, 不足以測蔡之所至, 而端楷整齊, 足可爲百代師範. 戱臨一過, 只是謄書一通耳, 安帶本色一點畫. 又可笑也. 然欲令後生小子, 知有蔡襄爲宋之法書大家正宗也.

◎ 또 쓰다 又書

채양의 『여지보』는 서법이 서예가 중 최고일 뿐만 아니라, 서술한 글도 매우 자세하고 유창하여 모범으로 삼을 만하다. 내가 임서하는 것은 단지 그 서법을 좋아해서일 뿐만 아니라 그 글을 기록하여 한가한 때 펴 보고 싶어서이다.

아! 여지는 먼 지역에서 나는 하나의 과일에 불과하지만 오래도록 소반 위의 귀한 물건이 되었다. 채공이 이와 같이 서술했을 뿐만 아니라 지금까지도 사람들은 여지라는 말을 듣고는 침을 흘린다. 그런데 왜 유독 우리 남쪽 사람들만 기이하고 곱다고 일컬어지는 이것을 듣지 못했을까?

214) 『표암집』에서는 미첩(米貼)이 아니라 미첩(米帖)이라 썼다. 문맥상 후자가 옳다.

原文 ‖ 蔡端明荔枝譜, 不獨書法爲冠冕書家, 其序述文字, 極其詳縟贍暢, 可以爲法. 余之臨書者, 非但愛其書法, 且欲錄其文字, 以爲閑中披覽.

嗟呼! 荔枝不過遐鄕一果品也, 而久爲盤羞中尤物, 不但蔡公之序述如此, 至今聞者, 爲之流涎, 獨未聞南土人物之擅奇艶稱者, 何也.

◎ 「낙신부」를 임서한 아래에 쓰다 題臨書洛神賦下

무신(1788)년 죽취일(竹醉日)[215], 즉 5월 13일에 우연찮게 연성(蓮城) 김생에게 대대로 전하는 옛날 서첩 몇 권을 빌렸다. 그 중에 왕헌지의 13줄의 「낙신부」[216]가 있었다. 판본이 자못 볼 만하고 근래 세상에 돌아다니는 것과 달라서 송설 조맹부가 임서한 것과 잘 들어맞았다. 속으로 매우 좋아하여 송설의 옛날 일을 따라 임서해 보려 했다. 그런데 몇 줄 못 했을 때 김생이 돌려달라 재촉하며 그대로 두게 하지 않으려 하므로 다 쓰지 못한 채 돌려주었으니 한탄스럽다. 「낙신부」는 13줄만 전할 뿐, 전체가 후대에 전하지는 않는다. 이 또한 주인이 원본을 되찾아가 버려서 이렇게 된 것이 아니겠는가? 생각하건대, 낙신(洛神)에게는 아직까지 영혼이 남아있어서 몸 전체를 드러내고 싶지 않은 까닭에 마치 심강(潯江)에서 비파 타는 여인처럼 비파를 안고 얼굴을 절반쯤 가린 것일까? 그러나 왕헌지는 오히려 13줄을 썼는데 내가 쓴 것은 49자에 불과하니,

215) 죽취일(竹醉日) : 죽미일(竹迷日) 또는 죽술일(竹述日)이라고도 하는데, 음력으로 5월 13일을 말한다. 중국 속설에 이 날에 대나무를 옮겨 심으면 잘 산다고 알려져 있다.

216) 낙신부(洛神賦) : 222년 중국 삼국시대 위(魏)나라 조식(曹植, 192~232)이 조정에 갔다가 자기 땅으로 돌아가는 도중 낙수(洛水)를 지나가며 지은 글이다. 낙신(洛神)은 낙수(洛水)의 귀신으로, 상고시절 복희(宓姬)씨의 딸 복비(宓妃)가 낙수에 빠져 죽어 낙신이 되었다고 믿어졌다. 작가와 낙수여신이 만나 서로 사랑하게 되지만 서로의 처지가 달라 가까이할 수 없는 안타까운 심정을 표현했다. 이를 통해 현실과 이상의 심한 괴리에서 오는 실망과 고뇌의 심정을 드러낸 것이다. 구조와 기교면에서 큰 발전을 이룬 작품이다.

지금 사람이 옛 사람만 못함을 여기에서도 볼 수 있다. 나중에 만일 다시 선본(善本)을 얻으면 또 한 벌을 임서하여 반드시 13줄을 채우련다. 그러나 팔십 줄의 노쇠한 늙은이라 눈이 차츰 흐려지니 비록 이러한 뜻이 있더라도 또한 어찌 반드시 이룰 수 있겠는가? 붓을 내던지고 한숨 쉬며 그 뒤에 쓴다. 이때에 더운 바람이 때때로 불어와 처마의 풍경이 쟁그렁 울린다.

原文 ‖ 戊申竹醉日, 偶借蓮城金生世傳古帖數卷. 其中有獻之十三行洛神賦. 板本頗佳, 有異於近俗所傳, 頗與趙松雪所臨本相合. 意甚愛之, 欲追松雪古事試臨. 未及數行, 金生督還, 不欲仍留, 未卒業而與之, 可歎也已. 洛神賦只傳十三行, 未有全本之垂諸後者. 亦豈本主索還元本, 而致此耶歟. 余意, 洛神, 至今有靈, 不欲快露全身, 若潯江琵琶女, 抱琵琶, 半遮面耶. 然獻之尙能書十三行, 余之所書不過四十九字, 古今人不相及, 亦足可見於此矣. 他日若復得善本, 擬更臨一本, 必滿十三之數. 然八十衰翁, 眼力漸晦, 雖有是意, 亦何可必其成耶? 擲筆太息, 爲書其後. 時炎風時至, 簷鐸鏘然.

◎ 『농사직설』 뒤에 쓰다 題農事直說後

주자(朱子)의 시에 '산 속 밭 삼백 무 얻어서, 밤새 불 밝혀 농서를 보노라'[217]라 하였다. 나는 일찍이 이 시구를 즐겨 외우면서도 농사라는 것에 대해서는 이제껏 알지 못하였다. 우연히 책 상자를 살펴보다 이 한 권의 책[218]을 얻었는데, 곧 우리나라 사람이 지은 것으로 또한 농서라 부를 만한 것이다. 기록된 것이 협소하고 사투리도 섞여 있어 농가를 위한 완전한 책은 아니었다. 내가 보태고 손봐서 한 질로 만든 후 소뿔

217) 「희증승사노우(戱贈勝私老友)」에 "槐花黃盡不關渠, 老向功名意自疏. 乞得山田三百畝, 靑燈徹夜課農書"라고 했다.

218) 『농사직설(農事直說)』: 세종 11년인 1429년에 임금의 명으로 정초, 변효문 등이 엮어 펴낸 농서이다. 농사에 관한 각종 기술을 풀이하되, 향찰과 이두를 사용하여 적었다.

에 걸어놓고[219] 매번 농사짓는 여가에 밤새도록 펴보아서 주자의 시를 본받으려 한다. 번수(樊須)[220]가 이 책을 얻었더라면 어찌 농사를 배우겠다고 청했겠는가. 그러나 우리나라 속담에 '「십칠첩(十七帖)」[221]을 배운 사람은 저녁밥도 못 얻어먹는다'라 하였으니, 그것은 한 쪽으로 치우쳐서 당시 유행을 엇나가 옛날의 글씨 쓰는 법으로 식량을 구하나 사람들은 모두 이해하지 못함을 말한 것이다.

지금 이 책이 「십칠첩」에 비할 것은 아니지만 또한 혹 집착하여 마치 각주구검(刻舟求劍)이나 수주대토(守株待兎)와 같이 한다면, 마찬가지로 반드시 밥도 못 먹게 될 것이다. 정신을 밝게 하는 것은 오직 사람에게 달려 있으니, 그림을 살피다 천리마를 잃는 잘못이 어찌 책에 있겠는가.

原文‖ 朱文公詩曰 : '乞取山田三百畝, 靑燈徹夜課農書.' 余嘗愛誦之, 而所謂農書, 今未可知也. 偶檢書簏, 得此一弓, 乃東人小著, 亦可謂農書也. 所錄未廣, 雜以方言, 要非農家之全書. 意欲增修, 作爲一帙, 掛諸牛角, 每於輟耕之餘, 徹夜課閱, 庶效文公之詩. 樊須得此, 豈有學稼之請哉. 然東俗有諺曰 : '學得十七帖者, 闕夕飯', 謂偏泥不諧流俗, 以古人字法, 干求夕粮, 而人皆不解也.

今此書, 雖非十七帖之比, 而亦或執泥, 如刻舟守株之爲, 則亦必闕夕飯之誚矣. 神以明之, 只在其人, 按圖失駿, 咎豈在書.

219) 우각괘서(牛角掛書) : 당나라 이밀이 쇠뿔에다 『한서(漢書)』 한 질을 걸어놓고 소를 타고 가면서 한 손으로는 고삐를 한 손으로는 책장을 넘기며 공부를 하였다는 고사이다. 『신당서(新唐書)』 「이밀전(李密傳)」에 나온다.

220) 번수(樊須, B.C 515∼?) : 자는 자지(子遲)이다. 번지(樊遲)라고도 쓴다. 일반적으로는 춘추시대 말기 노나라 사람으로 알려져 있으나, 제나라 사람이라는 설도 있다. 계씨(季氏)에게 벼슬 살았다. 『논어』 「자로」편에 번수가 공자에게 농사짓는 법을 묻는 대목이 나오지만 그밖에, 그에 대한 특별한 정보가 없다.

221) 십칠첩(十七帖) : 중국 동진(東晋)의 서가 왕희지(王羲之)의 편지를 모은 법첩. 이 책 첫머리에 십칠일선서(十七日先書)가 나오므로 이것을 십칠첩이라 불렀다. 「일민첩(逸民帖)」을 비롯한 총 29점의 작품이 수록되어 있다. 옛날부터 초서(草書)의 전형으로 존중되어 많은 이들이 이것을 임서하였으며, 왕희지의 초서를 연구하는 데에서도 빼놓을 수 없는 중요 자료로 꼽힌다.

◎ 『황정외경』 발문 黃庭外經跋

우리 집안에서는 이 책을 오래도록 간직해왔다. 나는 어릴 때부터 이것을 매우 즐겼다. 또 다른 본이 있었는데 이것과는 크게 달랐다. 대개 이 책은 점・획・파책(波磔)[222]이 매우 경직되어 부드럽게 살아 있는 맛이 전혀 없었다. 옛 사람이 '돌이 단단하고 새기는 솜씨가 없는 까닭'이라 한 것은 이것을 말한 것이다.

손님 중에 이렇게 말하는 이가 있었다. "왕희지의 글씨는, 예스럽고 솜씨가 서툰 듯하면서도 힘찬 것이 본 모습이지, 부드럽고 고운 것이 본 모습이 아닌 것은 분명하다. 이 책이 가짜이고 이른 바 '다른 본'이라고 하는 것이 진짜일지 어찌 알겠는가?" 내가 말하기를 "한 마디로 분간할 수 있소. 이 책의 발문은 우세남(虞世南)[223]이 썼다 하는데 우세남의 글씨와는 같지 않고, 도(陶)씨가 쓴 발문의 필법은 비록 초서이지만 모두 경직되어서 『황정경』의 원본과 비슷하오. 이것이 어찌 새기는 사람이 솜씨가 없어서 그렇게 된 것이 아니겠습니까?" 하였다. 손님도 그렇다고 여겼다.

原文 ‖ 余家舊藏此本. 幼少時甚愛玩. 又有他本, 與此大異. 盖此本點畫波磔, 却甚木强, 太欠圓活. 古人所謂石頑工拙之致者, 謂是也. 客有曰 : "晉人書古拙勁健, 乃是本色, 柔嫩姸媚者, 必非眞面, 安知此本之非眞, 而所謂別本之非假耶?" 余曰 : "有一言可辨者. 此本跋文, 乃虞伯施書, 而與虞書不同, 至於陶跋之筆法, 雖是草書, 率皆木强, 與黃庭元本恰同, 此豈非刻工手拙而使然歟." 客亦以爲然.

---

222) 파책(波磔) : 예서의 주요 특징으로, 붓을 누르며 조금씩 내리다가 오른쪽 위로 튕기면서 붓을 떼는 방법을 말한다. 파세(波勢)이라고도 하는데, 물결과 같은 곡선으로 이해하면 된다.

223) 우세남(虞世南, 558~638) : 중국 당나라의 서예가. 자는 백시(伯施)이다. 수(隋)나라의 양제(煬帝)를 받들었으나 중용되지 않다가 후에 당 태종의 신임을 받아 홍문관 학사・비서감을 거쳐 638년에 은청광록대부(銀靑光祿大夫)가 되었다. 왕희지의 서법을 익혀, 구양순(歐陽詢)・저수량(褚遂良)과 함께 당나라 초기 3대가로 일컬어진다. 특히 해서(楷書)에 뛰어났다. 남긴 작품으로 「공자묘당비(孔子廟堂碑)」, 「여남공주묘지고(汝南公主墓誌稿)」 등이 있다.

◎ 허필의 「금강도」에 쓰다 題許烟客金剛圖

죽은 벗 여정 허필[224]은 사람됨이 온화하고 편안하였으나 또한 강직하고 올곧기도 했다. 지금 그가 그린 「금강도」를 보니 필치가 부드럽고 고우나 또한 골력(骨力)이 있어서 깎아지른 듯 우뚝한 운치를 깊이 이루었으니 대체로 그 사람됨과 비슷하다 하겠다. 성현(誠懸) 유공권(柳公權)[225]이 '마음이 올바르면 붓이 바르다'고 한 것이 어찌 글씨뿐이겠는가? 늘그막에 그림을 만지니 완연히 벗과 얼굴을 맞대고 담소를 나누는 것 같아, 흐르는 눈물을 주체할 수 없다.

原文 ‖ 亡友許汝正, 爲人愷[226]悌樂易, 然亦有剛方峭直者. 今覽其所畫金剛圖, 筆勢柔軟嫩媚, 又有骨力, 深得峭刻聳拔之致, 大類其人. 柳誠懸所謂'心正筆正'者, 奚獨書也. 白首垂死, 摩挲粉墨, 宛然對眉宇, 接談笑, 不禁涕泗之橫集也.

---

224) 허필(許佖, 1708~1768) : 조선 영조 때의 학자・서화가. 본관은 양천(陽川), 자는 여정(汝正), 호는 연객(烟客)・초선(草禪) 등 여럿이다. 진사시에 합격한 뒤 학문에만 열중하였다. 시・글씨・그림에 모두 능하여 삼절(三絶)이라 불렸다. 저서에 『선사창수록(仙槎唱酬錄)』과 『연객유고(烟客遺稿)』가 있었다 하나 지금은 전하지 않는다. 고려대 소장자료 『오대가시(五大家詩)』에 그의 작품인 『연객시고(烟客詩稿)』가 실려 있어 그의 작품 세계의 일단을 볼 수 있다.

225) 유공권(柳公權, 778~865) : 당나라 때의 서예가. 자는 성현(誠懸)이다. 관직은 태자소사(太子少師)에까지 이르렀으며, 해서(楷書)에 특히 뛰어났다. 주로 안진경(顔眞卿)을 본받았으며, 구양순(歐陽詢)과 설요(薛曜)에게도 영향을 많이 받았다. 왕희지체를 비롯한 여러 서체를 두루 익혀 힘이 있으면서도 아름다운 서체를 만들어 냄으로써 서예가로서 일가를 이루었다. 목종(穆宗, 820~823)이 붓놀림에 대해 질문하자 "붓 사용은 마음에 달려있으니, 마음이 바르면 붓이 바릅니다[用筆在心, 心正則筆正]"라고 대답했다 한다.

226) 『표암집』에서는 개(愷) 대신에 기(豈)라 썼다. 문맥상 전자가 옳다.

◎ 내가 그린 부채에 쓰다 題自畵扇面

왕휘지(王徽之)의 대나무,[227] 도연명(陶淵明)의 국화,[228] 미불(米芾)의 돌,[229] 이것이야말로 이로운 세 벗이다.

原文 ‖ 子猷之竹, 淵明之菊, 元章之石, 是爲友之三益.

◎ 또 쓰다 又題

대나무를 그린 지 수십 년이 흘렀으나 끝내 깨달음이 없었다. 그런데 창밖의 달그림자를 그리다가 약간의 진척을 이룰 수 있었다.

原文 ‖ 畵竹數十年, 終未有悟,[230] 摸得窓前月影, 覺有少進.

◎ 미불의 「빈풍첩」을 임서한 뒤에 쓰다 題臨米蘋風帖後

세상에서는 「빈풍첩」이 미불의 글씨라고 전하는데, 글자 쓰는 것이 제멋대로여서 속된 안목에도 쏙 들어오지는 않는 데다 「천마부(天馬賦)」나

227) 왕휘지(王徽之)는 항상 빈 집에 살면서 그곳에서 대나무를 키웠다. 혹자가 그 이유를 묻자 그는 "어찌 하루라도 대나무가 없이 살랴[何可一日無此君邪]"라는 시구로 대답하였다. 이후 이것이 널리 유명해져 차군(此君)이 대나무의 이칭(異稱)으로 쓰이게 되었다. 『진서(晉書)』 「왕휘지전(王徽之傳)」에 보인다.

228) 도연명은 술과 국화를 특히 좋아하여 이 둘을 떼어놓고는 그를 말하였다고 할 수 없을 정도이다. 「음주시(飮酒詩)」 5수의 '동쪽 울타리 밑에서 국화 따다가, 멀리 남쪽의 산을 본다[採菊東籬下, 悠然見南山]'는 구절 등 그의 작품에 국화가 자주 나타나는 것도 그런 탓이다.

229) 미불이 돌을 사랑하여 돌에게 절을 하였다는 고사, 즉 '원장배석(元章拜石)'의 고사가 널리 전해진다. 『송사(宋史)』 444권 「미불전」에 보인다. 원장은 미불의 자(字)이다.

230) 『표암집』에서는 오(悟) 대신 오(寤)를 썼다.

「다경루시첩(多景樓詩帖)」과도 달라서 어떤 것이 진짜이고 어떤 것이 가짜인지 분간할 수 없다. 소설에서 말하는 '가짜 손오공' 같은 격이니 만일 신통한 안목이 없다면 누가 능히 장물을 가지고 구체적으로 조사할 수 있겠는가?

原文‖ 蘋風帖, 世傳爲米南宮書. 作字縱浪, 多不入俗眼, 與天馬賦・多景樓詩帖有異, 未可辨其孰眞孰贋. 殆若小說所謂假孫悟空, 若無神眼, 誰能執贓明覈也.

◎ 「제필진도후」에 대하여 題筆陣圖後[231]

우리나라 사람들은 붓 잡는 방법을 터득하면 으레 먼저 「필진도」를 배우며, '왕희지는 서예 분야에서 천고의 성인이고 「필진도」는 왕희지의 걸작이다'라 하지 않는 이가 없다. 심지어 죽을 때까지 배우고 익히며 받들어서 서가(書家)의 본보기로 삼기도 하는데, 몇백 년이 지나도록 감히 다른 의견이 없었다. 그러나 내가 근래에 찬찬히 그 필적을 살펴보고는 그것이 왕희지의 글씨가 아니고 글줄이나 쓰는 사람이 가짜로 만든 것도 아니라는 것을 확실히 알았다. 무엇으로 증명할 수 있는가?

이 글은 왕희지가 지은 것으로 곧 위부인(衛夫人)[232]의 「필진도」 뒤에 쓴 것인데, 지금 제목을 「희지필진도」라 하였다. 이 글을 살펴보면, 그림이라 지적할 만한 것이 어디 있는가? 또 왕희지 스스로가 이 글을 지

231) 「필진도후(筆陣圖後)」는 위부인이 쓴 것이라고도 하고 왕희지가 쓴 것이라고도 한다. 성호 이익도 『성호사설』 중 「필진도」라는 글에서 이것에 대해 자세히 변증하였다.

232) 위부인(衛夫人, 272~349) : 중국 진(晉)나라 서예가. 자는 무의(茂椅), 이름은 위삭으로, 여음태수(汝陰太守) 이구(李矩)의 아내이다. 채옹(蔡邕)의 딸 채염(蔡琰)에게 서법을 배웠다고도 하고 종요(鍾繇)의 필법을 배웠다고도 전해진다. 서예의 모든 체에 두루 능하였으며, 그의 글씨는 '미녀가 누대 위에 올라가는 듯'하다고 평가된다. 왕희지가 어렸을 때 그녀에게 사사했다고도 한다.

었다면 어찌 머리에 자기 이름을 썼겠는가? 옛사람이 글을 쓸 때 편목의 머리에 자기 이름을 먼저 쓰는 일이 없으니 이것이 진실로 첫 번째 잘못된 것이다.

글 내용에서도 '도삭(刀稍)'을 '도초(刀鞘)'로 잘못 썼고 '결구자모획야(結構者謀畫也)'에서 '획(畫)'자를 빠뜨렸다. '양필(颺筆)'을 '구필(颶筆)'이라고 잘못 썼다. 익(翼)이 종요(鐘繇)의 제자인데도 종요(鐘繇)를 익(翼)의 제자라고 잘못 썼고, '장악(張岳)'을 '장욱(張旭)'으로, '시지(始知)'를 '여지(如知)'로, '엄급(奄及)'을 '엄급(掩及)'으로 잘못 썼다. 이 모두가 무식하여 문리를 깨우치지 못한 자가 한 것이니 진실로 따질 것도 없다. 그리고 왕희지본의 글은 다만 '붓끝을 숨겨서 쓴다[隱鋒而爲之]' 부분에서 그치고 이 아래에는 또 다른 말이 들어가 있다. 그런데 이 본에서는 그 아래를 잘라내 버리고 곧바로 『묵수(墨藪)』[233] 안에 있는 말을 기록하였다. 또 이사(李斯)를 보았다 운운한 것은 전혀 문리에 맞지 않으니 더욱 비웃을 만하다.

왕세정이 「발필진도(跋筆陣圖)」를 지었다. 그런데 어떤 사람은 '남당 임금 이욱(李煜)[234]의 글씨이다'라고 하였고, 그리고 또 '다른 본에 행서로 쓴 것이 있다'고 하였으니 이 또한 이 본을 가리키는 것은 아닌 듯하다.

이 책을 보면 붓놀림이 촌스럽고 꽉 막혀서 결자(結字)가 속되고 조악하니, 옛 법을 전혀 이해하지 못한 것이다. 그러니 남당의 임금은 말할 것도 없고, 처음 붓을 잡은 사람이라도 틀림없이 이처럼 형편없게 쓰지는 않았을 것이다. '모양이 산가지 같은 글자'[235]라는 것은 정령 이와

233) 『묵수(墨藪)』: 당나라 위속이 서법에 관한 다양한 글과 내용을 엮어 편찬한 책으로 2권으로 되어 있다. 『사고전서』에 포함되어 있다.

234) 이욱(李煜, 937~978): 중국의 시인. 남당(南唐)의 마지막 통치자. 자는 중광(重光), 호는 종은(鍾隱). 초명 종가(從嘉). 중주(中主) 경(璟)의 여섯째 아들이다. 성격이 온화하였으며, 학문과 문예를 좋아하고 서화(書畫)의 기법과 감상에도 뛰어났다. 예술가 기질의 정치가로서 정치정세가 급박한 상황에서도 적극적인 대책을 세우지 못하고 신하들과 주연(酒宴)에 빠져 국가의 멸망을 초래하고 사로잡혀 죽었지만, 음률(音律)에 정통하고 사(詞)의 작자로 이름이 높았다.

같은 글씨를 말한 것일 텐데 왕희지가 어찌 스스로 말하고 스스로 어겼겠는가.

갑술(1754)년 8월 우연히 안산 집의 해산정(海山亭)에 앉아서 박오석(朴五石) 형과 서법에 관한 이야기를 나눈 것으로 인하여 책 끝에다가 이 말을 적노라.

原文 ‖ 吾東人自解執筆, 輒先學筆陣圖, 莫不曰 '羲之爲千古筆聖, 筆陣爲羲之得意.' 至有終身學習, 奉以爲書家指南, 歷幾百世, 無敢有異議者. 余近乃細玩其跡, 決知其非右軍書, 又非工書者之所贋作也. 何以徵之.

此文, 右軍作, 乃題衛夫人筆陣圖後者也, 今題曰羲之筆陣圖. 考此文, 豈有所可指以爲圖者耶. 羲之自作此文, 豈輒首書其名耶. 古人作文, 未有先書自己之名於篇目之首者. 此實第一脫落處也.

文中, 刀矟誤以刀鞘, 結搆者謀畫也, 落畫字, 颼筆誤以颸筆. 翼鍾繇之弟子, 誤以鍾繇翼之弟子, 張岳誤以張旭, 始知誤以如知, 奄及誤以掩及. 此皆無識不通文理者之所爲, 固無足辨. 而羲之本文, 只止於隱鋒而爲之, 而此下又有他辭, 而此本斷去其下, 直錄墨藪中語. 而又見李斯云云, 全不成文理, 尤可笑也.

弇州有跋筆陣圖者, 而或謂'南唐主書云,' 而又'有一本, 作行書之云.' 似亦非指此本也.

考此書, 行筆穉鈍拙滯, 結字俗惡, 全不解古法, 卽毋論南唐主, 卽稍解把筆者, 必不至此之庸惡也. 狀如筭字, 政謂此等書, 右軍豈自言而自犯之耶.

甲戌八月, 偶坐安寓之海山亭, 與朴五石老兄論書法, 仍記此語於卷末.

---

235) 『묵지편(墨池編)』 「진왕희지필진도(晉王羲之筆陣圖)」에 "然後作字, 若平直相似, 狀如算子, 便不是書但得其點畫爾……"라는 구절이 있는데, 이 구절을 예로 들며 말하고 있다. 이밖에도 앞서 예로 들었던 글자나 구절이 모두 이 글에 들어 있다.

◎ 「강남춘의도」 뒤에 쓰다 題江南春意圖後

일찍이 사량(士良) 두기(杜驥)가 강남을 그린 그림을 한양에서 본 적이 있다. 그런데 그것이 그 사람 집안에서 대대로 전해지는 오래된 물건이라 하였다. 생각건대 두기는 명나라 때 사람인 듯한데, 풍경을 구성함이 한가하고 멀며, 붓놀림이 빼어나게 우아하여 평소 보기 드문 것이었다. 산속으로 돌아와 내 생각대로 그려보니 대략 본래의 모습과 비슷하니, 이 또한 '숙오의 모습과 방불하다'[236]고 할 만하다.

原文 ‖ 曾見杜驥士良畵江南軸於京城, 云是人家世傳舊物. 想杜是明朝人, 而其搆景之閒遠, 行筆之秀雅, 盖爲平生所罕觀. 及歸山中, 以意臨之, 畧帶本來面目, 亦足稱彷彿叔敖.

◎ 벗 임지중의 송별첩에 쓰다 題任友志仲贐章軸

내가 무신(1788)년 8월 아들의 임소인 회양에 와서 머무르는 중에 벗 임지중이 갑작스레 한양에서 오므로 펄쩍펄쩍 뛰며 기쁘게 맞아들였다. 이미 밤이 깊어 심지를 돋우고 도란도란 이야기를 나누던 중 임기중이 이번 행차를 위해 사람들이 써준 송별의 글을 꺼내 보이더니 나더러 옮겨 적어 축을 만들어서 오래 전할 수 있도록 해 달라고 부탁하였다. 아마 내 글씨를 좋아해서 아울러 뒷날 감상거리로 삼고자 해서일 것이다. 여러 사람의 시가 진실로 아름다워서, 내 보잘것없는 글씨로는 간곡히 부탁하는 뜻에 부합하기에 부족한 듯하니 매우 부끄럽다.

---

236) 방불숙오(彷彿叔敖) : 옛날 초나라 이름난 배우 우맹(優孟)이 죽은 손숙오(孫叔敖)의 의관을 차려 입고 초왕을 만나서 손숙오의 아들을 곤궁에서 구해냈다는 고사이다. 나중에는 사이비(似而非), 즉 비슷하기는 하지만 진짜는 아닌 것을 비유할 때 썼다. 우맹의관(優孟衣冠)라고도 쓰는데 의미는 같다.

原文‖ 余於戊申仲秋, 來留淮陽兒子任所. 任友志仲, 忽自京城至, 顚倒歡迎. 時已夜闌, 剪燭劇話. 仍出示今行諸子賸章, 要余移錄成軸, 將圖傳於久遠. 盖其意愛余筆跡, 兼欲爲後日把賞之資. 諸子之詩固佳, 甚愧拙書不足以副勤求之意也.

◎ 새로 공묵을 얻고 우연히 쓰다 新得貢墨偶題

공묵, 즉 중국에 공물로 바치는 묵을 얻어 갈아보니 용향(龍香)이 코를 찌른다. 돌아봐도 쓸 만한 종이가 없어 아이들의 책장을 찢어서 술 기운을 빌어 써내려갔다. 전부터 문방사우 중에 붓이 가장 긴요하고, 묵이 다음이며, 그 다음은 종이이고, 마지막이 벼루라고 생각했다. 이미 좋은 묵을 얻었으니 어찌 종이의 질을 따지랴.

原文‖ 磨得貢墨, 龍香刺鼻. 顧無紙可書, 裂取兒輩冊張, 乘醉書之. 賞[237]謂四友中筆冣要, 墨次之, 紙次之, 硯爲末也. 旣得佳墨, 紙品何論.

◎ 『열국지』에 쓰다 題列國志

『열국지』는 속되어서 볼 것이 없다. 그러나 그 삽화 한 권만은, 수레·복식·기구의 제도를 옛 것을 상고하여 그렸기에 자못 볼 만하다. 중국 사람을 따를 수 없는 것이 이와 같다.

原文‖ 列國志, 陋俚無足觀. 獨其圖像一卷, 車服器用制度, 考古而爲之, 頗可觀. 中原人不可及如此.

237) 『표암집』에서는 상(賞) 대신에 상(嘗)을 썼다. 문맥상 이것이 옳다.

◎ 칙리지 側理紙

채륜(蔡倫)238) 이전에도 종이가 있었으니, 곧 반고239)의 『한서』에 나오는 '혁제(赫蹄)'라는 것이다. 지(紙)라는 글자는 실사변을 따랐으니 닥나무나 등나무는 아니다. 진(晉)나라 무제(武帝) 때에 이끼로 종이를 만들어 칙리지240)라고 이름 붙였다. 그런 후 장화241)에게 칙리지를 만 두루마리를 주어 『박물지』를 만들게 했다. 모제 김안국242)이 '처음으로 중을 시켜 물이끼로 종이를 만들게 했다'면서 써 놓은 시도 있다.243) 지금 『완위여편』244)을 상고해 보니 옛날에도 이미 이런 것이 있었던 것이다.

---

238) 채륜(蔡倫, ?~121?) : 중국 후한 중기의 환관. 종이 발명자. 궁중의 집기 등을 제조·관리하는 상방령(尙方令)으로서 97년에 검(劍) 등을 만들었고, 그 후 목간(木簡)·죽간(竹簡)·견포(絹布) 대신 쓸 수 있는 서재(書材)를 발명했다. 이는 톱밥이나 헝겊·풀 등을 재료로 만든 종이로, 이름을 '채후지(蔡侯紙)'라 한다. 채륜은 114년 용정후(龍亭侯)로 책봉되어 장락(長樂)의 태복(太僕)이 되었으나, 안제(安帝) 즉위 후에 정쟁에 말려들어 음독자살하였다.

239) 반고(班固, 32~92) : 후한(後漢)의 역사가. 자는 맹견(孟堅). 섬서성(陜西省) 함양(咸陽) 사람. 아버지 반표(班彪)의 유지를 받들어 20년간 작업하여 『한서(漢書)』를 완성하고, 『백호통의(白虎通義)』를 편찬하기도 했다. 두헌(竇憲)이 흉노를 칠 때 중호군(中護軍)으로 출전하였다가 패전하여 그 죄로 옥사하였다.

240) 칙리지(側理紙) : 해태(海苔)를 넣어서 만든 종이. 다른 말로는 태전(苔牋)이라고도 한다. 『태평광기(太平廣記)』「기완(器玩)」에 나온다.

241) 장화(張華, 232~300) : 중국 서진(西晉)의 문학자·정치가. 자는 무선(茂先). 화려한 시문으로 알려졌고 장재(張載)·장협(張協)과 함께 삼장(三張)으로 불렸다. 그의 출세작이 된 「초료부(鷦鷯賦)」, 혜제의 황후의 난행을 충고한 「여사잠(女史箴)」과 「잡시(雜詩)」, 「정시(情詩)」, 「여지시(勵志詩)」 등이 유명하다. 그는 박학하여 많은 신비한 일화를 남겼으며, 또한 일종의 백과사전인 『박물지(博物志)』를 저술하기도 했다. 시문집에 『장사공집(張司空集)』이 있다.

242) 김안국(金安國, 1478~1543) : 자는 국경(國卿), 호는 모재(慕齋), 시호(諡號)는 문경(文敬). 조광조(趙光祖)·기준(奇遵) 등과 함께 김굉필(金宏弼)의 문인으로 도학에 통달하여 지치주의(至治主義) 사림파의 선도자가 되었다.

243) 김안국, 『모재집(慕齋集)』「이호에 있을 때 이웃 절의 승을 시켜 물 속 이끼로 만든 종이를 얻어오게 했는데 매우 고아하였다. 다른 종이와 비교해볼 때, 힘은 반만 들여도 부드럽게 나아가 마음대로…… 인하여 종이 끝에 써서 세상에서 만들기를 권한다[在梨湖, 敎隣寺僧取水中苔造紙, 甚古雅. 比他紙, 功省而利博. 意欲流布永久. 有雲遊僧上巖, 性恩等投謁. 遂授苔紙. 因書紙端. 令勸造於四方]」라는 시에 "水苔爲紙自今吾, 庶益民生日用需. 儒釋道殊同利物, 憑師流播遍東區"라 하였다.

原文 | 蔡倫以前有紙, 卽指班史赫蹏也. 紙字從絲, 非楮藤. 晋武時, 以苔爲紙, 名側理紙. 賜張華萬番, 造博物志. 金慕齋, 謂始敎僧水苔爲紙, 有詩記[245]之. 今考宛委餘編, 則古已有之矣.

◎ 「역산비」에 쓰다 題嶧山碑

지금 세상에 전하는 역산비는 이사의 글씨가 아니고 강남 지방 상시(常侍)인 서현[246]이 쓴 것이다. 예전부터 진실로 그것이 닮지 않았다고 의심했는데, 과연 그러하였다. 옥근 이후로는 돌에 쓴 글씨가 이와 같이 아름다웠다.[247]

原文 | 今世所傳嶧山碑, 非李斯書, 乃江南徐常侍鉉所書. 向固疑其不類, 果然. 玉筋以後, 書石美如此.

---

244) 『완위여편(宛委餘編)』: 왕세정이 지은 것이다. 이규경의 『오주연문장전산고』에 의하면 옛날 우임금이 치수(治水)할 때에 완위산에서 적문(赤文)·녹자(綠字)·금서(金書)·옥간(玉簡) 등 네 종류의 글을 얻었는데, 이것을 통칭하여 '완위여편'이라 한다. 모두 치수에 관한 내용을 담은 것이다.

245) 『표암집』에는 기(記) 대신 기(紀)를 썼다.

246) 서현(徐鉉, 916~991): 중국 오대(五代)와 송(宋) 초기의 서예가. 자는 정신(鼎臣)이다. 광릉(廣陵) 사람이다. 소학(小學)과 전서·예서에 능하였다. 이양빙과 진(秦)의 「역산비」를 배웠는데, 점획에 법도가 있었다. 정교하며 난숙하여 순정하다는 평가를 받는다. 황제의 칙명을 받아 『문원영화(文苑英華)』를 찬집하기도 했다. 저서로 『서공문집(徐公文集)』 등이 있다.

247) 옥근(玉筋): 전서 종류 중 하나로 옥저전(玉箸篆)이라고도 한다. 그 글씨 쓰는 법이 원윤온후(圓潤溫厚)하여 모양이 옥젓가락 같으므로 이렇게 명명하였다. 진(秦)나라 때에 시작되었다. 옥근진문(玉筋眞文)은 오래도록 부흥하지 못하다가 이사(李斯)에서 이양빙(李陽氷)에게로 전해졌다. 후대에는 필체를 논하면서 붓놀림이 둥글고 굳센 다른 글자체까지 모두 '옥근'이라고 말할 정도가 되었다. 명나라 때 왕세정은 안진경의 글씨를 평하면서 "「가묘(家廟)」·「모산비(茅山碑)」야말로 옥근의 필체이다"라고 하기도 하였다.

◎ 당시에 쓰다 題唐詩

『당음(唐音)』248)의 '봄풀 해마다 푸른데, 그대는 오시나 안 오시나'249)라는 것은 왕손에게, '이듬해 봄풀이 푸를 때에 당신은 오십니까 안 오십니까?'라고 물은 것이지, 한 번 가버린 후 다시 오지 않음을 말한 것은 아니다. 『초사』를 보면 이 뜻이 더욱 명확해진다. 전기(錢起)250)의 「조안(早雁)」251)에서 위 구절은 사람이 기러기에게 묻는 것이고, 아래 구절은 기러기가 사람에게 답하는 것이다.

맹호연252)은 '밤에 비바람 소리 났으니, 꽃이 얼마나 졌는지 알리오'253)라 했다. '지(知)'라는 것은 알지 못한다는 것을 이름이니, 옛 말은 진실로 이와 같다. 대개 꽃이 떨어진 것이 많은지 적은지를 알지 못한다는 것을 말한 것이다.

이기254)의 시 중 '변방 성 새벽빛 추위를 재촉하네'255)는 '서(曙)'자가

248) 『당음(唐音)』: 원(元)나라 양사홍(楊士弘)이 편찬한 당시선집(唐詩選集).

249) 왕유(王維), 「송별(送別)」에 "山中相送罷, 日暮掩柴扉. 春草明年綠, 王孫歸不歸"라 나온다. 판본에 따라서는 3구를 '一作年年綠'라 쓰기도 한다.

250) 전기(錢起, 722~780?): 중국 당나라 중기의 시인. 자는 중문(仲文)이다. 그의 시는 맑고 새로우며 아름다워서 '대력십재자(大曆十才子)'의 대표자로 칭송을 받았다. 특히 그는 친구들과 주고받은 이야기와 자연을 제재로 삼은 온화한 시를 많이 썼다. 근체시 중에서도 특히 오언율시(五言律詩)에 뛰어났으므로, 당시의 사람들은 '앞에 심송(沈宋), 즉 심전기(沈佺期)와 송지문(宋之問)이 있고, 뒤에 전낭(錢郎), 즉 전기(錢起)와 낭사원(郎士元)이 있나'고 일컬었다. 저서에 『전고공집(錢考功集)』이 있다.

251) 전기(錢起), 「귀안(歸雁)」에 "瀟湘何事等閑回, 水碧沙明兩岸苔, 二十五絃彈夜月, 不勝淸怨却飛來"라 했다.

252) 맹호연(孟浩然, 689~740): 중국 당나라의 시인. 고향에서 공부에 힘쓰다가 40세쯤에 장안(長安)으로 올라와 진사시험을 쳤으나, 낙방하여 고향에 돌아와 은둔생활을 하였다. 만년에 재상 장구령(張九齡)의 부탁으로 잠시 그 밑에서 일한 것 이외에는 관직에 오르지 못하고 불우한 일생을 마쳤다. 도연명을 존경하여, 고독한 전원생활을 즐기고, 자연의 한적한 정취를 사랑한 작품을 남겼다. 저서로 『맹호연집』이 있다.

253) 맹호연(孟浩然), 「춘효(春曉)」에 "春眠不覺曉, 處處聞啼鳥. 夜來風雨聲, 花落知多少"라 했다. 어떤 본에는 뒤 두 구절을 '欲知昨夜風, 花落無多少'라 한 것도 있다.

254) 이기(李頎, 690~751): 지금 사천성 동천(東川) 사람. 당시의 왕유(王維), 왕창령(王昌齡) 등과 교유했다. 풍격이 호방할 뿐 아니라 강개(慷慨)하고 비량(悲凉)하였다. 칠언

아니라 '수(樹)'자이어야 한다. '서(曙)'와 '수(樹)'는 중국어 음이 같다. 송나라 영종의 휘가 서(曙)이므로 송나라 때의 판본에서는 서(曙)자를 기휘했을 뿐만 아니라, 수(樹)자까지도 으레 한 자를 비워두어 아울러 기휘했다. 후대 사람들이 고쳐 채워 넣으면서 틀림없이 그것이 '서(曙)'자여서 비워두었으리라 잘못 생각하였다. 도리어 서(曙)자를 채워넣고도 그것이 수(樹)자가 됨을 알지 못하였기에 이런 잘못이 생긴 것이다. 바깥 구절은 '궁궐 정원 다듬이 소리 저물수록 요란하네'라 썼다. 이미 새벽이라고 말해놓고 또 저물녘이라 한다면 괜찮겠는가? '서(曙)'자와 '점(砧)'자는 또 대우(對偶)도 되지 않으니, 이 글자는 '수(樹)'자가 분명하다. 『오잡조(五雜俎)』에도 '서(曙)'자를 휘하면서 아울러 '수(樹)'자도 휘한다는 말[256]이 있으니 더욱 믿을 만하다.

原文 ‖ 唐音'春草年年綠, 王孫歸不歸', 問王孫曰 : '明年春草綠時, 君歸乎不歸乎' 非一去不更歸之謂也. 考之楚辭, 此意尤明. 錢起早雁詩, 上句人問雁也, 下句雁答人也.

孟浩然 '夜來風雨聲, 花落知多少'. 知者, 不知之謂也, 古語本如此, 蓋曰, 不知花之落者多乎少乎.

李頎詩, '關城曙色催寒近', 非曙乃樹字也. 曙與樹同音. 而宋英宗諱曙, 宋板非但諱曙字, 到樹字, 輒空一字, 幷諱之. 後人改塡之, 誤疑其此必曙字故空之也. 却塡曙字, 不知其爲樹字, 所以有此訛也. 外句'御苑砧聲向晩

가행(七言歌行)에 특히 장점이 있었다. 이기의 시 중 가장 뛰어난 것은 바로 변새시(邊塞詩)이다. 비록 몇 수 뿐이지만 매끄럽고 활발하고 자유분방하다.

255) 이기의 「송위만지경(送魏萬之京)」이라는 시에 나오는 구절이다. 시 전체는 '朝聞游子唱离歌, 昨夜微霜初渡河. 鴻雁不堪愁里听, 云山况是客中過. 關城曙色催寒近, 御苑砧聲向晩多. 莫見長安行樂處, 空令歲月易蹉跎'이다.

256) 『오잡조(五雜組)』에 '송나라 때에 군주의 휘를 피하는 것이 가장 엄하였다. 송나라 여러 문집 속은 무릇 이름을 기휘하여 모두 비워두고 쓰지 않았다. 예를 들어 영종의 이름이 서(曙)였으나 서(曙)와 수(樹) 모두를 기휘하였다. 수의 소리가 원래 서와 같지 않았는지는 알 수 없다[宋時避君上之諱最嚴. 宋板諸集中, 凡嫌名皆闕不書. 如英宗名曙, 而署樹皆云嫌名. 不知樹音原不同曙也. ……]'라 하였다. 이 책에는 이 내용을 이어서도 흠종(欽宗)과 인종(仁宗)의 이름에 따른 기휘 글자의 예를 들어 설명을 자세히 하였다.

多', 旣稱曙, 又稱晩可乎? 曙與砧又非對偶, 此樹字無疑矣. 五雜俎亦有諱曙幷諱樹之說, 尤可信.

◎ 예와 지금의 시 古今詩

시에서 중국과 우리나라, 예와 지금의 구분은 보기만 하면 알 수 있다. 알면서도 짓지 못하거나 알지 못하면서 잘 짓는 경우는 없다.

原文 ‖ 詩之華東古今之別, 望而可知. 未有知而不能作, 不知而能作者也.

◎ 「동해비」에 쓰다 題東海碑

미수 허목[257]의 「동해비」[258]는 문장이 영험하고 색다르다. 그러나 '수경원영(水鏡圓靈)'이라는 한 마디는 잘못 썼으니, 「월부(月賦)」[259]의 주를 살펴보면 알 수가 있다.

原文 ‖ 眉叟東海碑, 文辭靈異. 然水鏡圓靈一語誤用, 考月賦註, 可知.

---

257) 허목(許穆, 1595∼1682) : 조선 중기 문신이자 학자. 본관은 양천(陽川). 자는 문보(文甫)·화보(和甫), 호는 미수(眉叟)·대령노인(臺嶺老人)이다. 시호는 문정(文正)이다. '학문서(學文書) 삼고(三古)'라 불렸다. 특히 전서(篆書)에 뛰어나 동방 제일로 일컬어지기도 했다. 저서로 『동사(東事)』와 『미수기언(眉叟記言)』, 글씨로 삼척의 「척주동해비(陟州東海碑)」, 그림으로 「묵죽도(墨竹圖)」 등이 전한다.

258) 동해비(東海碑) : 강원도 삼척군 정라진에 있는 비 이름. 퇴조비(退潮碑)라고도 부른다. 조선 현종때 이곳 척주에 생각지도 않은 조수(潮水)와 오십천(五十川)의 홍수로 인해 많은 피해가 발생하였다 그 당시 척주부사이던 허목(許穆)은 유려입신(流麗入神)한 문장으로 주술적인 내용의 글을 바위에 새겨 진영 앞바다인 만리도에 세웠다고 한다. 그 후로부터는 이곳에 험한 파도나 홍수로 인한 피해가 생기지 않았다고 전한다.

259) 사장(謝莊)의 「월부(月賦)」에 '柔祇雪凝, 圓靈水鏡'이라는 대목이 있다. 이것에 대해서 이선(李善)이 주를 내면서 '圓靈天也', 즉 '원운은 하늘이다'라 하였다.

◎ 송설 조맹부의 「죽루도」에 쓰다 題趙松雪竹樓圖

일찍이 수십 년 전에 비우당(庇雨堂)[260]에서 옛 그림을 감상했다. 그 안에 조송설의 「죽루도」라고 하는 한 족자가 있었다. 붓놀림이 뛰어나고 고상하며 거리낌없었을 뿐만 아니라 구성이 신통하고 오묘하였다. 소동파가 "마치 등불로 그림자를 취하는 것 같아서, 옆에서 보면 기울게 나온 듯하다"[261]라고 한 것을 여기에서 찾아볼 수 있었다. 민무늬 명주는 거무스름하여 낙관이나 도장을 구분할 수 없어서 송설의 것이라고 콕 집어서 말할 수는 없었다.

지금 또 다시 은한당(恩閒堂)에서 이 그림을 펼쳐보니 바수어지고 벗겨져서 이미 나비날개나 찢어진 어구(魚口) 모양이 되었을 뿐만이 아니었다. 이때 석양빛이 창으로 새어들어와 꼼꼼히 살펴봤는데 그곳의 손님 중에 도장의 자취를 구분하는 사람이 있었다. 햇빛에 비추어 자세히 보다가 곧 조맹부의 자인 '자앙(子昂)'이란 두 글자의 작은 도장을 확인한 것이다. 비로소 전해 오는 말이 거짓이 아님을 알게 되었다. 정말 송설의 작품인지 여부를 따지지 않더라도, 그림 안의 산속 돌들이 모두 부벽준 방식으로 되어 있다. 또 죽루의 절반쯤이 안개와 구름 사이, 대나무 사이에 나와 있고 모래밭을 나는 새와 바람에 가는 돛배까지 뚜렷하게 꼽아볼 수 있었다. 생각이 그윽하면서도 오묘하고, 붓놀림이 힘차면서도 고아하여, 사람의 눈에 넘치니 참으로 세상에서 보기 드문 기이

---

260) 비우당(庇雨堂) : 선조시절 이수광(李睟光)이 살았던 곳으로 낙산에 있었다. '비를 간신히 가린다'는 뜻으로, 고래등 같은 기와집에 비할 때 비나 겨우 가릴 만한 초라한 오두막집을 나타내는 의미로 썼다. 이수광은 임진왜란 이후 폐허가 된 이 집에 들어와 아버지의 뜻을 이어 청빈한 삶을 살았다.

261) 소식은 "오도자가 인물을 그릴 적에 등불로 그림자를 취하는 것 같이해서 거슬려오고 순하게 가서 곁으로 나타나고 옆으로 나오는 것이 비스듬히 빗겨 있기도 하고, 평평하게 곧기도 해서 각각 서로 득실을 따져본다면 자연의 수를 얻어서 조금도 어긋나지 않았다(道子畫人物, 如以灯取影, 逆來順往, 傍見側出, 橫斜平直, 各相乘除, 得自然之數, 不差毫米)"고 말한 바 있다.

한 보물이다. 다만 우리나라에 특별한 감식안을 가진 이가 없으니 누가 능히 미불이나 왕선[262] 등처럼 보배로 여기며 아끼겠는가? 해암주인 유경종[263]과 함께 서로 바라보며 탄식하고는 그 생각을 떨쳐버릴 수 없었다. 생각건대 솜씨 있는 화가를 찾아서 베껴내어[264] 대강이나마 비슷한 것을 남겨놓아 노성(老成)한 사람의 본보기로 삼으려 하지만 과연 이 뜻을 이룰 수 있을지는 알 수 없다. 경진(1760)년 12월 20일에 쓰다.

原文‖ 曾於數十年前, 閱古畵於庇雨堂中, 中有一障云是趙松雪竹樓圖. 行筆, 秀雅磊落, 結搆神巧, 坡老所謂, '如燈取影, 傍見側出'者, 於斯乃見. 絹素黯淡, 不辨落款印記, 獨所謂松雪者, 未可指的.

今又更展是圖於恩閒堂, 敗脫已作蝶翅, 不但魚口裂文而已. 而時返照射窓, 尋玩入細, 座客有辨印記之跡者. 映日諦看, 乃認子昂二字小印. 始知傳說之不誣. 卽毋論爲松雪眞跡與否, 圖中山石, 皆作斧劈, 竹樓半面, 出於烟雲, 竹樹間, 沙鳥風帆, 歷歷可指. 締思之幽玅, 運毫之勁雅, 溢人眉睫, 洵希代之奇珍[265]哉. 顧我東無別識者, 誰能寶愛之, 如米海岳王晋卿諸人者. 與海巖主人, 相視惋悵, 殆不能去懷. 意欲覓良工傳模, 畧存彷彿, 以爲老成之典型, 未知果能遂此意否. 庚辰臘二十日書.

262) 왕선(王詵, 1048~1104) : 중국 북송의 화가. 자는 진경(晉卿)이다. 소동파(蘇東坡)·황정견(黃庭堅)·미불(米市) 등과 깊은 교유를 가졌으나 훗날 소동파와의 친분으로 인해 당화(黨禍)를 당해 균주(均州)로 귀양 가서 그곳에서 죽었다. 그는 시와 사(詞)를 잘 지었을 뿐만 아니라 서예에도 능했다. 특히 산수화에 능하여 잘 그렸고 묵죽(墨竹)에도 뛰어났다. 집안에 보회당(寶繪堂)을 지어 그곳에 법서(法書)와 명화를 보관한 것도 알려져 있다. 그림 「어촌소설(漁村小雪)」 등이 전한다.

263) 유경종(柳慶種, 1714~1784) : 호는 해암(海巖). 시문에 능하였고 의학에 조예가 깊어 유의(儒醫)로 칭송을 받았다. 그는 이익(李瀷)의 문하로 매부인 강세황(姜世晃), 지기인 안정복(安鼎福)과 친하였다. 저서로는 『해암고(海巖稿)』와 『해암별고(海巖別稿)』가 있다.

264) 전모(傳模) : 그림에서, 고인의 작품(作品)을 베껴 그림.

265) 『표암집』에서는 기진(奇珍)의 순서와는 달리 진기(珍奇)라고 썼다.

◎ 오빈 · 문백인 · 이공린의 그림축에 쓰다 題吳文李畵軸

내가 한양에서 다른 사람과 다니다가, 오빈[266]의 가로로 표구한[267] 큰 폭 작품을 빌려 보았는데 필법이 매우 기이하였다. 문백인[268]은 호가 오봉으로, 아스라한 산수화 한 폭이 있었는데 뛰어난 작품이라 할 만했다. 오씨 가문의[269] 「용호도(龍虎圖)」는 오도자[270]의 그림이고, 이씨 가문의 「만국직공도(萬國職貢圖)」는 이공린[271] 그림이라고 세상에 알려져 있으나 모두 말도 안 되는 소리이다. 우리나라 사람은 식견이 모자라서 이와 같은 일들이 많다.

原文‖ 余入京從人, 借見吳文中畵橫披大軸, 筆法極奇. 文伯仁, 號爲五峯, 有模糊山水一障, 可爲絶筆. 吳氏家莊龍虎圖, 稱吳道子, 李氏家莊萬國職貢國,[272] 稱李伯時, 有名於世, 皆萬不近似. 東人鮮識解, 多如此.

---

266) 오빈(吳彬, 1573~1620) : 명나라 화가. 자는 문중(文中)이다. 신종(神宗) 때 글씨와 그림으로 이름을 떨쳤다. 산수 · 인물 · 불상 등을 잘 그렸다. 그가 그린 불상과 인물화는 형상이 기이하여 독특한 화풍을 이룩한 것으로 평가된다. 특히 백묘화(白描畵)를 잘 그려, 오도현(吳道玄)보다는 못하지만 조맹부 정도와는 겨룰 만하다는 평을 들었다.

267) 원문은 횡피(橫披)라고 썼다. 횡피는 가로로 볼 수 있게 그린 두루마리 그림이다.

268) 문백인(文伯仁, 1502~1575) : 자는 덕승(德承), 호는 오봉(五峰) · 보생(葆生) · 섭산노농(攝山老農)이다. 화가 문징명(文徵明)의 조카이다. 산수도나 인물화를 잘 그렸다. 왕숙명(王叔明)의 화풍을 모방했으나 가학(家學)을 잃지 않아 청경(淸勁)한 필력을 이룸으로써 문징명 못지않다는 평을 받았다. 손자인 순창(順昌)을 비롯하여 그 자손에는 그림을 잘 그리는 사람이 많았다. 「사만산수도(四萬山水圖)」 등을 남겼다.

269) 원문은 장(莊)인데, 장(藏)의 오자로 보인다.

270) 오도현(吳道玄, 700?~760?) : 중국 당나라 때의 화가. 처음 이름은 도자(道子)였으나, 현종(玄宗)이 도현이란 이름을 하사하자 도자를 자(字)로 삼았다. 그는 불교를 소재로 한 대형 벽화를 제작하는 등 매우 다양한 주제로 그림을 그렸다. 그러나 후세 화론가들에 의해 호평을 받았을 뿐 당시에는 어떤 업적을 남겼는지 상세하지 않다. 특히 상상력과 표현력을 갖춘 힘찬 필력으로 유명하다.

271) 이공린(李公麟, 1049?~1106) : 중국 북송(北宋)의 문인화가. 자는 백시(伯時), 호는 용면(龍眠)이다. 박학다식하여 불교 이론에까지 능통했고 수많은 기이한 글자를 알고 있었기 때문에 고증에 능하기도 했다. 옛 동기(銅器)를 많이 수집한 것으로도 유명하다. 서예에서는 진서나 행서 · 초서에 뛰어났고, 그림에 대해서도 고개지(顧愷之) 등 전대의 명인들을 연구하여 독특한 일가를 이루었다. 소식(蘇軾)은 그의 회화의 본령이 말을 그리는 데 있다고 평가하기도 했다. 「오마도권(五馬圖卷)」 등을 남겼다.

◎ 「적벽부」 그릇 赤壁賦器

우리나라에 '적벽구주발(赤壁口周鉢)'이라는 이름이 있다. 그런데 이것은 구(口)가 아니고 부(賦)로 써야 한다. 중국의 제도로는, 입구가 벌어진 사기그릇은 그릇 표면에 「적벽부」 전체를 쓰고 아울러 그 모습도 그려서 구워낸다. 그 그릇이 우리나라에 전래되자, 우리나라에서 본따서 그 모양과 같이 놋주발을 만들고는 일컫기를 적벽부발(赤壁賦鉢)이라 하였다. 부(賦)가 와전되어 구(口)가 된 것이다. 소설 『금병매』에도 적벽부그릇이라는 말이 나온다.

原文 ‖ 俗有赤壁口周鉢之稱. 此非口乃賦也. 華制, 沙[273]器口外張者, 偶書赤壁賦全文于器之膚, 幷畵其狀而燔造之. 其器東來, 東土效之, 造鍮鉢如其狀, 仍稱之曰赤壁賦鉢. 賦訛而爲口也. 小說金瓶梅, 有赤壁賦器之說.

◎ 사슴록 변 鹿邊

사슴록 변[鹿]을 우리나라에서는 개사슴록 변[犭]으로 쓰기는 하지만, 이것은 개견 변이지 사슴록 변은 아니다. 사슴록 변에 관한 이런 오류는, 글자에서 린(粦)자를 생략하고 개 견(犬)변을 따른 데에서 비롯되어, 이것 때문에 사슴록 변에는 모두 이와 같이 사용해도 괜찮다고 생각하게 된 것이다. 개견 변을 쓰는 다른 글자도 따라서 사슴록 변으로 섞어서 부르니, 세속에서 말하는 '재양(才樣) 변'에 관한 주장과도 같다. 재양이란 것은 수(手)자이다. 호남 사람들이 재반(才半) 변이라 일컫는 것은 재

272) 마지막의 국(國)의 경우, 『표암집』에서는 도(圖)로 썼다. 문맥상 '도'로 쓰는 것이 옳으므로 이에 따라 해석한다.

273) 『표암집』에서는 사(沙) 대신 사(砂)라고 썼으나 의미 차이는 없다.

반이 아니고 곧 재방[才方] 변이다. 재나 방의 모양이 비슷하므로 이렇게 말들 하는 것이다.

原文‖ 鹿邊, 俗以犭邊書之, 此則犬邊, 非鹿邊也. 其誤始於鹿邊, 其字彛字之省而從犬邊, 認是鹿邊皆當如此. 他字之從犬邊者, 亦從以混稱鹿邊, 猶俗稱才樣邊之說. 才樣者乃手字也. 湖南人稱才牛邊, 此非才牛, 乃才方邊. 謂其狀如才如方也.

◎ 「등왕각서」에 쓰다 題藤王閣序

우리 집에는 『사육법해(四六法海)』 1권이 있는데, 이것은 명나라의 왕지견(王志堅[274])이 뽑아 모은 것이다. 여기에 왕발[275]의 「등왕각서」가 실려 있는데 유통되는 판본과는 크게 다르다. 첫 구인 '남창고군(南昌故郡)'은 '예장고군(豫章故郡)'으로 되어 있고 '자전청상(紫電淸霜)'은 '청상(青霜)'으로 되어 있으며 '산택우기해촉(山澤盱其駭矚)'은 '우기(紆其)'로, '층만용취(層巒聳翠)'는 '층대(層臺)'로, '홍소우제채철운구(虹銷雨霽彩徹雲衢)'는 '운소우제채철구명(雲銷雨霽彩徹區明)'으로, '요음부창(遙吟俯暢)'은 '요음보창(遙吟甫暢)'으로, '군자안빈(君子安貧)'은 '군자견기(君子見幾)'로, '공회보국지심(空懷報國之心)'은 '공여보국지정(空餘報國之情)'으로, '영지백수

274) 왕지견(王志堅, 1576~1633) : 처음 자를 약생(弱生)이라고 했다가 후에 숙사(淑士)로 고쳤다. 문수(聞修)라고도 했다. 강소성(江蘇省) 곤산(崑山)사람이다. 만력(萬曆)에 진사(進士)에 합격하고 남경(南京) 병부주사(兵部主事)에 제수되었다. 시문(詩文)은 당송(唐宋)을 기준으로 삼았다. 『학산당인보(學山堂印譜)』, 『승청관인보(承淸館印譜)』를 엮었다.

275) 왕발(王勃, 650~676) : 자는 자안(子安). 수(隋)나라 말의 유학자 왕통(王通)의 손자이다. 6세 때 문장에 통하고 17세에 유소과(幽素科)에 급제한 수재이다. 젊어서 재능을 인정받아 664년에 조산랑(朝散郞)의 벼슬에 제수되었다. 후에 관노(官奴)를 죽였다는 죄로 관직을 빼앗기고 교지령(交趾令)으로 좌천되었다가 익사하였다. 초당사걸(初唐四傑) 중 한 사람으로 일컬어진다. 저서에 『왕자안집(王子安集)』이 있다.

지심(寧知白首之心)'은 '영이백수지심(寧移白首之心)'으로 되어 있다. 마지막 구인 '일언균부(一言均賦)' 밑에는 '청쇄반강각경륙해운이(請灑潘江各傾陸海云爾)'라는 구절이 또 있었다. 이 책은 판본이 정밀하고 교정이 매우 치밀하다. 틀림없이 옛 판본에 따른 것일 게다. '보창(甫暢)'의 '보(甫)'자와 '영이(寧移)'의 '이(移)'자에 이르러서는 세상에 나도는 판본보다 훨씬 나으니 결단코 이것으로 정본을 삼아야 할 것이다. '관산난월수비실로(關山難越誰悲失路)'에서 '비(悲)'는 '비(非)'자로 써야 한다.

原文 余家有四六法海一書, 乃皇朝王志堅所輯選. 載王子安藤王閣序而大與俗本異. 首句南昌故郡, 作豫章故郡, 紫電淸霜作靑霜, 山澤盱其駭矚作紆其, 層巒聳翠作層臺, 虹銷雨霽彩徹雲衢作雲銷雨霽彩徹區明, 遙吟俯暢作遙吟甫暢, 君子安貧作君子見幾, 空懷報國之心作空餘報國之情, 寧知白首之心作寧移白首之心. 末句一言均賦下, 又有請灑潘江各傾陸海云爾之句. 此書, 板刻精好, 讐校甚嚴, 必是舊本之可據者. 至若甫暢之甫字, 寧移之移字, 比俗本大勝, 斷當以此爲正也. 關山難越誰悲失路之悲當作非.

◎ 불회목(석면) 不灰木

석면은 전에 서울의 어떤 사람 집에서 본 적이 있다. 민석어의 비늘을 제거하고 말려놓은 것 같은 모양에다 색깔은 대개 흰색이었고 성실은 부드러웠다. 또 마치 찢겨진 비단을 접어 다듬잇돌 위에 첩첩이 쌓아둔 옷처럼 생겼지만 광목(廣木)의 종류는 아니다. 작은 조각을 태우면 등불 심지가 타면서 불이 일어나지만 심지가 다 타더라도 석면은 그을리지도 않는다. 또 맹렬한 불 속에 넣더라도 끝내 문드러지지 않으니 또한 기이한 물건이라 이른다. 이것은 활석[276]에 뿌리를 두어 모양은 비록

276) 활석(滑石) : 연한 녹색 또는 은백색의 규산염 광물로 매끄럽고 부드럽다. 전기의 절연재, 화장품의 재료, 종이의 원료 등으로 이용된다.

부드러운 듯해도 돌의 성질이 있기 때문에 불에 넣어도 타지 않는 것이다. 오직 소똥으로 불을 일으킨 데에 던져 넣으면 곧바로 재가 된다고 하는데 그 이치는 알 수가 없다. 의술에도 유용한 데가 있으니, 혹자는 "천연두로 검게 죽은 곳에 이것을 으깨어 배꼽에 붙이면 모두 신기하게 붉게 살아난다"고 한다.

『본초강목(本草綱目)』에서 살펴보니, 쇠에 찔려 난 상처 등 여러 병에 사용된다고 한다. 우연히 사조재(謝肇淛)[277]의 『오잡조(五雜俎)』[278]를 살펴보았다. 거기에 '직접 본 적은 없다'는 말[279]이 있었으니, 이 물건이 매우 희귀한 것인 줄 알겠다. 또 흡독석(吸毒石)[280]은 회청색이고 덩어리져 있다. 심한 부스럼, 독이 있는 종기, 벌레나 뱀 따위의 독이 있을 때 이것으로 문지르면 독이 모두 없어진다고 한다. 우리나라에서 생산되지 않기 때문에 가격은 매우 비싸다고 하나 『본초강목』에는 그 이름이 없으니, 알 수는 없지만 다른 이름이 따로 있는데 분별을 할 수 없는 것인가

原文 ‖ 不灰木, 昔曾見於京都一人家. 形似乾民石魚之去鱗者, 盖色白而性柔. 又如破帛之摺, 疊作砧石衣者, 元非木類也, 以小片燃[281]而燈心蘸油燃, 火火卽燃燃, 盡而燈心, 未嘗焦也. 又納於烈火中, 終不焦爛, 亦奇物也云. 是滑

277) 사조제(謝肇淛, 1564?~?) : 명나라 말기의 문인이자 수필가. 자는 재항(在杭)이다. 오래 동안 지방관 생활을 했을 뿐 아니라, 공부(工部)에 있을 때에도 치수(治水)를 위해 현지에 나가는 일이 잦았다. 등산도 좋아했기 때문에 각지의 지리에 밝아서 『북하기(北河紀)』, 『방암지(方巖志)』 등의 지리서를 남기기도 했다. 특히 그의 수필 『오잡조(五雜俎)』가 대내외에 유명하였는데, 이것은 천지인물사(天地人物事) 등 여러 방면에 걸쳐 방대한 지식을 담고 있다.

278) 『오잡조(五雜俎)』 : 중국 명나라 때 사조제가 지은 수필로 총 16권으로 되어 있다. 전체를 천지인물사(天地人物事)의 5부로 나누고, 광범위한 주제에 대해 저자의 견문과 의견을 항목별로 정리한 책이다. 음양・풍수 등의 미신사상을 부정하는 합리적 안목으로 그 무렵의 사회가 안고 있던 모순을 예리하게 파헤친 면도 있어 명나라 때의 정치・사회・문화에 관한 귀중한 자료가 된다.

279) 『오잡조(五雜俎)』에 "魯孔林聞亦有不灰木, 取以作爐, 置火輒洞赤, 但余未之見耳"라 하였다.

280) 흡독석(吸毒石) : 독을 녹인다는 돌.

281) 『표암집』에는 연(撚)이라 쓰여 있다.

石之根, 形雖柔軟, 石性故在所以入火不焦也. 惟以牛糞燃火而投之, 卽成灰云, 亦理之不可詰. 醫方亦有用處, 或云痘瘡黑陷者, 以此㸑[282]爛附臍中, 亦[283]皆紅活如神.

考本草, 亦用於金瘡諸病云. 偶閱謝在杭五雜組, 有未嘗目覩之語, 可想此物之希[284]異也. 又吸毒石, 色灰青, 成塊. 凡有惡瘡毒腫蟲蛇毒, 以此摩之, 毒盡去. 非産東國者, 其價亦甚貴云, 而本草無其名, 未知別有他名而未能卞耶.

◎ 「석봉서첩」에 쓰다 題石峯書帖

한석봉(韓石峯)[285]은 선조 때의 사자관(寫字官)[286]으로, 세상에서 필법으로 큰 명성을 얻었다. 당시 왕래하던 중국 사신 주지번(朱之蕃)[287] 등이 크게 칭찬하며 "안진경보다 뛰어나고, 왕헌지보다는 못하다"고 인정할 정도였다. 이후 붓을 잡고 글을 쓰는 자 중에 그를 닮으려 하지 않는 사람이 없어서 '한체(韓體)'라고까지 일컬어졌으니 또한 성대하다 이를 만하다.

---

282) 『표암집』에는 작(爵)이라 썼는데, 문맥상 이렇게 써야 옳다.

283) 『표암집』에는 즉(卽)이라 썼다.

284) 『표암집』에는 희(稀)라 썼으나, 의미차이는 없다.

285) 한호(韓濩, 1543~1605) : 조선 중기의 서예가. 본관은 삼화(三和). 자는 경홍(景洪), 호는 석봉(石峯) 또는 청사(淸沙)이다. 사자관(寫字官)으로 국가의 여러 문서와 외국에 보내는 외교문서를 도맡아 썼고, 중국에 사절이 갈 때도 서사관(書寫官)으로 파견되었다. 그의 서법(書法)은 조선 초기부터 성행하던 조맹부(趙孟頫)의 서체를 따르지 않고 왕희지를 배웠다. 국가의 문서를 다루는 사자관의 특유한 서체가 창출될 만큼 그의 영향은 컸으며 또 이로부터 사자관제도가 이루어졌다.

286) 사자관(寫字官) : 조선(朝鮮) 시대 승문원(承文院), 규장각(奎章閣)의 말단 벼슬로 문서(文書)를 정사(精寫)하는 일을 맡았다.

287) 주지번(朱之蕃, 1548~1624) : 명(明) 나라 때의 학자. 자는 원개(元介), 호는 난우(蘭嵎). 서화에 능하였다. 만력(萬曆) 23년인 1595년에 벼슬길에 올라 예부우시랑(禮部右侍郎)을 지냈다. 선조 39년 1606년에 이부시랑(吏部侍郎)으로서 조선에 사신으로 왔었는데, 이때 우리나라 학자들과 교류가 많았다. 저서로 『봉사고(奉使稿)』가 있다.

나는 이렇게 논한 적이 있다. 종요와 왕희지의 글씨는 예나 지금이나 세상에서 한결같이 우러르는 것이다. 보통 사람들이 거기에 미치지 못하는 것이 어찌 점·획의 정교함과 결구의 단정함만에 있겠는가? (종요와 왕희지는) 얽매이지 않고 자유분방하여 글자마다 자기 모양을 갖추어서 변화무쌍한 가운데에도 절로 엄연히 옮길 수 없는 법도가 있다. 대개 힘을 쏟는 것의 깊음과 운용하는 것의 익숙함뿐 아니라 온전히 그 사람의 인품의 높고 낮음이 드러나는 것이다. 그렇다면 마음속이 툭 트이고 충아(冲雅)하여 완전히 세속의 기운이 없어진 뒤에야 그들의 글씨와 거의 비슷할 수 있다는 것이니, 성현(誠懸) 유공권(柳公權)의 '심정(心正)'에 관한 논의도 이것을 말한 것이다.

석봉의 인품에 대해서는 내가 진실로 아는 것이 없으나, 지금 그의 글씨를 보니 점·획과 결구가 정교하고 가지런하며, 그가 힘써서 운용한 것 역시 깊고도 익숙하다. 석봉이 얻은 바가 여기에 그칠 뿐이나 석봉의 인품을 어찌 이것으로써 상상해보지 못하랴.

오늘날에 이르러서는 배우는 자들이 점점 그를 별 볼일 없이 여겨 그의 법을 본받는 사람이 거의 없어지니 또한 풍속의 변화를 볼 수 있다. 그러나 그를 칭찬하는 사람도 참으로 그가 좋아할 만한 인물임을 알지는 못하며, 얕보는 사람들도 그 싫어할 만함을 분명히 알지 못하니, 둘 다 틀렸다고 할 만하다. 참을 아는 자가 적음은 옛날부터 그러하였다. 아! 정사(1737)년 윤구월에 산향재(山響齋)에서 쓰다.

原文‖ 韓石峯者, 宣廟[288]朝寫字官也. 以筆法得大名於世. 當時往來天使朱之蕃輩, 大加稱賞, 至許以眞卿上·子敬下. 其後操翰者, 莫不效嚬焉, 稱之爲韓體, 亦可謂盛矣.

余嘗論之, 鍾王之跡, 古今天下所獨尊尙, 而以其不可及者, 豈在於點畫之精工·結搆之均整也哉. 蕭散飄逸, 字各有態, 於變幻無方之中, 自有森然不可移易之法度. 盖不徒其致力之深·運用之熟也, 全在於其人品之高

288) 『표암집』에는 조(祖)라고 썼다. 의미차이는 없다.

下. 則胸懷曠遠[289]冲雅, 絶無塵俗之氣, 然後庶可得其彷彿, 誠懸心正之論, 亦謂此也.

石峯之人品, 余固不可得以知也. 今觀其書, 點畫結搆, 不可不謂之精工均整, 而其致力運用, 亦不可不謂之深且熟矣. 石峯之所得, 盖止於是而已, 石峯之人品, 豈不可以此而想見也哉.

至於今日, 而學者稍稍賤簡之, 殆無有效其法者, 亦可以見時俗之變也. 然其譽者旣未必眞知其可喜, 毁者亦未必眞知其爲可猒, 可謂交失之過矣. 識眞者少, 自古而云. 噫! 丁巳閏九月, 山響齋書.

◎ 「조아비첩」과 「황정경첩」 뒤에 쓰다 題曹娥黃庭帖後

강희(康熙) 신사(1701)년 겨울 돌아가신 아버지 문안공(文安公)께서 정사(正使)로 북경에 가셨을 때, 중국인 선비 축개(祝愷)가 「조아비」[290]와 「황정경」 두 서첩을 팔러 왔다. 문안공께서 장난삼아 관에서 제공한 몇 마리 거위로 값을 치루며, "왕희지가 「황정경」을 써주고 거위와 맞바꾼 것은 전에도 있었던 일이니[291] 이것도 하나의 미담이 될 만합니다"라 하셨다. 축개가 말하기를 "어르신께서는 우군 왕희지가 아니시고, 저도 산음 도사가 아닌데 어찌 거위를 주시려 하십니까? 그러나 마침 그림을 팔러 왔을 때 또 거위떼가 있는 것이 우연은 아닌 듯하니 마땅히 아름다운

289) 『표암집』에는 달(達)이라 썼다.

290) 조아비(曹娥碑) : 조아(曹娥)는 동한(東漢) 때의 효녀(孝女)이다. 아비 우(盱)가 물에 빠져 죽었는데 시신을 찾지 못하였다. 그 때 조아는 14살이었는데, 밤낮으로 며칠 동안 강가에 가서 통곡하다가 역시 물에 몸을 던져 죽었다. 그 후 닷새 만에 아비의 시신을 안고 물에 떴다. 당시 현령이 이를 위해 비석을 세워 주었다. 후세 사람들은 그 강을 가리켜 조아강(曹娥江)이라 하기도 한다. 『한서(漢書)』 114권에 자세하다. 여기서는 왕희지(王羲之)가 쓴 조아법첩(曹娥法帖)을 말한다.

291) 환아(換鵝) : '거위와 바꾼 것'이라는 말로, 글씨를 얻을 때 쓴다. 진(晉)나라 우군장군 벼슬을 한 왕희지(王羲之)가 거위를 좋아하였는데, 마침 산음(山陰)의 도사(道士)가 여러 마리를 갖고 있었다. 왕희지가 한 마리 달라고 하자 도사는 『도덕경(道德經)』을 써 주면 주겠노라 하므로 기뻐하며 이것을 써 주고 거위를 답례로 받았다 한다.

일을 이룰 만합니다" 하고는 드디어 웃으며 허락하였다.

그리하여 상자 속에 넣어둔 지 이미 70년인지라 어쩌다 잃어버렸고, 또 몇 년 동안 어느 곳에 떨어뜨렸는지도 몰랐다. 심씨 성을 가진 친구가 나를 기다려 이것을 꺼내 보여주었을 때도 실제로 어떤 사람의 옛 물건인지 몰랐다. 다시 장정한 것이 보기 좋게 잘 되었고 글씨도 뚜렷하였는데, 펼쳐서 보자마자 황홀히 두 검이 합쳐진 듯[292] 구슬이 돌아온 듯[293]하였다. 마침내 이것을 써서 심씨 친구에게 돌려보내노라. 생각건대 이 작은 물건은 초나라 사람의 활과 같은 것[294]이니 본래 따질 만하지는 않지만 옛일이 진실로 이와 같으니 또한 차마 다른 사람의 소유가 되게 둘 수 없다. 모름지기 심군은 물리도록 보다가 싫증이 나거든랑 나중에 나에게 돌려주게.

정유(1777)년 5월 현방(賢坊)의 무한경루(無限景樓)에서 쓴다.

原文 ‖ 康熙辛巳冬, 先考文安公, 以正使赴燕, 燕之文士祝愷, 以曺娥黃庭二帖來售. 文安公戱以館供數鵝, 酬其價曰: "黃庭換鵝, 自有故事, 亦足爲一段美談." 祝曰: "大爺非王右軍, 小子亦非山陰道士, 安用鵝爲. 然今適售此, 又有鵝群, 似不偶然, 宜成美事", 遂笑而許之.

---

292) 두 검이 합쳐진 듯[釼合]: 옛날 풍성현(豊城縣)에 보검(寶劍)의 기운이 하늘에 뻗었었는데, 장화(張華)가 뇌환(雷煥)에게 이를 찾게 하여 용천(龍泉)·태아(太阿)의 두 보검을 발굴했다. 하나는 장화가 가지고 다른 하나는 뇌환이 가졌다. 나중에 장화가 화를 당해 죽은 후 칼의 행방을 알 수 없었다. 또 뇌환이 죽은 뒤에 그의 아들이 그 칼을 차고 연평진(延平津)을 건너다 칼이 문득 칼집에서 빠져 나와서 강물 속에 뛰어 들어갔다. 물속에 들어가 보니 두 용[雙龍]이 서리어 있었다. 뇌환의 아들이 말하기를, "예전에 아버지께서 이 칼은 신물(神物)이므로 반드시 종국에 가서는 서로 합쳐질 것이라 하더니만, 과연 오늘에 두 칼이 서로 합친 것이다"고 하였다.

293) 구슬이 돌아온 듯[珠還]: 주환합포(珠還合浦)라는 고사에서 온 것으로, '한번 잃어버린 것이 다시 주인의 손에 돌아온 경우'를 나타내는 말이다. 후한의 맹상군이 합포의 태수로 있던 때에 선정을 베풀어서 잃어버렸던 진주가 다시 손에 들어왔다는 고사이다. 『후한서(後漢書)』「순리열전(循吏列傳)·맹상전(孟嘗傳)」에 보인다.

294) 초나라 사람의 활[楚人弓]: 『공자가어(孔子家語)』「호생편(好生篇)」에 나오는 말이다. 그 기록에 의하면 초공왕(楚恭王)이 사냥을 나갔다가 오고(烏皥)의 활을 잃어버렸다. 수행원들이 찾으려 하자 공왕은 "초나라 왕이 잃은 활은 초나라 백성이 얻었을 터이니 다시 구해서 무엇 하리오" 하며 그만두게 하였다 한다.

以成箱篋間物, 已七十年矣, 偶尒失去, 又數年不知落在何處. 沈友待予, 出此以相示, 實不知何人舊物也. 重裝完好, 行墨宛然, 披覽之際, 怳若釰[295]合珠還, 遂題此以還沈友. 念此微物, 爲楚人弓, 元不足計較, 而故事實若是, 亦不忍爲他人有. 須沈友看飫意猒, 終歸於我.

丁酉五月, 題於賢坊之無限景樓.

◎ 회소의 서첩에 쓰다 題懷素帖

세상에 전하는 회소(懷素)[296]의 글씨로는 「자서첩(自敍帖)」, 「장진첩(藏眞帖)」, 「율공첩(律公帖)」 등이 있는데 필법이 매우 기이하다. 또 「초서천자문(草書千字文)」도 있다. 그 가운데 「장진첩」·「율공첩」이 더욱 뛰어나 신묘한 기세가 있으니, 왕희지·왕헌지 두 왕씨를 흉내낸 가짜 판본에 비할 바가 아니다. 나는 항상 이것을 임서하기를 즐거워한다.

原文 ‖ 世傳懷素書, 有自敍·藏眞·律公等帖, 筆法甚奇. 又有草書千文. 其中藏眞·律公帖尤勝, 有神竗之勢, 非二王贋本之比也. 余每喜臨之.

◎ 중국 사람의 편지첩 뒤에 쓰다 題華人詞翰帖後

강희 40년 신사(1701)년 겨울에 돌아가신 아버지 문안공께서 동지정사 겸 고부사(冬至正使兼告訃使)[인현왕후 민씨의 부음을 전한 것이다]로 중국에

295) 『표암집』에는 검(劍)이라 썼으나, 의미 차이는 없다.

296) 회소(懷素, 725~785) : 중국 당(唐)나라의 서예가. 자는 장진(藏眞), 속성(俗姓)은 전씨(錢氏)이다. 어려서부터 서도(書道)를 좋아하여 연마한 끝에 일가를 이루었다. 초서로는 그 당시 장욱(張旭) 다음으로 이름이 알려졌다. 술을 좋아해서 만취가 되면 흥에 못 이겨 붓을 종횡으로 놀려 연면체(連綿體)의 초서, 즉 광초(狂草)를 잘 썼다고 한다. 필적으로 「자서첩(自敍帖)」, 「초서천자문」, 「성모첩(聖母帖)」 등이 남아 있다.

갔다. 그때 강남 땅 선비 축개가 5언배율 12운 1수를 주었고, 또 7언율시 1수를 주었다. 풍윤(豊潤) 지방의 일지(一枝) 곡수(谷桥)가 7언율시 2수를 주었으며, 산동(山東) 지방의 채호(蔡瑚)는 5언절구 1수를 주었다. 이 모든 작품들이 자못 격조가 있어 아낄 만하였다. 더구나 아름다움을 기리는 뜻이 자주 구절 사이에 드러나니 또한 존경하고 승복하는 진심을 볼 수 있다. 우리 자손들은 마땅히 잘 간직하여 잃어버리지 않고 영원토록 전해야 한다.

또 욕옹(辱翁) 임본유(林本裕)의 7언절구 1수는 내 자형인 해흥군(海興君) 이강(李橿, ?~1762)에게 준 것으로, 해흥군이 정사년(1737) 겨울 정사(正使)로 중국에 갔을 적에 임본유가 이 시를 준 것이다. 임본유는 오삼계(吳三桂)[297]의 종사관이었다. 오삼계가 패하자 이로 인하여 심양 땅에 억류되었다. 그는 평소 문학에 재능이 있었다 한다. 이때 나이 이미 아흔이었는데도 기력이 쇠하지 않았다. 그의 집은 크고 넓었으며 꽃과 돌이 뒤섞여 있었고 만 권의 장서가 있었다. 그와 이야기 나누면 감개하고 격렬한 뜻이 자주 느껴졌다고 한다.

또 두 장의 편지가 있는데 하나는 임씨가 서장관(書狀官)[298] 남위로(南渭老) 씨에게 준 것이고, 호개(胡玠)의 편지도 남씨에게 준 것이다. 중국 사람의 글씨이므로 책에 덧붙인다. 또 다섯 장은 모두 신사(1761)년의 저보(邸報)[299]인데 아울러 여기에 둔다. 병술(1766)년 섣달에 삼가 쓴다.

297) 오삼계(吳三桂, 1612~1678) : 중국 명말청초의 장군. 자는 장백(長白) · 월소(月所)이다. 1644년 이자성(李自成)이 북경으로 쳐들어오자, 즉시 청군과 결탁한 후 청군의 선도(先導)가 되어 북경을 탈환했다. 청나라의 중국 본토 진출에 중대한 역할을 한 공로로 평서왕(平西王)에 봉하여졌다. 그 후 청나라에 반란을 일으키고 1678년 5월 호남(湖南)의 형양(衡陽)에서 황제위에 올라 국호를 주(周)라 하고, 소무(昭武)라 건원하였으나 8월에 이질에 걸려 병사하였다.

298) 서장관(書狀官) : 조선시대 외국에 보내는 사신을 따라 보내던 기록관(記錄官)으로 임시 벼슬이다.

299) 저보(邸報) : 중국 한(漢)나라 때 처음 출현한 동양 최초의 전근대적 신문. 서양 최초의 전근대적 신문인 로마공화국시대의 '악타 푸블리카(Acta Publica)'가 처음 나오던 해와 같은 기원전 6년에 탄생했다. 저란 지방 제후들에게 '조정의 조령 · 장주' 등을 초

原文 | 康熙四十年辛巳冬, 先府君文安公, 以冬至正使, 兼告訃使, [我仁顯王后閔氏之訃] 赴燕, 江南祝愷, 呈五排十二韻一首, 又呈七律一首. 豊潤谷一枝梼, 呈七律二首, 山東蔡瑚, 呈五絶一首. 諸作頗雅馴可愛. 况其頌美之意, 屢見於篇句間, 亦可見敬服之誠也. 在吾子孫, 當藏棄勿失, 以永其傳.

又有林本裕[號辱翁]七絶一首, 贈余姊兄海興君者, 海興, 於丁巳冬, 亦以正使赴燕, 林乃贈此詩. 林曾爲吳三桂從事, 三桂敗, 仍被留瀋陽. 雅有文學. 時年已九十餘, 精力不衰. 堂宇宏邃, 花石錯列, 藏書萬卷. 與之語, 多感慨激烈之意云.

又二紙, 亦林之與南書狀渭老氏書也, 胡玠書, 亦與南者也. 以其華人筆, 附諸卷. 又五紙, 皆辛巳邸報, 並存之. 丙戌冬季, 謹跋.

◎ 또 쓰다 又

순치(順治) 경자(1660)년 겨울 문정공(文貞公)께서 동지겸정조성절부사(冬至兼正朝聖節副使)로 중국에 가셨다가 11월 16일에 풍윤현(豊潤縣)의 수재(秀才) 왕운(王惲)의 집에 이르렀다. 그 방의 제도가 우리나라와 같았으며, 벽에는 판서(判書) 오죽남(吳竹南[300])의 글씨가 있었다. 곡일지(谷一枝)라는 사람이 옆에서 모시고 있었는데, 그는 왕운의 외손이었다. 나이 겨우 열두 살이었는데 이미 『논어』·『맹자』를 읽은 후 그 때에는 『서경』을 외우는 중이었으며, 또 글을 지을 줄도 알았다. 우눅 누삭을 나타내는 섯이

록하여 보냈던 것이 바로 저보였다. 이러한 저보는 청나라 때까지 계속 발행되어 오면서 그 배포 범위도 모든 지배층까지 확대되어 뉴스의 전파수단으로 중요한 구실을 담당해 왔다. 그러나 근대적 신문으로까지는 발전하지 못했다.

300) 오준(吳竣, 1587~1666) : 조선 후기의 문신이자 서예가. 본관은 동복(同福)이다. 자는 여완(汝完), 호는 죽남(竹南)이다. 1639년 한성부판윤으로 주청부사(奏請副使)가 되어 심양에 다녀오고 병자호란 뒤 호왕(胡王)을 찬양하는 삼전도비의 비문을 썼다. 1650년 예조판서로 『인조실록』 편찬에 참여하기도 했다. 문장과 글씨에 능하여 여러 번 서장관을 지냈다. 저서에 『죽남당집(竹南堂集)』이 있다. 그가 쓴 「일광산조선등로명(日光山朝鮮燈爐銘)」이 일본 일광사(日光寺)에 전하기도 한다.

진실로 평범한 아이가 아니었다.

지금 곡일지의 시를 보니 "옛날에 대접을 했었으나[301] 형인 줄 알기 어렵도다[昔年下榻難識兄]"라는 구절이 있었다. 이것은 일찍이 자각공(紫閣公) 강선(姜銑[302])이 사신으로 갔을 때 인사드렸던 것을 말한 것이다. 12살 때라 문정공에게 인사한 것은 곡일지도 기억하지 못한 것이다. 경자년에 곡일지의 나이 12살이니 계산해보면 강희(康熙) 신사(1701)년에는 마땅히 53살이었을 것이다.

풍윤의 골짜기에 사는 응태(應泰)가 『명사본말(明事本末)』[303]을 저술하였다. 생각해보니 곡일지가 혹 응태(應泰)의 후손일 듯한데 지금도 곡일지의 자손이 풍윤에 사는지 여부는 알 수가 없다. 곡일지가 앞뒤로 세 번이나 우리 집안 어른 2대를 뵌 것은 우연이 아니다. 옛날과 지금을 돌아보니 아득하다. 그래서 붓 가는 대로 기록한다. 무자(1768)년 2월에 쓴다.

原文 順治庚子冬, 文貞公, 以冬至兼正朝聖節副使, 赴燕. 十一月十六日, 到豐潤縣秀才王惲家. 其房舍如我國之制, 壁有吳判書竹南書. 有谷一枝者, 侍其左右, 惲之外孫也. 年纔十二, 已讀論孟, 方誦書經. 又能製述. 其爲人, 頭角嶄然, 實非凡兒也云.

今覽谷一枝詩, 有'昔年下榻難識兄'之句, 此則謂曾拜識紫閣公於赴使時也. 其十二歲時, 拜文貞公, 則谷亦不能記也. 以庚子時, 谷年十二計之, 至康熙辛巳, 當爲五十三矣.

豊潤之谷, 有應泰者, 著[304]明事本末. 想一枝, 或是應泰之裔, 未知至今

301) 하탑(下榻) : 귀한 손님을 맞이한다는 뜻이다. 후한의 진번(陳蕃)은 예장태수(豫章太守)로 있을 때 손님을 맞이하지 않았는데, 서치(徐穉)가 오면 특별히 걸상을 내놓았다가 그가 가면 다시 매달아 놓았다고 한다. 『후한서』「서치전」 참조.

302) 강선(姜銑, 1645~1710) : 자는 자화(子和)이다. 판중추부사를 역임한 강백년의 아들이자 표암 강세황의 백부이다. 자각공(紫閣公)이라 불린다. 1675년 과거에 합격하여 벼슬을 하면서 경신대출척, 기사환국, 갑술환국 등을 거치며 복직과 삭직을 반복하였다. 1708년 도승지에 임명되기도 했다.

303) 『명사본말(明事本末)』 : 중국 명나라 때의 일을 기록한 역사책으로, 『명사기사본말(明史紀事本末)』이 공식 명칭이다. 청나라의 곡응태(谷應泰)가 1658년에 총 80권으로 완성하였다. 『명사(明史)』보다 60년 앞선 중요한 역사서로 평가받는다.

304) 『표암집』에는 저(著) 앞에 증(曾)자가 더 있다.

亦有谷之子孫, 尙居豊潤否也. 一枝之前後三度逢拜吾家兩世, 有非偶然. 循覽今昔, 爲之怳然. 仍信筆記之. 戊子二月書.

◎ 미원장에 걸었던 제액첩 뒤에 쓰다 題迷源莊題額帖後

미원장의 편액은 모두 37자이다. 치제(巵齋) 임정(任珽[305]) 공이 심씨의 시골집에다 쓴 것이다. 심씨는 공의 이종형제로, 공이 가평에 부임했을 때 심씨의 거처를 방문하여 술을 마시다가 붓을 잡고 벽에 쓴 것이다. 자획이 고아(古雅)하고 날듯하여 미불과 조맹부의 오묘한 경지에까지 거의 나아갔으니 참으로 당대에 드문 글씨이다. 이때가 신유(1741)년이다. 지금은 갑오(1774)년이니 이미 34년이 지나, 먼지가 쌓이고 좀이 먹어 거의 알아볼 수가 없었다. 심치강(沈稚剛)[306] 군이 옛 자취가 사라지는 것을 가슴 아파하고 지극한 보물이 전하지 않을 것을 애석히 여겨 곧 가져다 한 권의 책으로 장정하여 나에게 보여주었다. 넘겨보다 보니 마치 공을 술자리나 붓과 벼루 사이에서 모시는 것 같이 황홀하여 나도 모르게 눈물이 떨어져 종이를 적셨다. 삼가 책머리에 몇 마디 쓰노라. 이때는 갑오(1774)년 7월 1일이다.

原文 | 迷源莊題額, 凡三十七字. 乃巵齋任公題沈氏村居者. 沈氏爲公姨從也, 公任加平時, 訪沈氏之居, 乘醉興, 拈禿筆, 書其壁. 字畫古[307]雅軒翥, 深造

---

305) 임정(任珽, 1694~1750) : 조선 후기의 문신. 본관은 풍천(豊川). 자는 성방(聖方), 호는 호재(巵齋)이다. 형조참판 수적(守迪)의 아들이다. 1731년 수찬으로 탕평책에 따른 시정의 폐단을 건의하여 왕의 칭찬을 받았다. 그 뒤 대사간 · 승지 · 이조참의를 거듭 역임하다가 1748년 곡산도호부사가 되어 외직에 나갔고 2년 후에 대사성이 되었다. 고금의 시가에 능했으며 글씨도 뛰어났다고 한다. 저서로 『치재집』이 있고, 글씨로 「해주축성비(海州築城碑)」, 「계성사비(啓聖祠碑)」 등이 남아 있다.

306) 임희성(任希聖)의 『재간집(在澗集)』에 「미원심치강유래색선명(迷源沈穉剛鍒來索先銘)」라는 글이 한편 실려 전하는 것 외에 그에 대한 다른 정보는 없다.

米趙妙處, 洵爲一代希珍距書. 此時辛酉. 于今甲午已三十四年, 塵侵蠹損, 殆不可辨. 沈友稚剛, 愴陳跡[308]之易湮, 惜至寶之莫傳, 乃揭而裝爲一冊以示余. 披展之餘, 恍若侍公於壺觴筆硏間, 不覺涕下漬紙. 敬題數語於卷首. 時甲午七月一日.

◎ 창해 정란의 「불후첩」 뒤에 쓰다 書鄭滄海瀾不朽帖後

나는 묵죽 그리는 것은 대강이나마 이해했으나 산수화는 평소 잘하지 못했다. 창해옹이 내가 대나무만을 그리는 것을 저어하여 산수를 그리게 하였다. 이것은 내시에게 수염이 없다고 탓하는 것과 거의 같지만 그 은근한 뜻을 무시할 수 없어서 시험삼아 한 권을 그려 붙인다. 나중에 보는 사람들은 틀림없이 요청받아 한 것인 줄은 모르고, 하지도 못하는 것을 억지로 했다고 꾸짖을 것이니, 나는 (이 그림에) 애착은 없다.

原文 ‖ 余粗解寫墨竹, 而於山水則素所不能也. 滄海翁惟恐余畫竹, 而只令畫山水. 此殆責閹人以髯也, 不能孤其勤意, 試畫一卷以副之. 後之覽者, 必不知求之者之爲, 乃責强其所不能者之過, 余不欲愛焉.

◎ 「산창보완첩」에 쓰다 書山牕寶玩帖[309]

동파 노인은 사람들에게 귀신 이야기를 들려 달라 하는 것을 좋아했다. 손님이 할 것이 없다고 사양하면 소동파는 으레 말하기를 "되는 대로

307) 『표암집』에는 고(高)라 썼다.
308) 『표암집』에는 적(迹)이라 썼다.
309) 윤광소의 『소곡선생유고(素谷先生遺稿)』에는 「산창보완발(山窓寶玩跋) 을유(乙酉)」라는 글이 남아 있으므로 함께 보면 이 작품에 대하여 참고할 수 있다.

말해보시오"[310]라고 하였다. 지금 늙은 벗 현재(弦齋) 심사정(沈師正)이 책 한 권을 꺼내보이고는 사군(四郡)과 청하(淸河)·개성(開城)의 여러 명승을 그려 달라 하였다. 내가 한 번도 가보지 못하였다는 이유로 사양했으나, 강권하기를 그치지 않았다. 이는 거의 동파 노인이 억지로 귀신 이야기를 해달라는 뜻과 같은 것이다. 붓 가는 대로 색을 칠해서 순식간에 한 권을 이루니 애초에 비슷한지 아닌지를 따질 것이 없었다. 현재가 새로 여러 명승지를 다녀와서 안개와 구름, 구렁과 골짜기가 마음과 눈에 선할 때에 이 그림을 얻고는 곧 기뻐하며 마음에 쏙 든다고 하면서 그 풍경이 실물과 꼭 닮은 것에 감탄하였다. 설마 그랬겠는가? 그럴 수는 없는 것이다.

나중에 내가 신을 신고 지팡이를 짚으며 책 안에 있는 여러 명승들을 두루 찾아다녔다. 싣고 간 빈 책 한 권에 가는 장소마다 실제 모습을 그려서 돌아왔다. (그 후에) 두 책을 두고 그 비슷한지 여부를 비교해 보니 비로소 현재 옹이 감탄했던 것이 허황된 것이 아님을 알게 되었다. 우선 이것을 써서 뒷날의 증거[311]로 삼노라.

原文 坡翁喜令人說鬼. 客辭以無有, 坡輒曰, "姑妄言之." 今者弦齋老友, 出一冊, 求畵四郡·淸河·開城諸勝. 余辭以未曾一游目, 則强之不已. 此殆坡翁强說鬼之意也歟. 信手塗抹, 半餉而盡卷, 初不論其似與不似也. 弦翁新

310) 고망언지(姑妄言之) : 되는 대로 말한다는 뜻으로 어떤 이야기라도 들려달라는 것을 이르는 말. 『장자(莊子)』「제물론(齊物論)」에 나오는 "되는 대로 하는 말이니 너무 진지하게 듣지 않는다[爲汝妄言之 汝以妄聽之]"라는 구절에서 유래한 성어(成語)이다. 중국 북송 때의 시인 소동파(蘇東坡)는 당송팔대가(唐宋八大家)의 한 사람으로 본명은 소식(蘇軾)이었다. 예부상서(禮部尙書) 등의 벼슬을 지낸 뒤 담주로 좌천된 소동파는, 공무가 없어 한가하여 시를 짓거나 책을 읽기도 하며 친구들에게 이야기를 들려달라고 하였다. 오랫동안 소동파에게 많은 이야기를 들려준 친구들은 이제 더 이상 들려줄 이야기가 없었는데, 소동파는 '고망언지'라고 말하면서 이야기 해달라며 간청하였던 것이다. 송(宋)나라 섭몽득(葉夢得)의 『피서록화(避暑錄話)』에 "蘇軾謫岭南時, 常與賓客談鬼取娛, 曰 : '姑妄言之'"라 했다.

311) 좌권(左券) : 약속한 사람이 갖는 증표이다. 좌권(左券)과 우권(右券)을 맞추어 이를 통해 약속의 증거가 된다.

從諸勝區來, 烟雲丘壑, 想歷歷心目間, 而得此畵, 輒欣然有會, 歎其酷似. 豈其然乎, 又未可也.

他日, 余將蠟屐扶笻, 遍探卷中諸勝, 笈貯一冊, 隨處寫眞歸. 與此卷較其似與不似, 始可信弦翁之歎賞爲不虛. 姑書此, 爲後日左券.

◎ 「해산아집첩」에 쓰다 書海山雅集帖

기묘(1759)년 단오 이틀 전에 젊은이들 십여 명이 포구에서 배를 출발시켜 북을 치면서 바다에서 놀았다. 주헌(周憲)이 나에게 보낸 편지에서 "나이 먹은 사람들이 젊은 사람들에게 멋진 놀이를 양보함은 정말 한탄스럽소. 그대가 흥을 내어 와서 하포(蝦浦)에 모여 마을의 노인들과 노인회를 갖는 것도 나쁘지는 않을 것 같소"라 하였다. 내가 치대(穉大)와 함께 안산으로부터 와서 나룻가에 있는 이씨의 정원에서 모였다. 나무숲이 그윽하게 그늘진 가운데 새들이 울음으로 화답하였으며, 멀리 바다 어귀를 바라보니 돛단배가 보였다 안 보였다 했다. (그런 중에서) 담소와 우스갯소리를 나누니 흥취가 즐거워할 만하였다. 어찌 안개와 파도치는 아득한 포구 사이에서 돛대를 펴고 노를 치는 자들이 수고롭게 애쓰는 것을 부러워하겠는가? 여전히 성대한 모임에 기록이 없을 수 없어 각기 5언 율시 한 수씩을 짓고 인하여 풍경을 그대로 그리노라.

原文 ‖ 己卯端陽前二日, 諸年少凡十餘人, 自浦口發船, 擊鼓作海遊. 周憲抵書於余曰 : "老者之讓奇遊於少輩, 絶可歎也. 君須鼓興, 來會于蝦浦, 與洞中諸老, 爲老人會, 亦自不惡." 余與穉大, 自安而至, 集于浦上之李氏園. 樹林幽翳, 禽鳥和鳴, 遙望海門, 風帆出沒. 淸談雅謔, 致足樂也. 亦何羨夫張帆擊楫者之勞頓於烟濤極浦間乎. 居然勝集, 不可無識, 各賦五律一首, 仍寫卽景.

◎ 「쾌설당첩」에 쓰다 書快雪堂帖

내가 젊었을 적에 사촌 매형인 치재(巵齋) 임정(任珽) 선생에게서 「쾌설당첩」[312]을 얻어 보았다. 안진경·소동파의 글씨 여러 권이었는데, 베껴서 새긴 것이 정묘하고 신채(神彩)가 환히 드러났다. 훗날 갑진(1784)년 겨울 사신의 신분으로 북경에 갔을 때에 병부상서 김간(金簡)[313]이 이 「쾌설당첩」을 주었다. 대개 「쾌설당첩」[314]은 풍전(馮銓)[315]이 편집한 것인데 나중에 궁궐로 유입되어 건륭 기해(1779)년에 거듭 새겨 간행된 것이다. 먼저 본 판본과 비교해보면 자못 착오가 많아서 이미 진면목을

312) 『완당전집』 6권, 「제미남궁묵적구척진본후(題米南宮墨跡舊拓眞本後)」라는 글이 있다. 한국고전번역원 번역본을 기본으로 약간 손보아 내용을 제시하면 다음과 같다. "이 본은 곧 「쾌설당첩(快雪堂帖)」의 초탑본(初搨本)이다. 근세의 번각본(翻刻本)과는 크게 달라서 오히려 자로(子路)가 중니를 뵙지 못한 때의 기상을 볼 수 있다. 다만 「쾌설첩」을 새긴 것은 자못 진(眞)과 안(贋)이 서로 뒤섞인 점이 있으니 「악의론」 같은 것은 바로 안본이요, 동파가 쓴 「천제오운첩(天際烏雲帖)」은 곧 모본에서 새겨 들어간 것이요, 또 조서(趙書) 십삼발 석각난정(十三跋石刻蘭亭) 원본 같은 것은 단지 제모(趙摹)를 새겼으니 무슨 사유로 이와 같이 거칠게 되었는지 알 수 없다. 그러나 이와 같은 구각은 점점 인멸되어 가고 신번본(新翻本)은 다 악찰(惡札)을 면치 못했으니 뒷사람이 이 구각의 한 조각만 얻어도 마땅히 길광(吉光)의 편우(片羽)와 같이 보애하는 것이 옳을 것이다."

313) 김간(金簡, ?~1794): 본래는 조선인이나, 청나라에 귀화했다. 자는 가정(可亭)이다. 청나라의 인쇄·제책을 담당한 무영전(武英殿)의 장(長)으로 있으면서 동자(銅字) 사용을 건의하여 채택되게 하였으며 6개월 동안에 25만 3500자의 목활자를 완성하였다. 1774년 청나라의 고종은 이를 활자판이라 명명함과 동시에, 무영전 취진판(聚珍版)이라 부르게 하였다. 여기에는 조선의 목활자 기술에 대한 지식이 그 바탕이 되었다고 볼 수 있으며, 조선에서는 이를 자본(字本)으로 기영목(箕營木)·동자취진(銅字聚珍) 활자 등을 주조하였다.

314) 『쾌설당법첩(快雪堂法帖)』 다섯 권은 청나라 풍전(馮銓)이 새긴 것이다. 권수가 비록 많지 않지만 그 중에 여러 첩은 대부분 진적을 임모한 것이고, 이것을 새긴 우약(雨若) 유광양(劉光暘)이라는 각수(刻手)도 당시 철필의 명가이었기 때문에 청나라의 모든 첩 중에서도 이것이 가장 잘 새겨졌다고들 한다.

315) 풍전(馮銓): 청나라 수복성 탁현 사람. 자는 진로(振鷺)이다. 명나라 만력 년간에 진사가 된 후 호부상서, 무영전 대학사를 역임했다. 청나라 군사가 관에 들어온 후에도 등용되어 홍문원대학사 등의 직책을 지냈다. 왕희지의 「쾌설시청첩(快雪時晴帖)」 진적을 얻었기 때문에 그의 당호를 쾌설(快雪)이라고 하였으며 이를 새긴 법첩을 또한 『쾌설당법첩(快雪堂法帖)』이라고 이름을 하였다.

다시 찾을 수는 없게 되었다. 옛 사람이 말하기를 "왕희지로 하여금 근대 사람이 되게 한다면 「난정첩」은 마땅히 근래에 나온 것이 진짜일 것이다. 그렇지 않다면 마땅히 옛 판본을 취해야 한다"라 했으니 이 말이 진실로 그러하다.

「쾌설당첩」 안에 있는 현재(玄宰) 동기창(董其昌)[316]의 「발낙신부(跋洛神賦)」[317]에 "기억해보니 서상(庶常)으로 있을 때 빌려본 적이 있는데 오늘 이것을 펼쳐보니 무릉의 어부가 다시금 도원(桃源)에 들어온 것 같다"라는 부분이 있다. 내가 늙어서 다시 이 첩을 펼쳐보니, 마치 유랑(劉郎)이 거듭 현도관(玄都觀)에 이르러 '사물들이 모두 예전에 본 것이 아니었다'[318]고 했던 것과 같다. 이에 한 번 탄식하고 이것을 써서 막내아들에게 주노라.

原文 ‖ 余於少日, 從姊兄任卮齋先生, 獲見快雪堂帖. 只顔眞卿蘇東坡書數卷, 刻榻精妙, 神彩煥發. 後於甲辰冬, 奉命赴燕都, 兵部尙書金簡, 贈此快雪帖. 盖快雪堂帖者, 乃馮銓所集, 而後入內府, 乾隆己亥, 重刊印行者也. 比初

---

316) 동기창(董其昌, 1555~1636) : 명나라 말기의 문인이자 화가요 서예가. 자는 현재(玄宰), 호는 사백(思白)·향광(香光)·사옹(思翁) 등 여럿이다. 시호는 문민(文敏)이다. 문명(文名)이 높아 시인·서가·문인화가로서 널리 알려졌고, 감식(鑑識)·감장(鑑藏)·임모(臨模) 등에도 업적을 남겼다. 명나라 말기 화단(畵壇)에 끼친 영향이 매우 크다. 그의 화풍이나 논의는 후세 오파(吳派) 문인화가에게 결정적인 미쳤다. 저서로 『산수화책(山水畵冊)』, 『용태집(容台集)』 등이 있다.

317) 낙신부(洛神賦) : 중국 삼국시대 위(魏)나라의 조식(曹植, 192~232)이 지었다. 222년 조식이 조정에서 다시 자신의 땅으로 돌아가다가 낙수(洛水)를 지나가면서 낙신(洛神)의 일을 생각하고 지었다. 낙신은 복비(宓妃)를 말한다. 작가와 낙수여신이 만나 서로 사랑하게 되지만 사람과 신은 서로 달라 가까이할 수 없는 안타까운 심정을 표현했다. 현실과 이상의 심한 괴리에서 오는 실망과 고뇌의 심정을 드러낸 것이다. 서정적이고 낭만적인 전기적(傳奇的) 분위기를 띠고 있다. 「고당부(高唐賦)」, 「신녀부(神女賦)」의 영향을 받았으나 구조와 기교면, 상상력 면에서 더 나아갔다.

318) 유우석(劉禹錫) : 자는 몽득(夢得)이다. 팽성(彭城) 사람이다. 당나라 덕종(德宗) 9년(793)에 진사과에 급제한 후 여러 관직을 거쳐 감찰어사(監察御史)가 되었으나 왕숙문(王叔文)의 당(黨)이란 이유로 좌죄되어 낭주사마(朗州司馬)가 되었다. 이후 삶의 기운을 잃고, 깊은 뜻을 내포한 풍자 가사를 많이 지었다. 10년 만에 소환(召還)되었으나 그가 지은 「현도관시(玄都觀詩)」에 기롱과 분심의 뜻이 들어있다는 이유로 다시 원주자사(遠州刺史)로 나갔다. 문집 18권을 남겼다. 「현도관시(玄都觀詩)」에 관련된 일화는 『당서(唐書)』 「유우석전(劉禹錫傳)」에 자세하다.

見本, 頗有差訛, 已不可復尋眞面目矣. 古人有云, "使王右軍爲近代人, 則蘭亭帖, 當以近出爲眞, 不然, 則惟當取古本", 此言信然.

帖中董玄宰跋洛神賦[319], 有曰 : "憶爲庶常時, 嘗得借觀, 今日展此, 似武陵漁人再入花源也." 余則到老得再展此帖, 如劉郎重到玄都觀, 物色摠非前度矣. 爲之一慨, 題此以與季兒.

◎ 「지락와팔경첩」 뒤에 쓰다 題知樂窩八景帖後

신사(1761)년 정월에 박언회(朴彦晦)가 노새를 보내 나를 초대하므로 백교(白橋)[320]의 촌장(村莊)에 이르러 정노형(鄭老兄)의 지낙와(知樂窩)에서 만났다. 이때 눈은 녹고 바람은 따뜻했으며 경치는 아름다웠다. 산수의 승경으로는 실로 경기도 인근에서 드물게 있는 곳이다. 동쪽으로 사릉(思陵)[321]을 바라보니 나무숲이 울창하게 빼어났고, 묘적봉(妙寂峯) 등 여러 봉우리가 빙 둘러서 기이하게 떠받들었으며, 삼각산·도봉산·불암산·수락산이 서쪽에 우뚝 솟아 푸른빛이 떨어지는 것 같았다. 집 앞 작은 못에는 소나무와 버드나무가 엇갈려 그늘을 드리운 것이, 어슴푸

319) 원문에는 동(董)으로 되어 있으나, 동(董)의 오자이므로 바로잡는다.

320) 백교(白橋) : 아치울 북쪽에 있는 마을이다. 조선시대에 발행된 지도에는 '한교(漢橋)', 규장각에 있는 고문서에는 '일교(一橋)', 1912년 조선총독부에서 발간된 『구한국 지방행정구역 명칭일람』에는 '백교'라고 표기되어 있다. 1956년에 발간된 『경녕군파 선원이씨세보』에 있는 지도에는 '대교(大橋)'라 표기되어 있다. 이러한 자료들을 종합해 보면 크다는 뜻의 우리말 '한'을 한자말인 '한(漢)', '대(大)', '일(一)'자 등으로 대신 쓴 것으로 생각된다. 즉 이곳의 원지명은 '한다리'인데 일제시대에 '흰다리'라고 하였다가 이것이 다시 '백교'로 바뀐 것으로 추정된다.

321) 사릉(思陵) : 조선 단종의 비인 정순왕후(定順王后) 송씨(宋氏)의 능으로, 경기도 남양주군 진건면(眞乾面) 사릉리에 있다. 1970년 5월 26일 사적 제209호로 지정되었다. 수양대군의 왕위찬탈 뒤 단종을 상왕으로 모시면서 의덕대비(懿德大妃)가 되고, 1457년 단종이 노산군(魯山君)으로 강봉되면서 그녀 역시 부인(夫人)으로 강봉되었다. 영월의 단종 능을 바라보기가 소원이어서 성 밖에 몇 칸짜리 초옥(草屋)을 지어 거처하며 흰 옷과 소찬으로 평생을 보냈다.

레 녹자(鹿砦)[322]와 조간(鳥磵) 사이에 들어선 것 같았다. 그래서 정씨와 박씨 두 주인과 함께 팔경을 꼽아 함께 시를 짓고, 또 큰 폭에 전경을 그렸는데 비록 급히 한 것이지만 조금도 어긋나지 않는다. 옛날 신풍의 닭과 개를 움직일 정도까지는 못할지라도[323] 그 그윽한 고아하고 맑고 밝은 아취는 대략 비슷하다. 벽에다 붙이어 노홍일(盧鴻一)[324]의 「초당도(草堂圖)」나 심석전(沈石田)[325]의 「척재도(滌齋圖)」와 비교해 본다면 과연 어떠하겠는가?

原文‖ 辛巳元月, 朴彦晦送騾邀余, 到白橋村庄, 會于鄭老兄知樂窩中. 時雪消風暖, 景物妍媚, 溪山之勝, 實爲近甸希有. 東瞻思陵, 林木蔚然深秀, 妙寂諸峯, 環繞獻奇, 三角·道峯·佛巖·水落, 秀出西維, 蒼翠欲滴. 堂前小塘, 松柳交蔭, 怳若身入鹿砦鳥磵中. 仍與鄭朴兩主人, 拈八景, 共賦之, 又以

322) 녹자(鹿砦) : 적군이 침입(侵入)하는 것을 막기 위하여 짧은 나무토막을 비스듬히 박거나 십(十)자 모양으로 울타리처럼 만들어 놓은 차단물(遮斷物). 생녹채와 사녹채의 다름이 있음

323) 한 고조 유방이 장안에 도읍을 정하고 한나라를 세웠지만 그의 유방의 아비는 고향 풍(豊)을 그리워하며 잊지 못했다. 그래서 고조는 장안 부근에 있던 여(驪) 땅을 옛 풍 땅의 모습처럼 재현하고 아버지 태상황을 여기에 거처하게 했다. 새로 만든 풍 땅이라는 뜻으로 이 땅을 '신풍(新豊)'이라 했다. 워낙 정확히 재현했기 때문에 사람들이 그곳에 들어서자마자 자신의 집을 알 수 있었을 뿐만 아니라 개나 닭들까지도 길에 풀어놓자 자기 집을 찾아갔다고 한다. 『서경잡기(西京雜記)』에 자세하다.

324) 노홍일(盧鴻一) : 노홍(盧鴻)의 자는 호연(浩然)이요, 당(唐)나라 낙양(洛陽) 사람이다. 역대명화기(歷代名畫記)에서는 홍일(鴻一)이라고도 한다. 산림처사로 숭산(嵩山)에 은거하는 중 개원(開元) 년간에 간의대부(諫議大夫)로 불렀으나 굳이 사양하므로 국가에서 의복과 초당 하나를 내려주었다. 나중에 그가 「초당도(草堂圖)」를 그린 것이 대대로 전해져서 왕유의 「망천도(輞川圖)」와 나란히 비교되었다. 그는 그림뿐만 아니라 서법(書法)과 문학(文學)에도 보통이 아니었다고 한다. 현재 중국 궁의 박물관에 『노홍초당십지도(盧鴻草堂十志圖)』 1권이 소장되어 있는데, 총 초당(草堂), 도경대(倒景臺) 등 총 10경(景)으로 구성되었다.

325) 심주(沈周, 1427~1509) : 중국 명(明)나라 때의 문인화가. 자는 계남(啓南), 호는 석전(石田)·백석옹(白石翁)이다. 산수·화훼(花卉)·금어(禽魚)를 즐겨 그렸을 뿐만 아니라 특히 산수화에 뛰어났다. 남북의 화풍을 융합한 장중한 구성을 표현한 것으로 유명하다. 같은 고향 사람 문징명과 당인(唐寅) 등에게 영향을 끼치기도 했다. 심주부터 문징명에 이르는 계통을 오파(吳派)라고 부른다. 작품으로 『산수도권(山水圖卷)』 등이 있다.

大幅寫得全景, 雖未遽, 謂不爽寸尺, 可移舊豊鷄犬, 而其幽雅淸曠之致, 盖畧相彷彿. 留粘壁間, 比諸盧鴻一草堂圖, 沈石田滌齋圖, 果何如也.

◎ 『학림옥로』[326)]에 평을 쓰다 - 12칙이다 題評鶴林玉露 - 十二則

(1) 낙영(落英)[327)]에 대한 해석[328)] 落英解

낙(落)이란 글자의 의미가 '처음(始)'이라고는 하지만 어찌 이 시구에서 (그런 의미로) 쓸 수 있겠는가? '떨어지는 이슬[墮露]'로 '지는 꽃봉우리[落英]'와 대를 맞췄으니 시(始)의 의미를 낙(落)이라 할 수 없는 것이 분명하다.

原文 ‖ 落字之訓始, 豈可施於此句也. 以墮露對落英, 則非可以始意訓落也明也.

---

326) 『학림옥로(鶴林玉露)』: 송나라 사람 나대경(羅大經)이 지었다. 시화(詩話)·어록(語錄)·소설(小說)의 문체로 문인이나 도학자, 산인(山人)의 말을 실었을 뿐만 아니라 주희(朱熹)·장재(張載) 등의 말을 인용하고 구양수(歐陽修)·소동파(蘇東坡)의 글을 찬양하기도 한 책이다. 천(天)·지(地)·인(人)의 세 부로 나누어 1251년 18권으로 완성했다.

327) 참고로 굴원(屈原)의 『이소경(離騷經)』에 '낙영(落英)'에 대한 용례가 있다. 즉 "아침에는 모란의 이슬방울 받아 마시고, 저녁에는 가을 국화 떨어진 꽃잎 주워서 먹네[朝飮木蘭之墜露兮, 夕餐秋菊之落英]"라 하였다.

328) 『학림옥로(鶴林玉露)』에 "『초사』에 말한 '餐秋鞠之落英釋者'라는 것에서 낙(落)은 시(始)이다. 예를 들어 시에서 '방락(訪落)'이라 한 것의 낙(落)은 '초영(初英)'을 말한 것이다. 옛 사람의 말에는 이런 예가 많다. 그러므로 난(亂)을 치(治)라 하며, 취(臭)를 향(香)이라 하며, 요(擾)를 순(馴)이라 하고, 겸(慊)을 족(足)이라 하고 특(特)을 필(匹)이라 하며, 원(原)을 재(再)라 하고, 낙(落)을 맹(萌)이라 한다[楚辭云, '餐秋鞠之落英釋者云', 落始也. 如詩訪落之落, 謂初英也. 古人言語, 多如此. 故以亂爲治, 以臭爲香, 以擾爲馴, 以慊爲足, 以特爲匹, 以原爲再, 以落爲萌]"라 하였다.

(2) 서투른 시 구절 拙句

서투르다고 뽑아 놓은 시 구절은 모두 좋은 시구들이니, 지금은 왜 서툴다고 했는지 모르겠다. 만일 이런 구절이 서투르다는 것을 아는 사람은 곧 시의 잘되고 서투른 것을 알 수 있을 것이다.

原文 ‖ 所帖拙句, 皆是佳句, 今不知其拙也. 若能知此等句之拙者, 方能知詩之工拙也.

(3) 소무의의 풀벌레 그림[329] 巢無疑畵草蟲

밖에 나가 풀벌레를 관찰하다가 그 천성을 깨달았으니, 이것이 전할 만한 법이다.

原文 ‖ 就地觀草蟲, 以得其天, 此是可傳之法也.

(4) 풍수 風水

여기에서 논하기를 '살 집은 택하지 않을 수 없다'라 한 것은 또한 두 가지를 알지 못하는 것이다. 『시경』과 『서경』에서 말하는 것이 어찌 길흉에만 얽매었겠는가? 도시에는[330] 산수가 모여 있으나, 산수가 이어진 곳에는 반드시 인적이 없다. 사람이 점찍어 선택하지 않은 곳이 없으니,

---

329) 『학림옥로』에 증(曾)의 말로 이렇게 썼다. "소무의는 평소 초충도 그리는 것을 잘 하였다. 해마다 매진하더니 더욱 정밀해졌다. 내가 일찍이 전수받은 방법이 있는지 물어보니 무의가 웃으며 말하기를 '일에 어찌 전할 만한 방법이 있겠습니까. 내가 어릴 때부터 풀벌레 장을 가져다가 밤낮으로 관찰하기를 싫어하지 않았습니다. 또 그 정신까지 완전하게 알지 못할까봐 저어하여 다시 풀밭에 나가 관찰하였습니다. 그러고 나서야 비로소 그 천성을 알 수 있었답니다……'"[曾云, 巢無疑工畵草虫. 年邁逾精. 余嘗問其有傳乎? 無疑笑曰 : '事豈有法可傳哉. 某自少時取草虫籠而觀之, 窮晝夜不厭. 又恐其神之不完也, 復就草地之間觀之. 於是始得其天……'"]

330) 원문에는 '통도회부(通都會府)'라고 썼다. 회부(會府)는 도회(都會)라는 뜻과 같으므로 통도와 회부를 합하여 도시라고 번역하였다.

하늘이 징조를 정한 곳은 아니다. 옛날의 도읍이 오늘날 외진 곳이 되기도 하고, 옛날의 황량한 들판이 오늘날 성곽이 되기도 하니, 또한 어찌 늘 변하지 않고 있겠는가? 땅의 기운만을 따라 성쇠가 정해진다면 더욱 (이치에) 통하지 않는 것이다. 지금 한 지역의 집은, 주인이 여러 번 바뀌고 길흉도 거듭 바뀌었으니 장차 무슨 말로 꾸며대겠는가? 나는 풍수설이 모두 없어져야 한다고 생각한다.

原文 ‖ 此論謂陽居不可不擇, 亦是不知其二者也. 詩書所稱者, 亦豈拘於吉凶耶. 通都會府, 山水翕聚, 山水飛走, 必無人烟. 莫非人之所占擇, 非有天定應驗也. 昔之都邑, 今爲丘墟, 昔之荒原, 今爲城郭, 亦何常之有? 只諉以地氣有盛衰, 則尤不通也. 今有一區之宅, 屢易其主, 吉凶亦屢變, 將以何說而文飾之耶. 余謂風水之說, 都可廢也.

(5) 한궁시[331] 漢宮詩

이상은(李商隱)도 역시 소갈증(消渴症)[332]을 앓고 있어서 일찍이 시에서

---

331) 『학림옥로』에 "당나라 이상은의 「한궁시」에 노래하기를 '푸른 공작 서로 날아가고는 돌아오지 않고 군왕은 홀로 집영대에 계시네. 시신 중 최고인 상여가 소갈이 있는데도, 금경의 이슬 한 잔을 내리지 않네'라 했으니, 한무제가 신선술을 구한 것을 기롱한 것이다. 푸른 공작은 아득히 돌아오지 않는데도 신선은 불러올 이치가 없음을 말한 것이 확실하다. 그러나 군왕이 깨닫지 못해 아직도 대 위에서 배회를 하다가 그것을 보게 되었는데, 또 어찌 하나의 물건으로서 그 참됨과 망령됨을 징험하겠는가. 금쟁반에 담긴 이슬은 옥가루로 조화를 이루므로 복용하면 장수할 수 있다는 것 이것은 방사의 주장이다. 지금 시신 상여가 정말 만약 소갈이었다면 어찌 한 잔을 하사하지 않았을 것인가. 만약 복용하여 나아졌다면 방사의 주장이 홀로 믿을 만하다. 그렇지 않다면 망령된 것이 명백하다. 28자 사이에 곡절이 들어있으니 그 함의를 다할 수 없다[唐李商隱漢宮詩云: 靑雀西飛竟未回, 君王犹在集靈台. 侍臣最有相如渴, 不賜金莖露一杯.' 譏譏武帝求仙也. 言靑雀杳然不回, 神仙無可致之理必矣. 而君王未悟, 猶徘徊台上, 庶幾見之, 且胡不以一物驗其眞妄乎? 金盤盛露, 和以玉屑, 服之可以長生, 此方士之說也. 今侍臣相如, 正苦消渴, 何不以一杯賜之. 若服之而愈, 則方士之說, 犹可信也, 不然, 則其妄明矣. 二十八字之間, 委蛇曲折, 含不盡之意]"라 하였다.

332) 소갈증(消渴症): 일반적으로 목이 심하게 말라서 물을 마셔도 오줌이 적게 나오는 것을 소갈이라 했는데, 후에 한의학 용어로 바뀌는 과정에서 당뇨병을 뜻하게 되었다.

'사마상여[333]는 반드시 진짜 소갈병은 아닐 것이니, 오히려 타강에 배 띄워서 금성을 지나가네'라고 하였다. 지금 이 시도 자신을 사마상여에 견주어 '금경(金莖) 한 잔[334]이면 소갈증은 해소시킬 수 있다'라 했을 뿐이다. '먹고서 병에 차도가 있다면 방사(方士)를 믿을 수 있다'고 이른 것은 잘못된 이해이다.

原文 商隱亦患消渴, 曾有詩曰 : '相如未必眞消渴, 猶放佗[335]江過錦城. 今此詩亦自况於相如, 謂金莖一盃, 消渴可除云耳. 所謂服之而愈, 則方士可信云者, 未免曲解.

(6) 서중적[336] 徐仲積

서적(徐積)[337]의 자는 중거(仲車)이고 시호는 절효(節孝)이다. 지금 효절선생(孝節先生) 서중적(徐仲積)이라 함은 어째서인가? 혹 다른 사람인가?

原文 徐積, 字仲車, 謚節孝, 今稱孝節先生徐仲積, 何也? 或是別人耶?

---

333) 사마상여(司馬相如, BC 179~117) : 전한(前漢) 때의 문인. 자는 장경(長卿)이다. 무제(武帝) 때 서남(西南) 지방 오랑캐와의 외교에 큰 공을 세웠다. 현달하지 못했을 때에, 탁왕손(卓王孫)의 잔치에 초대받아 가서 거문고를 연주하며 노래하자 탁왕손의 딸 탁문군(卓文君)이 반하여 집을 나와 그의 아내가 된 일은 유명하다. 사부(辭賦)에 능하여 한위육조(漢魏六朝) 문인의 모범이 되었으며 특히 「장문부(長門賦)」가 유명하다.

334) 한 무제(漢武帝)는 방사의 말을 듣고 장수하기 위해 많은 노력을 했다. 그 하나로, 스무 길 높이의 구리 기둥을 세워 이슬을 받는 선인장(仙人掌), 즉 신선의 손바닥을 설치한 바 있다. 이때의 구리 기둥을 금경(金莖)이라 하며 선인장은 승로반(承露盤)이라 한다. 때문에 '금경 한 잔'이라는 말은 '금경'이 받치고 있던 승로반에서 받아낸 '이슬 한 잔'이라는 뜻이다.

335) 『표암집』에는 타(佗) 대신에 타(沱)라 썼다.

336) 『학림옥로』에 "옛날에 효절선생 서중적이 어머니 모시기를 지극히 효성스럽게 하여…… 昔孝節先生徐仲積, 事母至孝……"라 하였다.

337) 서적(徐積, 1028~1103) : 자는 중거(仲車)로 초 땅 산양(山陽) 사람이다. 인종(仁宗) 4년에 진사로 급제하였으나 귀머거리가 되어서 벼슬에 나아가지는 못하고 집에 거하였다가 철종(哲宗) 원우(元祐) 초년에서야 60세의 나이로 초주교수(楚州敎授)를 맡았다. 그는 세 살에 아비를 잃고 어머니를 모시기를 지극정성으로 하여 세상에 그 소문이 자자하였으므로 사후에 시호를 절효선생(節孝先生)이라 했다.

(7) 오파자[338] 吳巴子

파(巴)자는 파(疤)자로 써야 마땅하니, 불에 얼굴을 덴 흔적이 있는 것을 말한다.

原文 ‖ 巴字當作疤, 謂面有火灼痕也.

(8) 도금과 유면에 대한 해석 桃錦柳綿解

두보의 이 시구[339]는 다만 봄을 상심하며 헤어짐을 애석해하는 말이다. 지금에는 '좋은 낯빛과 입에 발린 소리로 군자를 이기고자 시어(侍御)에게 고하여 바르고 바르지 못한 것을 구별하는 것이다……'고 말을 하니 어찌 이치에 가깝겠는가? '불분(不分)'이란 것은 분을 이기지 못하는 것을 이른다. 마지막 구의 '금강의 봄빛이 돌아오는 것은 어찌할 수 없는데, 시름겨운 사람을 마음 상하게 해 술자리로 보내네'에서 이른바 봄빛이란 것은 복숭아꽃과 버들개지를 가리키는 것이다. 시의 뜻이 명백한데도 어찌 반드시 곡해를 하려는가?

原文 ‖ 杜陵此句, 只是傷春惜別之語. 今以謂巧言令色, 欲勝君子, 故告侍御以分別邪正云者, 豈近理乎? 不分謂不勝忿也. 末句[340]'錦江春色還無賴, 觸忤愁人到酒邊', 所謂'春色'者, 指桃花柳絮耳. 詩意自明, 何必曲解?

---

338) 『학림옥로』에서는 "희의 나이 10살 무렵 그 아버지가 그 뜻을 물었는데 희의 대답에 신하답지 않은 말이 있으므로 그 아비가 노하여 화로를 걷어차니 그것 때문에 얼굴이 데었으므로 오파자라 했다"[曦年十許歲時, 其父挺嘗問其志, 曦有不臣之語, 其父怒, 蹴之爐火中, 灼其面, 號'吳巴子'云]라 했다.

339) 두보(杜甫), 「송로육시어입조(送路六侍御入朝)」에 "童稚情親四十年, 中間消息兩茫然. 更爲后會知何地, 忽漫相逢是別筵. 不分桃花紅勝錦, 生憎柳絮白于錦. 劍南春色還无賴, 触忤愁人到酒邊"라 하였다. 이 시에서 밑줄 그은 부분을 각각 두 글자씩 따서 '桃錦柳綿'이라 표현한 것이다.

340) 『표암집』에서는 여기에 왈(曰)자를 더 넣었다.

(9) 천극몽청사의 풀이[341] 天棘夢青絲解

두보의 시에는 '천극만청사(天棘蔓青絲)'라고 되어 있다. 애초에 몽(夢)이란 글자가 아니었는데 모양이 서로 비슷하여 뒤섞인 것이다. 지금에 억지로 몽(夢)이란 글자로 해석하고자 심지어 불경까지 끌어오나, 말이 되지 않는다. 『학림옥로』에도 이런 말이 있으리라고는 생각지 못하였다.

原文‖ 杜詩天棘蔓青絲. 初非夢字, 字形相近而混也. 今欲以夢字强解, 至引佛書而亦不成說. 不意鶴林之亦有此語.

(10) 사공도[342]가 홀(笏)을 떨어뜨려 예의를 잃으니 조서를 내려 세상을 업신여기고 이름을 드러내려 한다고 여긴 것[343]에 대하여

司空圖墮笏失儀, 下詔以爲傲代釣名

당나라 때 사람들은 이세민(李世民)의 세(世)자를 기휘해서 언제나 대(代)자로 대신 썼다.

---

341) 『학림옥로』에서는 두보의 시 '江蓮搖白羽, 天棘夢青絲'에서 뒷 구절은 도저히 알 수가 없다고 하면서 『불서(佛書)』에 나오는 구절을 끌어다가 해석하기를 시도하고 있다. 이것을 두고 표암이 비판을 한 것이다. 원문은 "杜詩云 : '江蓮搖白羽, 天棘夢青絲.' 下句殊不可曉. 者曰, 天棘, 柳也. 或曰, 天門冬也. 夢, 當作弄. 既無考據, 意亦短淺. 譚浚明嘗爲余言, 此出佛書, 終南長老入定, 夢天帝賜以青棘之香. 蓋言江蓮之香, 如所夢天棘之香爾. 此詩爲僧齊已賦, 故引此事. 余甚喜其說, 然終未知果出何經. 近閱葉石林『過庭錄』, 亦言此句出佛書, 則浚明之言宜可信"이라고 되어 있다.

342) 사공도(司空圖, 837~908) : 당나라 말기의 시인. 자는 표성(表聖)이다. 당말에 환관이 발호하고 당쟁이 극심해지자 887년 관직을 사임하고 왕관곡(王官谷)에 은거하며 시 짓기에만 전념하였다. 특히 그는 『24시품(二十四詩品)』에서 '웅혼(雄渾)'에서 '유동(流動)'까지 총 24종류의 미적 범주를 4언시(四言詩)로 서술한 시평론서를 썼다. 그는 특히 미(味)로써 시를 논하고 미의 유무를 시 평가의 기준으로 삼을 것을 주장했다. 그의 시론은 엄우(嚴羽)·왕사정(王士禎) 등 후세의 시론에는 물론이고 화론(畵論)과 서론(書論)에도 영향을 주었다.

343) 소종(昭宗) 만년에 사공도(司空圖) 처음에 예부원외랑(禮部員外郎)으로 있다가 나라가 어지러워지자 벼슬을 버리고 왕관곡(王官谷)에 은거하였다. 그를 자주 불러도 거듭 거절하였으나, 나중에는 어쩔 수 없이 나가야 하는 상황에 처하였다. 이때 사공도는 낙양에 들어가 입시할 때 거짓으로 촌스럽게 하여 홀을 떨어뜨리는 무례를 저질렀

原文‖ 唐人諱世民之世字, 每以代字代之.

⑾ 두보의 고안독학이라는 구절에 대한 해석[344] 杜陵孤雁獨鶴句解

「고안시」는 말 그대로 기러기를 읊은 것이다. '외로운 학'이란 시구에 이르면 더욱 되는 대로 읊은 것이니, 군자나 소인이 무슨 관계가 있겠는가?

原文‖ 孤雁詩自是詠雁耳. 至於獨鶴句, 尤是漫詠, 何關君子小人耶?

⑿ 호재와 주필대 이야기[345] 扈載周必大事

호재[346]의 운명이 기박할 것이라고 말한 것은 불행하게도 적중하였으

다. 이것을 보고 왕은 화가 나서 사공도야말로 '세상을 업신여겨 이름을 구하려' 한 사람이라며 그를 산으로 쫓아버렸다. 이 부분을 표현할 때 『학림옥로』에서는 '乃下詔以爲傲代釣名, 放還山'라 하였는데, 여기에서 대(代)라는 글자로 '세상'이라는 의미를 표현한 이유에 대해서 표암이 설명한 것이다.

344) 『학림옥로』에서는 두보의 시 '孤鴈不飮啄, 飛鳴聲念羣. 誰憐一片影, 相失萬重雲. 望斷似猶見, 哀多如更聞. 野鴉無意緖, 鳴噪自紛紛'와 '獨鶴歸何晩, 昏鴉已滿林'에 대해 말하면서 군자는 적고 소인은 많으므로 군자가 쓸쓸히 흩어지고 소인은 떼로 모여 다투는 것을 말한 것이라 하면서 그 모습을 드러낸 것이 정밀하다고 평가하였다. "杜陵詩云, '孤鴈不飮啄, 飛鳴聲念羣. 誰憐一片影, 相失萬重雲. 望斷似猶見, 哀多如更聞. 野鴉無意緖, 鳴噪自紛紛.' 又云, '獨鶴歸何晩, 昏鴉已滿林.' 似興君子寡而小人多, 君子凄涼零落, 小人噂沓喧競. 其形容精矣."

345) 『학림옥로』에 이런 이야기가 있다. 왕박이 호재를 높이 평가하여 재상 이곡에게 그를 추천하자 이곡은 그의 운명이 기박하여 성공할 수 없을 것이라 하였다. 왕박이 재상은 오직 현자를 추천할 뿐 운명은 말할 것이 아니라고 하므로 호재를 등용하였으나 1년도 못 되어 결국 호재가 죽었다. 또 주필대가 키가 크고 얼굴이 초췌하여 모습이 마치 들판의 학 같은 것 때문에 수황(壽皇)이 그의 복이 적을 것 같다며 걱정하자, 한 늙은 대신이 그의 모습이 옛날 복 많았던 대신 사마광과 비슷하다고 했다. 결국 주필대는 높은 벼슬에 올라 활동하다가 늘그막에 한가하고 편안한 세월을 보냈다.

346) 호재(扈載) : 자는 중희(仲熙)이다. 어려서부터 학문을 좋아하였으며 문장을 잘 지었다. 엄순(广順) 초에 과거에 급제하여 감찰어사(監察御史) 등을 역임했다. 항상 역대 국가의 흥망치란의 변화를 살피더니 『운원부(運源賦)』를 지었다. 또 뜰의 대나무를 사

나, 주필대[347]가 복이 없으리라는 말은 끝내 맞지 않았다. 여기에서 관상법의 기준이 없음을 더욱 잘 볼 수 있다. 다만 그 사람이 현명한지 아닌지를 따질 것이지 어찌 생김새를 논하는가?

原文 謂扈載薄命, 不幸而中, 周必大福薄之說, 畢竟不驗. 於此尤可見相法之無準也. 只宜辨其賢否, 何論相貌.

◎ 안경 眼鏡

조희곡(趙希鵠)[348]의 『동천록(洞天錄)』에는 안경을 애대(靉靆)라 하였다. 조희곡은 송나라 때 사람이니 안경이 송나라 때 이미 나온 것 같은데 다른 책에서 전혀 볼 수 없는 것은 왜일까? 명나라에 이르러서도 (안경이 있다는) 말이 없다가 전겸익[349]의 「안경편」[350] 7언고시에 이르러서

랑하여 『벽선부(碧鮮賦)』를 지어서 벽에 써놓았는데, 세종(世宗)이 이를 듣고 사람을 보내 벽에 쓰게 하기까지 하였다.

347) 주필대(周必大, 1126~1204) : 자는 자충(子充)이며, 호는 평원노수(平園老叟)이다. 죽은 후에 태사(太師)로 봉해졌으며 시호는 문충(文忠)이다. 어려서부터 시를 짓는 것에 소질이 있어서 널리 이름이 났다. 소흥(紹興) 21년인 1151년에 진사가 된 여러 왕을 섬기며 좌승상 등 여러 벼슬을 역임하며 정치가로서의 재주를 발휘하였다. 저서로는 『옥당유고(玉堂類稿)』 등이 있는데, 후대 사람이 다른 유작까지 모아서 『익국주문충공전집』 200권을 엮었다.

348) 조희곡(趙希鵠) : 송나라 종실(宗室)로, 지금의 강서성 의춘(宜春)에 해당하는 원주(袁州) 지방 사람이다. 고증학의 방법을 이용하여 각 종류를 꿰뚫어 감상가(鑑賞家)들의 필수 구비 서적이 된 『동천청록(洞天淸錄)』을 지었다.

349) 전겸익(錢謙益, 1582~1664) : 자는 수지(受之)이며, 호는 목재(牧齋)이다. 그는 시문으로 당시 큰 명성을 얻어 오위업(吳偉業), 공정자(龔鼎孳)와 함께 '강좌삼대가(江左三大家)'라고 불렸다. 저서로는 『초학집(初學集)』, 『유학집(有學集)』 등이 있다. 그의 시는 대부분이 응수(應酬)의 작품이 많았는데, 후기에 이르러서는 격앙된 기운이 드러나고 흥망을 감개한 작품들을 짓기도 했다.

350) 전겸익이 썼다는 안경에 관한 글의 제목은 「안경편송장칠이도북상공거(眼鏡篇送張七異度北上公車)」이다. 전문은 이렇다. "西洋眼鏡規璧圓, 玻璃爲質象緪緣. 千年老冰出玉淵, 巧匠消冶施刻鐫. 薄如方空吹輕煙, 瑩如月魄濯淸泉. 帷燈簾閣對簡編, 能

야 서양 안경이란 말이 있으니 생각건대 안경은 서양으로부터 나온 것 같다. 『자휘(字彙)』[351]에는 "서양 사람이 유리를 갈아서 긴 통으로 들여다보아 수천 리 밖을 볼 수 있었다. 이름을 천리경 애대라고 하는데 거울의 종류이다……"라고 했으니 이 또한 서양에서 시작되었다는 것을 증명할 수 있다.

안경은 유리로 만들기도 하고 수정으로 만들기도 한다. 흰색도 있고 검은색도 있으며, 더러는 푸른빛을 띠고 더러는 자줏빛을 띠기도 한다. 큰 것도 있고 작은 것도 있어서 모양이 한결같지는 않다. 대체로 갈아서 만드는 방법은 네 주위를 얇게 하고 가운데만 약간 볼록하게 하는 것이다. 그렇게 하여 눈에서 떨어뜨려 사물을 보면 배나 밝고 또 크게 보인다. 그러나 너무 돌출하게 하면 가까운 것은 볼 수 있으나 약간 멀어지면 어슴푸레하고, 너무 평평하게 하면 먼 것은 볼 수 있으나 그리 분명하거나 크게 보이지 않는다. 주변이 두껍고 가운데가 오목하면 매우 세밀한 것까지 볼 수 있으나, 가까운 것도 먼 것 같아져 어슴푸레 분명치 않다. 이것은 먼 것을 볼 수 없는 사람에게 편리하다. 가운데가 볼록한 것으로 햇빛을 받아 쑥에다 대면 곧장 불이 일어난다. 약간만 볼

使老眼回少年. 蠅頭蠆尾如兒拳, 氂虱豈必非輪懸. 賈胡贈比黃金千, 伴我綸閣今歸田. 短檠曲几相周旋, 無復椽燭煇金蓮. 兔園敝冊蠹且穿, 瑣碎讎勘蟲魚篇. 此鏡失職吾所憐, 摩挲三嘆夜不眠. 張兄偕計北上燕, 束芻縫絲當贈鞭. 侑以此物非棄捐, 如遘美女詒朱鉛. 萬蟻戰酣晝日殷, 五星明聚夜緯聯. 春蠶食葉秋毛旋, 此鏡爠爠開蓋纏. 目光如炬筆如椽, 六丁下取奎壁躔. 春工二月花嬋娟, 紗燈五斧聽臚傳. 萬言長策貢細旃, 閣老次讀當御筵. 君家金鏡此其先, 天地章光宜節宣. 有鏡覆目光乃全, 惟皇聰明曜八埏. 冕旒蔽明垂纊延, 知白守黑通重玄. 眼有瘴膜得鏡蠲, 如燈能炤日月偏. 竝觀兼聽無愚賢, 不見煉石能補天? 老農潦倒牛背邊, 負日欲獻無因緣. 長歌此詩風謠然, 願君採進重瞳前."

351) 자휘(字彙) : 명나라 학자 매응조(梅膺祚)가 편찬한 중국 자서(字書). 해서를 기본으로 하여 214부의 부수와 거기에 부속되는 한자 3만 3,179자를 수록하였다. 획수로 글자를 찾는 최초의 자서로 그 후의 한자사서에 큰 영향을 끼쳐 『정자통(正字通)』, 『강희자전(康熙字典)』등도 모두 이것을 원용(援用)하고 있다. 종래 자서의 훈고해석(訓詁解釋) 보다 상세하고 송대(宋代)의 산문이나 당시(唐詩)를 예로 들어 출전을 명시하였다. 또 부록으로 난자색인(難字索引) · 필순표(筆順表) · 이자변별표(異字辨別表) · 성오(醒誤 : 誤字表) · 음운표(音韻表)등을 붙인 것이 특색이다.

록한 것은 해 그림자가 멀어진 후에야 비로소 불이 일어난다. 평평한 것이나 오목한 것은 불이 생기지 않는다.

수정은 빛이 밝고 흠이 없는 것을 상품으로 친다. 그 성질이 단단하여 부서질 염려가 없고 재질이 밝아서 침침한 단점이 없다. 유리 또한 밝고도 단단하지만 끝내 수정에 못 미친다. 오수정(烏水晶), 자유리(紫琉璃)는 비록 선명하기는 해도 빛깔이 어두워 눈에 병이 나서 선명한 것을 꺼리는 사람에게 편리하다. 간혹 소뿔이나 거북등[352]으로 테를 만든 것도 있고, 더러는 은이나 구리로 테를 만든 것도 있다. 또 뿔이나 은과 구리로 단지 두 개의 둥근 조각을 연결시키기만 할뿐 테를 만들지 않은 것도 있다. 그러나 품질이 좋은지 나쁜지는 테의 좋고 나쁨과는 관련이 없다. 중국에서 들여온 것은 또한 좋은 것과 나쁜 것의 차이와 굳고 무른 것의 차이가 있다. 일본에서 생산되는 것도 매우 아름답지만, 일본산은 수정으로 만든 것은 매우 드물고 유리가 많다. 우리나라 경주에서도 수정이 생산되므로 경주 사람들이 모양대로 갈아서 만든다. 그러나 제조 과정에서 간혹 정밀함을 잃기도 하고 수정에 흠도 많아서 끝내는 중국이나 일본에서 만든 것만 못하다.

천리경도 유리를 갈아서 만든다. 약간 오목한 것을 긴 통의 앞에 끼우고, 약간 볼록한 것은 긴 통의 끝에 끼워서, 그 오목하고 볼록한 것을 헤아려 통의 길이를 정한다. 이것을 이용하여, 가까이 보면 작은 것이 크게 보이고, 멀리 보면 먼 것이 가깝게 보인다. 또 매우 길고 큰 것은 멀리 수십 리 밖에 있는 사람의 모습까지 관찰할 수 있다. 볼록한 안경으로 눈에서 한 자쯤 떨어뜨려 사물을 쳐다보면 사물이 모두 거꾸로 보이는데 그 이치는 알 수가 없다. 또 유리를 갈아 둥근 조각을 만들어서 대여섯 면으로 깎은 후 눈에서 떨어뜨려 사물을 보면 하나의 사물이 모

352) 원문에는 '대모(玳瑁)'라고 썼다. 이것은 바다거북과에 딸린 거북의 하나이다. 등딱지를 대모(玳瑁) 또는 대모갑(玳瑁甲)이라고 하며 공예품·장식품(裝飾品) 등에 귀중(貴重)하게 쓴다. 살은 냄새가 나므로 먹지 않으나 알은 맛이 좋은 것으로 알려져 있다.

두 대여섯 개로 보인다. 대개 면마다 모두 하나의 사물을 비추기 때문이다. 이것은 비록 기이하고 환상적인 듯하지만 본래 쓸 곳은 없다. 또 몇 마디 길이의 유리를 도패(刀欛) 같은 크기로 깎아서 세모를 만들어 눈에서 조금 떨어뜨려 사물을 보면 사물마다 모두 다섯 개의 색깔을 갖추며, (그 중) 푸르고 붉은 것이 찬란하나 이것도 쓸 데가 없다. 다만 안경은 눈이 침침한 노인을 돕는 데에 가장 좋다. 그러나 안경의 오목함과 볼록함, 안경의 밝음과 어두움이 각기 같지 않고, 또 멀리 보는 것과 가까이 보는 것이 또한 각기 차이가 난다. 간혹 잔망스러운 사람은 눈에다 종종 갖다 대고서 좋다 나쁘다 함부로 말하지만 세심하게 살피지 않을 수 없다. 또 네모진 유리 뒤에다 수은을 발라 구리거울을 대신하면 매우 밝다. 이것도 예전에는 없던 것이니 서양에서 나온 것 같다.

오봉(五峯) 이호민(李好閔)[353]은 안경을 물고기 뼈[354]로 만들었다고 하고, 지봉(芝峯) 이수광(李睟光)[355]은 조개 종류로 만들었다고 하였으니, 두 분 모두 안경을 본 적이 없는 것 같다. 그렇다면 우리나라 사람들이 안경을 볼 수 있었던 것은 매우 최근이다. 근래에는 책을 보는 사람만이 보배로 여길 뿐 아니라, 바느질하는 아녀자나 세밀하게 가공하는 장인, 나이 쉰이 못 된 사람까지도 모두 이미 이것을 사용한다. 그러나 품질의 좋고 나쁨을 분별할 줄 아는 사람도 드물고, 좋은 제품은 값도 만

353) 이호민(李好閔, 1553~1634) : 조선 중기의 문신. 본관은 연안(延安)이다. 자는 효언(孝彦)이고, 호는 오봉(五峯)·남곽(南郭)·수와(睡窩)이며, 시호는 문희(文僖)이다. 1592년 이조좌랑으로 있을 때 임진왜란이 일어나자 의주까지 선조를 호종(扈從)했으며, 요양(遼陽)에 가 명나라의 지원을 요청하여 평양전투를 승리로 이끄는 데 공을 세웠다. 1608년 선조가 죽자 적서(嫡庶)의 차별 없이 맏아들을 즉위시켜야 한다는 입장론(立長論)을 주장하였다. 교서를 잘 지었고, 시에도 뛰어나 전란의 비애를 형상화한 시들을 지었다. 저서에 『오봉집』이 있다.

354) 어침(魚魫) : 호박(琥珀)처럼 노란 빛이 나는 고기 머리에 있는 돌.

355) 이수광(李睟光, 1563~1628) : 조선 중기의 문인. 자는 윤경(潤卿)이고, 호는 지봉(芝峯)이며, 시호는 문간(文簡)이다. 1592년에 문과에 급제하였고, 주청사(奏請使)로 중국을 다녀왔다. 광해군 때 폐모(廢母) 사건으로 두문불출 하다가 인조반정 이후 다시 등용되어 도승지와 대사간을 역임하였다. 벼슬은 이조판서를 지냈고, 사후에 영의정에 추증되었다. 저서에 『지봉집(芝峯集)』과 『지봉유설(芝峯類說)』이 있다.

만치 않으며 쉽게 얻을 수도 없다.

근래에 중국 사람들은 사기를 구워서 거위 알 모양을 만들고 뾰족한 끝에 작은 구멍을 뚫는다. 그 안에 산수·누각·인물을 세밀하게 새겨 놓고 유리를 갈아서 약간 볼록한 조각을 만들어 그 구멍을 막는다. 이것을 쳐다보면 작은 것은 크게 보이며, 가까운 것은 멀게 보여서 엄연한 하나의 세계가 된다. 이 또한 안경을 약간 볼록하게 해서 만든 방법이기는 하나 사물을 완상하는 데에 가까울 뿐 실용할 만한 것은 없다.

혹은 하나의 크고 둥근 유리 조각을 갈아 약간 볼록한 모양으로 만들어서, 책에서 좀 떨어뜨려 보기도 하는데, 눈에서 약간만 떨어뜨려 보면 글자가 크게는 혹 여러 배로 보이기도 한다.

우리나라 사람은 유리 만드는 방법을 모른다. 중국 사람들은 서양 사람에게 배워서 지금은 매우 흔하다. 그러나 우리나라 사람 중에는 아직 만드는 법을 배운 사람이 없다. 대개 약제로 녹여 만든다면 그리 어렵지 않을 듯한데 배우지 못하는 것은 어째서인가?

原文 ‖ 趙希鵠洞天錄, 以眼鏡名靉靆. 希鵠乃宋時人, 則眼鏡似已出於宋時, 然絶不見於他書, 何也? 至明朝, 亦未有說, 及錢牧齋有眼鏡篇七言古詩, 有西洋眼鏡之語, 想眼鏡始自西洋出也. 字彙有曰 : "西洋人磨玻璃, 以長筒窺之, 可見數千里外, 名曰千里鏡靉靆, 鏡之類也云云", 此亦可證始於西洋也.

眼鏡或以琉璃, 或以水晶爲之. 或白或黑, 或靑或紫, 或大或小, 狀旣不一. 而大抵其磨造之法, 四周薄而中心微隆起, 則隔眼視物, 倍明而且大也.[356] 然太隆起, 則可以近視, 而少遠則糢糊, 太不隆起, 則可以遠視, 而不甚明且大. 四圍厚而中心凹, 則視極細, 而近者亦似遠, 且糢糊不分明, 此則便於不能遠視之人也. 以中心隆起者, 承日光而藉艾, 則火輒生. 微隆者, 則日影差遠, 然後始生火. 平者與凹者, 則不生火矣.

水晶之瑩然無疵者爲上. 以其性堅而無碎毁之慮, 質明而無昏翳之累. 琉璃亦有瑩而堅者, 終不如水晶也. 烏水晶紫琉璃雖明而色黯, 便於眼病而

356) 『표암집』에는 야(也)를 쓰지 않았다.

羞明者也. 或以牛角與玳瑁爲匡者, 或以銀與銅爲匡者. 或以角物, 或以銀銅, 只聯二圓片而不作匡者. 然品之佳否, 不係於匡之美惡也. 自中國至者, 亦有美惡之殊, 貞脆之別焉. 亦產於日本, 有極佳者, 但日本之產則水晶絶罕, 而琉璃爲多. 東國慶州亦產水晶, 慶州人依樣磨造. 然製或失精, 水晶亦多疵, 終未若華與倭造也.

千里鏡者, 以琉璃磨作. 微凹者嵌於長筒之端, 以微隆者嵌於長筒之末, 而量其凹與隆, 而定其筒之長短. 以窺之, 則近視而細者爲大, 遠視而遠者爲近, 亦有極長且大者, 可以遠觀數十里外人之面貌也. 以眼鏡之隆起者, 離眼尺許, 以視物, 則物皆倒, 亦未知其理也. 又以琉璃磨作圓片, 而削成五六面, 隔眼視物, 則一物皆作五六物, 盖面面各照一物故也. 此則雖似奇幻, 元無可用. 又有以琉璃長數寸, 而大如刀欛者, 削作三稜, 隔眼視物, 則物物皆具五彩, 紅碧爛然, 此亦無可用也. 惟眼鏡寔爲老人昏眸之助. 然鏡之隆凹與眼之明暗, 各自不同, 又且遠視近觀, 亦各殊異, 或有鹵莽者, 驟加於眼, 而妄稱美惡, 不可不細察也. 又以琉璃方板背塗水銀, 以代銅鏡, 亦有極朗澈者, 此亦古所未有, 想出於西洋也.

李五峯好閔, 以眼鏡謂以魚魫爲之, 李芝峯睟光謂是螺蚌之類, 二公皆似未曾見眼鏡也. 然則我東人之得見眼鏡甚近, 而近來則非但爲看書者之所寶, 婦女之針線者, 工匠之細巧者, 年未及五十, 皆已用之. 然能別品製之佳惡者亦鮮矣, 而佳品則價亦不貲, 未易得也.

近時中國人, 以窯磁作鵝卵形, 尖端開小孔, 而中納細巧山水樓閣人物, 以琉璃磨作微隆之片, 塞於其孔, 而窺之, 則細者大, 而近者遠, 儼然作一世界. 此亦眼鏡微隆之餘法, 然近於玩物而無可用者矣.

或有以琉璃一大圓片, 磨作微隆之制, 隔書而看, 而少離於眼, 則字大或數倍云

我國未解作琉璃之法. 中國人亦學於西洋人, 今則甚賤. 而東人尙無學其造法者. 大抵以藥汁鎔造, 似不甚難也, 而未能學者, 何也.

◎ 서양금 西洋琴

서양금을 만들 때에는 나무로 작은 함을 만들되 위는 좁고 아래는 넓게 한 후 오동나무 판을 그 면에 더하여 구리 끈 40~50개를 맨다. (그런 후) 나무 조각 둘을 가지고 함 표면의 넓이에 따라 비스듬히 떠받쳐 놓는다. 넓은 면의 줄은 길어서 소리가 크고 좁은 면의 줄은 짧아서 소리가 가늘다. 4줄마다 합쳐져 한 소리가 되는데 작은 대나무로 뜯으면 그 소리가 쟁쟁하여 들을 만하다. 더러는 크게 하고 더러는 가늘게도 하여 곡에 따라 소리를 낼 수 있다. 다만 비파와는 달라서 비틀어 누르는 기세를 만들 수는 없다. 곧 그 소리가 종이나 경쇠, 또는 방향(方響)[357]과 비슷하여 비록 청탁과 고저는 있으나 느리게 꺾이는 운치는 없는 것 같다. 우리나라 사람 중에 간혹 사서 오는 이가 있지만 그 퉁기는 법과 곡조가 어떤지는 알지 못한다.

原文 ‖ 西洋琴制, 以木作小函, 上狹而下廣, 以桐板加其面, 絙以銅絃四五十, 以兩木片, 依函面廣狹, 而斜拄之. 廣面之絃, 長而聲大, 狹面之絃, 短而聲細. 每四絃合作一聲, 以小竹篾叩之, 其聲鏘然可聽. 或大或細, 亦可隨曲作聲, 而但與琵琶有異, 不可作撚攏之勢, 則其音只似鐘磬與方響, 雖有淸濁高下, 似無悠揚韻折之致. 東人或有貿至者, 未知其鼓法與聲調之如何耳.

357) 방향(方響) : 국악기 중 금부(金部)에 속하는 타악기의 하나로 조선 시대부터 사용했다. 16개의 쇳조각을 틀에 위아래 8개씩 매어 놓고 망치 모양의 각퇴(角槌)로 쳐서 소리를 낸다. 중국 양(梁)나라 때에 만들어져 당・송・원에서는 주로 연악에 쓰였고, 명・청시대에는 아악에 쓰였다 하나 지금은 없어졌다. 한국에서는 고려 문종 때(11세기) 이 악기로 당악을 연주한 이래 줄곧 당악과 고취(鼓吹)에 편성되어 쓰였다.

◎ 붓筆

우리나라의 붓은 황모를 가장 쳐준다. 황모라는 것은 족제비[狼鼠]의 꼬리인데 간혹 유서(鼬鼠)라 이르기도 하고 더러는 초서(貂鼠)라 이르기도 한다. 황모 붓의 재료는 매번 중국에서 구입한다. 우리나라의 황모 붓은 중국으로부터 재료를 다 사는데도 중국인들은 늘 우리나라 황모붓이 좋다고 한다. 중국 사람들은 황모로 붓을 매지 않는다. 간혹 맨다 해도 으레 붓대에다 초호(貂毫)라는 두 글자를 새긴다. 그러나 우리나라에서 맨 것과 비교해 보면 약간의 차이가 있고, 또한 그것이 우리나라에서 말하는 황모인지도 알 수 없다.

세상의 붓이 대개 모두 토끼털이다. 그런데 우리나라 토끼털로 만든 붓만 유독 아주 작고도 짧아 쉽게 모지라져서 좋다고 할 수 없다. 중국 사람은 어찌 황모로 스스로 붓을 매지 않고 우리나라에 다 수출하고는 도리어 우리나라 붓이 좋다고 이르는가? 이것은 진실로 이해할 수 없다.

우리나라에서 붓 매는 법은, 그 털을 가지런히 하고 붓본[毫本]에 밀랍을 녹여 조각[片]을 만든 후 붓대에 말아 끼워서 아교를 칠하는 것이다. 중국에서는 조각을 만들지 않고 다만 털을 가지런히해서 실로 묶은 후 붓본을 잘라 버리고 소나무 기름을 녹여서 붓대를 끼운다. 끼워 들어간 것이 너무 얕아서, 떨어져 나가 오래 견디지 못하는 것이 늘 걱정이나. 또 굳세고 힘찬 빛이 있어서 좋기는 하나 황모에 비해 쉽게 모지라진다.

일본 붓은 흰 털로 만드는데 무슨 털인지는 알 수가 없다. 그 붓을 매는 방법은, 편을 만들지 않고 털을 가지런히해서 종이로 싼 다음에 붓끝 약간만을 남겨 다시 흰 털로 겉을 얇게 덮은 후 붓대에 끼우는 것이다. 큰 글씨를 쓰려 하면 싼 종이가 방해가 되나 풀 수는 없으니 다만 작은 글씨에 알맞을 따름이다. 털이 매우 부드럽긴 하지만 힘이 없어서 쓰기에는 적합하지 않다. 일본 사람들이 모두 이 붓을 사용하는지는 알 수 없다. 큰 붓은 이 방법을 사용하지 않아서 털이 부드러우면서도 흩어지지 않아 매우 좋다. 어떤 털로 매는지는 알 수 없지만 푸른색이 섞여 있어 사슴 털 같으면서도 아닌 것 같다.

原文‖ 我國之筆, 以黃毛爲第一. 黃毛者狼鼠之尾, 或謂之鼬鼠, 或謂貂鼠者也. 黃毛筆材, 每貿於中國. 我東之黃毛筆, 無非自中國貿材者, 而中國人每稱我國黃毛筆之佳. 然中國人未嘗以黃毛縛筆, 間或有之, 其管輒刻貂毫二字. 然比我東所縛少異, 亦未知是我國所謂黃毛也.

天下之筆, 大抵皆是兎毫, 我國兎毫筆獨絶少且短而易禿, 不能佳矣. 中國人何不以黃毛自縛筆, 而盡輸東國, 反稱東筆之佳耶. 此實不可解者也.

我國縛筆之法, 旣齊其毫, 以蠟鎔於毫本作片, 以捲之揷於管而加膠焉. 中國則未嘗作片, 只齊毫而以絲縛之, 割去毫本, 以松脂鎔而揷管, 揷入甚淺, 每患脫落不能耐久也. 亦有勁健可喜者, 然比黃毛易禿耳.

倭筆以白毛爲之, 不知是何毛也. 其縛之之法, 不作片齊毫, 而以紙裹之, 只留毫端數分, 更以白毛薄覆於外, 而揷管而已. 欲大書, 則碍於裹紙, 而不可解, 只堪作細書而已. 毫甚柔軟無力, 不中用. 未知倭人皆用此筆否. 惟其大筆不用此法, 毫雖柔而不散, 甚佳, 未知以何毫縛之也. 色蒼雜有類鹿毛, 而亦非也.

◎ 종이 紙

중국의 종이는 간혹 대나무나 등나무 껍질이나 뽕나무 껍질이나 삼으로는 만들지만 닥나무만을 쓰지는 않는다. 지금 이른바 모변지(毛邊紙)[358]와 태사련지(太史連紙)라는 것은 모두 담황색을 띠고 있는데 물러서 쉽게 찢어지나, 밝고 부드러워 애용할 만하다. 또 말끔한 것은 흰 물감으로 염색한 것인 듯한데 이 또한 매우 물러서 오래가지도 않고 쉽게

358) 모변지(毛邊紙) : 일명 대종이라고도 한다. 대나무 잎이나 껍질을 원료로 사용하며 감촉이 부드럽다.

좀이 먹는다. 우리나라에서는 닥나무로 종이빛을 만드는데, 본성은 질기지만 만드는 법이 거칠고 조잡스러워 색깔이 밝거나 섬세하지 못하다는 점에서 중국에서 생산되는 것보다는 좀 떨어진다. 중국 사람들은 종이가 질긴 것만을 보고 비단으로 만들었다고 오해하여 늘 '고려견'이라고 말한다. 그러나 이것은 모두 닥나무로 만든 것이지 실제로 비단으로 만든 것은 아니다.

原文‖ 中國之紙, 或以竹, 或以藤皮, 或以桑皮, 或以麻, 而不專用楮也. 今所謂毛邊紙, 太史連紙, 皆作淡黃色, 而脆而易裂, 只瑩細柔軟, 爲可愛. 又有粉白者, 而似以白汴染成, 亦甚脆, 不能耐久, 又易蠹也. 我國只以楮作紙色, 本性且靭, 但造法麤粗, 不能瑩細, 此爲少遜於華品耳. 中國人只見其堅靭, 誤認以繭造, 每有高麗繭之語. 然皆是楮造, 實非繭也.

◎ 벼루 硯

우리나라의 벼루는 남포(藍浦)에서 생산되는 것을 최고로 치고, 이 밖에 안동(安東)에서 생산되는 것이 그 다음이며, 풍천(豊川) 등지에서 생산되는 것은 쳐주지도 않는다. 중국 벼루 중에 아주 좋은 것은 대체로 모두 깔깔해서 먹을 묻히기는 쉽지만 붓이 망가질까 염려가 된다. 간혹 아주 매끄러운 것도 있지만 이 또한 좋은 것이 아니다. 동작와(銅雀瓦[359])라는 것이 있다지만 진짜인지는 모르겠다. 또한 좋은 것이 있기는 하나 너무 뾰족해서 먹은 잘 갈리지만 붓은 쉽게 상한다.

原文‖ 東國硯以藍浦産爲第一, 此外安東次之. 如豊川等産不足論也. 中國硯有絶

---

359) 『표암유고』 1권에 「내게 동작와라는 작은 벼루가 있는데, 문방의 보배로 여긴다[余有銅雀瓦小硯作文房之珍 云云]」라는 시가 있는 것으로 보아, 표암은 평소 동작와라는 벼루를 애용했던 것 같다.

佳者, 然大抵皆麤澀, 易於發墨, 但恐損筆也. 或有甚滑者, 亦非佳品. 有稱銅雀瓦者, 未知眞否. 亦有佳者, 然太有鋒鋩, 易得墨而損筆.

◎ 먹 墨

중국의 먹 중 요즘 우리나라에 수입되는 것은 대부분 조소공(曺素功)[360]이 만든 것이며 간혹 첨방환(詹方寰)이 만든 것도 있는데, 광택이 우리 먹보다 뛰어나다. 방우로(方于魯)[361] 씨가 만든 것을 지금 것과 비교하면 또 어떨지는 알 수가 없다. 옛날 사람들은 늘 먹을 소나무 그을음[松煤]으로 만들었다고 한다. 하지만 지금은 이상하게도 모두 윤기나는 검은색이니 기름 그을음[油煤]을 섞어서 만든 것이지 온전히 소나무 그을음만을 사용하지는 않은 듯하다. 우리나라 해주에서 나는 먹은, 기름 그을음만을 사용할 뿐 소나무 그을음은 조금도 섞지 않아 유독 우리나라에서 이름을 날렸다. 일본 먹 중에도 아주 좋은 것이 있다.

原文 華墨近日至東者, 多是曺素功製, 或是詹方寰製, 光潤勝東墨. 未知方氏于魯之製比今又何如也. 昔人每稱墨爲松煤, 然今皆光黑異常, 亦恐雜以油煤, 不專用松煤也. 我國之海州墨, 只用油煤, 未嘗少雜松煤, 獨擅名於國中. 倭墨亦有絶佳者.

360) 조소공(曺素功) : 명청대(明淸代)에 중국의 휘주(徽州) 흡현(歙縣)에 산 사람으로 그가 만든 먹은 매우 인기가 있었다. 그의 먹장(墨莊)에서 나는 묵은 품질도 좋고 아름다워 당시 문인들이 완상용으로 사용하기도 했다.

361) 방우로(方于魯) : 중국 천계(天戒) 년간에 정군방(程君房)과 활동한 뛰어난 조묵가(造墨家)이다. 신종에서 희종에 이르는 약 60여 년간은 명묵(名墨)의 황금시대로 불린다.

◎ 도장圖書

우리나라는 본래 도서(圖書), 즉 도장 만드는 방법을 알지 못했다. 간간히 그런 방법이 있기는 했지만 모두 보잘 것 없어 말할 것이 없다. 근래에는 중국 사람을 본떴으나 역시 오묘한 경지에는 도달하지 못하였다. 비록 작은 일이기는 하나 이를 통해서도 우리나라 사람의 어수룩함을 볼 수 있다. 중국의 일삼기 좋아하는 사람은 자기 도장을 새겨 찍어서 책으로 만들기까지 하니 찬연하여 볼 만하다. 그러나 또한 쓸데없는 데에 정신을 판다는 비난을 면하지는 못할 것이다. 두서너 개 만든 것이 고아하여 속되지 않다면 또한 괜찮을 뿐 어찌 많이 할 것이 있겠는가? 중국 사람은 편지에다도 반드시 도장을 사용하므로 사람마다 모두 도장이 있다. 우리나라에서 '근봉(謹封)'이라고 써서 봉하는 것과 비슷한 일이다. 중국에서는 도서(圖書)를 투수(套殊)라 하니 대개 도(圖)의 음이 투(套)이고, 서(書)의 음이 수(殊)이기 때문이다. 우리나라 사람이 분별하지 못하고 오해하여 편지에 근봉(謹封) 등이라 쓴 것을 투서(套署)라 하고, 이름자를 새긴 개인적인 도장을 도서(圖書)라 이르니, 그 오류가 웃을 만한 것이 이와 같다. 중국 사람이 도서라고 부르는 것도 잘못이다. 대개 옛날 사람이 인장에다가 간혹 아무개의 도서라고 새겨서 자기가 소장하고 있는 그림이나 책에 찍는 것은 괜찮지만, 개인 도장의 이름을 도서(圖書)라고 할 수는 없다. 요즘 개인 도장을 도서라고 하는 것도 크게 잘못이다.

지금 『인수(印藪)』를 살펴보면 음각이 여다홉이고, 관인(官印)은 모두 음각이니 고아하여 볼만 하다. 지금 우리나라 사람들은 마땅히 음각과 양각을 서로 같이 해야 한다고 잘못 말하면서 매번 한 번 음각을 하면 한 번은 양각을 하는 것을 일정한 규칙으로 삼으니 또한 웃을 만하다. 중국 사람은 본관으로 도장을 새긴 적이 없는데 우리나라 풍속에서는 으레 본관으로 도장을 새기고, 이것이 없으면 큰 결함이 있는 듯 여기는 것은 어째서인가?

음각의 옛 명칭은 백문(白文)이고 양각의 옛 명칭은 주문(朱文)이지만, 음양각(陰陽刻)을 이르는 말은 없었다. 새기는 것에는 정도법(正刀法), 단도법(單刀法), 절도법(切刀法) 등의 용어가 있지만 낱낱이 들 수 없고, 우리나라 사람은 대개 이것을 알지 못한다. 지금 관인(官印)의 글자는 모두 양각으로 새긴 구곡전(九曲篆)인데 이것은 당나라 때부터 시작되었다. 한나라 진(晋)나라 때에는 이와 같은 것이 없었다. 우리나라 사람은 관인을 도장이라 부르고, 개인 도장을 도서(圖署)라 일컫는다(서(署)는 마땅히 서(書)라고 써야 하니 이것도 잘못된 이름이다). 편지에 쓴 것을 투서(套署)라 일컫고 있으나 이것은 모두 도장이다. 지금 사람이 매번 도서(圖書)에 대해서 인(印)이란 글자는 잘 쓰지 않고 장(章)이란 글자를 쓰니, 대개 관인(官印)에 가까운 것을 싫어해서이다. 그러나 장(章)도 관인(官印)의 명칭이니 무엇이 다르겠는가? 오직 인(印)자는 자(字)[362]를 쓰기에는 마땅하지 않다.

옛 사람이 도장을 새기면서 음각은 반드시 두껍게 하고 양각은 반드시 얇게 하는 것은 어째서인가? 대개 옛날에는 모두 구리를 녹여서 도장을 만들었다. 무릇 구리를 녹여서 만드는 방법은 이렇다. 먼저 밀납에 새기고 진흙으로 틀을 만들어 구리를 녹여 붓는다. 틀이 양이면 음획이 되고 틀이 음이면 양획이 된다. 그러므로 양획은 틀이 오목하게 들어간 것이고 음획은 틀이 볼록하게 나온 것이다. 이런 까닭으로 자연스럽게 두껍고 얇은 구별이 생긴다(이 아래의 문장은 빠졌다).

原文 ‖ 我國素不解圖書之製, 間或有之, 皆俗惡無足言. 近頗倣效華人, 亦未臻玅. 此雖細事, 亦可見東人椎魯也. 中國之好事者, 摸搨私印, 至成券秩, 爛然可觀. 然亦未免玩物之譏, 只得二三顆, 古雅不俗, 亦足矣, 何用多爲. 華人或於尺牘, 亦必用印, 故人皆有圖書, 有似我國之有謹封套署. 中國呼圖書

362) 원문에는 표덕(表德)이라 하였다. 이 단어는 덕행(德行)을 표명(表明)한다는 말로, 한 개인의 자(字)를 가리키는 말이다. 『안씨가훈(安氏家訓)』의 '자는 덕행을 표명한다 字以表德'라는 구절에서 끌어온 것이다.

以套殊, 盖圖音套而書音殊也. 東人未分也, 誤以謹封等施於書札者, 謂以套署, 以名字私印, 謂以圖書, 其謬誤可笑如此. 中國人圖書之稱亦誤. 盖古人於印章, 或刻以某人圖書, 以印於其所藏圖與書可[363], 不可以私印之名, 遂爲圖書也. 今混稱私印以圖書, 亦大誤矣.

今考印藪, 陰刻爲十之八九, 至於官印, 亦皆陰刻, 古雅可觀. 今東人謬稱陰陽宜相間, 每以一陰一陽爲定例, 又可笑也. 中國人未嘗以姓貫爲一印者, 今東俗則輒有姓鄕爲一印, 無此, 則殆若大缺陷者然, 亦何也.

陰刻古稱白文, 陽刻古稱朱文, 而未有陰陽刻之稱. 其刻法有正刀法單刀法切刀法等稱, 不可枚擧, 東人槩未之知也. 今官印之文, 皆陽刻九曲篆, 此自唐始. 漢晋則未嘗如此也. 東人以官印稱印, 以私印稱圖署[署當作書而亦誤稱也], 以施於書札者, 稱套署, 然皆印也. 今人每於圖書, 罕加印字, 而加章字, 盖嫌於近官印也. 然章亦官印之稱, 何所異同耶. 惟印字, 不當加於表德也.

古人刻圖書, 陰刻必肥, 陽刻必瘦, 何也. 盖古皆鑄銅爲印. 凡鑄銅之法, 先以蠟刻, 旣[364]泥爲範, 而鎔銅灌之, 範之陽爲陰, 範之陰爲陽, 故陽畫乃範之凹入者, 陰畫乃範之凸出者. 是以自爾有肥瘦之別. [此下缺.]

◎ 괴석 怪石

우리나라에서 말하는 괴석은 해주(海州)와 풍천(豊川)에서 나는 것을 가장 쳐준다. 그러나 수포석(水泡石)이라 하는 것은 바다에서 나는데, 돌이지만 돌이 아닌 것 같기도 하고 물방울로 이루어진 것 같기도 하며, 흙과 돌이 섞여 있어서 거칠고 무르니 본래 돌은 아니다. 반드시 깎아서 세 봉우리 모양으로 만들어 돌로 만든 화분에 심고 물을 붓는데 물이 가장 높이 오르는 것을 상품으로 친다. 매번 돌 틈에다 늙은 소나무를 심어 기이한 구경거리로 삼는 것은 모두 보잘 것 없는 풍속의 그릇된

363) 『표암집』에서는 가(可)가 아니라 야(也)라 썼다.
364) 『표암집』에서는 기(旣) 대신에 즉(卽)이라 썼다.

것이니 비웃을 만하다. 내가 생각건대 중국 사람들이 말하는 괴석은 이것과는 크게 달라, 모두 벼룻돌같이 단단하고 윤기가 있어서 두드리면 뎅뎅 소리가 난다. 봉우리와 동굴은 절로 생긴 것이지 인위적으로 한 것이 아니다. 태호석(太湖石)・영벽석(靈璧石)・영석(英石)・선석(宣石)이라 하는 것도 모두 다 그렇다.

미불이 소매 속에 가지고 다닌 물건이 어찌 수포의 종류여서 물이 오르는가의 여부로 좋고 나쁨을 따진 것이었겠는가? 미불의 연산은 산 모양을 이룬 후 옆면으로는 먹을 갈 수 있게 하여 벼루로 삼았으니 그 돌의 성질이 어떠했는지 알 수가 있다. 이로 보건대 우리나라는 원래 괴석이라 할 만한 것이 없고 간혹 정말 보배로 삼을 만한 돌이 있다손 치더라도 속되고 어리석어서 도리어 버려두었을 뿐이다. 해주에서 생산되는 수포석 종류 같은 것은 모두 솥도 지탱할 수 없으니 어찌 괴석이라 이름을 붙이겠는가.

지금 잘 사는 집의 뜰에 늘어놓은 돌 화분은 모두 이것이다. 반드시 세 봉우리로 깎아서 더욱 비루하게 느껴지는데 무에 좋은 것이 있다고 으레 모아놓고 기이한 구경거리로 삼는가? 소동파의 구지석(仇池石)[365]과 구화석(九華石)[366]은 그 기교가 하늘이 이룬 듯하였으니 이것이 어찌 새기고 깎아 만든 것이겠는가? 우리나라의 풍속 중에 잘못된 것이 많은데, 오직 괴석과 같은 것은 더욱 심하니 비록 자질구레한 일이지만 나도 모르게 구구하게 많은 말을 하였다.

---

365) 구지석(仇池石) : 호국(湖國) 이정신(李正臣)의 집에 있던 한 자 크기의 것으로 총 아홉 개의 뾰족하고 들쭉날쭉한 봉우리가 있었다. 소동파가 이것에 감동하여 시를 읊기도 하더니 결국 그가 이것을 소장하였는데, 그가 가진 것들 중에서 가장 명석(名石)으로 손꼽힌다.

366) 구화석(九華石) : 호중구화석(壺中九華石)을 말한다. 소동파의 「호중구화시서(壺中九華詩序)」에 "호구(湖口) 사람 이정신(李正臣)이 특이한 돌을 가졌는데, 아홉 봉우리가 영롱하게 굽어 있어서 격자창과 같다. 내가 백 금을 주고 그것을 사서 구지석(仇池石)과 짝을 지으려 했으나 남쪽으로 옮기게 되어 미처 뜻을 이루지 못했다. 호중구화라 이름하고 이에 시로 기록한다"라 한 것이 있다.

原文‖ 我國所謂怪石, 以海州豊川所産, 爲極品. 然所謂水泡石者, 出於海中, 似石非石, 似是水泡所成. 土石相雜, 麤惡脆軟, 元非石也. 必斲作三峯之狀, 植於石盆, 灌之以水, 以水升至上者爲佳品. 每於石間, 種老松以爲奇玩, 此皆陋俗之謬誤可笑者也. 竊想華人所謂怪石, 大異於是, 皆堅潤如硯石, 叩之鏗然有聲. 自作峯巒巖洞, 非假人力. 所謂太湖靈壁英石宣石, 莫不皆然.

米元章袖中之物, 豈是水泡之類, 而以水之升否, 爲佳惡者耶. 元章之研山, 旣作山形, 傍可磨墨爲硏, 此亦可認其石性之如何也. 以此而觀, 則我國元無怪石之可論, 或眞有可寶之石, 而俗傖反棄擲之耳. 至若海州水泡石之類, 皆不堪支鐺, 何名爲怪石.

今富貴之家庭列石盆, 皆是物也. 必削成三峯, 尤覺鄙俗, 有何可愛, 而輒聚而爲奇玩耶. 坡翁之仇池石九華石, 亦可想其奇巧天成, 是豈刻劉[367] 所爲耶. 東俗之謬誤者甚多, 而惟怪石爲尤甚, 雖是細事, 不覺縷縷多言.

◎ 초목 분재 盆植卉木

지금 화분에 있는 소나무와 노송나무의 종류는 모두 몸체를 도사려서 푸른 일산 모양을 하고 있는데 더욱 속되어서 싫다. 화분의 매화까지도 모두 구불구불 말려 있어서 배롱(焙籠)의 모습과 엇비슷해 생기 있게 보이지 않는다. 매화가 귀한 것이 됨은 유독 그 꽃이 온갖 꽃 중에 으뜸이어서일 뿐 아니다. 오래된 줄기와 가지가 기이하게 굽어서 난새와 봉황이 날아오르는 듯하므로 그리고 싶은 마음을 풍부하게 해 주는 것이 다른 꽃들보다 더해서이다. (이제) 묶어서 둥근 모양으로 만들어 틀 속에다 들여놓으니 매화의 액운이 심하다. 옛 사람들은 거센 바람과 세찬 비를 꽃의 형벌이라 했는데 지금 매화를 감아 가둬두니 진실로 꽃의 형벌이라 이를 만하다.

367) 『표암집』에서는 유(劉) 대신에 착(斲)이라 썼다. 의미상 후자가 옳으므로 이를 따랐다.

原文 今之盆中松檜之類, 皆蟠結作青盖狀, 尤俗惡可厭也. 至於盆梅, 亦皆結縛盤屈, 有似焙籠形, 使其生意不能遂. 且所貴乎梅者, 不獨其花之爲冠衆芳也. 老幹虯枝, 婆娑奇崛, 有若鸞鳳之翔翥, 獨饒畵意, 特異於凡卉也. 縛作圓形, 納於檅[俗字]中, 梅之厄極矣. 古人以疾風甚雨, 謂之花刑, 今梅之結縛牢囚, 眞可謂花刑也.

◎ 이명기가 그린 단섬의 초상화에 쓰다 題李命基[368]所寫丹蟾小像[369]

회양(淮陽)의 기생인 단섬(丹蟾)[370]은 자가 선옥(仙玉)으로 이때 나이 25세였다. 듣건대 선옥이 나의 서화를 좋아한다 하니 그 맑은 운치가 가상하다. 내가 불러서 보고자 했으나 그럴 기회를 얻지 못하였다. 이제 그림 속에서 최휘(崔徽)[371]를 만났던 것처럼 하니, 매화를 바라며 갈증을 달랜 일과 비슷하다.[372]

368) 이명기(李命基, ?~?) : 조선의 화원(畵員). 본관은 개성. 호는 화산관(華山館)이다. 찰방(察訪)을 지냈다. 특히 초상에 뛰어나 1791년에는 정조어진 원유관본(遠遊冠本)을 그리는 일에 주관자로 활동하기도 했다. 그림 속 인물과 바위의 모습, 필법 등이 김홍도(金弘道)의 화풍을 많이 따르고 있으나, 석양의 뱃놀이를 소재로 한 「장범선유도(張帆船遊圖)」에서는 괴석(怪石)의 명암을 효과적으로 살려 양감을 나타내는 등 단편적으로나마 서양화법을 받아들인 흔적이 엿보인다.

369) 『표암집』에는 이 글 「제이명기소사단섬소상(題李命基所寫丹蟾小像)」부터 「제병(題屛)」까지가 수록되어 있지 않다.

370) 단섬(丹蟾) : 내의원 의녀로 알려져 있다.

371) 최휘(崔徽) : 포(蒲) 땅의 최휘가 배경중(裵敬中)과 사랑에 빠졌으나 경중은 다시 오마 약속만 남기고 떠난 후 소식이 없었다. 최휘는 그를 기다리면서 못 견뎌했다. 몇 달 후에 경중의 친구 지퇴가 포 땅에 왔다가 최휘를 보고는 안타까워하며, 당시의 유명한 화가 구하(丘夏)에게 최휘를 그려주기를 부탁했다. 최휘가 지퇴에게 말하기를, "저를 위하여 배경중에게 인사를 해 주십시오. 저는 이 그림 속 사람만큼 되지는 못할 것입니다만." 하고는, 다음날부터 미치광이 노릇을 하며 사람들과 왕래하지 않고 살다 죽었다. 원진(元稹)의 『최휘전(崔徽傳)』에 나온다.

372) 매화를 바라며 갈증을 달랜 일 : 망매지갈(望梅止渴)이란 고사이다. 『세설신어(世說新語)』 「가휼(假譎)」에 "위나라 조조가 행군하다가 물 긷는 곳으로 가는 길을 잃어버려 군사들이 모두 목말라하자, 영을 내려서 말하길 '앞에 큰 매실 숲이 있는데, 달고

原文 ‖ 淮陽妓丹蟾字仙玉, 時年二十五. 聞仙玉愛余書畵, 其靑致可尙也. 余欲邀見而不能得, 今見卷中崔徽, 足慰望梅渴想.

◎ 오헌 백씨 어른의 첩에 쓰다 題傲軒白令帖

대저 장수하여 청한함을 누렸으며, 자손들이 뜰에 가득하고 고관의 아홀(牙笏)이 상에 놓여있다. 좋은 날을 택하여 친근한 손님을 모이게 하고 가까운 마을사람들을 맞이해서 술잔을 들고 글을 지으면서 즐거워한다. 하늘 참 신선(神仙)이나 서천 정토(淨土)의 즐거움이 어떤지는 알지 못하나, 인간세상의 상서롭고 좋은 일이 진실로 이보다 더하지는 않을 것이다. 예로부터 하늘로부터 이러한 즐거움을 얻은 사람이 몇이나 되겠는가? 오헌(傲軒)[373]이 받은 큰 복은 조금도 빠진 것이 없으니 아마 그와 견줄 만한 사람은 드물 것이다. '농가의 아름다운 모임을 기록한 책'[374]을 보니 나도 모르는 사이에 침이 땅에 떨어졌다. 풍속에, 어린아이의 장수를 바라면 여든이나 아흔 되는 노인의 흰머리를 잘라서 주머니에

신 열매가 많으므로 갈증을 해소할 수 있다'라고 했다. 병사들은 그 말을 듣자 입 안에 모두 침이 고였다. 이 기회를 이용하여 앞의 수원(水源)에 도달할 수 있었다"라고 했다.

373) 백상형(白尙瑩, 1705~1789) : 조선 후기의 학자. 본관은 수원(水原). 자는 순보(純甫)이며, 호는 오헌(傲軒)이다. 아버지는 백시채(白時采)이다. 그는 평생 경서 연구에 몰두했으며, 시와 문장에 뛰어나 당대 서화가(書畵家)들과 친분이 두터웠다. 강세황을 비롯하여 의암(蟻庵) 조규보(趙奎輔, 1705~?), 다가재(多可齋) 이태길(李泰吉, 1709~?) 등과 함께 안산의 4대 문장가로 일컬어지기도 했다. 만년에 정조가 호조벌 일대에 대한 간척사업을 실시할 때 임금이 친히 이곳을 행차하자 임금을 위하여 「전하봉영곡(殿下奉迎曲)」이란 악곡을 작곡한 것으로도 알려져 있다.

374) 포헌은 '농가'라는 뜻이요, 승집은 '아름다운 모임'이라는 뜻이다. 그러니 포헌승집은 농가의 아름다운 모임이라는 뜻이다. 아마도 오헌 백상형의 잔칫날 온 사람들이 글을 지어 한 권의 책으로 만들었던 것 같다. 그러므로 표암이 잔칫날에 참여하지 못했다고 하면서 나중에 오헌에게 들러 '전에 지었던 것에 추가로 썼다'는 표현을 한 것이다.

넣어 차게 한다. 과거 급제를 바라는 사람은 장원급제한 사람의 일산을 찢어서 옷소매에 간직하기도 한다. 내 생각에, 세상에서 복이나 장수를 바라는 사람이 이 책을 한 번 빌려서 어루만지고 읽어 본다면 또한 좋은 기운을 받고 상서로운 경사를 맞이하기에 충분할 것이다. 오헌께서는 남에게 빌려주는 데에 인색하지 말기를 부탁한다.

오헌 백씨 어른이 환갑날에 가까운 이웃을 모이게 해서 음식을 차려 놓고 즐기던 중, 각자 시를 지으니 찬란함이 축에 넘쳐났다. 나의 거처가 좀 떨어져 있어 이 자리에 참석치 못하여 맛난 음식을 배불리 먹고 아름다운 운에 화답하지 못한 것이 매우 한스럽다. 이 해 칠석 다음날에 우연히 오헌께 들러서 그 때 지었던 것에 추가로 쓴다. 대개 글 몇 자 쓰는 수고를 해서 화운하지 못한 흠을 조금이나마 보충하려는 것이다. 그러나 글씨가 보잘 것 없어서 훌륭한 것들과 나란히할 만하지 않으므로 크게 부끄러울 뿐이다.

原文 夫得遐壽, 亨淸閒, 蘭玉盈庭, 牙笏堆牀. 佳辰令節, 會親賓, 迎近局, 稱觴命翰, 以娛以嬉. 未知天上眞仙, 西天淨界, 其樂如何, 而人間世吉祥善事, 固無以踰於此者. 從古得此於天者, 有幾人哉. 傲軒之備膺遐福, 無少缺陷, 盖罕與爲比. 覽圃軒勝集卷, 不覺涎垂至地. 流俗欲少兒長壽, 得剪八九十老人白髮, 囊盛佩之. 羡科甲者, 裂狀頭華盖, 藏諸衣袂. 余謂世之祈求福壽者, 輒一借此卷, 摩挲寓目, 亦足以薰炙吉氣, 導迎祥慶. 囑傲軒, 毋慳借與.

傲軒白令, 以其晬日, 聚集近隣, 設饌而娛之, 各賦詩律, 爛然溢軸. 余居差遠, 未及與是席, 不得飽佳味, 而和雅韻, 甚可恨也. 是歲七夕後一日, 偶過傲軒, 爲追錄其時所詠. 盖將以揮翰之勞, 少補未及和題之缺. 然深愧八法之拙, 不足以敵瓊琚之美耳.

◎ 유씨 「위문록」 뒤에 쓰다 書柳氏慰問錄後

모든 물건은 오래된 것을 귀히 여기니 주정과 상이[375]가 귀한 것은 일용품이어서가 아니다. 장서가의 서재 가득한 책들은 백 년도 못되어 자취도 없이 흩어지는 법인데, 오직 이 몇 장의 다 떨어진 종이가 165년 동안 내려왔으니 아! 기이하다. 그 안에 위대한 사람이나 존귀한 공(公), 문장이나 절의로 뛰어난 사람의 이름이 여기저기에서 빛나고 붓에 먹을 찍어 쓴 글씨가 지금도 뚜렷하다. 오래되어서 귀하게 여길 만한 것이 상이나 주정과도 견줄 만하다. 이 책의 주인이 그것을 영원히 보존하여 천년토록 오래 이르게 하면, 그 집안이 계속 이어지고 자손이 효도하고 공경할 것을 여기에서 점쳐볼 수 있으니 어찌 소홀히 할 수 있겠는가? 무술(1778)년 5월 23일에 쓴다.

原文 凡物以舊爲貴, 周鼎商彝, 非爲用器也. 藏書家之挿架萬軸, 未及百歲, 輒雲烟散矣, 惟此數葉敗紙, 于今爲一百六十五年, 吁其异矣. 其中偉人鉅公文章節義之名字, 錯落輝映, 禿毫淡墨, 尙今宛然. 其舊而可貴, 足比商彝周鼎. 爲此卷主人者, 其永保有以至於千載之久, 則其門戶之綿遠, 子孫之孝謹, 於是焉卜之, 詎可忽諸. 戊戌五月二十有三日.

◎ 약명시 뒤에 쓰다[376] 書藥名詩後

경원(景遠)이 이 한 권을 가져다가 해암 유경종에게 써 달라고 했으나,

---

375) 주정상이(周鼎商彝) : 고대의 두 가지 보배로운 그릇으로, 정(鼎)은 주(周)나라 때 종묘(宗廟)에서 희생(犧牲)을 담는 제기(祭器)이며, 이(彝)는 은(殷)나라 때 종묘에서 쓰던 술잔이다. 상(商)은 은나라의 옛 이름이다.

376) 약명시(藥名詩) : 본초(本草), 즉 한방약재의 이름을 넣어서 지은 시로, 같은 종류의 물건 이름을 넣어서 지은 유희문학(遊戲文學) 잡명체(雜名體)의 하나이다. 귀족계층이 주로 지었다. 5~6세기 제・양(齊梁)의 궁정에서 시작되었는데, 구절마다 본초명이 들

해암은 팔이 아프다고 써주기를 사양하므로, (경원이) 최근에 지은 약명체 30수를 나에게 써달라고 했다. 종이는 고정지(藁精紙)이고 소나무 그을음으로 만든 먹을 갈아 몽당붓으로 썼다. 오래지 않아서 낡고 찢어져서 다만 벽이나 바르고 바람이나 막는 것이 될 뿐이다. 계사(1773)년 섣달 눈 내리는 날에 병든 표암은 쓰노라.

原文 ‖ 景遠以此卷, 求海巖手書所作. 海巖以腕鬼辭流翰, 以近作藥名體三十首, 要我書之. 紙是藁精, 墨磨松烟, 揮此禿筆頭, 不久當歸破古紙, 只堪糊壁, 作防風資耳. 癸巳臘雪, 豹菴病夫.

◎ 수놓은 첩에 쓰다 題繡帖

안동 김씨는 봉화현감 충남(忠南)의 따님으로 우리 재종조(再從祖)인 복천(復泉) 선생 강학연(姜鶴年)377)의 소실이다. 일찍이 두 조각의 붉은 비단에다가 소나무·사슴·대나무·학을 수놓았다. 대개 붉은 비단은 종증조부 도헌공(都憲公)께서 만력(萬曆) 을사(1665)년에 중국에 사신으로 갔을 때 황제께서 하사하신 것이다. 지금까지 거의 2백 년이 흘렀지만 선명한 붉은 색과 짙푸른 색이 찬란히 눈길을 끈다. 완연히 상자에서 새

어가고 말의 뜻을 두 가지로 하는 등 여러 기교를 사용하였다. 이런 전통은 당·송(唐宋)을 거쳐 근대까지 이어져 왔다. 특히 북송(北宋) 때의 진아(陳亞)는 풍자적인 기법을 도입하였으며, 변문곡(變文曲)·희곡·산곡(散曲) 등의 세속문학에서는 풍자적 기법을 더욱 분방하게 써서 유희문학의 성격을 강화하였다.

377) 강학연(姜鶴年, 1585~1647) : 본관은 진주이다. 자는 자구(子久)이고, 호는 복천(復泉)·자운(紫雲)이다. 1609년 생원시에 합격하였으나 잦은 병으로 학문에만 전념하였다. 광해군 때 정치가 문란해지자 용문산에 은거했다. 1623년 인조반정 이후 학행(學行)으로 천거되어 연기현감에 임명된 이래 사어(司禦) 등이 되었으나 1634년 장령으로 있을 때 공신에 의한 정치의 폐단을 상소하다가 파직되고, 이듬해 귀양 갔다가 후에 풀려났다. 사후인 1654년에야 신원(伸寃)되었다. 초서(草書)에 뛰어났으며, 충남 회덕(懷德)의 용호사(龍湖祠)에 배향되었다.

로 꺼낸 것 같으니 신의 보호가 아니었다면 어떻게 이와 같을 수 있겠는가? 하물며 붉은 비단은 황제가 하사한 것이고, 수놓은 무늬는 우리 가문 부인의 솜씨이며, 또 현감공은 퇴계의 문인으로 어진 대장부이시다. 더구나 세월이 오래되어 보배로 간직할 만하고, 게다가 그림이 절묘하고 바느질조차 뛰어나니 조물주의 솜씨보다도 나을 것 같다. 지금 복천공의 6대손인 염(恬)이 나에게 보여 주었다. 내가 염에게 일러 말하기를 "이 자수가 얼마나 오래 전해지고 보존되느냐에 따라 자네 가문의 흥망을 점칠 수 있을 것이네" 하였다.

原文 ‖ 安東金氏, 奉化縣監忠南之女, 爲我再從祖復泉先生小室. 嘗於兩片紅緞, 繡松鹿竹鶴. 盖紅緞爲從曾祖都憲公, 萬曆乙巳朝天時, 皇帝所賜也, 于今幾二百歲, 鮮紅沓翠, 煥爛奪目, 宛若新出於香篋中, 非神物呵護, 烏能有是哉? 况乎紅緞是皇朝之賜, 又況乎繡紋出於吾宗閨閤之手, 又況乎縣監公, 乃退陶門人賢大夫, 又況乎歲月之久, 尙能寶畜, 又況乎繪畫之玅, 針線之工, 可奪天造者乎. 今復泉公之六代孫恬, 以示余, 余謂恬曰 : "以此繡來許保守之久侭, 可占爾門戶之興替也."

◎ 봉성에서 그린 난과 대나무의 족자에 대한 발문 鳳城蘭竹幀跋

매번 중국 사람이 그린 난을 보았지만 끝내 그 수순에 이를 수 없었다. 어떤 사람은 우리나라의 종이와 먹이 중국 것만 못해서 그렇다고 하지만, 지금 중국 종이로 중국 땅에서 그리는데도 중국 사람에 미치지 못하는 것에 대해서는 핑계를 댈 수 없다. 을사(1785)년 2월 표암 노인은 봉성(鳳城)에서 쓴다.

原文 ‖ 每見華人畵蘭, 終不可及. 或者東之紙墨, 不如華而然歟. 今以華紙作畵於中國之地, 其所不及於華者, 將無可諉也. 乙巳二月, 豹翁題鳳城.

쌍천(雙川) 손석휘(孫錫輝)의 글씨에 대한 평

◎ 쌍천옹의 「임고첩」에 비점을 붙이다 題批雙川翁臨帖

「임고첩」 제1권에는 하(夏)나라 우(禹)로부터 진(晉)나라 왕자(王慈)[378]의 것까지 실려 있다. 쌍천옹의 필력이 굳세어서 비록 본래 쓴 사람의 뜻에 완전히 들어맞지는 않더라도 그 신운(神韻)을 얻었으니 귀중하다 할 만하다. 「임고첩」 제2권에는 당(唐)나라 육간지(陸柬之)[379]로부터 유공권(柳公權)의 것까지 실려 있다. 기이하고 우아하기도 하며 더러는 장대하여 모두 볼 만하다. 그 중에서 「고백행(古栢行)」은 주희(朱熹)의 글씨가

378) 왕자(王慈, 451~491) : 자는 백보(伯寶). 임기(臨沂) 사람이다. 왕승건(王僧虔)의 아들이다. 행서를 쓰는 데에 능하였다. 왕자의 초서는 붓놀림이 원혼(圓渾)하고 도타움이 온축되어 있다. 그렇지만 형태는 매우 신령스러운 움직임을 보인다. 종횡으로 붓을 놀린 것을 보면 왕헌지의 글씨 풍이 드러난다. 글씨로 「백주첩(柏酒帖)」과 「존체안화첩(尊体安和帖)」 등이 있다.

379) 육간지(陸柬之, 585~638) : 당오(唐吳) 사람. 우세남(虞世南)의 외생질이다. 조산대부(朝散大夫)·태자사의랑(太子司議郎)·숭문시서학사(崇文侍書學士)를 역임하였다. 처음에는 우세남에게 글을 배웠다가 또 구양순(歐陽詢)에게 배웠다. 만년에는 왕희지와 왕헌지 부자의 글씨를 임서하였다. 특히 초서는 더욱 고아(古雅)하여 마침내 한 시대의 큰 서예가가 되었다.

아니고 원나라 사람의 글씨이다. 「임고첩」 제3권에는 당나라 유공권(柳公權)에서부터 명나라 문징명(文徵明)의 것까지 실려 있다. 미불과 황정견 글씨를 임서한 것은 더욱 비슷하고 아울러 골력(骨力)까지 있어서 그 정신의 운용을 따라가기가 어려울 정도이다. 「임고첩」 제4권에는 김생(金生)[380] 으로부터 한호(韓濩)의 것까지 실려 있는데, 중국 사람의 글씨를 임서한 것과 비교해 보면 더욱 핍진함을 느끼게 된다. 대개 우리나라 사람이 우리나라 사람의 글씨를 임서한 것이라 소리와 기운이 서로 맞을 뿐더러 시대가 멀리 떨어지지 않아서이다.

原文‖ 臨古帖第一卷, 自夏禹止晉王慈. 筆力勁健, 雖或未盡合於作者, 亦莫不得其神韻, 爲可貴也. 臨古帖第二卷, 自唐陸柬之止柳公權, 或奇雅, 或壯偉, 咸有可觀. 其中古栢行, 非朱文公書, 乃元人書也. 臨古帖第三卷, 自唐柳公權止明文徵明. 如臨米芾黃庭堅, 尤極有似, 竝有骨力, 其精神運用, 爲難及. 臨古帖第四卷, 自金生止韓濩, 比臨中華人書, 尤覺逼眞. 盖以東人而臨東人, 宜其聲氣相合, 去古未遠也.

◎ 미불의 「천마부첩」을 임서한 것에 쓰다 倣米南宮天馬賦帖

옛 사람의 글씨를 임서할 때, 그 신운을 얻기가 쉽지는 않지만 겉모습만 똑같은 것으로는 미흡하다. 이제 쌍천옹이 임서한 미불의 「천마부첩」을 보니 골기(骨氣)가 굳세고 체세(體勢)가 우뚝하여 그 겉모습만 비

380) 김생(金生, 711~?) : 통일신라시대 서예가. 이규보(李奎報)가 『동국이상국집』에서 그를 신품제일(神品第一)로 평가한 것을 비롯 고려시대 사람들은 대체로 그를 해동제일(海東第一)로 평하였다. 현재 경복궁에 있는 「태자사랑공대사백월서운탑비(太子寺朗空大師白月栖雲塔碑)」는 그의 필적이다. 비문 글씨는 고려 광종 5년인 954년에 승려 단목(端目)이 김생의 행서를 집자(集字)한 것이다. 그의 유일한 서첩으로 「전유암산가서(田遊巖山家序)」가 있으며, 『해동명적(海東名蹟)』과 『대동서법(大東書法)』에 몇 점이 실려 있다.

슷할 뿐 아니라 아울러 신운까지 얻었으니 매우 진기하여 즐길 만하다. 듣건대 옹은 올해 일흔이라는데, 그 기운이 강건하여 붓을 휘둘러 쓸 수 있는 것이 나는 더욱 부럽다.

原文 ‖ 臨古人書, 難得其神韻, 其形似則未也. 今覽雙川翁臨米元章天馬賦帖, 骨氣雄强, 體勢壯偉, 非但得其形似, 竝與神韻而得之, 甚可珍賞. 聞翁今年七十, 余尤羨其精力之强健, 能辦揮灑之.

◎ 미불의 「인개추세첩」을 임서한 것에 쓰다 倣米南宮人皆趨世帖

붓놀림이 오묘하여 미불을 다시 살려낸 것 같다. 기예가 이처럼 지극한 경지에 이르렀으니 감탄한 나머지 이렇게 써서 돌려보낸다.

原文 ‖ 運毫之妙, 宜令米老再生. 藝至此極矣. 歎賞之餘, 書此歸之.

◎ 미불의 「원기목첩」을 임서한 것에 쓰다 倣米南宮圓其目帖

미불의 글씨는 임서하기에 매우 까다로우니 대개 신이한 변화가 많기 때문이다. 쌍천옹은 그 신묘한 정수를 잃지 않았다.

原文 ‖ 米書最難臨寫, 盖其神變無方也. 雙川翁能不失其神髓.

◎ 미불의 「북지운수첩」을 임서한 것에 쓰다 倣米南宮北池雲水帖

쌍천옹이 미불의 글씨를 임서한 이 첩은 웅장하고 수려하여 기이한 아취가 있다. 동기창이 「천마부첩(天馬賦帖)」을 임서한 것이 있다 들었는데 이것과 비교해 보면 어떨는지 모르겠다.

原文 ‖ 雙川翁臨米書, 雄秀有奇趣. 曾聞董玄宰有臨天馬賦帖, 未知比此何如.

◎ 미불의 「나삼첩」을 임서한 것에 쓰다 倣米南宮羅衫帖

미불의 글씨를 임서할 때에는 그 웅장하고 수려한 기세를 드러내는 것이 가장 어렵다. 지금 쌍천옹이 임서한 '나삼엽엽(羅衫葉葉)'381)이라는 매우 큰 글씨를 보니 점이나 획, 구성의 비슷한 여부는 말할 것도 없고 기운까지 굳세고 우뚝하여 미불로 하여금 놀라 달아나게 할 만하다.

原文 ‖ 臨米書, 最難得其雄秀之勢. 今覽雙川翁所臨羅衫葉葉一絶大字, 卽無論其點畫結搆之有否, 氣力壯偉, 足令米老驚而却走.

◎ 미불의 「산청기상첩」을 임서한 것에 쓰다 倣米南宮山清氣爽帖

일찍이 미불의 이 첩을 보고서 한번 임서하고자 했으나 팔에 힘이 없고 붓놀림이 서툴러서 끝내 할 수 없었다. 지금 쌍천옹의 글씨를 보니 내가 할 수 있는 것이 아니었음을 더욱 잘 알겠다.

381) 중국의 시인 왕건(王建)의 「궁사일백수(宮詞一百首)」에 '羅衫葉葉綉重重'이라는 구절이 나온다.

原文‖ 曾見元章此帖, 欲一臨寫, 而腕弱筆拙, 竟未能焉. 今覽雙川翁書, 尤覺可不及也.

◎ 미불의 「도솔첩」을 임서한 것에 쓰다 倣米南宮兜率帖

쌍천옹이 임서한 미불의 글씨를 보면 근골이 있어서 보통의 베껴 쓰는 사람이 따라갈 수 있는 바가 아니다. 하물며 옹께서는 칠순을 넘어 팔순을 바라보는데도 정력이 쇠하지 않은 것이 이와 같으니 어찌 희귀한 일이 아니겠는가.

原文‖ 雙川翁視其臨米南宮書, 有筋有骨, 非尋常摹寫者所能企及. 況翁逾七望八, 精力不衰如此, 豈非稀異事耶.

◎ 왕희지와 미불의 편지첩을 임서한 것에 쓰다 倣獻之及米南宮簡帖

손쌍천은 옛 서첩을 임서하는 것을 좋아하였다. 지금 이 첩을 열람해 보니 예스럽고 기이하여 진(晉)나라, 송(宋)나라 사람의 글씨 분위기가 있었다. 연로한데도 이와 같이 부지런히 힘쓰니 더욱 감탄할 만하여 몇 마디 쓰노라.

原文‖ 孫雙川喜臨古帖. 今覽此卷, 古談奇雅, 深得晉宋人筆意. 年已衰邁, 精勤若是, 尤可歎賞耶, 題數語.

◎ 회소 「자서첩」을 임서한 것에 쓰다 倣懷素自敍帖

이 책을 보고는 모사본이라고 생각했었다. 그런데 쌍천옹이 임서한 것이라는 말을 다시 들으니 그 진면목을 잃지 않았을 것을 알 수 있다. 힘이 있고 날 듯하여 비록 당나라 서예가 회소로 하여금 다시 한 벌을 쓰라고 하더라도 반드시 이보다 나을 수는 없을 것 같으니 신기하도다.

原文‖ 見此卷以爲摹本. 更聞是雙川翁之臨筆, 其不失眞, 可知也. 遒健飛動, 雖使懷素更書一本, 亦必不過如此, 神乎奇哉.

◎ 황정견의 「진학해첩」을 임서한 것에 쓰다 倣黃山谷進學解帖

내가 전에 황정견의 글씨를 본 적이 있는데, 이 글씨는 진짜인지 아닌지 모르겠다. 쌍천옹이 임서한 것이 비록 원본과는 차이가 있다 하더라도 위조본보다야 못하겠는가.

原文‖ 黃山谷此書, 余亦曾見其墨跡, 未知其眞贋. 雙川翁之臨書, 雖或與元本有差, 亦可減贋本耶.

◎ 유공권의 「현비탑첩」을 임서한 것에 쓰다 倣柳公權玄秘塔帖

성현 유공권이 「현비탑명」을 썼는데 우아하면서도 굳세니 '마음이 올바르면 글씨가 바르다'는 말이 정령 헛된 말은 아니다. 후대에 임서하는 사람은 매번 힘이 약하고 글씨가 서툴러지는 것이 문제인데 쌍천옹은 이렇게 웅장하고 수려함을 갖추었다.

原文‖ 柳誠懸書玄秘塔銘, 遒雅勁健, 心正筆正之言, 定非虛也. 後之臨倣者, 每患力弱筆癡, 雙川翁乃能辨此雄秀.

◎ 또 글자 모양을 크게 하여 본따서 짓다 又演大其字樣倣書

쌍천옹은 나이가 이미 여든을 바라보는데도 붓을 휘두를 수 있어서, 옛 첩을 임서하여 그 의취(意趣)를 터득했으니, 잘하고 못하는 것의 여부는 따질 것도 없고 그 마음의 공부가 또한 훌륭하다 하겠다.

原文‖ 雙川翁, 年已望八, 乃能臨池揮翰, 倣書古帖, 得其意趣, 且無論工拙之如何, 其心力工夫亦壯哉.

◎ 주문공의 글씨를 임서한 것에 쓰다 倣朱文公

주문공의 큰 글씨 중 우리나라에 전해진 것은 매우 드물다. 이 글씨를 어디에서 얻었는지 알 수 없으나, 예스러운 빛이 선명하여 함부로 할 수 없는 엄정한 뜻이 있다. 쌍천옹이 임서하여 거의 비슷하게 하였으니 귀하게 여길 만하다.

原文‖ 朱文公大字, 流傳東國者甚鮮. 此本未知得自何處, 而古色蒼然, 有方嚴不可慢之意. 臨書而得髣髴, 爲可貴.

◎ 소동파의 「표충관비첩」 상하권을 임서한 것에 쓰다 倣蘇東坡表忠觀碑帖上下卷

동파거사 소식의 「표충관비」는 그의 대표작으로, 베껴 쓰기가 매우 어렵다. 대개 글씨의 서슬이 빈틈없고, 형태가 단정하여 미칠 수 없기 때문이다. 쌍천옹이 이것을 임서해서 그 대체를 얻었다.

原文 坡翁表忠觀碑, 是其得意書, 絶難倣寫. 盖其鋒稜峻整, 體格端秀, 爲不可及也. 雙川之臨此, 大槩得之.

◎ 축지산의 「팔선가첩」을 임서한 것에 쓰다 倣祝枝山八仙歌帖

지산 축윤명382)이 쓴 「팔선가첩」이 기이하다고 들었으나 그 실물을 보지 못한 것이 나는 늘 한스러웠다. 지금 쌍천옹이 임서한 것을 보니 그 날듯하고 깨끗한 모양을 상상할 수 있어 십 년 동안의 굶주린 생각을 위로할 만하다.

原文 每聞枝山所書八仙歌之奇, 而恨未見眞跡. 今覽雙川臨本, 可以想像其飛騰脫灑之態, 亦足慰十年饑想.

382) 축윤명(祝允明, 1460~1526) : 중국 명나라 때 문인이자 서예가. 자는 희철(希哲)이고, 호는 지산(枝山)이다. 글솜씨로 유명하여 서정경(徐禎卿)·당인(唐寅)·문징명(文徵明) 등과 함께 오중사재자(吳中四才子)라 불렸다. 특히 서예에서는 명나라 제일로 평가되었다. 소해(小楷)는 종요(鍾繇)·왕희지체(王羲之體)를, 광초(狂草)는 회소(懷素)·황정견체(黃庭堅體)를 이어받아 필세가 날카롭고 분방하였다. 저서에 『회성당집(懷星堂集)』이 있다.

◎ 동현재의 「천마부첩」을 임서한 것에 쓰다 倣董玄宰天馬賦帖

현재(玄宰) 동기창이 미불의 글씨를 임서하여 그것과 비슷하게 하였고, 쌍천 손석휘(孫錫輝)가 동기창의 글씨를 임서해서 또 그 형상을 이룰 수 있었다. 원본보다 얼마나 나은지 못한지는 모르겠으나 기운의 웅장하고 수려함만을 볼 때는 원본을 크게 뛰어넘는 형세가 있으니 마땅히 구방고(九方皐)383)와 함께 감상을 해야 할 것이다.

原文‖ 董臨米而得其方弗, 孫臨董而又得其影像. 未知其元本所得與失爲幾何, 而第見其氣力雄秀, 大有超逸之勢, 當與九方皐共賞.

◎ 문징명의 「상광첩」을 임서한 것에 쓰다 倣文徵明祥光帖

문징명으로 하여금 이것을 보게 한다면, 반드시 "이 사람이 내 이름을 가리겠구나"라고 할 것이니, 위부인이 왕희지의 글씨를 보는 것384)과 같을 것이다.

原文‖ 使衡山見此, 必曰 : "此子掩吾名", 如衛夫人之見右軍書也.

---

383) 구방고(九方皐) : 춘추시대 사람. 말을 잘 볼 줄 알았다고 한다. 여기에서는 '안목 있는 사람'이라는 의미로 쓰인 것이다.

384) 위부인이란 진(晉) 나라 이구(李矩)의 아내인 삭(鑠)을 말한다. 그가 '필진도(筆陣圖)'를 지었는데, 왕희지가 이것을 본 후에 「서위부인필진도후(書魏夫人筆陣圖後)」라는 글을 썼다. 위부인 역시 예서를 잘 쓰는 것으로 유명하였지만 후세 사람들은 위부인보다 왕희지를 더 칭송하고 있다. 표암은, 만약에 부인이 왕희지의 그 글씨를 본다면 자신보다 나은 것 같은 왕희지의 솜씨에 감탄할 것이라고 말하여, 쌍천옹의 글씨 역시 문징명의 글씨 못지않은 뛰어난 솜씨라고 칭송한 것이다.

◎ 문징명의 「급천첩」을 임서한 것에 쓰다 倣文徵明汲泉帖

쌍천옹은 미불의 글씨 임서하기를 좋아했는데, 지금 그가 임서한 형산 문징명의 글씨를 보니 이것도 그 글씨의 분위기[筆意]를 갖추었다. 만일 중국 사람들에게 보게 한다면 반드시 본떠 돌에 새겨서 뒷사람을 속이려고 할 것이다.

原文 ‖ 雙川翁喜臨米南宮書. 今覽其臨文衡山書, 亦得其筆意. 第令中華人見之, 必將摹勒上石以瞞後人也.

◎ 조송설의 「완화첩」을 임서한 것에 쓰다 倣趙松雪浣花帖

「완화첩」은 조맹부의 대표작이고, 쌍천옹이 임서하여 쓴 것 또한 옹의 대표작이다. 붓놀림이 우아하여 깊이 정수를 체득하였으니, 우리나라의 흉내내는 자가 비슷하게 할 수 있는 바가 아니다.

原文 ‖ 浣花帖爲子昻得意筆, 雙川翁之臨寫, 又爲翁之得意. 行筆遒雅, 深得心髓, 非東俗畫葫者, 所能方弗也.

◎ 『대동서법』[385]을 임서한 것에 쓰다 倣大東書法

무릇 옛 서첩을 임서할 때에는 비슷하지 않을까가 항상 걱정이다. 대개 옛날과 오늘날, 중국과 우리나라 사이의 거리가 서로 아득하기 때문이다. 우리나라의 요즘 사람인 쌍천옹이 우리나라 옛사람의 것을 임서하여 그 기미와 운치가 서로 닮게 했다. 어찌 막연하게 같지 않은 것이 있으리오.

原文 ‖ 凡臨古帖, 每患不能相似. 蓋古今華東, 自相遼邈故也. 雙川翁以東之今人, 臨東之古人, 其氣味風韻, 自有相侔者. 夫豈有邈然不同者也.

◎ 청선 이지정[386]의 서첩을 임서한 것에 쓰다 倣聽蟬帖

쌍천옹은 옛 서첩 임서하기를 좋아하였다. 얻은 것이 있을 때마다 으레 붓을 적셔 한번 휘두르는데, 그때마다 신운(神韻)을 얻었다. 소식을 임서하면 소식과 같았고, 미불을 임서하면 미불과 비슷했다. 지금 다시 우리나라 사람의 글씨를 임서하니, 우리나라 사람이 우리나라 사람의 글씨

---

385) 『대동서법(大東書法)』: 우리나라 역대 명가(名家)의 글씨를 탁본하여 만든 법첩(法帖)으로, 이지정(李志定)이 엮은 것으로 전한다. 편찬연대는 미상이다. 신라 김생(金生)부터 최치원(崔致遠), 유공권(柳公權), 이제현(李齊賢)의 순서로 이어져 17세기 전기까지 총 51명의 글씨가 수록되어 있다. 대체로 시문류(詩文類)를 해서, 행서, 초서로 쓴 것이다. 우리나라 역대 명가의 필적을 살피기에 좋은 서예사 자료이다. 현재 규장각에 소장되어 있다.

386) 이지정(李志定, 1588~1650): 자는 정오(靜吾)이고 호는 청선(聽蟬)이다. 허목과 함께 총산(葱山) 정언눌(鄭彦訥) 문하를 드나들며 가깝게 지냈다. 허목은 그에 대해 평하기를 "굳세면서도 부드럽고 부드러운 가운데서도 강함이 있다[剛中有柔 柔中有剛]"고 했는데, 이를 통해 그의 성격을 미루어 볼 수 있다. 글씨에 뛰어났는데, 특히 초서에 능했다고 여러 문헌에 전하고 있다. 우리나라 역대 명가(名家)의 글씨를 목각(木刻)한 후 탁본한 법첩(法帖)인 『대동서법(大東書法)』이란 책을 펴냈다.

를 임서한 것이므로 그 비슷할 것임을 알 만하다.

原文∥ 雙川翁喜臨古帖, 每有所得, 輒泚筆一揮, 莫不得其神韻. 臨蘇似蘇, 臨米似米. 今復臨東人書, 而臨東人書, 其似可知.

◎ 「해동호한」을 임서한 것에 쓰다 倣海東豪翰

쌍천옹이 임서한 우리나라 7대가의 글씨는 모두 그 신운을 얻었으니 모양만 비슷한 것이 아니다.

原文∥ 雙川翁臨海東七家書, 皆得其神韻, 非依樣畵葫者也.

◎ 옥봉 백광훈의 서첩을 임서한 것에 쓰다 倣玉峯帖

옥봉 백광훈387)의 초서 쓰는 법은 맑고도 힘차다고 알려져 있다. 지금 쌍천옹이 임서한 글씨를 보니 붓의 기세가 종횡무진 펼쳐져 있다. 그가 맘먹은 대로 된 것이다.

原文∥ 玉峯草法, 以淸勁稱之. 今覽雙川翁臨書, 筆勢縱橫, 能盡得其意.

---

387) 백광훈(白光勳, 1537~1582) : 조선 중기의 시인. 본관은 해미(海美), 자는 창경(彰卿)이고 호는 옥봉(玉峯)이다. 최경창·이달과 함께 삼당시인(三唐詩人)으로 불렸다. 풍류성색(風流聲色)을 중시하였으며 낭만적 시풍을 지녔다. 이정구(李廷龜)는 옥봉의 시가 천기(天機)로 이루어진 것이라 평하며, 그를 당나라 천재 시인 이하(李賀)에 견주었다. 또 조선 중기 문장가로 유명했던 유근(柳根, 1549~1627)도 백광훈이 시뿐만 아니라 필법도 뛰어난 이절(二絶)이라 칭찬하기도 했다.

◎ 석봉의 「천자문첩」을 임서한 것에 쓰다 倣石峯千字文帖

매번 한석봉이 큰 글씨로 쓴 천자문을 볼 때마다 나는 그 씩씩하고 굳센 기세를 따라갈 수 없음을 탄식했다. 그런데 쌍천옹이 임서한 것은 한석봉의 글씨와 닮은 것은 말할 것도 없고, 기력의 씩씩하고 굳셈도 서로 맞설 만하다. 이른바 두 마리 매미가 나란히 날갯짓하며 하늘에 닿을 듯한 기세를 함께 이루었다는 것이다.

原文∥ 每見韓石峯大字千字文, 歎其氣勢之雄强爲不可及. 雙川翁臨書, 未論其肖不肖, 其氣力之雄强, 足與相敵. 所謂雙蜩並摶, 共有摩天之勢.

◎ 석봉의 「흉중쇄락첩」을 임서한 것에 쓰다 倣石峯胸中灑落帖

서법이 잘되고 못됨은 말할 것도 없고, 일흔세 살의 늙은이가 서까래만 한 큰 붓을 움직여서 커다란 글씨를 썼는데, 점과 획이 씩씩하고 빼어나 산을 뽑을 만한 기세가 있으니 글씨 중의 장관이라 할 만하다.

原文∥ 無論書法之工拙, 七十三歲翁, 能運如椽大筆, 作此斗大之字, 點畫雄秀, 有拔山之勢, 足可稱墨池壯觀.

◎ 석봉의 「일공설경첩」을 임서한 것에 쓰다 倣石峯壹公說經帖

한석봉 글씨의 장점은 씩씩하고 빼어나며, 기이하고 웅대한 것에 있다. 그 중에 동고(東皐) 최립388)에게 써준 글씨 한 권은 그의 평생에서 가장

388) 최립(崔岦, 1539~1612) : 조선 중기의 문장가. 본관은 통천(通川)이다. 자는 입지(立之)이고, 호는 간이(簡易) 또는 동고(東皐)이다. 1561년 문과에 장원으로 급제함으로써

걸작이라 할 만하다. 지금 쌍천옹이 임서한 것을 보니 깊이 그 신운(神韻)을 얻어서 매우 좋다.

原文 石峯之長, 在於雄秀奇壯. 其中爲東皐書一卷, 爲其平生第一得意. 今覽雙川翁臨本, 深得其神韻, 可喜.

◎ 석봉의 「연단선양첩」을 임서한 것에 쓰다 倣石峯燕丹善養帖

임서할 때는 늘 글씨에 얽매이게 되는 것이 걱정이다. 그러나 쌍천옹만은 스스로 노성하면서도 묵직한 모양을 만드는 데 힘써서, 점이나 획을 하나하나 닮고자 하지 않으면서도 그 풍채와 광택을 잃지 않았으니 높이 살 만하다.

原文 臨書者, 每患苟束於行墨間, 而雙川翁獨能自力爲蒼老沈鬱之態, 不欲點畫之一一皆似, 而亦不失其風神色澤, 爲可尙.

◎ 석봉의 「아정첩」을 임서한 것에 쓰다 倣石峯鵝亭帖

쌍천옹의 글씨는 언제나 매우 힘차다. 석봉의 글씨를 임서할 때는 번번이 너무 똑같아서 한 점의 가녀린 모양이 없이 오직 그 굳셈을 얻었으니 감상할 만하다.

原文 雙川書, 每以氣力爲勝. 臨石峯, 輒復酷肖, 無一點纖媚之態, 唯得其勁健, 爲可賞.

벼슬살이를 시작하여 벼슬이 형조참판에 이르렀다. 문장에 능하여 팔문장으로 일컬어졌다. 저서에 『간이당집(簡易堂集)』이 있다.

◎ 석봉의 여러 가지 체를 임서한 것에 쓰다 倣石峯雜體

한석봉의 글씨에는 힘이 있는데 쌍천옹의 필치가 그와 상대할 만하다. 모양까지는 같지 않지만 이 때문에 섭섭하지는 않다.

原文 ‖ 韓石峯書有氣力, 雙川翁筆勢, 足與之相敵. 不獨形似, 無憾.

◎ 안평대군의 서첩을 임서한 것에 쓰다 倣安平帖

우리나라의 서법은 안평대군[389]을 으뜸으로 삼는 것이 마땅하며, 신라 때의 김생이나 고려의 행촌(杏村) 이암(李嵒)[390]이라면 그 상대가 될 만하다. 물론 안평대군을 모방한 사람이 후세에 매우 드물었지만, 오직 쌍천옹만은 비슷하였다.

原文 ‖ 我東書法, 當以安平公子爲第一, 至若勝國之金生杏村當矣. 無論效法安平者, 後來甚鮮, 唯雙川翁爲方弗也.

---

389) 안평대군(安平大君, 1418~1453) : 세종의 셋째 아들로 이름은 용(瑢). 자는 청지(淸之), 호는 비해당(匪懈堂), 낭각거사(琅玕居士), 매죽헌(梅竹軒) 등 여럿이다. 시호는 장소(章昭)이다. 문종이 죽은 후 권력을 두고 수양대군과 경쟁을 하였으나, 1453년 수양대군이 김종서 등을 죽일 때 함께 강화(江華)에서 죽었다. 그는 특히 시문과 서화에 뛰어나 당대에 명망이 높았다. 그가 꿈에 도화원을 구경한 후 이를 당대 유명 화가 안견에게 그리게 하여 완성한 「몽유도원도」 이야기는 널리 알려져 있다.

390) 이암(李嵒, 1297~1364) : 고려의 문신. 본관은 고성(固城). 어렸을 때의 이름은 군해(君侅). 자는 고운(古雲)이고 호는 행촌(杏村)이다. 시호는 문정(文貞)이다. 글씨에 뛰어나 동국(東國)의 조자앙(趙子昂)으로 불렸으며, 특히 예서와 초서에 능하였다. 필법은 조맹부(趙孟頫)와 대적할 만하다. 현재 문수원장경비(文殊院藏經碑)에 글씨가 남아 있다. 그림으로는 묵죽에 뛰어났다. 우왕 때 충정왕의 묘정에 배향되었다.

◎ 백하 윤순의 서첩을 임서한 것에 쓰다 倣白下帖

이 첩을 보니 원본의 붓 휘두른 모양을 상상할 만하다. 그 튼튼한 팔과 굳센 붓끝에는 당해낼 수 없는 기세가 있으니, 잘하고 못하고나 같고 다른 것에 대해 어찌 논하겠는가. 거듭 탄식하며 쓰노라.

原文‖ 觀此帖, 可想原本揮毫之態. 第其健腕勁鋒, 有不可當之勢, 亦何論工與拙似不似耶. 三歎而題.

◎ 「서관희묵」에 대해 쓰다 西關戲墨

나도 몇 해 전 서관(西關)을 두루 다녔는데 그 때 시 한 편, 글자 몇 자도 남기지 못한 것이 부끄럽다. 다만 꿈속에서 본 것만 같다. 지금 쌍천옹이 큰 글자로 쓴 서첩을 보니 웅장하고 수려하며 기이하고 웅대하여 옛 도읍의 좋은 산수나 이름난 누각과 더불어 자웅을 다툴 만하므로 나도 모르게 감동하여 눈이 휘둥그레졌다. 하물며 또 옹은 나이가 이미 여든에 가까운데도 붓끝에 힘이 있어서 젊을 때와 별반 다를 게 없으니 어찌 쉽게 얻을 수 있는 일이겠는가.

原文‖ 余於年前歷過西關, 愧無一篇詩數字書. 祇如夢中看. 今覽雙川翁大字帖, 雄秀奇壯, 可與故都佳山水名樓閣爭雄, 不覺動心駭目. 況且翁年今已迫八秩, 筆力遒健, 不減少壯時, 豈可易得耶.

◎ 「희아첩」에 대해서 쓰다 戲鵝帖

쌍천옹을 보지 못한 지 1년이 지났다. 옹의 나이 금년에 이미 일흔을 넘어 여든이 되어가는데도 글씨가 힘차고 씩씩하여 옛날보다도 더 나아진 듯하니 이제부터 수십 년이 지난 후라면 반드시 더 진척이 있을 것이다. 그때가 되면 내가 장차 다시 평가하련다.

原文‖ 不見雙川翁, 已過周年. 翁年今已逾七迫八, 所書遒逸豪壯, 殆有勝於昔日, 從玆以往數十年, 將必可進. 余將更評.

◎ 「월호첩」을 임서한 것에 쓰다 倣月好帖

천근을 들 만했던 팔의 힘이 늙을수록 더욱 군세어지니 장하도다, 쌍천옹이여! 서가(書家)의 기준으로 함부로 왈가왈부[391]하지 말지어다.

原文‖ 腕力千勻, 愈老愈健, 壯哉此翁. 莫將以書家繩尺, 輕加雌黃也.

◎ 병풍에 쓰다 題屛

손 군의 선친 쌍천옹이 5언과 7언 절구를 지었는데, 시구가 맑고도 새로워 당송(唐宋)의 신묘한 아취를 잘 체득한 것이었다. 지금 손 군이 손

391) 원문에는 자황(雌黃)이라 썼다. 이것은 비소(砒素)와 유황(硫黃)과의 화합물(化合物)로, 외과(外科)에 쓰이는 약의 한 가지이다. 채색(彩色)의 한 가지로 맑고 고운 누른빛이다. 옛날 중국에서는 어떤 글을 잘못 썼을 경우 자황을 이용하여 정정하였다. 때문에 이후로는 시문(詩文)의 첨삭(添削)하는 일이나 변론(辯論)의 시비를 일컫는 의미로 자황이라는 단어를 썼다.

수 그 시를 써서 병풍으로 장정하였으니 시와 글씨가 잘 표현되었다고 하겠다. 손 군이 효도만을 잘한 것이 아님을 여기에서 또한 볼 수 있으니, 감탄하며 쓰노라.

原文 孫君之先人, 有五七絶句之作, 句語淸新, 深得唐宋妙趣. 今者孫君手書其詩, 裝爲一屛, 詩與筆可謂善述. 於此, 亦可見孫君之不沒其善之孝思, 感歎書此.

> 이 한 권은 아버지께서 평소에 판관 손석휘의 서권 끝에 써 준 것이다. 손 노인은 진실로 여항 사람 중 남보다 뛰어난 기이한 아취를 지닌 분으로, 아버지께서 정성껏 대접한 것은 이 때문이다. 신의측[392] 군이 하나하나 잘 베껴서 유고(遺稿)를 보충하게 했으니, 수집한 공이 진실로 감동스럽다. 임자년(1792) 9월 17일 아들 빈(儐)은 피눈물을 흘리며 적노라.
>
> 右一卷, 家君平日題贈孫判官錫輝所書卷尾者也. 孫老固是閭衖中奇雅拔俗之人, 家君所款遇有以也. 申君矣測乃能一一繕謄, 俾補遺稿, 收輯之工意固可感. 壬子九月十七, 不肖儐泣血識之.

392) 신의측(申矣測) : 자가 하사(何思) 또는 환아(還我)이다. 이용휴의 아들인 이가환이 그를 위해 「환아소전(還我小傳)」, 「신의측국화연명(申矣測菊花硯銘)」을 지어 준 것이 남아 있다.

찬(讚)

◎ 자화자찬 I 畵像自讚

변변찮은 얼굴에 툭 트인 마음을 가졌다. 평생토록 가진 것을 시험해 보지 못했으므로 온 세상 사람이 그 깊이를 알지 못한다. 한가할 때에 짧은 글을 지어서 때때로 기이한 모양과 고아한 마음을 드러내었다.

原文 ‖ 迂踈面貌, 灑落胸襟. 平生未試所有, 擧世莫知其深. 獨於閒吟小草, 時露奇姿古心.

◎ 의암의 작은 영정에 붙인 찬 蟻菴小眞讚

저 사람은 어떤 노인인가? 머리털은 이미 벗겨지고 수염은 모두 세었구나. 매번 스스로는 궁하고 늙은 변변찮은 사람이라 하지만 나만은 그가 단아하고 조심성 있다고 인정한다. 비록 자신을 잘 안다고 하지만 친구인 나만은 못하다.

原文‖ 彼何翁兮, 髮已禿, 鬚盡白. 每自稱窮老迂踈, 吾獨許端雅謹飭. 雖云自知之明, 不如其友之識.

◎ 자화자찬 2 畵像自讚

저 사람은 어떤 사람인가? 수염과 눈썹이 새하얀데 머리에는 오사모(烏紗帽)[393]를 쓰고 몸에는 야복(野服)을 걸쳤으니, 마음은 산림에 두고 이름은 관리 명부에 있음을 이 차림으로 보였구나. 가슴에 많은 책[394]을 간직했고, 붓의 기세는 오악[395]을 흔들 정도였다. 사람들이 어찌 알겠는가마는 나 스스로 재미로 삼는다. 나이는 일흔이고 호는 노죽(露竹)이다. 초상화는 제가 그린 것이고 찬도 스스로 지은 것이다. 임인년(1782)에 쓰다.

原文‖ 彼何人斯? 鬚眉晧白, 頂烏帽, 披野服. 於以見心山林而名朝籍. 胸藏二酉, 筆搖五嶽. 人那得知, 我自爲樂. 翁年七十, 翁號露竹. 其眞自寫, 其贊自作. 歲在玄黓攝提格.

393) 고려 말 이후 조선시대 관리들이 관복을 입을 때 쓰던 모자로, 검은 비단실로 만들었다. 오늘날에는 주로 전통혼례식을 할 때나 폐백을 드릴 때 신랑이 쓴다.

394) 원문에는 이유(二酉)라 했다. 이것은 중국 호남성(湖南省)에 있는 대유(大酉)와 소유(小酉)라는 두 산을 말한다. 산 밑의 동굴에 고서(古書) 천 권의 장서(藏書)가 있었다 한다. 여기서는 삼창(三蒼)과 아울러 기이(奇異)한 고서(古書)란 뜻으로 쓴 것이다.

395) 오악(五嶽) : 태산(泰山)·화산(華山)·형산(衡山)·항산(恒山)·숭산(崇山)이라는 다섯 산을 말한다.

◎ 독경재의 초상화에 대한 찬 讀耕齋畵像贊

얼굴에 사철의 봄빛을 띈 채 가슴에는 한 점의 티끌도 없으니 이것이 나무꾼의 진솔한 모습이다. 문을 얼마 동안이나 닫았나 알고자 하니 심었던 소나무가 이미 용 비늘같이 되었구나.

原文 ‖ 面帶四時春, 胸無一點塵, 斯爲樵夫之眞. 欲知閉戶歲月, 種松已作龍鱗.

명(銘)

◎ 풍로 風爐銘

향을 사르면 오래 머물고 차를 다리면 쉬이 끓는다. 나의 서재에 올려 두노니 혜강의 성벽(性癖)[396]임을 비웃지 마소.

原文 ‖ 爇香久留, 烹茶易熟, 供我文房, 莫笑嵇癖.

396) 혜강(嵇康, 224~263) : 자는 숙야(叔夜). 삼국 위(魏)나라의 문학가・사상가・음악가. 죽림칠현(竹林七賢)의 한사람으로 완적(阮籍)과 더불어 유명하였다. 벼슬은 중산대부(中散大夫)를 역임하여, 세상에서는 혜중산(嵇中散)이라고 불렀다. 일에 연루되어 종회(鍾會)의 미움으로 참살(讒殺)되었다. 노장(老莊) 사상을 숭상하여 양생(養生)・복식(服食)의 방법을 실천하였고 저서는 『혜중산집(嵇中散集)』이 있다. 혜강은 특히 술을 좋아하는 벽이 있는 것으로 유명하다.

묘지명(墓誌銘)

◎ 아내 유씨의 묘지명 亡室柳氏墓誌銘

공인(恭人)[397]은 진주유씨 진사 뢰(耒)의 따님이다. 숙종 계사년(1713) 4월 17일에 태어나 나이 15세에 판부사 현(鋧)의 아들 진주 강세황에게 시집갔다. 공인은 효성스럽고 자애로우며 언행 중에 기록할 만한 것이 많았다. 아들 넷을 두었는데 인(儐)·흔(俒)·관(俔)·빈(儐)이다. 병자년 5월 초하루에 죽으니 향년 44세였다. 이 해 9월 11일 과천 후둔(後屯) 동남쪽에 장사지냈다. 명(銘)은 이렇다.

어찌 이리 어진 이가
어찌 이리 수가 짧은가.
맹세하노니 무덤 같이하여
저승에서 위로해 주리라.

原文‖ 恭人晉州柳氏進士耒女. 生于肅廟癸巳四月十七日, 年十五歸于晉州姜世

397) 공인(恭人) : 조선시대 외명부(外命婦)의 정·종5품 문무관의 처에게 붙인 작호(爵號).

晃, 考判府事鋧. 恭人孝且慈, 言行多可記. 有子四人儐侻儐儐. 卒于丙子五月初一日, 得年四十四. 是年九月十一日, 葬于果川後屯負巽之原. 銘曰: 何其賢也, 何其不永年也. 誓余同穴, 慰九原[398]也.

◎ 행동지중추부사 유유춘 공의 묘지명 行同知中樞府事柳公囿春墓誌銘

공의 휘는 유춘(囿春)이요 자는 화보(和甫)이다. 유씨는 전주의 이름난 성씨이다. 고려 말에 휘 극서(克恕)가 보문각 직제학 벼슬을 하였고, 우리 조선에 들어 휘 헌(軒)은 연산조의 강직한 신하로 대사간 벼슬을 했다가 이조판서에 추증되었다. 그 증손 휘 영충(永忠)은 호가 평호(萍湖)인데, 문장과 행실로 이름이 나서 부솔[399] 벼슬을 했다. 휘 이(怡)를 낳았으니 사산감역(四山監役)[400]을 했다가 사복정(司僕正)에 추증되었다. 휘 정직(廷稷)을 낳았으니 좌승지에 추증되었고 휘 운(澐)을 낳았으니 지극한 행실이 있어 호조참판에 추증되었다. 삼 대에 걸쳐 추증된 것은 모두 공의 덕으로 은혜를 내린 예이다.

참판공 유운은 먼저 대사성 조존세(趙存世)의 손녀를 아내로 맞이했다가 경주 이경종(李慶宗)의 딸을 계실(繼室)로 삼았다. 이분이 공을 낳으니 명릉(明陵) 경오년 11월 21일이다. 경인년 공의 나이 81세에 조봉(朝奉)의 품계를 받고 이듬해 통정대부에 올라 첨지중추부사 겸 오위장에 임명되었고, 계사년에 가선대부동지중추부사에 올랐다. 그해 윤3월 주상께서 양로연(養老宴)을 열 때에 공이 참석하였다. 임금의 글이 공표되자 여러 원로와 백관도 이어서 지어 올려 『기구연회록(耆耈宴會錄)』[401]을 편

398) 『표암집』에는 원(原)이 천(泉)으로 되어 있다.
399) 부솔(副率) : 토관(土官)의 한 직책으로 미관말직이다.
400) 감역관은 조선시대 선공감(線工監)의 한 벼슬로 종9품에 해당한다.
401) 『기구연회록(耆耈宴會錄)』: 1773년(영조 49) 궁중에서 왕의 80세 탄신을 경축하는

찬하니, 임금의 은혜를 입어 반포된 것이다. 갑오년 가의대부가 되어 입시(入侍)할 때 임금께서 건강을 유지하는 방법을 물으시니 공이 매우 자세하게 대답하므로 임금께서 기뻐하셨다. 을미년에 자헌대부에 승진되고 병신년에 특별히 정헌(正憲)을 더하였다. 앞뒤 시기에 지위를 높인 것은 모두 노인을 우대하는 은혜에 의한 것이었다.

공은 어려서 배움에 힘썼는데, 특히 사서(四書) 공부하기에 전념하였다. 그러나 스스로 일찍 고아가 된 것을 슬퍼하여 영달하는 데에 뜻을 두지 않더니, 끝내 과거공부를 접고 한가하게 살며 성(性)을 기르다가 마침내 건강하게 천수를 누렸다. 공은 온화하면서도 말 수가 적은 분으로, 다른 사람과 사귀는 것을 좋아하지 않고 누군가를 해치거나 무언가를 탐내는 마음도 없으셨다.[402] 어머니 섬기기를 매우 효성스럽게 하였으며 비록 채소 반찬에 물을 마시더라도 항상 기쁘고 즐거운 마음을 유지했다. 자식 가르치기를 엄하게 하면서도 법도가 있었고, 사람 대하기를 정성스럽게 하면서도 속임이 없었다. 키가 크고 수염도 아름다웠으며, 풍채가 안정되고 진중하였고, 늙어서도 귀와 눈이 어두워지지 않았다. 날마다 양치질하고 머리를 빗은 후에는 단정히 앉아 책을 보는데 지겨워하는 기색이 없었다. 상을 당할 때마다 심하게 아픈 경우가 아니면 목욕재계하는 것을 빼먹지 않았다. 병신년 2월 13일 직산(稷山)에 있는 집에서 돌아가시니 향년 87세이다. 4월 7일에 금천현 북쪽 낙성동에 북동쪽으로 묘도(墓道)를 잡아 정부인과 나란히 묘실을 같이하였다.

부인은 밀양박씨이다. 부인의 아버지는 학생 필동(必東)이고 병조참판 노(簷)의 현손이며 좌참찬에 추증된 이정(李楨)의 외손이다. 공의 관직으로 정부인에 추증되었다. 부인은 어려서부터 총명하였으며 『시경』 주

잔치를 베풀고 이어 양로연(養老宴)을 열었다. 이때 왕이 친히 6구가(六句歌)를 지은데 대해 왕세손(王世孫)과 신하들이 이에 화답한 시를 모아 간행한 책으로, 활자본 1책으로 구성되어 있다. 왕명으로 교서관(校書館)에서 펴냈다. 책 끝에 서명응(徐命膺)의 발문(跋文)이 있다.

402) 기구(忮求) : 『시경(詩經)』 「패풍(邶風)」 '웅치(雄雉)'에 나온다.

남・소남 편의 시,『내훈(內訓)』,『열녀전(列女傳)』 등의 책 읽는 것을 좋아하였다. 어머니께서 돌아가시자 슬퍼함이 지나쳐 몸이 야위었으나 삼 년 동안 고기를 입에 대지 않았다. 스무 살에 공에게 시집와서는 시어머니 섬기기를 친어머니 섬기듯 하였고 옷과 음식을 반드시 손수 지어서 그 취향에 맞게 하였다. 요강과 속옷은 반드시 몸소 씻고 세탁하여 남에게 더러움을 보이지 않았다. 시어머니께서 팔순이 넘어 창질에 걸리자 부인이 똥을 맛보고 하늘에 기도하자 병이 낫게 되었다. 시어머니께서 일찍이 공에게 말씀하시기를 "나에게 효도하고 봉양하는 일에서는 내 작은 며느리 같은 이가 없는데 보답할 길이 없구나. 너는 죽을 때까지 공경하는 것이 좋겠다" 하였다. 아이를 가졌을 때는 한결같이 옛사람의 태교법을 따랐고, 아이들이 자라자 몸소『효경』과『소학』을 가르쳐 모두 큰 선비가 되게 했다. 남들이 말하기를 "가르치기만 해서 될 일이 아니다. 이런 어미에게 이런 자식이 있는 것이 마땅하다"라 하였다. 아들을 따라 배우는 자가 족당(族黨)에 많았다. (그들을) 어루만져 기르고 또 훈계하고 권면하니 사람들이 또 말하기를 "유씨 집안 글방에는 안팎의 스승이 있네"라 했다. 성품과 태도가 너그럽고 부드러워 평생 남의 잘못을 말하지 않았다. 친척이나 이웃 중에 가난하여 옷과 음식이 없는 사람이 있으면 번번이 힘껏 도와주었다. 매번 달이 뜬 밤에 세 아들의 글 읽는 소리가 들리면 기뻐하며 말하기를 "나로 하여금 가난을 잊게 한다" 했다. 아아! 규방에 신비의 풍모를 갖춘 사람이라면 부인이 바로 그러하다. 부인은 공과 같은 해 3월 29일에 태어나 공보다 30년 먼저인 정묘년 11월 2일에 죽었다. 다음해 정월 27일 장사지냈다.

아들 셋을 두었으니, 맏아들 광익(光翼)은 학문과 덕행으로 천거되어 익위(翊衛) 벼슬을 했고, 차남 광적(光迪)은 학생이며 막내 광필(光弼)은 사마양시에 합격했다. 손자로 아들 넷이 있다. 숙지(肅之)[403]는 진사인데

403) 유숙지(柳肅之, 1741~?) : 1773년 증광시(增廣試)에 합격하여 진사(進士)가 되었다. 부친의 성명은 유광익(柳光翼)이고 생부의 성명은 유광적(柳光迪)이다.『사마방목』

학생 광적에게서 태어나 익위의 후사가 되었다. 석지(碩之)[404]와 목지(穆之)는 익위의 아들인데, 목지는 학생의 후사가 되었다. 복지(復之)는 생원의 아들이다. 손녀 둘은 남석로(南錫老), 남이형(南履亨)에게 시집갔는데, 익위에게서 난 이들이다. 증손들은 어려서 이름을 적지 않는다.

명은 이렇다.

하늘은 꼭 착한 이에 보답 하여	天必報善人
장수하고 높은 지위에 오르게 하네.	享遐齡而峻秩陞也
집안에 어진 부인이 있으면	家有賢內助
자식들 훈계하여 후손을 중흥시키네.	訓諸子而後嗣興也
내가 무덤에 새겨서	我銘幽宮
만세의 징표로 삼노라.	百世徵也

原文 公諱囿春, 字和甫, 柳氏爲全州著姓. 麗季有諱克恕, 官寶文閣直提學, 入我朝有諱軒, 爲燕山時直臣, 官大司諫, 贈吏曹判書. 其曾孫諱永忠號萍湖, 以文行著, 官副率. 生諱怡四山監役, 贈司僕正. 生諱廷稷贈左承旨, 生諱澐有至行, 贈戶曹參判. 三世之贈, 皆以公恩例也.

參判公先娶大司成趙存世孫女, 繼娶慶州李慶宗女. 寔生公, 明陵庚午十一月二十一日也. 庚寅歲, 公年八十一授朝奉階, 明年陞通政, 拜僉知中樞府事兼五衛將, 癸巳陞嘉善同知. 其閏三月, 上行養老宴, 公與焉. 宸章誕宣, 諸耆耉與百僚賡進, 編刊耆耉宴會錄, 蒙恩頒. 甲午進嘉義入侍, 上問頤養之術, 公對甚悉, 上嘉之. 乙未陞資憲, 丙申特加正憲. 前後陞資, 皆用優老恩.

公少力學, 攻四書甚專. 然自哀早孤, 無意榮進, 遂廢擧業, 閒居養性, 卒享壽考康强. 公爲人恬默, 不喜交遊, 不有忮求. 事太夫人甚孝, 雖蔬食水飮, 常得歡愉心. 誨子嚴而有法, 接人誠而不欺. 長身美鬚, 風神凝重. 旣老而視聽不衰, 日必盥櫛, 端坐看書, 無惓[405]色. 每於終身之喪, 非甚疾不廢澡浴焉. 以丙申二月十三日, 卒于稷山寓舍, 享年八十七. 越四月七日, 葬

참조.

404) 유석지(柳碩之, 1757~?) : 1786년 식년시(式年試)에 합격하여 생원(生員)이 되었다. 자는 여대(汝大)이다. 부친의 성명은 유광익(柳光翼)이다. 『사마방목』 참조.

405) 『표암집』에서는 권(惓)이 권(倦)으로 되어 있다. 여기서는 권(倦)으로 해석한다.

于衿川縣北落星洞, 坐艮之阡, 從貞夫人兆而同室焉.

配密陽朴氏. 考學生必東, 兵曹參判簹玄孫, 贈左參贊, 李楨外孫視. 公秩贈貞夫人. 夫人幼聰悟, 喜讀二南內訓列女傳等書. 母歿[406]毁甚, 絶肉三年. 二十歲歸于公, 事姑如事其母, 衣裾[407]飮食, 必手爲之, 以適其性. 溺器褻服, 必躬浣滌, 不使見穢. 姑踰耋遘癘, 夫人嘗矢禱天, 疾良已. 姑夫人嘗謂公曰 : "孝養我無如我仲婦, 無以報. 爾可敬以歿身." 其妊子, 一遵古人胎敎, 子旣長, 親授孝經小學, 俱成大儒. 人皆曰 : "非獨能敎, 是母宜有是子." 從子學者, 多族黨也. 旣撫養之, 又訓勉之, 人又曰 : "柳氏家塾, 有內外師." 性度寬柔, 平生不言人過失, 親戚隣里, 有貧無衣食,[408] 輒皆竭力以濟, 每月夕聽三子絃誦聲, 欣然曰 : "使我忘貧." 嗚呼! 閨梱中有士君子風者, 夫人其庶幾哉. 夫人生與公同年以三月二十九日, 卒先公三十年以丁卯十一月二日, 葬以翌年正月二十七日.

有子男三人, 長光翼以學行薦仕翊衛, 次光迪學生, 光弼司馬兩試. 孫男四人, 肅之進士學生出, 後翊衛. 碩之穆之翊衛出. 穆之後學生, 復之生員出. 孫女二人適南錫老南履亨, 翊衛出. 曾孫男女, 幼而未名者.

銘曰 : 天必報善人, 享遐齡而峻秩陞也. 家有賢內助, 訓諸子而後嗣興也. 我銘幽宮百世徵也.

---

406) 『표암집』에서는 몰(歿)이 몰(沒)로 되어 있다.
407) 『표암집』에서는 거(裾)가 군(裙)으로 되어 있다.
408) 『표암집』에서는 무의식(無衣食)이 무의식자(無衣食者)로 되어 있다.

묘갈명(墓碣銘)

◎ 가의대부 충청도관찰사 정공의 묘갈명 병서

嘉義大夫忠淸道觀察使鄭公墓碣銘幷序

공의 휘는 문익(文翼)[409]이요 자는 위도(衛道)이고, 호는 송죽당(松竹堂)이다. 정씨의 본관은 초계(草溪)이다. 고려 시중 광유후(光儒侯) 휘 배걸(倍傑)[410]의 후손이다. 증조 휘 사(獅)는 별제로 좌승지에 추증되었고 조부

409) 정문익(鄭文翼, 1574~1639) : 조선 중기의 문신. 본관은 초계(草溪), 자는 위도(衛道), 호는 송죽당(松竹堂). 1611년 문과에 장원, 여러 벼슬을 거쳐 홍문관교리가 되었다. 박승종(朴承宗)·유희분(柳希奮)의 심복이라 하여 이이첨(李爾瞻)의 미움을 받던 중 1616년 한찬남(韓纘男)의 상변사건(上變事件 : 海州獄事)에도 이름이 올라 있어 먼 섬에 안치되었다. 1623년 인조반정으로 풀려나와 재등용되었으며, 31년 사신으로 심양(瀋陽)에 다녀와서 충청도관찰사가 되었다. 문집에 『송죽당집(松竹堂集)』이 있다.

410) 정배걸(鄭倍傑, ?~?) : 고려의 학자. 본관은 초계이고 시호는 홍문(弘文). 초계정씨(草溪鄭氏)의 시조이다. 1017년 문과에 장원한 뒤 예부상서·중추사(中樞使) 등을 역임하였다. 고려시대 12도(徒) 중 하나에 속하는 홍문공도(弘文公徒)라는 사숙(私塾)을 열기도 했다. 홍문광학추성찬화공신(弘文廣學推誠贊化功臣)·개부의동삼사(開府儀同三司)·수태위(守太衛)·문하시중(門下侍中)·상주국(上柱國)·광유후(光儒侯)에 추증되었다.

휘 경윤은 서윤으로 좌승지에 추증되었으며 아버지 휘 응탁(應鐸)은 첨정으로 이조판서에 추증되었다. 어머니는 완산 이씨로 사정(司正) 인수(麟壽)의 따님이시다. 공은 융경 5년(1571년) 신미 7월 26일에 태어나 해평 윤씨 지평 진(震)의 따님과 혼인하였다. 병자년 사마시에 급제하고 신해년(1611년) 별시에서 장원하여 이조좌랑과 홍문관교리를 역임하였다.

이때 권세를 가진 간신(奸臣) 이이첨(李爾瞻)의 일처리가 매우 가증스러웠다. 공이 충주에 보임되자, 이이첨이 해주 백성을 시켜 공을 무고하여 고발하게 하니 광해군이 그가 원한을 품었다고 의심하여 진도(珍島)에 유배시켰다.[411] 인조반정 후에 공을 역마로 불러 올려[412] 숙천(肅川) 부사를 제수하였다. 이때에 안주(安州) 목사 정충신(鄭忠信)[413]이 급히 말을 달려 와서 말했다. "부원수 이괄(李适)이 군대를 동원하여 반란을 일으켜 장차 도원수의 진 아래에 이를 것입니다." 공이 "안주(安州)는 적이 처음 지날 곳이니 비워둘 수는 없습니다. 하물며 숙천에는 성곽과 보루도 없으니, 나는 마땅히 안주를 지키겠소" 하고는 곧 달려 나아갔다. 적은 공이 목숨을 바칠 마음이 있는 것을 알고 안주를 버리고 곧바로 한양으로 나아갔다. 원수(元帥)는, 변방의 요새는 중요한 지점이라 생각하여 공으로 하여금 진을 치고 머물게 하였다. 공이 격문을 보내어 적들

411) 대북의 영수 이이첨은 당시 영창대군을 무고하여 강화로 몰아내어 정권을 좌지우지하였다. 또한 박승종(朴承宗) 등의 심복이라는 이유로 정문익을 미워하여 1616년 한찬남(韓纘男)을 사주하여 정변사건을 일으킨다. 이를 해주옥사라 하기도 한다. 이 일로 정문익은 진도로 유배되었다.

412) 원문에는 '역소(驛召)'라고 썼다. 이는 조정에서 선비를 역마(驛馬)로 불러올리는 것을 가리키는 말로, 송나라 철종(哲宗) 때 사마광(司馬光)과 여공저(呂公著)를 역마로 불러 올린 일에서 유래한다.

413) 정충신(鄭忠信, 1576~1636) : 조선 중기의 무신. 본관은 금성(錦城), 자는 가행(可行), 호는 만운(晩雲)이다. 임진왜란 때 권율의 휘하에서 종군 중 의주에 갔다가 이항복의 주선으로 학문을 배웠다. 그해 무과에 급제했다. 1623년 안주목사 겸 방어사가 되었다. 이듬해 이괄의 난 때 공을 세워 진무공신(振武功臣) 1등에 책록되었다. 1633년 조정에서 후금과 단교하려는 데 반대하여 당진에 유배되고, 후에 장연에 옮겨진 뒤 풀려났다. 광주(光州)의 경렬사(景烈祠)에 배향되었다. 저서로 『만운집』, 『백사북천일록(白沙北遷日錄)』, 『금남집(錦南集)』 등이 있다.

에게 '명령에 따르는가 아닌가에 따라 화복(禍福)이 달라질 것이다'라 설득하니 적의 병사들 중에 도망한 자가 태반이나 되었다. 적의 처자식이 묘향산에 숨어 있어서 수색하여 십여 명을 가두기도 했었는데, 적이 궁궐을 침범하자 남쪽을 바라보고 통곡하고는 그들을 끌어내어 모두 베어 죽였다.

적을 쳐부순 후 임금께서 말씀하셨다. "숙천부사는 백면서생인데도 적의 세력이 거세어질 때에 외딴 성으로 달려 들어가 적이 감히 성에 가까이 가지 못했다. 덤덤하게 어려움을 맞아 충성을 바치는 뜻은 옛 사람과 견주어 부끄러울 것이 없다." 명하여 통정대부로 올리고 원종공신(原從功臣)으로 봉하여 평안도 자산(慈山)부사를 제수하였다. 거사비[414]가 남아 있다. 후에 안악(安岳)으로 옮겼다가 죽산(竹山)부사로 임명하였다. 그 고장에 사는 허유(許逌)가 모반을 꾀한다는 소식을 듣고 백성과 병졸을 내어 역도의 처자식을 잡았으므로 얼마 안 되어 의금부[415]에서 뒤쫓아 왔을 때에 힘들여 수색하지 않고도 모두 잡아들일 수 있었다. 공조참의에 임명되었다.

이때 청 태종이 포로로 잡혔다 돌아온 사람[走回人][416]을 찾아내어 돌려보내라는 요구에 대해 단지 다섯 명만을 돌려보내는 것으로 응대하면서 성을 내며 꾸짖는데 그 말이 매우 오만하였다. 공을 회답사로 임명하여 청포 오백 필을 주어 노자로 삼게 하였다. 심양에 들어가자 청 태종이 노하며 말하기를 "저 포로들은 하늘이 준 것이니 내가 어찌 취하지 않겠느냐?" 하니 공이 대답하기를 "포로가 금에게 사로잡히게 된 것은 하늘의 뜻이요, 살려서 고국으로 돌려보내는 것도 하늘의 뜻입니다. 만약 나에게만 하늘이 있고 저들에게는 하늘이 없다고 한다면 이는

414) 거사비(去思碑) : 감사(監司)나 수령이 갈려간 뒤에 그 선정(善政)을 사모(思慕)하여 고을 주민들이 세운 비석.

415) 원문에는 금오(金吾)라고 썼다. 금오는 본래 당나라 때에 궁중을 순찰하며 숙위(宿衛)하는 벼슬인데, 우리나라에서는 의금부를 나타내는 말로 쓴다.

416) 주회인(走回人) : 오랑캐에게 포로로 잡혔다 돌아온 사람.

하늘을 아는 것이 아니다"라 하니 청 태종이 묵묵부답하였다. 공이 마침내 오백 필의 베와 청 태종이 내려준 금나라 비단을 가지고 배상금을 지불하고 포로가 된 남녀 92명을 데리고 와서 결과를 보고하니 특별히 가선대부로 높이고 충청감사에 임명하였다. 죽산의 역당을 잡은 공으로 가의대부로 올리고 원종공신에 봉하였다.

이때는 도독 심세괴가 가도(椵島)에 있었고 공은 접반사에 임명되었다. 한족(漢族)이 도독에게 참소하기를 '조선이 금나라 오랑캐와 사사로이 우호를 맺었다' 하니 도독이 크게 놀라고 성내며 장차 상소를 올리려고 하였다가, 공의 글을 보고 상소를 올리려던 일을 그만두기도 했다. 부평에 임명되었으나 그만두고 남양의 시골집에 돌아갔다.

금나라 병사가 우리나라에 쳐들어오자 임금께서 남한산성으로 몽진을 가셨다. 공이 변고를 듣고 행재로 달려갔으나 적은 이미 성을 에워싸고 있었다. 공이 장차 강화도로 들어가서 피난민을 모아 왕에게 충성을 다하려 하였으나, 강화도가 함락되고 남한산성 아래에서 항복했다는 소식을 듣자 눈물을 뿌리며 조정으로 달려갔다. 평해(平海)군수에 보임되었다.

기묘년 8월 초열흘에 군의 관저에서 죽으니 향년 69세였다. 임금께서 관리를 보내 제사를 치르게 해주었다. 처음에는 충주에 장사지냈다가 숙종 경신년에 남양 화양의 능소산 정남향 동산 정부인 윤씨의 묘에 합장하였다.

아들 넷을 두었으니 시승(時昇)과 시징(時徵)과 시흥(時興)과 시홍(時弘)이며, 서자 넷이 있는데 시증은 생원이요 시칭은 만호이며 시응은 부사요 시항은 첨지이다. 서녀 둘 중 장녀는 이득운에게 시집갔고 차녀는 이기양에게 시집갔다. 시승은 세주(世冑)를 낳았는데 생원이요 서자는 민주(敏冑)와 중주(仲冑)와 양주(良冑)와 신주(信冑)이다. 시징은 상주(相冑)와 윤주(胤冑)와 수주(樹冑)와 언주(彥冑)와 형주(亨冑)와 한주(漢冑)를 낳았다. 시홍은 생원을 한 원주(元冑)와 태주(台冑)를 낳았으며 서자는 차주(次

胄)이다. 시징은 이주(爾胄)와 무과를 한 기주(基胄)와 희주(熙胄)와 하주(夏胄)와 효주(孝胄)와 찬주(纘胄)와 생원 재주(載胄)를 낳았다. 시칭은 공주(公胄)를 낳았다. 증손으로 사내가 30여 명이다.

내가 마침 남양부사로 있었는데 이곳은 공의 고향이다. 5대손 의빈(義彬)이 공의 가장(家狀)을 가져와서 묘도문(墓道文)을 구하였다. 아아! 내 돌아가신 조부 문정공(文貞公)과 공의 종손 만주공(晩洲公)이 문장과 도의로 사귀어 두 집안의 대를 이은 호의가 지금까지 변함이 없다. 이제 비문을 부탁함에 감히 사양하지 못하고 대략 써서 명을 붙인다.

명은 이렇다.

오직 하늘이 인재를 내리심은	惟天降才
다만 우연히 하심이 아니라네.	匪直偶焉
어려운 시기를 당하여서는	際艱虞會
훌륭한 인물이 되었다네.	爲時挺賢
처음엔 간흉에게 핍박을 받아	始困奸兇
구사일생하여 남에 귀양 갔고,	九死南遷
중년에는 난리를 만나	中遭離亂
사신되어 이리저리 일했네.	啣命周旋
공적 쌓임이 저리 우뚝하고	勳績卓爾
충성스런 절개 밝기만 하네.	忠節炳然
이제 나라 태평세월을 만나	國乘昭載
온갖 상서론 복 전해지누나.	萬禩其傳
울창한 소나무 가래나무 있는	有鬱松楸
능소산 위치한 기슭 땅에다	凌霄之阡
산에 비석 우뚝 세워	有石屹立
내 이 명을 새기노라.	我銘斯鐫.

原文 公諱文翼, 字衛道, 號松竹堂, 鄭氏貫草溪. 高麗侍中光儒侯諱倍傑後, 曾祖諱獅贈左承旨行別提, 祖諱景倫贈左承旨行庶尹, 考諱應鐸417)贈吏曹判

417) 『표암집』에서는 택(澤)이 탁(鐸)으로 되어 있다. 의미상 탁(鐸)이 옳으므로 고쳐놓는다.

書行僉正, 妣完山李氏, 司正麟壽女. 公以隆慶五年辛未七月二十六日生, 配海平尹氏持平震女. 丙子中司馬, 辛亥魁別試, 歷吏郎校理.

時權奸爾瞻用事深嫉, 公出補忠州, 爾瞻乃令海州民誣公上變, 光海疑其寃, 安置珍島. 仁祖反正, 驛召公, 除肅川. 時安州牧使鄭忠信馳過, 曰: "副元帥李适起兵叛, 將赴都元帥鎭下." 公曰: "安是賊初程, 不可空虛, 況肅無城壘, 吾當守安." 卽馳進. 賊知公有效死心, 棄安而直抵京城, 元帥以爲關防重地, 使公留鎭. 公馳檄諭賊衆, 以逆順禍福, 賊士卒亡者過半. 賊孥匿香山, 搜囚十餘口, 及賊犯闕, 南望痛哭, 出賊孥皆斬之.

賊破, 上諭曰: "肅川府使以白面書生, 當賊勢方張之日, 馳入孤城, 賊不敢近城中. 晏然其臨亂效忠之志, 方之古人無媿." 命陞通政, 錄原從勳, 授慈山, 有去思碑. 移安岳, 除竹山. 聞邑居許逌謀逆, 發民卒捕逆孥, 無何, 金吾追至, 不煩搜括而悉捕. 拜工曹參議.

時金汗逆差求刷走回人, 只刷五口而應之, 汗怒責之, 辭極慢, 以公拜回答使, 賜青布五百疋, 爲行路資. 入瀋汗怒曰: "彼走回之人, 是天與之物, 我何不取?" 公對曰: "走回之人爲金所獲者, 天也. 生還故國者, 亦天也, 若曰, 我獨有天而彼獨無天, 則非知天者也." 汗默然. 公遂以五百疋布及汗所贈金帛, 贖還俘獲男女九十二人復命, 特超嘉善, 拜忠淸監司, 以竹山捕逆黨功, 陞嘉義, 錄原從勳.

時都督沈世魁在椵島, 公拜接伴使, 漢人譏於都督曰: "朝鮮與金虜私好." 都督大驚怒將奏, 聞公呈文, 都督以辨之事遂已. 除富平, 棄歸南陽田舍. 金兵東搶, 上幸南漢. 公聞變, 奔行在, 賊已圍城. 公將入海島, 募避亂人勤王, 聞江都破有城下盟, 卽灑泣奔朝補平海.

己卯八月初十日, 卒于郡齋, 壽六十九. 上遣官致祭. 初窆忠州, 肅宗庚辰, 合窆于南陽花梁淩霄山子坐原貞夫人尹氏墓.

有子四人, 時昇時徵時興時弘, 庶子四人, 時增生員, 時偁萬戶, 時凝府使, 時恒僉知. 庶女二人, 長適李得運, 次適李起陽. 時昇生世冑生員, 庶子敏冑仲冑良冑信冑. 時徵生相冑胤冑樹冑彦冑亨冑漢冑. 時弘生元冑生員台冑, 庶子次冑. 時增生爾冑基冑武科熙冑夏冑孝冑纘冑載冑生員. 時偁生公冑. 有曾孫男三十餘人.

不佞適宰南陽, 是公故里也. 公之五代孫義彬, 袖公家狀, 徵墓道之文. 嗚呼! 不佞之王考文貞公, 與公之從孫晩洲公, 爲文章道義交, 兩家世好, 至今不替. 今於顯刻之托, 不敢辭, 畧叙而系之銘.

銘曰: 惟天降才, 匪直偶焉. 際艱虞會, 爲時挺賢. 始困奸兇, 九死南遷.

中遭離亂, 啣命周旋. 勳績卓爾, 忠節炳然. 國乘昭載, 萬禩其傳. 有鬱松楸, 凌霄之阡. 有石屹立, 我銘斯鐫.

◎ 방어사 장천용의 묘갈명 張防禦使墓碣銘

방어사 장천용[418]의 자는 여룡(汝龍)이며 본관은 안동(安東)이다. 시조 휘 정필(廷弼)은 태사(太師) 벼슬을 하였으며 안동(安東)에 사당이 있다. 후손 화녕백 휘 려(儷)가 예의판서에서 의주목사(義州牧使)로 좌천되었다가 고려말에 정치가 어지럽자 그대로 그곳에 정착하였다. 화녕백이 사길(思吉)[419]을 낳았는데 그가 우리 태조(太祖)의 개국을 도운 공으로 화산부원군(花山府院君)에 봉해졌고, 우의정을 역임하였으며, 시호는 희양(禧襄)인데, 태조묘에 배향되었다. 이 분이 철(哲)[420]을 낳으니 정사공신(定社功臣)이며 지중추부사(知中樞府事)를 역임하였다. 시호는 장양(莊襄)이다.

몇 대를 내려와서 방어사에 이른다. 증조 휘 후건(厚健)이 최효일(崔孝

418) 장천용(張天用, 1703~1785) : 조선 후기의 무신. 본관은 안동(安東). 자는 여룡(汝龍). 의주출신 한규(漢奎)의 아들이다. 1735년 정시무과(庭試武科)에 급제, 평안도 변장(邊將)을 거쳐 1746년 수문장으로 있을 때 성실한 직무수행이 왕의 눈에 띄어 훈련원주부로 승진하였다. 1773년 나이 70에 이르러 가선대부 동지중추부사로 임명되는 등 영조의 신임이 두터워 누차 왕명에 의한 직접적인 승은(陞恩)을 입었다. 홍양호의 『이계집(耳溪集)』에 「창성방어사장공묘갈명 병서(昌城防禦使張公墓碣銘 幷序)」가 실려 있다.

419) 장사길(張思吉, ?~1418) : 고려 말·조선 초의 무신. 조선의 개국공신. 시호는 희양(僖襄). 무재가 뛰어나 같은 변방 출신인 이성계에 의해 동생 사정(思靖)과 함께 발탁되어 이성계의 심복이 되었다. 위화도회군에 가담하고 조선의 개국에 공을 세워 개국공신 1등에 올랐다. 1398년 왕자의 난이 일어나자 이방원을 도와 정사공신(定社功臣) 2등에 올랐으며, 태종대에는 문하부참찬사(門下府參贊事) 등을 역임하였다.

420) 장철(張哲, ?~1399) : 조선 전기의 무신. 본관은 안동. 시호는 장양(莊襄). 고려 말 무과에 급제하고 1388년 만호(萬戶)로서 이성계를 따라 요동(遼東) 정벌에 나갔다가 위화도회군(威化島回軍)에 가담하여 조선 개국 후 중추원부사가 되었다. 1398년 제1차 왕자의 난 때 이방원을 도와 정사공신(定社功臣) 2등으로 화산군(花山君)에 봉해졌고, 이어 첨절제사(僉節制使)·영흥부사를 역임하였다.

一)[421] · 차예량(車禮亮)[422] · 안극함(安克諴)[423]과 함께 북벌을 꾀하다가 일이 발각되어 의주부윤 황일호(黃一皓, 1588~1641)[424]와 함께 해를 당하였다. 군기시정에 추증되었다. 조부 휘 우익(羽翼)은 호조참의에 추증되고 아버지 휘 한규는 호조참판에 추증되니 모두 방어사 덕에 귀히 된 것이다. 어머니는 경주김씨로 정부인에 추증되었다. 첨사 우필의 따님이시다.

방어사는 숙종 계미년(1703) 2월 15일에 태어났다. 용모가 훤칠하고 우뚝하여 보통 아이와 달랐다. 장성하여 책을 읽는데 이해가 빨라서 한번 보고 문득 기억할 뿐이었다. 탄식하기를 "남아가 이런 변방 땅에 태어

421) 최효일(崔孝一, ?~1644) : 조선 중기의 무신. 자는 원양(元讓). 의주출신. 선조 때 무과에 급제. 김응하(金應河)와 함께 이름이 알려진 용장. 청과의 전쟁에 공이 많았다. 병자호란이 일어난 후 영원(寧遠)으로 가서 명나라 장군 오삼계(吳三桂)와 함께 금주에서 청병과 싸워 여러 번 공을 세웠다. 1644년 명나라가 망하자 오삼계는 항복하고, 그는 죽은 명주(明主) 의제(義帝)의 빈소에서 10일 동안 통곡하면서 단식하다가 죽었다. 숙종 때에 병조판서에 추증되고, 의주 백마산성사(白馬山城祠, 일명 顯忠祠)에 배향되었다. 시호는 충장(忠壯)이다.

422) 차예량(車禮亮, ?~?) : 조선의 의사(義士). 본관은 연안(延安). 자는 여명(汝明), 호는 풍천(風泉). 병자호란 후 과거를 단념하고 고향에 숨어서 최효일과 함께 청태종을 살해하고 명나라를 위하여 원수를 갚을 것을 모의하였다. 최효일이 등주(登州)에 가서 제장(諸將)을 설득하여 심양을 치는 동안 자신은 명나라 도독 심세괴(沈世魁)의 편장(偏將) 관귀(管貴)와 함께 협공하려 했지만 계획이 사전에 누설되어 관귀와 함께 살육당하였다. 숙종 때 병조참판에 추증되었다. 의주의 현충사(顯忠祠)에 제향되었다.

423) 안극함(安克諴, ?~1641) : 조선 중기의 무신. 본관은 순흥. 자는 자성(子誠). 병조참판 준(浚)의 아들이다. 1625년 무과에 급제했다. 1641년 최효일 · 차예량 등과 병자호란의 치욕을 씻고, 명나라를 도울 것을 모의, 먼저 최효일과 차예량을 등주에 보내고, 뒤에 압록강을 건너려다가 우리나라 사람으로서 청나라에 벼슬하고 있던 역관 정명수(鄭命壽)에게 발각되어 서울로 잡혀와 처형되었다. 병조참의에 추증되었으며, 의주의 현충사(顯忠祠)에 제향되었다.

424) 황일호(黃一皓, 1588~1641) : 조선 중기의 문신. 본관은 창원(昌原). 자는 익취(翼就), 호는 지소(芝所). 조수륜(趙守倫)의 문하에서 수학하였다. 병자호란이 일어나자 인조를 호종하여 남한산성에 들어가서 전공을 세웠고, 척화를 적극 주장하였다. 1638년 의주부윤으로 있을 때 명나라를 도와 청나라를 치고자 최효일 등과 모의하다가 그 사실이 발각되어 청나라 병사에게 피살되었다. 강화 충렬사(忠烈祠), 부여 의열사(義烈祠), 운봉 용암서원(龍巖書院), 의주 백마산성사(白馬山城祠)에 배향되었다. 좌찬성에 추증되었으며, 시호는 충렬(忠烈)이다.

났으니 공부는 해서 무엇에 쓰랴" 하고는 선비의 학업을 버리고 말 타기와 활쏘기를 배웠다. 을묘년(1735) 정시에 급제하였다. 병인년(1746)에 상국 이종성(李宗城[425])이 함경감사로 왔을 때에 강변별시(江邊別試)를 열어 방어사를 선발하였다. 수문장에 임명되어 창경궁의 정문인 홍화문을 지킬 때, 임금께서 탕춘대(蕩春臺)에 거둥했다가 "날이 아직 어두우니 돌아가자" 하셨다. 이때 대궐문은 닫혀 있었다. 어가가 돌아오는데 앞몰이꾼이 문에 이르렀으나 방어사가 부절이 없다는 이유로 막고 열지 않았다가 조금 후에 부절이 이르자 그때야 문을 열었다. 임금께서 "너는 진실로 고집 피우기를 무식한 것처럼 하니 어찌 직위를 보전하겠느냐. 이제 이 사람을 보니 반드시 재주가 있을 것이다" 하셨다. 무진년(1748)에 품계를 넘어 6품으로 올리고 훈련원 주부에 임명하였다. 기사년(1749)에 판관과 첨정에 올랐다. 경오년(1750)에 황해도 병우후가 되어서는 성의 해자(垓字)를 수리하고 병장기를 수선하였으나 바로 모친상을 당하였다. 계유년(1753)에 부윤 남태기[426]가 그에게 일을 처리하는 재주가 있음을 들어 알고는 백마산성 외성 축성을 감독하게 하였다. 일을 마치자 절충장군에 가자되었다. 이 해 가을에 부친상을 당하였다.

병자년에 오위장에 임명되어 임금을 호위하였다. 임금께서 물으시기를 "저 무신들 중에 키가 크고 얼굴이 대춧빛 같은 자가 누구인가?" 하

425) 이종성(李宗城, 1692~1759) : 조선 후기의 문신. 본관은 경주(慶州). 자는 자고(子固), 호는 오천(梧川). 이항복(李恒福)의 5세손. 1727년 증광문과에 급제했다. 1744년 예조판서로 과폐(科幣) 변통을 주장했고, 「속오례의」를 찬수했다. 1748년 대사헌으로 있을 때 삼사가 신임사화와 관련지어 이광좌(李光佐)의 관작을 추탈하려 하자 이광좌를 신구하려다 파직 당했다. 이듬해 이조판서에 임명된 후 개성유수·좌의정을 거쳐 1752년 영의정이 되었다. 성리학에 밝아 경연이나 소대(召對)에 많이 참여했으며 문장과 글씨에 매우 뛰어났다. 저서로 『오천집』이 있다.

426) 남태기(南泰耆, 1699~1763) : 조선 후기의 문신. 본관은 의령(宜寧). 자는 낙수(洛叟). 호는 죽리(竹裏). 시호는 정희(靖僖). 1732년 정시문과(庭試文科)에 급제. 여러 관직을 거쳐, 1747년 승지(承旨)로서 통신부사(通信副使)가 되어 일본에 다녀왔다. 예조판서에 이르러 사퇴하고 고향에 돌아가 후학 양성에 힘썼으며, 문장과 서도에 뛰어났다. 문집에 『죽리집』이 있다.

니, 어떤 이가 장 아무개라고 대답하자 임금께서 말씀하시기를 "임금의 도는 사람을 등용함을 가장 우선시 한다. 오위장 장천용은 의주의 무부로 옛 무사의 모습이 있다" 하시고는 내금위장에 임명하였고[427] 8월에 첨지시위에 임명하였다. 임금께서 시신(侍臣)을 돌아보며 말하기를 "경 등은 장천용을 등용하기를 꺼리시오? 그 이름이 하늘이 쓴다는 뜻[天用]이니 내가 마땅히 등용하겠소" 하고는 마침내 우림장[428]으로 옮겨 임명하고 곧 이어서 칠곡부사로 삼았다.

이때 흉년이 심하자 녹봉에서 수백 석을 덜어내어 빈민을 구휼하고 비축된 곡식 천여 석으로 조세를 못 견디어 도망간 백성의 빚을 갚아 주었다. 성묘(聖廟)[429]와 관청, 성첩과 무기들이 모두 새롭게 하기도 하니 백성이 비석을 세워 은혜를 칭송하였다. 돌아갈 때가 되자 백성들이 만류하므로[430] 임기를 반 년 연장해 주었다. 경신년에 임금께서 말씀하기를 "장아무개의 치적(治積)이 어찌 부사 하나에 그칠 수 있겠는가?" 하시고는 내금위장에 임명하고 또 창성부사 겸 방어사를 제수하였다. 또 덕정비(德政碑)가 세워졌다. 임오년에는 내장에 임명되었으나 자리에 나아가지 않았다. 그는 은총이 넘친다고 생각하여 만족할 줄 알아야 한다고 경계했던 것이다. 항상 말하기를 "사람의 벼슬살이는 절로 하늘에서 정한 것이지 힘으로 취할 수 있는 것이 아니다" 하고는 집에서 있은 지 20년 동안에 한 번도 한양에 가지 않았다. 계사년에 칠순의 나이가 되

427) 조용(調用) : 관원(官員)으로 등용함.

428) 우림장(羽林將) : 우림위장(羽林衛將)을 가리키는 듯하다. 조선조 우림위(羽林衛)의 장(將). 9대 성종 때에 종2품관 3명을 두었다가 17대 효종 3년에 금군청(禁軍廳)이 되면서, 당상(堂上) 정3품 2명을 두고 금군(禁軍) 2백 명을 거느리게 하였음.

429) 성묘(聖廟) : 성균관(成均館)과 각 지방 향교(鄕校)에 있는 대성전(大成殿). 곧 공자 이하 여러 현인들의 사당. 문묘(文廟).

430) 원문에는 차구지청(借寇之請)이라 썼다. 이는 지방관의 유임(留任)을 열망하는 것을 비유한 말이다. 차구는 구순(寇恂)을 빈다는 뜻이다. 후한(後漢) 때 구순이라는 사람이 어느 지방에 가서 선정을 베풀었다. 임기가 끝나 그곳을 떠나게 되자 백성들이 길을 막고 말하기를 "구군(寇君)을 1년만 더 빌기를 바란다"며 섭섭해 했다는 고사에서 나왔다. 『후한서(後漢書)』「구순전(寇恂傳)」에 자세하다.

었다는 이유로 가선대부에 올랐다. 늘 임금의 은혜를 생각하며 한순간도 잊지 않았다. 봄·가을에는 매번 동쪽으로 향하여 네 번 절하였다. 영조께서 승하하시자 부모의 상처럼 슬퍼하였으나 병중이라 달려갈 수 없었기 때문에 자식을 보내어 능을 만드는 일에 참여하게 하였다.

성품이 매우 효성스러워 부모 섬기는 데 정성을 다하였고 선조를 봉향하는 일에는 한결같이 가례에 따라 행하였다. 제전(祭田)을 사서 종가에게 맡기고, 집안사람 중에 가난하여 장례와 제사를 지낼 수 없는 사람은 곧 도와주었다. 그에 의지하여 생활하는 자가 여럿이었다. 사람들이 혹 정치의 득실과 인물의 장단을 말하면 번번이 못 들은 척하였다. 홀아비로 30년을 지내면서도 첩을 두지 않았고 주량이 상당했는데도 술잔을 잡지 않았다. 그 경계하고 신중함이 이와 같았다. 80세가 넘어서도 정신이 맑아서 경사(經史)를 두루 섭렵하여 일찍이 책을 놓지 않았다.

을사 10월 23일에 죽으니 향년 83세이다. 경주 최씨와 혼인하였는데, 정부인에 추증되었다. 학생 명휴의 따님이시며 부덕이 있으셨다. 을묘 7월 2일에 태어나 무오 9월 6일에 죽었으니 향년 64세이다. 우리 고을 고성촌 동남쪽 동산에 합부하였다.

2남 1녀를 두었다. 장남은 제곤, 차남은 절충장군 순장[431] 제붕이다. 딸은 박대하(朴大厦)에게 시집갔다. 측실에게서 아들 제유(濟維)와 제순(濟純)을 낳았다. 제곤은 백부에게 출계하였다. 천보는 딸만 넷 있었다. 장녀는 백광륜에게 시집가고, 차녀는 백운봉·백이철·백인겸에게 시집갔다. 제붕의 아들은 윤조이고 딸은 안옥에게 시집갔다. 박대하는 1남 2녀를 두었는데 장녀는 문과를 한 차신용에게 시집갔다. 나머지는 모두 어리다.

명은 이렇다.

옛날부터 산서에서 장수가 난다더니 옛날 산의 서쪽이라면 곧 우리

431) 절충장군(折衝將軍)은 서반(西班) 정3품 당상관(堂上官)의 위계(位階)이고, 순장(巡將)은 조선조 때 순청(巡廳)의 벼슬로 정3품 당상(堂上) 문무관이다. 밤에 서울 도성(都城)을 순찰하는 임무를 맡는다.

나라 서쪽 변방이로다. 굳세고 굳센 방어사가 의주부에 태어나니 장수의 재주를 지닌 것이 또한 마땅하도다. 임금의 돌아봄 매우 두터웠으나 늘 겸손히 읍하며 그 씀을 다하지 않았으니 어찌 시대가 밝지 못해서 그렇겠는가. 다 누리지 않은 복을 모아서 후손에게 남겨주기432) 위한 것이었으리라. 모든 군자들은 이 글을 볼지어다.

原文 ‖ 張防使天用, 字汝龍. 貫安東. 始祖諱廷弼, 官太師, 廟食安東. 後有諱儷花寧伯, 以禮議433)判書貶義州牧使, 値麗季政亂因家焉. 花寧伯生思吉, 佐我太祖以開國勳, 封花山府院君, 右議政. 謚禧襄. 配享太祖廟庭. 是生哲, 定社功臣知中樞府事, 謚莊襄.

歷數世, 至防禦. 曾祖諱厚健, 與崔孝一車禮亮安克諴, 同謀北伐, 事覺, 與灣尹黃一皓俱遇害. 贈軍器寺正. 祖諱羽翼, 贈戶曹參議, 考諱漢奎, 贈戶曹參判, 皆以防禦貴. 妣慶州金氏, 贈貞夫人, 僉使禹弼之女.

防禦以肅廟癸未二月十五日生, 狀貌魁偉豊碩, 異凡兒. 及長讀書聰悟, 一覽輒記而已. 歎曰 : "男兒生此邊陲, 何用詩書爲." 棄儒業, 業騎射. 中乙卯庭試. 丙寅, 李相國宗城按本道, 啓設江邊別薦, 以防禦選焉. 授守門將, 守弘化門. 上幸蕩春臺, 教曰 : "天尙未明, 還." 閉闕門. 駕還, 前驅及門, 防禦以無符信, 執不開. 俄而符至門乃開. 上曰 : "汝誠得體, 若無知識, 豈能守職. 今觀其人, 必有才局." 戊辰超陞六品, 除訓練主簿. 己巳陞判官僉正, 庚午爲黃海兵虞候,434) 修城池, 繕戎器, 旋遭外艱. 癸酉府尹南公泰耆聞知有幹事才, 使監築白馬外城, 事訖, 加折衝資. 是秋遭內艱.

丙子拜五衛將. 侍衛, 上問曰 : "彼武班中, 身長而面如棗色者, 誰也?" 或以張某對, 上曰 : "爲君之道, 用人最先. 五衛將張天用, 以灣府武夫, 有古武士樣." 令調用內將, 八月除僉知侍衛. 上顧謂侍臣曰 : "卿等不肯用張天用耶? 其名天用, 予當用之." 遂移拜羽林將, 仍爲朱谷府使.

時年荒甚, 捐俸數百石, 賑民貧, 備穀千餘石, 償民逋. 聖廟官廨, 城堞甲

---

432) 『명심보감』에 '「왕참정사류명」에 이르기를, 여유있는 재주를 남겨서 조물주에게 돌려주고, 여유있는 복록을 남겨 조정에 돌려주며, 여유있는 재물을 남겨서 백성에게 돌려주고, 여유있는 복을 남겨 자손에게 돌려주라 하였다[王參政四留銘曰 : 留有餘不盡之巧, 以還造物, 留有餘不盡之祿, 以還朝廷, 留有餘不振之財, 以還百姓, 留有餘不振之福, 以還子孫]'라는 구절이 있는데, 여기에서 끌어온 것이다.

433) 『표암집』에서는 의(議)가 의(儀)로 되어 있다.

434) 『표암집』에서는 후(候)가 후(侯)로 되어 있다.

兵, 俱一新焉. 民立石頌惠. 及歸, 借寇之請, 加任半年. 庚辰, 上教曰 : "張某治績, 豈可一府使而止." 仍除內禁將, 又除昌城府使兼防禦使. 又有德政碑. 壬午, 拜內將, 未赴遞. 防禦以恩寵過盛, 有知足之戒. 常曰 : "人生仕宦, 自有天定, 不可以勢力取之." 家食二十年, 足跡一未上京師. 癸巳以年七十, 陞嘉善. 每念國恩, 造次不忘. 當春秋之節, 輒東向四拜. 英廟昇遐, 如喪父母, 病未能奔赴, 遣子赴役山陵.

性至孝, 事親盡誠, 於享先, 一從家禮而行. 買祭田, 屬宗家, 宗人之貧, 不能葬祭者, 輒顧助, 賴而生活者多. 人或言官政得失人物長短, 輒若不聞. 鰥居三十年, 不置姬妾, 有酒量而亦未嘗把盃. 其戒愼如此. 年踰八十, 精神不爽, 涉獵經史, 未嘗釋卷.

卒以乙巳十月二十三日, 享年八十三. 配慶州崔氏, 贈貞夫人, 學生命休之女也, 有婦德. 以乙卯七月二日生, 戊午九月六日卒, 享年六十四, 祔葬于本府古城村巽坐原.

有二男一女, 男長濟鯤, 次濟鵬, 折衝巡將. 女適朴大厦. 側室男濟維濟純. 濟鯤出系伯父. 天輔只有四女, 長適白光倫, 次白雲鳳白以哲白仁謙. 濟鵬男胤祚, 女適安沃. 朴大厦一男二女, 女長適車信用文科, 餘皆幼.

銘曰 : 古云, 山西出將, 古之山西, 卽我國之西陲歟. 桓桓防禦, 生于灣府, 其有將帥之才也, 亦宜乎. 聖眷甚隆, 徒以謙挹而未盡其用, 豈曰乏明時也. 收其不盡之福, 以爲後人之遺焉. 凡百君子, 其視此銘辭哉.

◎ 송와 이공 신도비 왼쪽 면에 추가로 쓰다 追記松窩李公神道碑左旁

공[435]은 선묘 경자년에 돌아가셨으니 경술년인 지금까지 191년의 시간이 흘렀는데도 아직 시호(諡號)를 받을 겨를이 없었다. 이제 공의 5대손

435) 이기(李墍, 1522~1600) : 조선 중기의 문신. 본관은 한산(韓山). 자는 가의(可依). 호는 송와(松窩)이다. 시호는 장정(莊貞). 1583년에는 대사헌으로서 사헌부 관인을 이끌고 이이(李珥)를 탄핵하다 장흥부사로 좌천되었으며, 1594년에는 정철(鄭澈)이 최영경(崔永慶)을 무고하게 죽인 일을 공격하였다. 또한 임진왜란 후 주전론을 주장한 북인의 입장에서 유성룡(柳成龍)의 주화론을 공격하는 쪽에 섰다. 1603년에 청백리에 뽑히고 영의정에 추증되었다.

이한(栭漢)과 6대손 양덕(養德)이 상국 채제공[436]에게 시장(諡狀)[437]을 부탁하여 태상시(太常寺)에 올려서 장정(莊貞)이라는 두 글자의 시호를 받았다. 바름을 실천하여 화합에 뜻을 둠을 장(莊)이라 하고, 깨끗하고 결백하여 스스로를 지키는 것을 정(貞)이라 한다. 여기에서 공의 지행과 절조가 백대 후까지 드러날 수 있게 되었으니 공은 어진 자손을 두었다 이를 만하다. 나로 하여금 신도비의 왼편에 추가로 기록하게 한 것은 대개 나의 아버지 문안공께서 이 비문을 쓰셨기 때문이다. 감히 대략 연월을 기록한다.

原文 ‖ 公之卒在宣廟庚子, 距今庚戌爲一百九十一年, 尙未遑節惠之典. 今者, 公之五代孫栭漢, 六代孫養德, 乞諡狀於蔡相國濟恭, 呈于太常, 得'莊貞'二字之諡. 履正志和曰莊, 淸白自守曰貞. 於是乎, 公之志行節操, 得以彰著於百代之後, 公可謂有賢子孫矣. 俾余追記於神道碑之左, 盖碑文乃余先考文安公所撰次故也, 敢畧記年月云.

◎ 유인 연안김씨 묘표 孺人延安金氏墓表

내가 정지현(鄭趾顯) 군과 평소 친하게 지냈다. 하루는 그의 돌아가신 아버지 성와처사 휘 용징(龍徵)의 행장을 나에게 보여주며 말하기를 "내 아버지와 첫 부인 안동 장씨는 함께 선천의 다리가 있는 곳에 합장하여

---

436) 채제공(蔡濟恭, 1720~1799) : 본관은 평강(平康), 자는 백규(伯規), 호는 번암(樊巖)이다. 희암(希菴) 채팽윤(蔡彭胤)의 종손이며, 호주(湖洲) 채유후(蔡裕後)의 5대손이다. 남인(南人) 내 정계의 지도자로서 영·정조의 정국을 주도하였다. 시사(詩社)를 통한 동인의 결집에도 힘을 기울여 약산시사(藥山詩社)·번리시사(樊里詩社)·보은동시회(報恩洞詩會)·풍단시회(楓壇詩會) 등을 이끌었다. 이 같은 정계의 활약과 폭넓은 시회를 통해 안산 15학사에도 거론되었다.

437) 채제공의 『번암집(樊巖集)』에 「贈大匡輔國崇祿大夫議政府領議政行資憲大夫吏曹判書兼知經筵義禁府春秋館事世子左賓客松窩李公諡狀」이라는 글이 남아 있다.

이미 비지(碑誌)를 갖추었습니다. 이어 혼인하신 유인 김씨는 철산(鐵山) 송대산(松臺山)의 임좌(壬坐) 동산에 따로 장례 지냈습니다. 장차 돌을 마련하여 그 묘를 표시하려 하니 공께서 그 글을 써 주십시오" 하였다. 내가 이미 정 군의 선조 3대의 묘표를 기록하였으므로 도의상 사양할 수 없었다.

살펴보건대 유인은 연안에서 계출(系出)된 성씨로 대대로 정주의 명망 있는 집안 사람이다. 진문(振汶)·우강(宇剛)·국창(國昶)은 그 증조부터 삼세를 일컬은 것이다. 보령정씨가 그 어머니이다. 을미 11월 28일에 태어나 경진 7월 3일에 죽었으니 향년 46세이다. 성품과 행실이 정숙하고, 길쌈하고 음식을 마련하는 것 등 행동거지가 모두 법도에 맞았다. 남편과 자식을 대하고 시부모를 모시기에 아녀자의 도를 다하니, 사람들이 처사에게 마땅한 배필이라 칭찬하였다.

처사공은 7남 6녀를 두었다. 장남은 지현인데 양자로 나갔으며, 딸은 박성후(朴聖垕)에게 시집갔다. 이들은 전실 소생이다. 차남 이현은 무과에 합격하여 부장이 되었는데 양자로 나갔으며, 다음은 계현인데 일찍 죽었다. 그 다음은 시현인데 양자로 나갔다. 딸들은 문천규(文天奎)·문천표(文天表)·이희중(李熙重)·최경련(崔慶璉)에게 시집간 이들로 후실이 낳았다. 아들 성현과 취현과 예현과 어린 딸은 측실이 낳았다. 처사공은 학문과 덕행이 뛰어나서 기록할 만한 것이 많지만 이미 묘지명에 있으므로 여기서 다시 적지 않는다.

原文 余與鄭君趾顯素相善, 一日, 以其先君省窩處士諱龍徵行狀, 視余曰: "吾父暨元配安東張氏, 祔葬於宣川之橋, 旣具碑誌. 繼配孺人金氏, 別葬于鐵山松臺山之壬原, 將伐石表其墓, 公其記于陰." 余已銘鄭君先祖三代墓, 誼不敢復辭.

按, 孺人系出延安, 世爲定州望族. 振汶宇剛國昶, 其曾祖稱三世也. 保寧鄭氏, 其妣也. 以乙未十一月二十八日生, 庚辰七月三日歿, 得年四十六. 性行貞淑, 織紝酒食, 動合規度. 待夫子事舅姑盡婦道, 人稱宜配於處士云.

處士公生七男六女, 男長趾顯出繼, 女朴聖垕, 前室出也. 次男履顯武科部將出繼, 次啓顯早歿, 次始顯出繼, 女文天奎・文天表・李燕重・崔慶璉, 後室出也. 男誠顯就顯禮顯女幼, 側室出也. 處士公學行卓異, 可記者多, 已備於誌,[438] 玆不復著焉.

◎ 문안공 신도비 文安公神道碑

돌아가신 아버지께서 내 곁을 떠나신 지 오늘로 50년인데 묘에다 아직껏 비를 세우지 못했다. 새길 돌만 마련해 두었으나, 생각해보니 당대의 큰 문장가에게 명(銘)을 구할 수 없고 가난하여 재물도 없어서 아직 글을 새길 비용도 마련하지 못하였다. 내 나이가 이미 일흔이 되었으니 아침저녁 사이에 갑작스레 죽어서 영영 눈감지 못하는 한을 품게 될까봐 두려웠다. 이에 감히 순서대로 편집해서 이 글을 지었다. 또 감히 명(銘)을 쓸 수는 없어서 손수 글 한 통을 써서 내 자손들에게 맡기니 나중에 이것으로 돌을 세우기를 바란다. 마음은 매우 슬프나 계획은 흐리멍덩하니 아아, 슬프다.

부군의 휘는 현[439]이요 자는 자정이고 호는 백각이시다. 강씨의 관향은 진양이다. 시조 휘 민첨이 고려조에 벼슬하였다. 거란을 토벌하여 평정시킨 공으로 상주국의 자리에 올라 은열공에 봉해졌으며 사당이 진양에 있다. 그 후손 휘 여익은 판도판서(版圖判書)를 지냈으며 휘 윤지는

---

438) 『표암집』에서는 지(誌)가 지갈(誌碣)로 되어 있다.

439) 강현(姜鋧, 1650~1733) : 조선후기 문신. 본관은 진주(晋州), 자는 자정(子精), 호는 백각(白閣)으로 판중추부사(判中樞府事) 강백년(姜栢年)의 아들이다. 1680년 정시 문과(庭試文科)에 급제. 특히 숙종 때 5차례에 걸쳐 한성부 판윤을 역임하였다. 경종 때 다시 판의금 부사・좌참찬을 지낸 뒤 기로소(耆老所)에 들어갔다. 신임사화(辛壬士禍)를 다스린 죄로 영조 1년(1725) 삭출(削黜)당했으나 기로소에 들어간 사실이 감안되어 곧 석방되었다. 시호는 문안(文安)이다.

조선조에 공조판서를 역임했다. 휘 수는 임파현령을 하였으며 휘 일우는 평창군수를 하였고, 휘 자위는 북청판관을 하였고, 휘 문한은 동지중추부사를 역임했다. 고조 휘 린은 이조참판에 추증되었는데 문장을 잘 하였으나 일찍 세상을 떴다. 증조 휘 운상은 효행으로 정문이 세워졌으며 영의정에 추증되었다. 조부 휘 주는 호가 죽창으로 문장에 뛰어났다. 선조 때에 문과에 급제하여 한림원의 낭에 뽑히고 이부(吏部)에서는 삼사를 역임하였다. 여든의 나이 덕에 첨지중추부사에 올랐다가 좌의정에 추증되었다. 『죽창집』이 남아 세상에 전한다. 아버지 휘 백년은 호가 설봉이다. 맑은 덕과 문장으로 한 세상을 휘어잡으셨다. 인조・효종・현종・숙종 네 임금을 차례로 섬겨서 판중추부사로 영의정에 추증되셨으며 시호는 문정이다. 충청도와 황해도 사림들이 제사를 모신다. 문집과 『한계만록』이 남아 있다.

어머니는 안동김씨로 동지중추부사 광수의 따님이나 후사는 없으셨고 정경부인으로 추증되었다. 계모 정경부인 창원황씨는 찰방 담의 따님이시요 사간 익중의 손녀이시다. 규방의 법도와 부인의 덕이 여사(女史)에 우뚝하였다. 백부는 좌찬성에 추증되었는데 휘는 계년이요 호는 취적당이다. 행실이 독실하고 학문이 넓었으나 덕을 숨겨 벼슬하지 않았다. 어머니 증정경부인은 화순최씨로 동지중추부사 대익의 따님이시다. 증정경부인은 파평윤씨 해(海)의 따님이시요 증정경부인은 강진유씨 경일의 따님이시다. 모두 후사가 없으셔서 부군을 취하여 아들을 삼았다.

부군께서는 효종 경인년 11월 6일에 태어났다. 어려서부터 총명하여 일곱 살에 글을 지을 줄 알았다. 상서 조계원[440]은 사람을 볼 줄 알았는

440) 조계원(趙啓遠, 1592~1670) : 본관은 양주(楊州). 자는 자장(子長), 호는 약천(藥泉)이며 시호는 충정(忠靖)이다. 지중추부사(知中樞府事) 존성(存性)의 아들이다. 1628년 별시문과에 급제했다. 병자호란 때에 김상헌(金尙憲)이 탄핵 당하자 이를 힘써 구원하였으며, 1641년 심양(瀋陽)에 볼모로 갔던 소현세자(昭顯世子) 이행이 무사히 돌아오게 하는 데 큰 공을 세웠다. 이후 동부승지・예조참의・형조판서를 거쳐 1662년 사직

데, 한 번 부군을 보고는 나라의 그릇이 될 것을 인정했다. 을묘년(1675)에 사마시에 장원급제하고 경신년(1680)에 별과에 올라 예괴원(隷槐院)에 있었다. 신유년에 부친 문정공의 상을 당하니, 예를 넘도록 슬퍼하여 몸이 상하였으나 시묘살이를 삼 년간 하였다. 갑자년에 홍문관 정자(正字)에 오르고 승정원 주서에 제수되었으며, 국자감 전적(典籍)·예조좌랑·병조좌랑을 거쳐 지제교로 뽑혔다. 을축년에 사헌부 지평에 임명되고 병인년에 부수찬이 되었다.

이때 경연자리에 나아가 『주역』을 강할 때에 곤(坤)괘의 '함장가정(含章可貞)'441)에 이르러서 말하기를 "전하께서는 포용하는 너그러움은 부족하고 강직하고 과단한 것은 여유가 있으시니 이는 성군의 자질이 치우친 곳입니다. 하늘과 땅의 강하고 부드러운 덕에 어그러짐이 있을까 걱정됩니다"라 하였다. 송(訟)괘에 대해서 설명하면서는 "송(訟)이라는 것은 쟁송(爭訟)을 말합니다. 조정에서는 당(黨)의 의론(議論)이 맞서서 송사를 이룰 적에는 반드시 중도를 지켜서 화평한 복에 이르러야 합니다. 괘(卦)의 속성으로는, 천리와 인욕이 서로 다투는 것이 송(訟)입니다. 반드시 경(敬)을 주로 하고 성(誠)을 다하여 인욕을 막고 천리를 보존해야 합니다. 전하께서는 송(訟)에 대해서 한 명의 유사(有司)의 일이라고 허투로 넘어가지 마시고 마땅히 먼저 조정에서 경계하여야 되며, 이어서 또 마음속에서 서야 합니다." 임금께서 얼굴빛을 바꾸시며 받아들이셨다. 영의정 김수흥(金壽興)442)이 나와서 말했다. "신은 어려서 『주역』을 읽시

하고 보령에 은퇴하여 한가한 여생을 보냈다.

441) 『주역』의 곤(坤)괘에 '육삼은 아름다움을 머금음이 곧을 수 있으나 혹 왕사에 종사하면 이룸은 없어도 끝은 있을 것이다[六三, 含章可貞, 或從王事, 无成有終]'라 하였다.

442) 김수흥(金壽興, 1626~1690) : 본관은 안동이다. 자는 기지(起之), 호는 퇴우당(退憂堂) 또는 동곽산인(東郭散人)이며, 시호는 문익(文翼)이다. 1648년 사마시(司馬試)를 거쳐 1655년 춘당대문과(春塘臺文科)에 급제한 뒤 대사간·도승지, 호조판서 등을 거쳐 영의정에 올랐다. 자의대비(慈懿大妃)의 복제문제(服制問題)로 탄핵 받아 유배되었다가 1680년 경신대출척으로 다시 영의정에 올랐으나, 1689년 기사환국으로 장기(長鬐)에 유배되어 죽었다. 『퇴우당집』 5책이 전해진다.

않아 『주역』의 뜻을 이해하지 못하였다가 이제야 강 아무개의 말을 들었습니다. 임금께서 몸소 체험하신다면 나라에 매우 다행이겠습니다." 여성제[443] 공이 나와 다른 사람에게 말하기를 "내가 강관을 여럿 보았으나 이와 같은 사람이 없었다. 만약 오래도록 경연에 둔다면 반드시 성덕(聖德)에 보탬이 많을 것이다" 하였다. 여공은 이 때 전조(銓曹)[444]로 있었는데 대망(臺望)[445]에 추천하지 않으면서 번번이 말하기를 "경연에 어찌 하루라도 강학사가 없을 수 있겠는가"라 했다.

교리에 올라서는 상소를 올려서 경계를 권면하였으며, 또 자신이 쓴 「양생양심이 같은 법이라는 데에 대한 잠[養生養心同一法箴]」을 올렸다. 중시(重試)에 참가하여 을과 제1등을 하였다. 사헌부 장령(掌令), 사간원 헌납(獻納)에 오르고 의정부 검상(檢詳)으로 전근했다가 곧 의정부 사인(舍人)에 올랐다. 정묘년에 사헌부 집의로서 상소를 올려 당시 정치의 잘잘못과 임금 덕의 부족한 부분을 낱낱이 이야기하니 천여 자에 이르렀다. 이때에 한양의 경내에서 공주를 장례지내려 하자 옥당에서 상소를 올려 간쟁했다. 임금께서 노하여 옥당의 관리들을 파직하라고 명하시니 부군께서 상소를 올려 구제해 달라 하고 임금 앞에 나아가 말씀을 올렸더니 임금의 노여움이 조금 누그러져 마침내 파면을 중단시켰다.

외직을 구하는 상소를 올리니, 교리 홍수헌[446]이 아뢰기를 "경연에서

---

443) 여성제(呂聖齊, 1625~1691) : 본관은 함양(咸陽)이다. 자는 희천(希天)이고 호는 운포(雲浦)이며 시호는 정혜(靖惠)이다. 부사 이량(爾亮)의 아들이나 참판 이징(爾徵)에게 출계하였다. 1650년 생원시에 장원하고 1654년 가을에 정시문과에 장원으로 급제하여 이후 여러 벼슬을 거쳤다. 인현왕후(仁顯王后)의 폐출에 대해 반대하는 소를 올렸으나 허사가 되자 낙향하여 그 울분으로 죽었다. 『운포집』이 남아 있다.

444) 전조(銓曹) : 조선(朝鮮) 시대(時代) 때 문관(文官)의 전형을 맡아보던 이조(吏曹)와 무관(武官)을 맡아보던 병조(兵曹)를 두루 이르던 말.

445) 대망(臺望) : 조선시대 사헌부(司憲府)와 사간원(司諫院)의 관원을 뽑을 때 후보자 세 사람을 추천하는 일, 또는 추천된 사람.

446) 홍수헌(洪受瀗, 1640~1711) : 본관은 남양(南陽)이다. 자는 군택(君澤)이고 호는 담포(淡圃)이며 시호는 문정(文靖)이다. 관찰사 처후(處厚)의 아들이다. 1682년 문과에 급제했다. 1688년 영의정 남구만(南九萬)과 좌의정 여성제(呂聖齊) 등을 구하려고 여섯 차례 계(啓)를 올렸다가 북청판관으로 좌천되었다. 기사환국 때에 무안으로 유배되었

좋은 강의를 하는 사람은 오직 강 아무개와 박태보[447] 두 사람이었는데 박태보는 이미 외직으로 갔습니다. 이 사람마저 나가면 저희 같은 몽학들이 어떻게 상감의 마음을 좋은 곳으로 인도할 수가 있겠습니까"[448] 하였고 영의정 남구만[449]은 "강 아무개의 재주와 학식은 아낄 만하니 외직으로 보낼 수 없습니다" 하므로 마침내 앞에 내린 발령을 거두고 응교에 임명하였다. 무진년(1688) 월과에서 연거푸 세 번 수석을 차지하여 통정대부에 오르고 승정원 동부승지와 공조참의·이조참의에 제수되었다.

이때 인현왕후가 궁에서 나가 사가에 거처하였다. 종묘에 고하는 글을 부군에게 맡겼으나 한사코 거절하며 짓지 않아서, 임금의 엄한 뜻으로 특별히 파직 당했다가 뒤에 연이어 병조·호조·형조참의와 대사간에 임명되었다. 이때에 임금께서 조정 신하에게 명을 내려 중전의 일을 언급하지 말라고 하였으나 부군이 상소를 올렸다. 인현왕후의 사가에 담을 넘어 들어가 소란을 피운 도둑에게 죄를 주기를 구하면서 인(仁)으로 덮어서 곡진하게 온전히 하기를[450] 청하였다. 갑술년 문신들에게 정

다가 갑술옥사 때에 유배에서 풀려나 이후 이조판서·호조판서·좌참찬 등을 역임하였다.

447) 박태보(朴泰輔, 1654~1689) : 조선 후기의 문신. 본관은 반남. 자는 사원(士元), 호는 정재(定齋)이며, 시호 문열(文烈)이다. 중추부판사 세당(世堂)의 아들이다. 1689년 기사환국 때 서인(西人)을 대변, 인현왕후(仁顯王后)의 폐위(廢位)를 강력히 반대하다가, 모진 고문을 당한 뒤 진도(珍島)에 유배 도중 노량진(鷺梁津)에서 죽었다. 학문과 문장에 능하고 글씨도 잘 썼으며, 비리를 보면 참지 못하고 의리를 목숨보다 소중히 여겼다. 영의정이 추증, 풍계사(豊溪祠)에 배향되었다. 문집 『정재집』이 있다.

448) 계옥(啓沃) : 임금을 성의를 다해 보필함. 『서경』「열명 상(說命上)」에, '너의 마음을 열어서 짐의 마음을 적셔주라[啓乃心 沃朕心]'라 하였다.

449) 남구만(南九萬, 1629~1711) : 본관은 의령(宜寧). 자는 운로(雲路), 호는 약천(藥泉)이다. 송준길(宋浚吉)의 문인으로 소론의 거두. 벼슬은 영의정을 역임. 시호는 문충(文忠). 저서로는 『약천집(藥泉集)』이 있다.

450) 곡즉전(曲則全)은 『노자』에 나온다. '曲則全, 枉則直, 窪則盈, 幣則新, 少則得, 多則惑, 是以聖人抱一爲天下式, 不自見, 故明, 不自是, 故彰, 不自伐, 故有功, 不自矜, 故長, 夫唯不爭, 故天下莫能與之爭, 古之所謂曲則全者, 豈虛言哉, 誠全而歸之'라 하였다.

시가 있었다. 이때 좌승지로 입시하였으나 이전의 과거 명성이 너무 지나친 것을 꺼려 시험에 응하려 하지 않았다. 임금의 특명으로 글을 지어서 올리자 수석을 차지하였으므로 면전에서 임금이 타는 내구마(內廐馬)를 하사하셨다. 예조참판으로 승진하고 나가서 경기감사가 되었다. 을해년에 조정에 들어와서 도승지 겸 장원(掌苑)과 괴원(槐院)의 제학(提學)에 임명되고 약원(藥院)에서 숙직(宿直)하는 수고로움으로 인해 가의대부에 올랐다. 겨울 어머니의 상을 당했을 때에는 근력이 이미 쇠하였으나 예법을 지키기를 아버지의 상(喪)과 같이 하였다. 무인년에 복(服)을 마치니 또 예조참판 동의금부사에 임명하였다.

임금께서 백관으로 하여금 노산군[451]을 복위하는 문제를 의논하게 하시자 말씀 올리기를 "이미 선조께서 묘를 봉하고 제사를 올리는 일이 있었고 또한 선정신 김정[452]과 박상[453]의 상소가 있었으니, 지금 복위하자는 의논은 대개 황조(皇朝) 명나라에서 경황제를 복위시킨 일[454]이

---

451) 단종은 숙부인 수양대군에게 강제 양위하고 영월로 쫓겨난 후 노산군으로 강등되고 나중에 죽음을 당하였다.

452) 김정(金淨, 1486~1521) : 본관은 경주. 자는 원충(元冲)이요 호는 충암(冲菴) 또는 고봉(孤峯)이다. 시호는 처음에는 문정(文貞)이고, 나중에 문간(文簡)으로 고쳐졌다. 1514년 순창군수로 있을 때 왕의 구언(求言)에 응하여 담양부사 박상(朴祥)과 함께 상소를 올려 중종의 왕후 신씨(愼氏)를 폐출한 처사가 명분에 어긋나는 일이라 하여 신씨의 복위를 주장하고, 폐위의 주모자인 박원종(朴元宗) 등을 추죄(追罪)할 것을 주장했다가 왕의 노여움을 사서 보은에 유배되었다. 나중에 신사무옥에 연루되어 사사되었다. 저서로는 『충암집』이 있다.

453) 박상(朴祥, 1474~1530) : 본관은 충주(忠州). 자는 창세(昌世)요, 호는 눌재(訥齋)이며, 시호는 문간(文簡)이다. 1506년 중종초 사간원헌납이 되어 종친들의 중용(重用)을 반대하다가 왕의 노여움을 사서 하옥된 일로 임금과 신하들 간의 의견이 분분했다. 1511년에는 담양부사로 있으면서 김정(金淨)과 함께 단경왕후 신씨(端敬王后愼氏)의 복위를 주장하여 또다시 여러 어려움을 겪었다. 성현(成俔) · 신광한(申光漢) · 황정욱(黃廷彧) 등과 함께 서거정(徐居正) 이후 4가(四家)로 칭송된다. 저서로는 『눌재집』이 있다.

454) 경황제(景皇帝) : 명나라의 경태황제(景泰皇帝)를 말한다. 형 영종(英宗)이 북노(北虜)에게 포로가 되어 간 까닭에 동생이었던 경황제가 즉위했다. 영종이 풀려서 돌아온 뒤에도 계속 황위(皇位)에 있었으나, 병이 위독할 때에 영종이 군사를 일으켜 그를 폐위하고 황제에 올랐다. 후대에 와서야 그를 황제로 추복시켰다.

나 선왕께서 정릉[455]을 복위시킨 옛 예법을 따른 것이니 어찌 감히 다른 의견이 있겠습니까" 하셨다. 또 예관으로 하여금 돌아가신 신씨(愼氏)[456]를 높이는 절차를 의논하게 하시자 말씀 올리기를 "생각건대, 황조에서 공양장황후 호씨(恭讓章皇后 胡氏)가 폐위되어 선고(仙姑)[457]가 되었으나, 그 후 능침과 제사와 신주는 모두 봉선전의 형식과 같이했습니다.[458] 이제도 따로 사당을 세워서 사대명절과 기일(忌日) 때의 제수를 관가에서 준비하고 따로 제관을 보내어 제사하기를 대략 명나라의 옛일을 따라 한다면 예의(禮意)에 어긋나지도 않고 귀신과 사람의 억울함을 위로할 수도 있을 것입니다" 하였다. 이 해 장릉을 추복할 때 개수도감당상(改修都監堂上)이 되었다. 기묘년에 복명하니 감독한 수고로움으로 인하여 자헌대부에 오르고, 지중추부사로서 홍문관제학을 겸하였으며, 한성부판윤으로서 관상감제조 · 귀후서(歸厚署)[459]제조 · 우참찬 · 형조

455) 정릉(貞陵) : 조선 태조 이성계의 계비 신덕왕후(神德王后) 강씨(康氏)의 능으로 서울 성북구 정릉동에 있다. 원래 도성 안 취현방(聚賢坊) 북편에 있었다. 태조 등극 당시 왕후는 방번과 방석을 낳은 현비(顯妃) 강씨였다. 1396년에 그가 죽자 태조는 정성을 다해 능을 만들고 능 동쪽에 흥천사를 세워 재궁(齋宮)을 삼고 법석(法席)을 마련하는 등 그에 대한 애정이 각별했다. 그 후 의정부에서는 능역이 너무 광대하다 하여 자주 논란이 일더니 태조가 죽은 뒤로는 노골적으로 능을 박대하였다. 1409년에 태종의 뜻대로 도성 밖 현재의 자리로 이장하였다.

456) 단경왕후(端敬王后, 1487~1557) : 단경왕후는 조선 제11대왕 중종의 비로, 1499년 성종의 둘째아들 진성대군(晉城大君)과 혼인하여 부부인에 봉하여졌다가 1506년 진성대군이 중종으로 추대되자 왕후에 올랐다. 고모가 연산군의 비이고, 아버지가 연산군의 매부인 데다, 그가 연산군 축출을 위한 반정모의에 반대하였다 하여 성희안(成希顔) 등에게 살해되면서 공신들의 압력으로 폐위되었다. 1515년 장경왕후 윤씨(章敬王后尹氏)의 죽음을 계기로 김정(金淨) · 박상(朴祥) 등이 복위운동을 폈으나 뜻을 이루지 못하였다가 1739년에 복위되었다.

457) 강세황의 문집 두 판본 모두 선고(仙姑)라 되어 있으나, 조선왕조실록에는 선비(仙妃)라 기록되어 있다.

458) 선종의 공양황후 호씨는 이름이 선상(善祥)으로 제저(濟宁) 사람이다. 나중에 손태후(孫太后)의 주도에 의해서 폐위되어 갇혔는데 사람들이 모두 그를 가엽게 여겼다. 이후 영종(英宗) 대에 와서야 태학사 이현(李賢)의 주청에 의해 능침(陵寢) · 향전(享殿) · 신주(神主)를 앞선 마마들의 예대로 갖추라는 명이 내려졌다. 『명사(明史)』「후비열전(后妃列傳)」에 자세하다.

459) 귀후서(歸厚署) : 조선시대 예조(禮曹)에 속한 종6품 아문(衙門)으로, 관곽(棺槨)을

판서를 겸하였다. 신사년 가을 인현왕후께서 승하하시자 고부정사(告訃正使)[460]로 연경에 갔다가 임오년에 복명하니, 도총관[461] 지경연[462] 홍문제학 겸 사직서·사포서·비변사제조를 제수하셨다. 병술년에 발탁되어 판금오에 제수되었으며 숭정대부에 올랐다. 무자년에 대제학 겸 좌찬성에 제수되었으며 기축년에 예조판서를 제수받아 접빈사로서 의주에 나갔다가 마치고 돌아왔다.

임금께서 호당(湖堂)[463]의 여러 학사들에게 시험을 치르게 하는데 특별히 명하시어 대제학도 지어 올리라 하셨다. 친히 뽑아 1등으로 삼으시고 표범과 사슴 가죽을 상으로 내리셨다. 무술년에 또 접빈사로 의주에 갔다가 돌아와 또 활인서 제조를 겸하였다. 기해년에 칠순의 나이로 기로소에 들었다. 이때 숙종께서는 태조의 고사(故事)에 따라 몸소 기사(耆社)에 들어 잔치를 베푸셨다. 편전에 영수각을 지을 때 이것을 주관하는 당상관으로 숭록대부에 올랐다. 나이를 이유로 물러나기를 청하는 상소를 십여 차례 올렸으나 임금께서 끝내 윤허하지 않으셨다.

이때 임금께서 7년 동안 병상에 있었는데, 날마다 임금께 문후하는 반열에 나아가기를 일찍이 한 번도 빠뜨리지 않았다. 신축년에 실록도청당상에 임명되고 좌참찬으로 사옹원 제조를 겸하였다. 갑신년에 판중추부사와 교서관 제조에 임명되었다. 을사년에는 신임옥사 때문에 금산에 유배되었으나 배소에 도착하자마자 임금께서 말씀하시기를 "아! 최근에 선왕께서 기로소에 들어가신 것은 진실로 우리 조정에서 두 번째

제조하거나 장례에 관한 일을 맡았다.

460) 고부사(告訃使) : 왕이 죽으면 중국에 알리고 또 새 왕의 즉위를 승인 받는 일을 했던 사람이다.

461) 도총관(都摠管) : 조선조 때 오위도총부(五衛都摠府)에서 군무(軍務)를 총괄하는 최고 관직. 정2품. 7대 세조 12년(1466)에 도진무(都鎭撫)를 고친 이름.

462) 지경연(知經筵) : 지경연사(知經筵事)를 가리킨다. 지경연사는 조선조 때 경연청(經筵廳)의 정2품 벼슬.

463) 호당(湖堂) : 독서당(讀書堂)의 별칭이다. 세종(世宗) 때 처음 생긴 제도이다. 젊고 유능한 문신(文臣)을 뽑아 이들에게 휴가를 주어 독서에 전념하게 한 제도이다. 이를 '사가독서(賜暇讀書)'라 한다.

있었던 성대한 일이고, 나이든 오랜 신하들에게 지팡이를 내리는 잔치를 베푼 것은 또한 천고의 아름다운 일이었다. 이 날 잔치에 참여한 자들 중 지금 조정에 있는 이를 살펴보면 오직 몇 사람뿐이다. 옛일을 회고해 보니 내 마음이 서글프다" 하시고는 특별히 명하여 풀어주고 돌아오도록 하셨다. 정미년에 다시 판의금부사 겸 사포서제조 좌참찬 예문관제학에 임명하고 무신년에 아들이 시종(侍從)[464]이라는 이유로 은전을 내려 보국대부로 올렸다.

계축년에 며느리의 장지를 보려고 진천(鎭川)에 갔다가 병이 심해져서 유소[465]를 썼다. 대략 이렇다.

"신은 임금을 속이지 말라[466]는 아버지[467]의 가르침을[468] 거칠게나마 지켰습니다. 선대왕의 드문 은혜를 과도히 입어 화려한 관직을 두루 거쳐서 외람되이 높은 반열에 오른 것은 모두 우리 선대왕과 우리 전하께서 내려주신 것입니다. 티끌만큼도 보답하지 못했는데 죽을 때가 임박했습니다. 하지만 임금을 사랑하는 정성은 오히려 가슴속에 맺혀 있습니다. 무릇 사람의 말은 죽을 때가 되면 반드시 선해진다 하니 시험삼아 살펴 주십시오. 널리 좋은 무덤을 택하여서 선왕이 묻히실 곳은 편안하게 하시고, 능히 황극(皇極)[469]을 세워서 많은 세대에 걸쳐 내려

464) 시종(侍從) : 시종신(侍從臣)을 가리킨다. 조선시대에 홍문관(弘文館)의 옥당(玉堂), 사헌부 또는 사간원(司諫院)의 대간(臺諫), 예문관의 검열(檢閱), 승정원의 주서(注書) 등 왕을 항상 시종하는 신하를 모두 시종이라 불렀다.

465) 유소(遺疏) : 대신(大臣)이 죽음에 임(臨)해서 왕에게 올리는 상소(上疏). 유섭(遺摺)·유표(遺表)라고도 하다.

466) 물기(勿欺) : 『논어』 「헌문(憲問)」의 '子路問事君. 子曰 : 勿欺也, 而犯之'에서 나온 말이다.

467) 선신(先臣) : 죽은 신하라는 뜻. 군주에 대하여 자신의 돌아가신 아버지를 말할 때 사용한다.

468) 정훈(庭訓) : 집안에서 아버지께 받은 교훈이란 뜻이다. 『논어』 「계씨(季氏)」에 나오는 것이다. 진항(陳亢)이 공자의 아들 백어(伯魚)에게 "아버지로부터 어떤 가르침을 얻었느냐?"고 묻자 마당을 지날 때 『시경』을 공부했는지, 『예기』를 공부했는지 물으셨다고 했다. 이후로는 마당에서의 이 가르침을 두고 '가정교육'을 뜻하는 말로 썼다.

469) 황극(皇極) : 『서경』 「홍범(洪範)」에 나온다. "다섯째는 황극이니 황제는 그 표준을

온 붕당의 화를 타파하는 것, 이는 진실로 임금의 성대한 절차이며 지난 역사에서도 보기 드문 일입니다. 누구인들 잠시라도 더 살아서 나라에 덕화가 이루어짐을 보고 싶지 않겠습니까. 그러나 나라의 운명이 불행하고 천심(天心)이 기뻐하지 않아서 실지 혜택이 이르지 못하고 은택이 오히려 막혀 있으니 감응하는 이치가 한결같이 어찌 이리 어긋납니까. 현종 때의 신임옥사[470]와 선대왕 때의 을병(乙丙)대기근이 곧 우리 전하에게 오늘의 귀감이 될 것입니다. 엎드려 바라건대 전하께서는 움직이고 멈추실 때마다 오직 선왕과 같이 하십시오. 이렇게 하시면 정신을 수양하여 하늘의 조화에 맞을 것입니다. 조정을 바르게 하여 공도(公道)를 넓히며, 어짊과 은혜를 널리 펴서 백성들을 구제하시고 조목들을 굳게 지켜서 무너진 기강을 바로 세우십시오. 하늘의 굳센 덕에 힘쓰시고 검약한 풍화(風化)를 더욱 밝히소서. 뛰어난 선비를 널리 구하시고 언로(言路)를 넓게 여셔서 맑고 밝은 정치와 향기로운 덕이 시종일관 한결같이 되기를 바랍니다."

8월 7일에 돌아가시니 향년 84세였다. 부음을 듣자 임금께서는 특별히 애절한 윤음을 내리시니, 슬프고 안타까움이 지극하셨다. 그래서 조정과 시장을 쉬게 하고, 제사와 부의를 예의대로 하시며, 원소(原疏)를 사국(史局)[471]에 두도록 명령하셨다. 이 해 10월에 천안 풍세 뒤 유좌(酉坐) 동산에 장사지냈다. 부인은 한양조씨 응교 위봉의 따님이시고 이조판서 문간공 용주 경[472]의 손자이시다. 재취는 광주 이씨 통덕랑 익만

세움이 있어야 한다[五, 皇極, 皇建其有極]"라 하였다.

470) 신임옥사(申壬獄事, 1721~1722) : 경종의 후사가 없자 노론은 이복동생 연잉군(이후 영조)을 세제로 하여 대리청정을 시행하기를 적극 주장하나, 소론 측에서 극렬 반대하여 대리청정에 적극 나선 노론 세력을 역모죄로 몰아 제거한다. 이것이 신축옥사이다. 또 이듬해 임인년에 남인 목호룡을 매수하여 고변케 함으로써 노론을 역모죄로 대거 처형시키니 이것이 임인옥사이다. 이 두 옥사를 합쳐 신임옥사라 한다.

471) 사국(史局) : 예문관(藝文館) · 춘추관(春秋館)의 별칭.

472) 조경(趙絅, 1586~1669) : 조선 인조 때의 문신. 본관은 한양(漢陽). 자는 일장(日章), 호는 용주(龍洲), 주봉(柱峯), 간옹(澗翁)이다. 시호는 문간(文簡). 윤근수의 문인이다. 병자호란 때 척화를 주장. 1658년 기로소(耆老所)에 들어갔다. 숙종 때 청백리(淸白吏)

의 따님이시요 헌납 휴징의 손자이시며 영의정 충정공 동고 준경의 후손이시다.

모두 3남 6녀를 두었다. 장남 세윤(世胤)[473]은 문과에 급제하여 부사를 했으나 출계하여 백씨인 참판공의 양자가 되었으며 장녀는 감역 홍중윤에게 시집갔고 다음은 김윤증에게 시집갔으니, 이들은 전부인의 소생이다. 다음은 아들 세원(世元)[474]이고, 다음은 아들 세황(世晃)[475]으로 문과에 급제하여 판윤이 되었다. 다음 딸은 이조참의 임정(任珽)에게 시집갔으며, 다음은 박징에게 시집갔고, 다음은 해흥군 강에게 시집갔으며, 다음은 조익현에게 시집갔다.

세윤(世胤)은 4남 3녀를 두었으니, 아들은 의와 위와 엄과 칭이며, 딸은 진사 이명신·정혁남·노언국에게 시집갔다. 세원(世元)은 4남 1녀를 두었으니, 아들은 급(伋)과 숙(俶)과 억(億)과 길(佶)이요, 딸은 감찰 유정에게 시집갔다. 세황은 아들 넷을 두었으니, 인(儐)은 문과에 급제하여 승지를 했고, 흔(俒)도 문과에 급제하여 승지를 하였으며, 관(倌)은 도사를 역임했고, 빈(儐)은 문과에 급제하여 교리를 하였다. 서자로 신(信)이 있다.

홍중윤은 1남 2녀를 두었으니, 아들은 헌납 응보요 딸들은 정택신과 김아무개에게 시집갔다. 김윤증은 2남 3녀를 낳았으니, 아들은 홍인·정인이요, 딸은 이효성·강필성·윤철동에게 시집갔다. 임정은 1남 1녀를 낳았으니 아들은 희조요 딸은 참봉 신성에게 시집갔다. 박징은 1남 2녀를 낳았으니, 아들은 성언 노상이요 딸은 정자 유능빈·홍억에게 시집갔다. 해흥군 강은 아들 하나를 두었으니, 부사 명휴이다. 조익경은 2남 1녀를 두었으니 아들은 환과 혁이요 딸은 윤상오에게 시집갔다.

의는 세 아들을 두었으니, 이병과 이명과 문과를 거쳐 교리를 한 이

에 녹선(錄選)되었고 글씨에도 뛰어났다. 저서에 『용주집(龍洲集)』, 『동사록(東槎錄)』이 있다.

473) 원문에는 이름이 빠져 있지만 보충해 넣었다.

474) 원문에는 이름이 빠져 있지만 보충해 넣었다.

475) 원문에는 이름이 빠져 있지만 보충해 넣었다.

정이다. 위는 1남 1녀를 두었으니, 아들 이복은 문과에 급제하여 문학을 하였으며 딸은 교리 남강로에게 시집갔다. 엄은 1남 1녀를 두었으니 아들은 이경이요 딸은 박대승에게 시집갔다. 칭은 아들 하나를 두었으니 이름이 이성이요 서자로 이우와 이로가 있다. 잉은 아들 아무개를 하나 두었다. 숙은 2남 1녀를 두었으니 아들은 이도와 이덕이요 딸은 아무개에게 시집갔다. 억은 두 아들을 두었으니 이옥과 이규이다. 길은 아들 아무개만 두었다. 인은 1남 3녀를 두었으니 아들은 이벽이요 딸은 허간·이유동·남이긍에게 시집갔다. 흔은 아들 둘을 두었으니, 진사 이천과 이문이다. 서자로 이대가 있다. 관은 아들 하나를 두었으니 이면이다. 빈은 1남 2녀를 두었으니, 아들은 이구요 딸은 황기헌에게 시집갔다. 이병은 아들 준을 두었으며 이명은 아들 순을 두었다. 내외손과 증손이 70여 명이다.

부군께서는 타고난 성품이 온화하고 장중하였으며, 덕스러운 얼굴이 밖으로 드러났다. 절조가 견고하였고 일에 대해서는 신중히 살피셨다. 효성과 우애는 천성에서 나왔고, 미덥고[476] 은근한 마음이 말에 표현되었다. 성리학의 근원을 탐색하고 본원을 함양하여 '경(敬), 즉 삼가다'는 한 글자를 몸가짐의 근본으로 삼았다. 일찍이 거처하는 방의 편액을 '경암(敬菴)'이라 하시고는 『주역』·『심경』·『소학』 등 여러 책을 책상에 두고 손에서 떼지 않으셨다. 천문·지리·의약·복서·도가·불교의 종류까지도 섭렵하여 두루 통하지 않음이 없으셨다.

부친 문정공의 연세가 높아 병세가 위중해지자 아침부터 저녁까지 힘써 챙겨 드리며 곁을 떠나지 않으셨고, 대부인께서 오래도록 병에 시달리실 때에는 밤낮으로 애태우시어 머리카락과 수염이 하얗게 세셨다.

476) 원문에는 자량(子諒)이라 썼다. 이는 『악기(樂記)』에 나오는 말로, '악(樂)을 일으켜 마음을 다스리면 이직자량(易直子諒)한 마음이 유연(油然)히 생긴다'고 한 것에서 유래한다. 여기서 자는 자애(子愛) 양은 성신(誠信)에 해당한다. 음악을 이용하여 이런 마음이 생긴다는 것이다.

매번 나라에서 녹봉을 내리면 으레 드릴 뿐 감히 사사로이 하지 않으셨다. 형제간의 우애는 더욱 돈독하여 관직이 높아지고 연세가 많아져도 오히려 한 방을 쓰셨다. 형님인 참판공께서 만년에 풍비(風痺)[477]를 앓으셔서 여러 해 동안 고통을 받았으나, 오랜 시간 부축하고 간호하면서 공적인 일이 아니면 잠시도 곁을 떠나지 않으셨다. 돌아가시자 상복을 벗지 않으신 채 반드시 직접 제사를 준비하셨다. 함께 쓰시던 방을 폐쇄하고 죽는 날까지 차마 다시 거처하지 않으시고는 오래된 소나무와 상수리나무 사이에 따로 초가집[478]을 지어놓고 그곳에 거처하셨다. 매번 선대의 기일이 될 때마다 일흔이 넘어서도 오히려 재계(齋戒)하셨으며, 평소 여러 날 제사를 지내면서도 다른 사람에게 대신하게 하지 않으셨다. 선대의 무덤이 모두 충청도에 있었는데도 봄가을이면 반드시 휴가를 얻어 성묘를 가셔서 무덤 주위를 깨끗하게 청소하고 나무를 심고 북돋았다. 여러 누이를 대할 때에는 존중과 사랑을 다하였고 일가를 만나거나 손님을 접대할 때면 오직 정성을 다하였다. 선비가 글을 묻고 수업을 받으려 하면 가르치고 깨우치기를 게을리하지 않으셨기 때문에 성취한 사람이 많았다.

생업에 대해서는 담박하여 경영하는 바가 없으셨으며 의복과 그릇은 화려하고 호사한 것을 배척하셨다. 어려서부터 먹고 마시기를 매우 적게 하셔서 종일 드시는 것이 곡식 몇 움큼에 불과하였다. 술을 마시는 것도 좋아하지 않으시더니 만년에는 아예 끊으셨다. 연세 여든이 넘어서 매서운 바람이 불거나 눈이 내릴 때에도 오히려 창문을 열어 두셔서 모시는 자들은 추위를 견디지 못하는데도 편안해 하셨다. 동산 못 사이를 거니시면서도 옆에서 부축하지 못하게 하셨고 지팡이에 의지하지도

477) 풍비(風痺) : 풍사(風邪)에 의한 관절통.

478) 양영(兩楹) : 『예기(禮記)』 「단궁(檀弓)」에 공자(孔子)가 이르기를, "어젯밤에 내가 두 기둥[兩楹] 사이에 앉아서 제사음식을 대접 받는 꿈을 꾸었으니…… 내가 장차 죽을 모양이다"라 한 것이 있다. 때문에 이는 사람의 죽음을 비유한 말로 쓰이게 되었다.

않으셨으며 낯빛이 부드럽고 피부가 윤기가 나 젊은이들과 다름이 없으셨다. 창기(娼妓)에 대해 담담하여 서북에 사신으로 갔을 때에도 일절 여자를 가까이하지 않으셨다.

문장은 치밀하고 아름다웠으며 궁벽한 것을 일삼지 않으셨다. 시는 맑고 고우며 넉넉하고 여유로워서 백낙천과 육방옹의 기풍이 있었다. 필법은 웅장하고 빼어나며 기이하고 굳세어서, 편지글은 사람들이 모두 간직하였다. 변려문에 더욱 능하였다. 당송의 명가들을 본받으시면서도 쓸데없는 버릇은 완전히 배제하셨다. 관각(館閣)에 있을 때 글을 지으면 법도에 맞게 점잖으며 따뜻하고 아름다워서 우뚝하니 한 세상의 으뜸이 되셨다. 나중에 문임(文任)을 맡은 사람이 모두 돌려가며 읊고서 법식으로 삼았다고 한다. 여러 번 과거시험의 전감(銓鑑)을 맡아 공평하고 떳떳하게 하니 뽑힌 자는 영화롭게 여기고 떨어진 사람도 원망이 없었다. 오래도록 형옥(刑獄)의 일을 맡아 공평하게 판결을 하였고, 목숨을 살려준 사람도 매우 많았다. 형조의 죄수 중에서 혹 공이 오래 그 자리에 있게 해달라고 신에게 기도하는 사람까지 있었다.[479] 앞뒤로 벼슬의 등급이 올라간 것은 모두 문학 덕분이었으며, 혹 노인을 우대하는 특별한 은혜에서 나온 것이지, 남의 입김에 의해 그렇게 된 것은 아니었다. 마음속으로는 속이지 말라는 집안의 교훈을 따랐고 위로는 청렴하고 삼간다는 임금의 칭찬에 감동하여, 세 임금을 두루 섬기며 처음부터 끝까지 한결같이 하셨다. 만년에는 문을 닫고 고요하게 지내며 세상에 뜻을 두지 않으시려 했는데, 항상 물러나 쉴 뜻을 이루지 못하신 것을 평생의 한으로 여기셨다.

아아! 이상은 부군의 벼슬 이력의 시종과 하신 일의 대강이다. 부족한 내가 어찌 감히 한 마디라도 거짓말을 해서 불효한 죄에 더 보탤 수 있겠는가.

479) 도신(禱神) : 정월에 시루떡을 만들어 집안을 지켜주는 성주신에게 바치고 일 년 동안 병 없이 행복하기를 기원한다. 이것을 도신(禱神) 또는 정월고사(正月告祀)라고 한다.

原文 ‖ 先府君棄不肖孤, 于今五十年, 墓道尙未有題, 刻石已礱矣, 而顧不得乞銘於當世文章鉅公, 貧無貲, 未辦鑱鐫費. 不肖之年遽已七十, 恐朝夕溘然永抱不瞑之恨. 乃敢撰次爲此, 又不敢系以銘, 手書一通, 付我子孫, 庶幾他日用此上石. 其心絶悲而其計迂矣. 嗚呼, 痛哉.

府君諱鋧, 字子精, 號白閣. 姜氏貫晉陽. 始祖諱民瞻仕麗, 以討平契丹功, 位上柱國封殷烈公, 祠于晉. 其後諱呂翼版圖判書, 諱允祉, 入我朝, 工曹典書, 諱壽臨陜縣令, 諱壹遇平昌郡守, 諱自渭北靑判官, 諱文翰同知中樞府事. 高祖諱璘, 贈吏曹參判, 有文蜚世. 曾祖諱雲祥, 以孝旌閭, 贈領議政, 祖諱籀, 號竹窓, 善文章, 宣廟朝文科, 選翰苑郎, 天曹歷三司. 以大耋階僉樞, 贈左議政, 有竹窓集, 行于世. 考諱栢年, 號雪峯. 淸德文章服一世. 歷事仁孝顯肅四朝判中樞, 贈領議政, 謚文貞. 湖中海西士林俎豆之, 有文集及閑溪漫錄.

妣安東金氏, 同知光燧女, 無後, 贈貞敬夫人. 繼妣貞敬夫人, 昌原黃氏, 察訪湛女, 司諫益中孫. 閨範婦德卓冠女史. 伯父贈左贊成, 諱桂年, 號翠滴堂. 篤行博學, 隱德不仕. 妣贈貞敬夫人, 和順崔氏, 同知大益女, 贈貞敬夫人, 坡平尹氏海女, 贈貞敬夫人, 康津兪氏敬一女, 幷無後, 取府君子之.

府君生于孝廟庚寅十一月六日. 幼而聰穎, 七歲能屬文. 趙尙書啓遠有人倫鑒, 一見許以國器. 乙卯魁司馬, 庚申登別科隸槐院, 辛酉丁文貞公憂, 哀毁踰禮, 廬墓三年. 甲子陞正字, 拜承政院注書, 陞典籍禮兵曹佐郞, 選知製敎. 乙丑拜司憲府持平, 丙寅拜副修撰.

時進講易經, 至坤含章可貞, 曰:"殿下含弘不足, 剛果有餘, 此聖質偏處, 恐有乖於天地剛柔之德." 講訟曰:"訟者, 爭訟之謂也. 於朝廷則分明角立黨議成訟, 必須建中建極, 以臻和平之福. 於卦性則天理人欲交戰爲訟. 必須主敬致誠, 遏欲存理. 殿下無謂訟是一有司之任而有所放過, 宜先驚[480]飭於朝廷, 繼又省察於心性." 上動容開納. 金相壽興進曰:"臣少不讀易, 不解易義, 今聞姜某言. 體驗聖躬則國家幸甚." 呂公聖齊出語人曰:"吾見講官多矣, 未有如此人者. 若久置講筵, 必多裨益聖德." 呂公時居銓, 不擬臺望, 輒曰:"經筵何可一日無姜學士."

陞校理, 陳疏勉誡, 又進文貞公所撰養生養心同一法箴. 參重試乙科第一, 陞掌令司諫獻納, 移拜議政府檢詳, 旋陞舍人. 丁卯以執義陳疏, 悉言時政得失・君德闕遺, 累千餘言. 時將葬公主於京城禁限內, 玉堂角爭, 上

480)『표암집』에서는 경(驚)이 경(警)으로 되어 있다.

怒命罷諸玉堂, 府君疏救, 請對陳白, 天威少霽, 遂已之. 陳乞郡疏, 校理洪受濍奏曰 : "經筵善講, 惟姜某及朴泰輔二人, 泰輔旣補外, 此人又出, 則如臣等蒙學, 何以啓沃聖德乎." 南相九萬曰 : "姜某才學可惜, 不可出外." 遂寢前命, 拜應教. 戊辰月課連三次居魁, 陞通政, 拜承政院同副承旨, 工吏曹參議.

時仁顯王后出處私第, 告宗廟文屬府君, 府君力辭不製, 嚴旨特罷, 後連拜兵戶刑曹參議大司諫. 時上命朝臣, 勿語及壺位事, 府君抗疏, 請治仁顯私第踰墻鬪鬨之盜, 仍請仁覆而曲全之. 甲戌文臣庭試, 時以左承旨入侍, 嫌前後科名太盛, 不欲就試. 上特命製進居魁, 面賜內廐馬. 陞拜禮曹參判, 出爲京畿監司. 乙亥入拜都承旨·掌苑·槐院提學[481], 以藥院直宿勞, 陞嘉義. 冬丁內艱時, 筋力已衰, 執制如前喪. 戊寅服闋, 又拜禮曹參判同義禁.

上令百官會議魯山追復事, 啓曰 : '旣有先朝封墓享祀之擧, 亦有先正臣金淨朴祥之疏, 則今玆追復之議, 槩欲倣皇朝之復景皇帝·先朝之復貞陵舊禮, 豈敢有異議.' 又令禮官議愼妣尊奉之節[482], 啓曰 : '竊惟, 皇朝恭讓章皇后胡氏, 廢爲仙姑, 而其後陵寢享殿神主, 皆如奉先殿式. 今亦別建祠宇, 四節忌辰祭需自官備, 而別遣祭官致祭, 畧倣皇朝故事, 則或不悖於禮, 而庶慰神人之抑鬱.' 是年復莊陵, 爲改修都監堂上, 己卯復命, 以監董勞, 陞資憲, 拜知中樞, 兼弘文館提學, 漢城府判尹, 兼觀象監·歸厚署提調, 右參贊, 刑曹判書. 辛巳秋, 仁顯王后升遐, 以告訃正使赴燕, 壬午復命, 拜都摠管知經筵·弘文提學, 兼社稷署·司圃署·備邊司提調. 丙戌擢拜判金吾, 陞崇政. 戊子拜大提學左參贊, 己丑拜禮曹判書, 以儐使出灣上竣還.

上命考試湖堂諸學士, 特令大提學亦爲製進, 親擢爲第一, 有豹鹿皮之賞. 戊戌又以儐使赴灣歸, 又兼活人署提調. 己亥以七袠參耆社. 時肅廟倣太祖故事, 親入耆社錫宴, 便殿姍靈壽閣, 以主管堂上, 陞崇祿. 引年乞退疏十上, 上終不許.

時聖候七年違豫, 日造候班, 未嘗一闕. 辛丑拜實錄都廳堂上, 左參贊, 兼司饔院提調, 甲辰拜判中樞·校書館提調. 乙巳以辛壬按獄事, 謫金山, 纔到配, 上教曰 : "噫! 頃年先朝, 入耆社, 實我朝再有之盛擧, 而錫宴耆舊之臣, 亦豈非千古美事乎. 伊日參宴者, 觀今在廷, 只有數人. 追惟昔事, 余

481) 『표암집』에서는 제학(提學)이 제거(提擧)로 되어 있다.
482) 『표암집』에서는 비(妣)가 비(妃)로 되어 있다.

心愴然.” 特命放還. 丁未復拜判義禁兼司圃署提調・左參贊・藝文提學, 戊申以子侍從推恩, 陞輔國.

癸丑爲觀子婦葬, 往鎭川, 疾革, 陳遺疏. 畧曰: “臣粗守先臣勿欺之庭訓, 過蒙先大王曠世之恩, 遇遍歷華貫, 猥陞崇班, 皆我先大王及我殿下之賜也. 涓埃未報, 冥限已迫, 愛君之忱, 猶結於肝膈之間. 凡人之言, 必善於將死之際, 試垂省察焉. 廣擇嘉兆, 以安聖祖衣冠之藏, 克建皇極, 以破百世朋黨之禍, 此誠帝王之盛節, 前史之罕覯, 疇不願少須臾無死, 思見德化之成. 而邦運不幸, 天心未豫, 實惠未孚, 膏澤猶屯, 感應之理, 一何剌謬. 我顯廟辛壬之勤勞, 先大王乙丙之憂虞, 卽我殿下今日之龜鑑. 伏願, 殿下一動一靜, 惟先王. 是則養神精以合天和, 正朝廷以恢公道, 廣布仁惠, 以濟群生, 堅守科條, 以振頹綱, 克勉乾剛之德, 益昭儉約之化, 旁求俊彦, 廓開言路, 使淸明之治, 馨香之德, 終始如一焉.”

卒于八月七日, 享年八十四. 訃聞, 上特降哀綸, 悼惜備至, 綴朝市[483], 祭賻如儀, 原疏命付史局. 是年十月葬于天安豐歲負酉之原. 配漢陽趙氏, 應教威鳳女, 吏曹判書文簡公龍洲絅孫. 後配廣州李氏, 通德郎翊晚女, 獻納休徵孫, 領議政忠正公東皐浚慶後.

擧三男六女, 男長世胤文科府使, 出爲伯氏參判公後, 女長適監役洪重潤, 次金胤曾, 前夫人出也. 次男世元, 次男世晃文科判尹, 次女吏議任珽, 次朴瀓, 次海興君橿, 次趙益慶.

世胤四男三女, 男儀・偉・儼・倆, 女進士李命新・鄭赫男・盧彦國. 世元四男一女, 男伋・俶・億・佶, 女監察柳烶. 世晃四男, 儐文科承旨, 侻文科承旨, 僙都事, 儐文科校理, 庶子信.

洪重潤一子二女, 子獻納應輔, 女丁宅愼金□□. 金胤曾二子三女, 弘演・鼎演・女李孝誠・姜弼聖・尹喆東. 任珽一子一女, 子希祖・女參奉申瑊. 朴瀓一子二女, 子正言道翔・女正字柳東賓・洪檍. 海興君橿一子, 府使命烋. 趙益慶二子一女, 子煥・爀・女尹相五.

儀三男, 彝炳・彝明・彝正文科教理. 偉一男一女, 男彝福文科文學, 女教理南絳老. 儼一男一女, 男彝敬・女朴大升. 倆一男彝性, 庶子彝愚・彝魯. 伋一男□□. 俶二男一女, 男彝道・彝德・女□□□. 億二男彝玉・彝珪. 佶一男□□. 儐一男三女, 男彝璧・女許晾・李儒東・南履兢. 侻二男, 彝天進士・彝文, 庶子彝大. 僙一男彝冕, 儐一男二女, 男彝九・女黃基憲.

483) 『표암집』에서는 철(綴)이 철(輟)로 되어 있다.

彛炳一男浚, 彛明一男淳. 內外孫曾七十餘人.

府君, 資禀溫重淸淑, 德容粹於外. 操履堅貞, 臨事詳愼. 孝友出於天賦. 子諒愷悌之心, 形諸言辭. 探濵性理之原, 涵養本源, 以一敬字, 爲持身之本, 嘗扁所處室曰 : '敬菴', 置周易心經小學諸書于几案, 不釋手. 天文·地理·醫藥·卜筮·道家·釋敎之流, 亦莫不涉獵旁通.

文貞公年深疾篤, 朝夕服勤, 不離膝下. 大夫人久嬰沈痾, 日夜焦遑, 鬚髮頓白. 每得御賜官俸, 輒獻, 不敢私. 兄弟友愛甚篤, 官尊年高, 尙同居一室, 參判公晩患風痺, 屢年沈重, 長時扶護, 非公事, 未嘗須臾離. 及其喪也, 不脫衰, 經祭奠必親, 鎖廢同處之室, 終身不忍更居, 別搆兩楹茅屋, 於家園老松壽欅間而處之. 每當先代忌祀, 篤老猶齋. 素屢日奠獻, 不使人代, 先壟各在湖外, 春秋必告暇遍省, 灑掃塋域, 栽培樹木. 待諸姊盡其敬愛, 遇宗族接賓客, 惟務誠款. 章甫之問字受業, 敎誨不倦, 成就者多.

於生產業, 泊然無所營, 衣服器皿, 輒斥去華靡白. 少飮啖甚少, 朝晡之供, 不過脫粟數溢. 不喜飮酒, 晩年仍斷盃勺. 年踰八十, 當嚴風虐雪, 猶洞闢牕戶, 侍者凜栗不堪而晏如也. 逍遙園沼間, 却人扶, 不恃杖. 顔色敷腴, 肌膚悅澤, 無異少壯. 澹於聲妓, 奉使西北, 一不近女色.

文章委曲婉暢, 不事迂僻. 詩詞淸麗贍逸. 有香山劒南風. 筆法, 雄秀奇健, 尺牘人皆藏弆, 尤長騈儷, 倣唐宋名家, 絶去冗靡之習. 館閣代撰, 典重溫雅, 傑然爲一世宗匠. 後之繼文任者, 皆傳誦而取則. 屢掌科試銓鑑公明, 登選者榮之, 見屈者無怨. 久長刑獄, 率多平反, 活人命甚衆. 秋曹獄囚, 或有禱神而願得久任者, 前後資級, 皆以文陞, 或因優老特恩, 非有藉於吹噓也. 內服勿欺之庭訓, 上感廉謹之天褒, 歷事三朝, 終如一節暨乎[484]. 晩年杜門養靜, 無意於世, 常以未遂退休之志, 爲平生恨.

嗚呼! 此府君之歷官終始, 行業大槪. 不肖何敢一言誣溢, 以益不孝之罪也.

484) 『표암집』에서는 종여(終如)가 종시(終始)로 되어 있다.

제문(祭文)

◎ 임치재를 제사지내는 글 祭任巵齋文

유세차 경오년(1750) 7월 10일 경술에 처남 진양 강세황은 삼가 한 잔 술로 통곡하고 자형 임치재 공의 영전에 이별을 고하노라.

아아! 우리 공께서는 내게 정리로는 형님이 되신다. 공이 나를 어릴 때부터 돌봐주셔서 나는 공을 피붙이처럼 의지하였으며, 공은 내가 어려서 부모를 잃어서 외로움을 더욱 딱히 여겨 주었다. 내게 혹 잘못이 있으면 공이 깨우쳐 고쳐주셨기에 나는 어쩌면 조금이나마 힘써서 이룬 것이 있었을 것이다. 생각건대 나는 귀머거리나 소경과 같이 어리석고 못나 공께서 기대하고 권면한 것을 저버렸기에 내 얼굴이 붉어지고는 했다.

공은 문장에 뛰어났으며 특히 시로 이름을 날렸으니, 웅장하고 깊으며 아름다우면서도 굳세셨다. 격조는 한껏 높아 허공을 가르는 날쌘 송골매나 바다를 뛰놀게 하는 장대한 고래 같으셔서, 두보의 정수를 체득하셨으니 내가 사사로이 평가할 바가 아니요, 정해진 가치를 절로 소유하셔서 옥같이 아름답고 금같이 정미하셨다. 서법에 특히 솜씨가 있어 글자마다 아름다운 옥 같았으니, 미불 · 조맹부 두 공을 뛰어넘고 왕희지 · 왕헌지 두 왕씨와 나란하였다. 공에게 비문과 묘갈문을 구하는 자가 다투듯 몰렸고, 사람들은 그의 짧은 편지글이라도 얻으면 간직하는 것을 영광으로 여겼으나 이런 것은 공에게는 여사(餘事)라 따질 것도 없다.

생각건대 우리 공께서는 날 때부터 기품이 넓고 크셨고, 따뜻하면서도 호방하며, 인자하면서도 현명하셨으며, 한쪽으로 치우치거나 흥분하지도 않으시며, 담담하고 화평하셨다. 고아한 지조와 아름다운 행실은 당시의 유명한 사람 중에서도 으뜸으로 뛰어났으나, 자리가 덕에 걸맞지 않아 도를 크게 행하지는 못하셨다.

순씨 여덟 형제처럼[485] 두각을 나타내어[486] 이름을 나란히할 만했으나 세상 풍파에 먼저 꺾여 두 형제만 남았다.[487] 지난 신해년에 내 어진 조카를 잃었고, 양자로 들인 아이가 뒤따라 죽은 것이 올 봄 정월이다. 말이 여기에 미치니 눈물이 앞을 가린다. 이 당혹스러운 이치를 금영(黔嬴)[488]에게 묻고 싶구나!

공께서 상산 군수로 계시면서 잠깐 사이에 지친 백성을 살리시니, 백리 땅덩이 사람들이 태고(太古) 세상처럼 기쁘게 우물을 파고 밭을 갈며 살게 되었다. 내가 이때 10월에 공을 찾아 서쪽으로 가니 공께서 기뻐하며 손을 잡아주시고 한결같이 웃으며 반겨주셨다. 화려한 관사에서 연회를 열어 아름다운 여인을 시켜 음악을 연주하게 하고는, 잔을 잡고 붓을 휘둘러 시를 주거니받거니 하였다. 공께서 취하여 높은 소리로 읊조리시니 마치 소영(韶韺[489])을 연주하는 것 같았다. 매를 부르며 사냥

485) 순용유팔(荀龍維八) : 순씨팔룡(荀氏八龍)이라고도 쓴다. 순숙(荀淑)은 후한 때 사람으로 행실이 뛰어나고 박학하였다. 아들 여덟 명을 두었는데 모두 뛰어나 당시에 순씨팔룡(荀氏八龍)이라 불렸다.

486) 경상(競爽) : 서로 다투어 명예(名譽)를 차지하려 한다는 말.

487) 자형(紫荊) : 원문의 자형은 상체(常棣)와 같은 말이다. 『시경』「상체(常棣)」에서 상체꽃이 다닥다닥 붙어 피는 것을 형제의 우애에 비유한 것에서 유래하여, 자형 또는 상체는 형제들의 우애(友愛)를 노래한 시이다.

488) 금영(黔嬴) : 수신(水神)의 이름으로, 금뢰(黔雷)라고도 한다.

하러 사찰을 찾던 때는 펑펑 내리던 눈이 일시에 개기도 했는데, 이 한바탕 즐거움은 세상에서 다시 하기 어렵게 되었다. 어젯밤 옛 노닌 일을 꿈꾸다가 놀라 깨고는 눈물로 갓끈을 적셨다.

내 거주가 일정치 않아 오래도록 연성(蓮城)에 머무르면서 이따금 가서 공을 뵈면 공은 문득 반겨 맞이하고는 나의 떠도는 처지를 가엾게 여겨 내게 서울로 돌아올 것을 권하셨다. 헤어진 지 얼마 되지 않아 한 통의 편지가 전해져 문득 병환이 나았다고 하므로 내 근심이 사라지는 듯 했는데 곧 부음(訃音)이 이어져서 가슴이 덜컥 내려앉았다. 내 장차 어디를 우러를까? 통곡하다 목이 메었도다. 옛집을 다시 들르니 온갖 생각 마음에 가득해라. 책상에는 거미줄이 쳐져 있고 바둑판에는 먼지가 내려앉았구나. 상여가 이제 떠나 저 새 무덤으로 가려 하니 글을 지어 슬픔을 고하며 삼가 한 잔 술을 올리노라. 공의 영혼 어둡지 않거들랑 내 정성을 흠향해 주소서. 아아! 슬프다. 상향(尙饗).

原文 維歲次庚午七月十日庚戌, 婦弟晉陽姜世晃, 謹以一桮, 慟哭告訣于姊兄巵齋任公之靈曰 : 嗚呼! 惟公於我, 誼則弟兄, 公之撫我, 自在孩嬰, 我之倚公, 猶骨肉情. 我失怙恃, 益憐孤惸. 我或有過, 公誨之更, 豈有寸長, 勗以有成. 顧念愚劣, 有類聾盲, 孤公期勉, 我面發赬. 公富文章, 特以詩鳴. 雄深雅健, 格力崢嶸. 橫空俊鶻, 掣海長鯨, 得杜之髓, 非我私評. 定價自有, 玉美金精. 法書之妙, 隻字瑤瓊, 超米邁趙, 二王與幷. 穹碑大碣, 求者如爭. 人得尺牘, 藏弆爲榮, 乃公餘事, 不足重輕. 念公天賦, 氣宇恢宏, 旣溫且毅, 旣仁而明, 不偏不激, 怡惔和平. 雅操懿行, 冠絶時英, 位不稱德, 道未大行. 荀龍維八, 競爽齊名, 風雨先摧, 兩株紫荊. 昔在辛亥, 失我賢甥, 螟兒隨天, 今歲春正. 言及於此, 我涕先橫. 繆悠之理, 欲問黔嬴. 公宰象山, 暫活疲氓, 百里太古, 熙熙鑿耕. 我時就公, 十月西征, 公喜握手, 一笑倒傾. 華舘開筵, 艶姬鳴箏, 傳觴染翰, 有唱斯賡, 公醉高吟, 若奏韶韺. 呼鷹尋寺, 快雪時晴. 一場之樂, 難再此生. 昨夢前遊, 驚覺霑纓. 我居不奠, 久滯蓮城. 時來拜公, 公輒歡迎, 愍我棲遑, 勸我還京. 違離未幾, 一書馳伻, 忽報愆和, 我憂如醒,

489) 소영(韶韺) : 소는 순(舜) 임금 때의 음악이고, 영은 제곡(帝嚳) 때의 음악이다. 옛날의 아름답고 좋은 음악을 말할 때 소영이라 한다.

凶音繼至, 心墮骨驚. 吾將安仰, 一慟失聲. 舊宅重過, 萬感中朒. 蛛網書床, 塵覆棊枰, 靈輀將發, 卽彼新塋, 操文告哀, 敬薦一觥. 公靈不昧, 庶歆我誠. 嗚呼! 哀哉. 尙饗.

◎ 누이 해흥군부인에 대한 제문 祭海興君夫人姊氏文

계해년(1743) 7월 21일 동생 세황은 삼가 변변찮은 제수로 통곡하며 누이 진양군부인의 영전에 영원한 이별을 고합니다.

아아! 슬프다. 하늘을 믿기 어려운 것은 옛날부터 그렇다지만 어찌 오늘처럼 심하단 말인가? 우리 누이는 인자하고 효성스러우며 단아하고 아름다운 행실을 지녔건만 그 보답이 이것이란 말인가? 끝내 한 점 혈육에게 후사를 맡길 데도 없고, 나이도 겨우 중년을 넘겼으니 천리(天理)라고 하는 것이 이런 것인가?

우리 누이를 생각하면, 평생 언행 중에 기록할 만한 것이 한둘이 아니지만 오직 그 효성과 우애는 타고난 것임을 일가친척이 모두 알고 있다. 감히 조금이라도 지나친 말로 사사로이 칭찬하여 우리 누이의 평소 공손하며 겸손하고 순종하는 뜻을 어길 수는 없지 않겠는가?

가만히 생각건대, 남자 중에 남보다 뛰어난 행실이 있는 자는 살아서 이미 세상에 이름이 나고 죽어서도 후세 사람에게 드러날 수 있다. 오직 부인의 아름다움은 비록 보통사람보다 우뚝이 뛰어나더라도 곧 사라져서 아는 자가 없게 된다. 이런 까닭에 차마 한 마디 말을 하지 않고 침묵할 수는 없어 붓을 잡고 종이를 펴니 곧 눈물이 흘러 종이를 적셔서 자세히 쓸 수가 없다. 다만 애가 끊어지고 배가 터지는 듯하니 피눈물을 흘리며 길게 불러볼 뿐이다.

아아! 서럽구나. 아아! 슬프구나. 생각해 보면 옛날 부모님께서 살아

계실 때에 누이가 때때로 시댁에서 근친(覲親)을 오면 즐거운 낯빛과 부드러운 모습으로 자신의 사랑하고 공경하는 뜻을 다하였으며, 돌아갈 때에는 번번이 아쉬워하며 차마 훌쩍 떠나지 못하였다. 부모님의 상을 당해서는 슬피 통곡하고 부르짖고 사모하여 살고 싶지 않은 사람처럼 하였다. 그 지극한 정성과 도타운 행동은 비록 옛날 효자라 불리던 사람이라도 이보다 낫지 못할 정도였다. 형제간에 정과 사랑이 지극히 깊어서 혹 누가 아프기라도 하면 노심초사 근심하고 걱정하면서 마치 자기가 아픈 것처럼 하였다. 성품상 남의 잘못을 말하는 것을 좋아하지 않아서, 혹 옆 사람이 남의 장단점을 말하기라도 하면 한마디도 거들지 않으시면서 매번 다른 말로 그를 덮고 보호하셨다. 종들을 부릴 때도 매우 너그럽고 어질어 혹 잘못이 있어도 가벼이 벌하려 하지 않으시고 다만 따뜻한 말로 자상하게 가르치시니, 지극히 어리석은 자들이라도 완전히 복종하였다. 무당이나 점쟁이의 말은 특히 믿지 않으셔서 길흉화복을 일체 묻지 않으면서, "지극한 도는 은미하고 묘하니 비록 앞일을 아는 방법이 있다 해도 저들이 어찌 알 수 있겠는가? 만약 안다 할지라도 운명은 하늘에 있으니 어찌 기도해서 벗어날 수 있겠는가?" 하였다. 재물과 이익에는 더욱 욕심이 없어서, 세속에서 부녀자들이 재물을 다루고 재산을 불리는 일을 하는 것을 달갑게 여기지 않으셨다. 시부모님께 효도하고 남편을 공경하며 동서들과 화목하였던 행동까지는 비록 사세히 알지 못하나 남들보다 더 나았으리라는 것을 미루어 알 수 있다. 만약 옛날부터 전해지는 말처럼 '선한 자는 복을 받고 어진 자는 천수를 누린다'고 한다면 이 세상의 상서롭고 좋은 일들이 마땅히 우리 누이에게 모두 이르러서 다 꽃을 피웠어야 하는데도 오늘날 하나하나가 이와 반대로 되었다. 하늘이 무슨 뜻으로 이렇게 한 것인가? 어찌 한스럽지 않으며, 어찌 가슴 아프지 않으리.

근래에 상화(喪禍)가 자꾸 겹쳐, 부모님을 여의고 큰 형과 두 조카가 이어서 죽었으니 이미 인정상 견딜 수 없을 정도였다. 하물며 누이의 시댁도 연달아 상(喪)을 당하여 지금 복(服)중에 있으니, 우리 누이의 지극히 효성스러우며 자애로운 마음으로 어찌 이를 감당할 수 있었겠는가. 누이는 평소 연약하여 병을 잘 앓는 체질이었는데, 이와 같이 보통 사람의 집에 흔히 있지 않을 화를 거듭 만난 까닭에 밤낮으로 통곡하며 우느라고 먹고 자는 것이 모두 줄어들어 날이 갈수록 더욱 말라가더니 우연히 한 병에 걸려 갑자기 이런 지경에 빠졌다. 아아! 슬프다. 아아! 가슴 아프다.

병이 중해지자 내가 다른 지방으로부터 와서 보니 누이가 나를 돌아보며 말하기를 “내 병이 이 정도여서 이미 어찌할 수 없을 줄을 안다. 그러나 지금 위로는 양가 부모께서 계시지 않고 아래로 어린 아이도 없으니 진실로 이 세상에 미련을 둘 만한 것도 없다. 사람은 누구나 한 번 죽는데 다시 무슨 유감이 있겠는가?” 하시며 조용히 담소를 나누면서 조금도 근심하거나 두려워하거나 슬퍼하는 기색이 없었다. 생사화복의 이치를 깊이 깨닫지 못했다면 어찌 이와 같이 초연히 온갖 생각에 얽매이지 않을 수 있겠는가. 전에 내가 와서 인사하면 누이는 늘 기뻐하며 웃으면서 이야기를 하고는 했으나, 사는 거리가 너무 멀어서 자주 서로 왕래하지 못하는 것이 한이었는데, 오늘 영원한 이별을 하게 될 줄이야 어찌 생각이나 했겠는가? 시간이 정해져 있어 영구(靈柩)가 장차 떠나려 하는 때에 한 잔 술로 이별을 하려니 오장육부가 타는 듯 찢기는 듯 하는구나. 아아! 슬프다, 아아! 가슴 아프다.

原文 ‖ 維癸亥七月二十一日，弟世晃謹以薄奠痛哭，永訣于姊氏晉陽郡夫人之靈曰 : 嗚呼! 痛哉. 天之難諶，終古而云，而豈有如今日之極也哉. 以我姊氏，仁孝端懿之行, 而其報施也止於是耶. 終無血胤以托後事, 享年亦不免過中壽，所謂天理者其然乎否乎. 念我姊氏，生平言行之可紀者，不可一二數，而惟其孝友之出天，實一家親懿之所共知也. 非敢以一毫溢辭，私自稱道，以違我姊氏平昔寅恭遜順之意. 竊惟男子之有出人之行誼者，生已有聞於當世, 歿亦可以表顯於後人. 惟婦人之懿美, 雖有卓越尋常者, 便泯然無有知之者. 以是又不忍默無一言而握筆伸紙, 輒涕下漬紙, 不能詳述. 只腸摧肚裂, 泣血長號而已. 嗚呼! 慟哉. 嗚呼! 痛哉. 憶昔兩親之在堂也, 姊氏時自舅家來覲, 愉色婉容盡其愛敬之意, 當其告歸也, 則輒戀戀不忍遽返. 及至大故, 哀慟號慕, 如不欲生. 其至誠篤行, 雖古所謂孝子者, 無以過也. 其於兄弟之間, 情愛深至, 或有病恙, 憂慮焦遑, 不啻疾痛之在己也. 性不喜談人過失, 若有傍人言及他人長短者, 未嘗以一語酬酢, 每以他辭掩護之. 御婢僕極其寬仁, 或有過惡, 不欲輕加責罰, 只以溫言諄諄教誨, 雖極愚至迷者, 莫不感服. 最不信巫覡之言, 一不以休咎問焉曰 : "至理微妙, 雖有前知之道, 渠何足以知之. 縱令知之, 命乃在天, 豈祈禳所可免[490]." 於財利淡然, 不屑爲流俗婦女營財殖產之事. 其孝舅姑敬夫子睦娣姒之行, 雖不可詳, 亦可推知其有以過於人人者也. 若果如古所稱善者福而仁者壽, 則人世之吉祥善事, 宜其咸臻畢華於我姊氏也, 而今之一一反是者, 天亦何意也? 寧不寃哉, 寧不慟哉. 近歲以來, 喪禍頻疊, 旣失怙恃, 伯兄與兩姪, 相繼奄逝, 已非人理之所可忍. 況姊氏之舅家, 亦且連遭慘喪, 方在衰服之中, 以我姊氏純孝至慈之心, 其何以堪此乎. 素以淸弱善病之質, 荐値此人家罕有之禍, 故日夜號泣, 眠食俱減, 日就瘦削, 偶染一疾, 遽至於此. 嗚呼! 慟哉, 嗚呼! 痛哉. 當其疾革也, 弟自他所來診, 則姊氏顧弟而言曰 : "余病至此, 已知不可爲. 而今上無兩家父母, 下無幼穉, 固無可戀於斯世者. 人皆有一死, 復何憾乎." 談笑從容, 少無憂懼悲慽之容. 非深達於死生禍福之理, 則豈能翛然不嬰於懷若是也哉. 前日弟之來拜也, 姊氏每歡然笑語, 惟以相去稍遠, 猶未得頻相往來爲恨, 豈意今日便爲千古之別耶. 日月有期, 靈車將發, 一盃告訣, 五內焚裂. 嗚呼! 痛哉. 嗚呼! 痛哉.

◎ 아내에 대한 제문 祭亡室文

유세차 병자년(1756) 9월 10일에 진주 강세황은 통곡하며 죽은 아내 공인 진주유씨의 영전에 고합니다.

아아! 슬프구나, 아아! 가슴 아프구나. 내가 어찌 차마 붓을 잡고 글을

490) 『표암집』에서는 면(免) 뒤에 호(乎)가 한 글자 더 있다.

지어 그대의 영전에 고한단 말이오? 혼령께서는 들을 수 있겠는가? 그대는 평소 문자를 이해하지 못하였으니 비록 듣기만 하여도 그 뜻을 이해할 수 있으신가? 비록 듣고서 다시 이해한다 한들 또한 죽은 사람이나 산 사람에게 무슨 보탬이 있겠는가? 들을 수 있는지 이해하는지 알지 못하거니와, 또 들을 수 있고 이해하고 있음을 안다 한들 죽고 사는 일에는 보탬이 없으니 오히려 눈물을 참고 울음을 삼키면서 자세히 고하는 것이 또한 무슨 의미가 있겠는가? 예의와 풍속에 따라 이 같은 범상하고 느긋한 말을 짓는단 말인가? 말을 하려 하면 목이 메어 가슴이 막히고 침묵하려고 해도 도리어 차마 침묵할 수 없으니, 내가 스스로 무엇 때문에 말하려 하는지 무엇 때문에 침묵하려 하는지조차 알지 못하겠구려. 그러니 어찌 삶과 죽음이 무익한지 유익한지 따져볼 것이며 또 어찌 저승 세계에서 알아듣는지 또는 알아듣지 못하는지를 생각할 수 있겠는가?

아아! 슬프다. 내가 그대와 부부가 된 지 꼭 30년인데, 이제 나는 오히려 살아 있고 아! 그대만 죽었구려. 그대의 죽음을 대하며, 그대의 슬픔과 나의 슬픔이 각자 다를 것이니 내가 오늘 대략 말해 보리다.

생각건대 그대는 유명한 가문 번성한 집안에서 태어나 편안하고 화려한 때에 자라났소. 우리 집에 시집올 때까지만 해도 쇠하지 않아, 부모 형제에게 아무 일도 없었으니 원만하고 결함이 없었다고 하겠지요. 몇 년이 지나지 않아 뜻밖의 화를 당하여 가족이 서로 떨어지는 한이 생기고 연거푸 부모님상을 당했으며, 우리 집도 이때에 불행한 운을 만났으니 아마 이때부터 그대의 신세는 이미 옛날과 비할 수 없게 된 것이오. 매번 이것을 평생의 지극한 아픔으로 여겼소. 또 세 아이를 잇달아 잃었으나 그대는 거처도 정하지 못한 채 혹은 서울에 살기도 하고 혹은 시골에 살기도 하였지요. 가난함은 날로 더 심해져 5~6년 뒤에는 점차로 밥 먹던 것을 죽으로 잇지도 못하게 되고 죽도 잇지 못해서 주리게 되었는데, 십여 명도 넘는 온 가족이 모두 그대만 바라보았지요.

나는 성품이 본래 무관심하여 살림을 알지 못하여서 그대가 홀로 온갖 일을 다스려 지난 시간 동안 지탱하였소. 사채(私債)는 늘어나고 관청에서 빌린 쌀도 어느새 많아져서 올해에는 곤궁함이 최고에 이르렀지요.

그대는 중년부터 폐결핵491)이 있어서 때로 발작을 하면 번번이 사나흘씩 쓰러져 있었으나 역시 가난 때문에 제때에 의원에게 치료를 받을 수도 없었소. 가난과 질병이 번갈아 찾아들어 오는데, 아침저녁으로 먹는 것이 변변찮아 병이 심해지고, 병이 심해지니 먹을 것은 더욱 못 먹게 되었소. 하루도 몸과 마음이 편안할 날이 없었던 것이지요. 올 여름 병에 걸렸을 때 나는 고질병이 도진 것으로만 여겼는데, 이레를 지나자 더욱 악화되어 끝내 이런 지경에 이르렀구려. 그대가 병중에 말하기를 "위로는 칠순 노모가 계시고 아래로는 아직 성년이 되지 못한 아이가 있고 당신의 나이 겨우 마흔 넷인 때에 죽으니 이것이 슬플 뿐 다른 것에는 미련이 없습니다" 하였으니, 아아! 슬프구나.

그대가 슬픈 것은, 살아서는 늘 가난하고 병이 많았으며 죽을 때는 부모가 늙으시고 아이도 어린 것 때문이니 그 슬픔도 크겠지요. 그러나 오직 내가 오늘 슬퍼하는 것은, 그대의 슬픔에 만 배도 더 되오.

무릇 세상에서 부귀한 사람도 죽고 건장한 사람도 죽지만 오늘 그대가 '가난해서 병들고' '병을 앓다가 죽은 것'은 나 때문이 아닌 것이 없소. 내가 본래부터 가진 재산이 없고 성품도 생업에 능하지 못하여 뼛속까지 파고드는 가난에 이르게 했고, 그대로 하여금 마음을 쓰며 몸을 고달프게 하여 열 식구를 먹이고 입히게 했으며, 또 괴롭고 고달파 고치기 어려운 병에 들게까지 하였소. 이미 병들었을 때에도 나는 또 게으른 데다 당장 편한 것만 생각하다가 의원이나 약을 구하여 치료하는 방법을 다 해보지도 못하였소. 올 여름 돌림병의 기세가 매우 심하여 이웃들이 다 피하였을 때 나는 그대에게 "부촌(釜村, 지금의 안산)으로 옮

491) 허로(虛勞) : 한의학(韓醫學)에서 쓰는 용어로 폐결핵(肺結核)을 말한다. 부족증(不足症)이라 하기도 한다.

기는 것이 좋겠소" 했으나 그대는 "이처럼 곤궁한데, 어찌 차마 부모님 곁에 가까이 가서 근심을 끼치겠어요" 했지요. 내가 또 우물쭈물 결정을 내리지 못하고 그대와 더불어 서둘러 피난하지도 못하여 끝내 그대로 하여금 병에 걸리게 하였소. 오랫동안 몹시 지쳐 있던 까닭에 증세가 매우 위태로웠으나 이때에도 크게 놀라서 움직이거나 서둘러 다스리지 않은 까닭에 마침내 이런 지경에 이르게 하였소. 그렇다면 그대의 가난도 나 때문이요 그대가 병든 것도 나 때문이며 그대가 죽은 것도 나 때문이니 내가 무슨 마음으로 이 세상에서 사람이라 불릴 것이며 내가 무슨 면목으로 구천에서 당신을 볼 수 있겠소.

생각해 보면 나는 솜씨 없고 어수룩해서 모든 면에서 남만 못했습니다. 과거 준비를 하여 명예와 이익을 얻어서 집안의 영광이 되지도 못하였고, 살림살이에는 더욱 아는 게 없을 뿐더러 전혀 솜씨도 없어서 쌀독에 쌀이 떨어져도 몰랐으며, 옷장에 옷이 없어도 묻지를 않았소. 당신도 내가 이와 같다는 것을 알아서, 내게 한 마디도 하지 않고 혼자 모든 일을 짊어지고 꾸려나갔지요. 그럼 나는 책장이나 넘기고 붓이나 휘두를 뿐이었지요. 가끔은 한양에 가 오래도록 머물며 돌아오지 않았으며, 자식들 공부시키는 일도 그대에게 맡겨 놓았소.

이제 누가 나의 굶주리고 추운 것과 날마다 쓸 온갖 물건들의 부족함을 염려해 주겠으며, 누가 힘써서 그것들이 떨어지지 않게 하리오? 또 내 한 몸의 먹고 입는 것만 그대에게 전적으로 의지한 것이 아니라 우리 열 식구 모두의 먹고 입는 것까지도 그대가 다 신경 써서 해 주었는데, 그대가 이제 돌아갔으니 이 일은 누구에게 의지한단 말이오?

그대는 일찍이 큰 아이가 장성하여 아내를 얻었으나 너무 가난하여 의복이 온전하지 못하고 배불리 먹지도 못하는 것을 불쌍히 여기기도 했고, 또 그 아들이 과거에 급제하여 한 시대에 영화롭게 되기를 바라기도 했지요. 유감스럽게도 지금은 믿을 곳이 없지만 나중에라도 혹 대과에 올라 높은 벼슬을 얻더라도 이제는 소용없이 되어 버렸구려. 둘째 아이가 장성한 후까지 관례나 혼례를 치르지 못한 것도 나의 우유부단함과 가난함 때문이었소. 그대는 늘 시기를 놓쳤다 근심하며 내게 혼처를 널리 구하라 권하였지요. 또 옷을 마련해 주지 못할까 걱정하다가 혹 때로 밤에 잠을 이루지 못하면서 책상 앞에 앉아 먹는 것도 잊었으나 이제는 소용없게 되어버렸소. 셋째 아이의 나이 이제 열넷이오. 효성스럽고 순종한다며 그대가 늘 아꼈고, 녀석도 어미의 뜻을 잘 받들었지요. 이 아이가 종들이 하는 일까지 겸하면서도 괴롭게 여기지 않더니, 오늘의 일에는 통곡만 하는구려. 넷째는 나이 이제 열둘이오. 그대가 가장 어여삐 여겼던 녀석이지요. 매양 어리다고 어루만지며 사랑하면서 먹을 때면 늘 한 상에서 먹고 잘 때도 항상 한 이불에서 잠들게 하더니, 이제 그놈은 외할머니 곁에서 의지할 데 없이 떠도는 신세가 되었소.

무릇 나의 슬픔은 이뿐만이 아니지만 지금 다 말할 수도 없고 다 쓰고 싶지도 않소. 내가 또 어찌 이것을 견디며 오래도록 이 세상에 살리오? 그대의 슬픔은 그대가 이미 깜깜해져 알 바가 없으나 오직 나의 슬픔은 장차 무슨 방법으로 억누르고 위로한단 말이오? 그대의 영혼은 혹 아시는지요? 그대의 슬픔을 슬퍼하고 또 다시 나의 슬픔을 슬퍼하는 것은 하늘과 땅처럼 끝이 없다는 것을.

넉 달이 지나 비로소 옛집으로 돌아오니 눈을 두는 곳마다 아픔이 더해지고 보이는 모습마다 슬픔이 생겨나오. 목석 같은 마음을 가진 사람이 아니라면 누군들 이것을 참을 수 있으리오. 지금 형편으로는 춘천도 선영에 운구할 수 없으므로 과천 뒤 언덕에 터를 잡고 오늘 11일에 영원히 하관하는 예를 거행하고자 하오. 내가 죽은 뒤에 장차 그대와 함께 한 무덤에 들어가서 혼백이나마 서로 의지할 것을 기약할 뿐이오. 아아! 슬프다. 상향.

原文 維歲次, 丙子九月十日, 晉州姜世晃哭告于亡室恭人晉州柳氏之靈曰 : 嗚呼! 痛矣. 嗚呼! 痛矣. 吾何忍把筆綴辭, 以告子之靈耶. 靈其能聽之耶. 子於平日素不解文字, 雖聽之, 其能曉其意耶. 雖能聽而復曉之, 亦何益於死者與生者耶. 未知其能聽與能曉, 且知其聽且曉而無益於死生, 猶復忍淚呑聲, 覼縷而告之者, 抑亦何意耶. 其亦依禮隨俗, 作此泛常閒漫之語耶. 欲語而哽咽胸塞, 欲默而又不忍默, 吾亦不自知其何爲而語何爲而默. 亦何能較生死者之有益無益, 而又何能慮冥漠之聽曉與不聽曉也.

嗚呼! 痛矣. 吾與子爲夫爲婦, 恰滿三十年, 今我猶人, 猗子獨死矣. 子之死而子之悲與吾之悲, 各自不同, 吾今畧言之. 念子生於名門榮盛之族, 長於安泰繁華之時, 至其于歸吾家時, 亦不衰瘁[492]. 父母兄弟無故, 亦可謂圓滿無缺陷矣. 曾未數年, 遭罹意外禍故, 有骨肉離隔之恨, 仍抱終天之痛. 吾家亦當其時而値不幸之運焉. 盖自是而子之身世, 已非昔時之比. 每以是爲平生至痛. 又復連哭三幼, 子不奠厥居, 或京或鄕, 而貧日以益甚, 五六年來, 漸至於飯不繼粥, 粥不繼而飢, 一家人口多過十餘而皆仰於子. 盖吾性本迂疎, 不解生産, 子獨經紀百, 爲以支歲月. 私債積而官糴多, 駸駸然至今歲而窮亦極矣.

子自中年, 有虛勞之疾, 時或發作, 輒三四日委頓, 亦坐貧, 不能以時醫治. 貧與病迭侵而交尋, 朝晡之供薄, 而病有加, 病加而食又減. 盖無一日身泰而心安矣. 至今夏而又感一疾, 只謂宿症之復作, 歷七日而革, 竟至於斯. 子於病中曰 : "上有七十老慈, 下有十八歲未成人兒, 子年纔四十四而歿, 是俱可悲, 餘無足戀." 嗚呼! 痛矣. 子之可悲, 則生而長貧而多病, 死而親老而兒穉, 其悲也, 亦甚矣. 惟吾今日之悲, 有萬倍於子之悲者焉.

凡世之富貴者亦死, 强壯者亦死. 然今也, 子之貧而病・病而死, 莫不由於吾. 吾素無資産, 性又不能治生, 以致到骨之貧, 又使子勞心神苦筋骨, 以衣食十口, 又以其困瘁, 致難醫之疾. 旣病而吾又疎懦姑息, 不能尋問醫藥, 以盡治療之方. 及乎今夏, 癘氣大熾, 隣比皆避, 吾謂子曰 : "可以移寓釜村." 子答曰 : "窮窘方如此, 何忍近親側, 以貽親憂乎." 吾又迂緩不決, 不能與子奔避, 卒使子得病, 以積敗之氣, 挾極危之症, 而亦不能大驚動急救治, 終至是境. 是則子之貧也由吾, 子之病也由吾, 子之死也由吾也, 吾何心稱人於斯世, 吾何面見子於九原也.

顧吾懶拙疎迂百不猶人, 旣不能治擧業取名利爲室家榮光, 於産業事尤蒙昧而濶略, 甁無粟而不知, 篋無衣而不問. 子亦知吾如是, 未嘗以一言煩吾耳也, 獨擔荷而經理之. 乃吾則翻書葉弄筆頭而已, 或久遊京城而忘返,

492) 『표암집』에서는 역불쇠(亦不衰)가 역부지쇠(亦不至衰)로 되어 있다.

至若兒輩課讀, 亦委之於子.

今焉, 誰復有念吾之飢寒者, 日用百物之罄乏, 誰復措辦而不絶者. 又非特吾之一身飢飽寒煖全付於子, 擧家十口之飢飽寒煖, 亦莫非子之心力所及, 而子之逝也, 此事更靠於誰也.

子嘗憐伯兒雖長娶婦[493], 貧甚衣巾不完, 每食不飽. 且或冀其占科名, 爲一時榮, 乃今煢煢靡所恃, 後雖或登高第取顯仕, 亦靡逮矣. 第二兒年壯而尙未冠昏, 亦坐吾之疎緩與貧窮也. 而子每以過時爲憂歎, 勸吾以廣詢婚對. 且慮冠服之未易辦, 或時夜不能寐, 對案忘食, 乃今無及矣. 第三兒年方十四, 子常愛其孝順, 渠亦能極意承奉. 嘗兼行僕隷之役, 亦無所難, 乃今日事號泣矣. 第四兒年方十二, 子之最所憐惜者, 每以年幼而撫愛有加, 食必同案, 寢必同衾, 乃今漂泊無所依于子之親側矣.

凡吾之悲者, 又非但此也, 而今不能盡言, 亦不欲盡書, 吾又何能堪此而久住斯世耶. 子之悲則子已冥然無所知矣, 惟吾之悲其將以何術排抑寬慰耶. 子之靈其或有知也, 其必將悲子之悲, 又復悲吾之悲, 與天壤無窮期矣.

奔迸四朔, 始還舊第, 寓目增傷, 觸境生悲, 心非木石, 其孰忍是. 顧今事力, 實無運柩於湖中先塋之勢, 乃卜一地於果川後屯, 將以今十一日行永窆之禮. 吾之身後, 將與之同穴, 以期魂魄之相依而已. 嗚呼! 痛矣. 尙饗.

◎ 누이 임치재부인 제문 祭任巵齋夫人姊氏文

유세차 갑신년(1764) 10월 기묘 29일 정미에 아홉째 동생 김세휘은 제철 과일로 제사를 올리며 셋째 누이의 영전에 통곡하며 이별을 고합니다.

아아! 슬프다. 우리 형제자매 아홉 사람이 세상을 떠나 모두 다 사라지고 오직 누이와 작은형만 계셨는데 이제 누이마저 세상을 등져 두 형제만 이 세상에 남아 나이 예순을 바라봅니다. 작은형은 중년에 남쪽 선영에 내려가시고 저는 경기도 시골에 머물렀기에 떨어져 지낸 시간이 늘 많았는데, 누이는 늘 이것을 안타깝게 여기셨지요. 제가 찾아가

493) 『표암집』에서는 장취부(長娶婦)가 장성취부(長成娶婦)로 되어 있다.

뵐 때마다, 누이는 남쪽 고향 이야기만 나오면 흐느끼면서 형을 만나볼 기약조차 없는 것을 슬퍼하셨습니다. 병이 위독하다는 소식을 듣고 경기도에서 문후를 여쭈러 달려갔을 때에도, 먼저 작은 형에 대해 말씀하시면서 오래도록 떨어져 지낸 것을 슬퍼하고 생활형편이 어려운 것을 염려하셨습니다. 또 눈물이 흐르는 것을 참지 못하시며 말씀하시기를 "내 병이 이 지경에 이르렀으나 이 세상에 미련이 없네. 오직 우리 작은 동생과 막둥이가 또다시 의지하고 우러를 곳을 잃을 것을 생각하니 슬플 따름이지"라 하셨지요.

아아! 슬프다. 사람에게 누군들 형제자매가 없으리오마는, 자애로운 어미가 어린 자식을 사랑하듯 동생 어루만지기를 하였으니, 우리 누이가 동생들에게 하듯 하는 사람이 세상에 어찌 다시 있으리오? 내가 누이를 잃었으니 산다 한들 무엇을 하리오? 작은형은 쇠약한 데다 병까지 있어서 얼마 못 버틸 것 같고, 나는 늙지 않았어도 몸이 약해서 남은 날이 많지 않다는 것을 내 스스로 알겠으니, '슬퍼할 날도 얼마 되지 않는다'라는 옛 말이 진실로 맞습니다. 오직 사는 동안 느끼는 고통도 찢기는 듯하니 내가 어찌 감당할 수 있겠습니까?

오늘 매형인 치재 임공의 무덤까지 옮겨 새 무덤에 합장하려 하면서 지난날과 오늘을 생각해 보니 저도 모르게 통곡이 나고 창자가 찢기는 듯합니다. 우리 누이의 평소 덕행의 아름다움은 동생이 감히 사사로이 기록할 수가 없어 훗날 쓰기를 기다립니다. 오직 이 끝없는 아픔을 무슨 말로 다 하겠습니까. 아아! 슬프다. 상향.

原文 維歲次, 甲申十月己卯朔二十九日丁未, 第九弟世晃, 以時果之奠, 慟哭告訣于第三姊氏之靈曰:

嗚呼! 慟哉. 吾兄弟姊妹九人, 凋謝殆盡, 惟姊氏與仲兄在耳, 今焉姊氏捐背, 惟兩弟留斯世494), 年且望六旬矣. 仲兄中歲南下松楸, 弟滯圻庄, 別時恒多, 姊氏常以是爲恨. 弟每來拜, 姊氏輒說及南鄕, 涕泫哽咽, 以會面

494) 『표암집』에서는 유(惟)가 유(唯)로 되어 있다.

之無期爲悲. 及聞疾革, 自圻馳候, 語先及仲兄, 悲其分離之久, 念其契活之艱, 又不禁涕淚之交下且曰:"吾病至此, 斯世無復可顧戀者, 惟念仲季之又失依仰爲悲耳495)."

嗚呼! 痛哉. 人孰無兄弟姊妹, 而撫弟如慈母之愛稚子, 如吾姊氏之於弟輩者, 世豈復有也哉. 失我姊氏, 弟生何爲. 仲兄衰疾, 若不支朝暮, 弟亦未老而衰, 自覺餘日之無多. 古所謂'悲者無幾'者, 其信然矣. 而惟此未瞑之前, 至痛摧割, 吾何以堪. 今將移巵齋公舊阡, 合于新塋, 俯仰今昔, 尤不覺長號而腸裂也. 我姊氏平日德行之懿美, 有非少弟所敢私有記述, 尙可待他日之撰次. 惟是無涯之痛496), 其何以言盡乎. 嗚呼! 痛哉. 尙饗.

◎ 장모님께 제사지내는 글 祭妻母文

유세차 기축년(1769) 맏사위 진양 강세황은 멀리서 변변찮은 제수를 갖추어서 장남 인을 시켜 12월 (아무 간지) 11일 (아무 간지)에 두 번 절하고 삼가 장모님 사천목씨의 영전에 고하나이다.

아아! 슬프다. 제가 처가에서 기러기를 바칠 적에 나이 겨우 열대여섯 살497)이었습니다. 부인께서는 매우 아끼고 사랑해 주셔서 아는 것 없는 어린 아이였던 제가 오히려 친부모처럼 의지하고 앙모하였습니다. 나라가 태평하고 집안이 번성할 때에는 동남쪽 성곽에서 자주 문후를 여쭈었는데, 얼마 후 불행한 일을 만나 근심걱정하고 곤란을 겪으면서 바닷가에서 서로 이별하였지요. 연성에 돌아와 살 때에는 일이 이미 옛날 같지 않아 탄식하고 슬퍼함을 이루 다 말할 수 없었습니다.

병자년(1756)에 아내가 죽었으니 이제 14년이 됩니다. 때때로 문후를

495) 『표암집』에서는 유(惟)가 유(唯)로 되어 있다.

496) 『표암집』에서는 유(惟)가 유(唯)로 되어 있다.

497) 무상(舞象): 『소학』 「입교」편에 '十有三年學樂誦詩, 舞勺, 成童舞象, 學射御'라 하였다. 즉 무상은 13살 넘어 20살이 되기 전의 소년을 말한다.

올리면 부인께서 문을 열고 하는 이야기가 모두 아내에 관한 것이었고, 오열하면서 말을 마치지도 못하시곤 했습니다. 아내가 죽을 때 자식 넷 중 셋이 모두 어렸지요. 어미를 잃고 울 때는 하루 밤낮도 보존하지 못할 듯 했으나 부인께서 붙잡고 안아서 키워 성인이 되기에 이르러서 지금은 모두가 훤칠한 장부가 되었습니다. 다시금 그 힘든 수고를 돌아보건데, 어미가 아이에게 하는 것 못지않게 하여 어미를 잃은 고통을 잊게 해 주셨는데, 이제 영영 의지할 곳을 잃어 통곡함이 망극하니 그 어미를 잃은 날 곡하던 것과 어찌 다르겠습니까?

아아! 슬프다. 제가 중년에 한양으로부터 근처로 집을 옮긴 것은 실은 의지하고 앙모하여 문후를 여쭙기 편하게 하고자 한 것이었습니다. 하루라도 안부를 살피지 않은 날이 없었고 몇 개월 동안 떨어져 지낸 일도 없었지요. 이번 가을에 제가 장차 작은 아들 흔의 부안 임소로 가려할 때 부인께서는 오랜 병으로 매우 위독하셨습니다. 침상 밑에 나아가 절하자 부인께서는 부축을 받아 억지로 일어나 담담하게 죽은 후의 일을 말씀하셨고, 저도 눈물을 뿌리며 인사를 드렸습니다. 남쪽으로 내려간 지 한 달이 지나 끝내 부고를 받았지요. 북쪽을 향하여 길게 울부짖으며 눈물이 비처럼 흘러내리는 것을 금할 수 없었고, 날마다 작은 아들과 지난 일에 대해 이야기하다 보면 번번이 슬픔을 억누를 길 없었습니다. 장차 하관하는 곳에 나아가려고 행장을 꾸려 출발하려 할 때에 병이 나서 무리할 수 없었고, 아들이 옷을 잡고 울며 말려서 일어나려다 다시 머물렀습니다. 혼자 힘으로는 갈 수가 없으니 유명(幽明)을 생각할 적에 은혜를 저버림이 매우 부끄럽습니다.

아아! 슬프다. 생각해 보면 지난 신미년(1751) 가을 부인의 생신[498]에 잔치를 열고 잔을 올리며 자손들이 나란히 절하였습니다. 부인은 잔을

498) 설세(設帨) : 옛날에 아들을 낳으면 대문 왼쪽에 활을 달고 딸을 낳으면 대문 오른쪽에 수건을 걸어놓았다. 이런 습속에 따라 설세는 딸을 낳는 일, 또는 여자의 생일을 나타낸다.

드시더니 흐뭇하게 기뻐하기도 하시고 또 슬퍼하기도 하셨지요. 이때에 제가 송축하는 글을 올려 부인을 한 번 웃으시게 해 드렸지요. 삶의 중간에 겪은 온갖 슬픔과 기쁨은 다시 말할 수도 없습니다. 지난 일을 떠올려보니 또렷한 것이 마치도 어제 일인 듯합니다.

이제 천리나 떨어진 남쪽 멀리에서 변변찮은 말로 현재를 돌아보고 옛날을 그리워하는 회포를 적습니다. 사람 일의 변화에 눈물이 복받쳐 절로 나옵니다. 붓을 내던지고 탄식하며 자세히 쓰지 못하고 여기서 말을 마쳐 이별을 고하며 이 아픔을 표현하고자 합니다. 아아! 슬프다. 상향.

原文 維歲次, 己丑十二月干支朔十一日干支, 長女壻晉陽姜世晃, 遠具薄奠, 使長子俒再拜, 敬告于外姑恭人泗川睦氏之靈曰 : 嗚呼! 哀哉. 小子之委禽甥舘也, 年纔舞象. 夫人極加撫愛, 雖童騃無所識, 猶依慕若天倫焉. 家國昇平, 門闌鼎盛, 東城南郭, 候問促數, 未幾而遭値不幸, 罹憂遘難, 分離海徼. 及夫返寓蓮城, 事已非昔, 感嘅悲凉, 盖不可勝言者矣. 丙子歲, 吾妻亡, 于今十有四年, 以時而候拜, 夫人鬪門之語, 未嘗不及於吾妻, 亦未嘗不嗚咽涕洟, 不能竟其辭也. 吾妻亡時, 有四子而三子皆稚弱, 失怙呱呱若無以保朝夕, 夫人實扶抱撫育, 以至於成立, 今皆頎然稱丈夫. 其顧復辛勤, 無少下於慈母兒, 亦忘其孤露之痛. 今焉永失憑依, 其叫號罔極, 亦何異於哭其母之日也.

嗚呼! 哀哉. 小子中歲, 自京城移舍於近地, 實爲依仰候謁之便, 盖無一日不承起居安否, 亦未有數月離違. 至于今秋, 小子將往仲子俒扶寧任所, 于時夫人宿痾沉篤. 就拜床下, 夫人扶持强起, 諄諄語身後. 小子亦揮涕而辭. 南下踰朔499), 竟承凶訃. 北望長號, 不禁淚如雨下. 日與仲子對說往事, 輒於邑不自抑, 將趂窆往赴, 束裝臨發, 疾作不可强, 兒子挽衣泣止, 欲起復留, 不能自力, 俛仰幽明, 愧負如何.

嗚呼! 哀哉. 念昔辛未之秋, 當夫人設帨之辰, 開筵稱觴, 兒孫羅拜, 夫人爲擧一危, 欣然而樂, 戚然而悲. 當是時, 小子進頌祝之辭, 以蘄夫人之一笑. 中間悲歡閱歷, 不可復道. 回想往蹟, 顯顯如昨日事.

乃今千里南維遠, 將蕪語以寫撫今懷昔之懷. 人事嬗變, 感涕無從, 擲筆長吁, 不能覼縷, 緘辭告訣, 以寓一痛. 嗚呼! 哀哉. 尙饗.

499) 『표암집』에서는 유(踰)가 유(逾)로 되어 있다.

◎ 죽은 아내의 묘에 제사지내는 글 祭亡室墓文

유세차 기해년(1779) 8월 임자 13일 갑자에 가선대부 남양부사 강세황은 죽은 아내 증정부인 진주유씨의 묘에 밝게 고합니다.

그대가 세상을 떠난 지 잠깐 사이에 24년이 지났소. 지금 나는 흰 머리 노인이 되어 슬픔과 기쁨을 물리도록 겪었다오. 옥관자를 차고 금대를 둘러서 받은 은혜가 견줄 데가 없습니다. 정부인에 추증하는 교지를 내린들 아! 무슨 소용이 있으리오. 남양부사가 되어 백 리 땅 다스리러 나왔으나, 부절과 인끈도 영화롭지 않고, 수고롭고 속 좁음이 부끄럽기만 합니다. 곡식 생산이 넉넉하고 굴과 감을 맘대로 먹으니, 술지게미 먹던 가난한 옛날에 어찌 조금이나마 이것을 누리지 못하였던가. 아이들도 가슴에 한을 지녔고 내 마음도 아프기만 하오. 와서 산소를 살피니 때가 절사(節祀)500)에 가깝습니다. 이제야 비로소 못했던 예를 거행하면서 교지를 태워 올리고 한 잔 술을 부으나 당신이 구천에서 살아나긴 어렵겠지요. 묵은 풀 앞 새 무덤에는 우리 작은 아들이 묻혔소. 황천이 지척이리니 신령끼리는 혹 의지하겠지만, 산 자는 어찌 감당하리오. 눈물만 물처럼 흐르는구려. 상향.

原文 ‖ 維歲次, 己亥八月壬子朔十三日甲子, 夫嘉善大夫南陽府使姜世晃, 昭告于亡室贈貞夫人晉州柳氏之墓曰:

子之違世, 倏已二紀. 今我白首, 飽經悲喜. 頂玉腰金, 恩數罕比. 從夫贈誥, 嗟何及矣. 南州都護, 出守百里, 符紱非榮, 勞碌堪恥. 產饒秔稻, 味擅蠔柿, 糟糠舊貧, 盍少享此. 兒輩茹痛, 我心傷只. 來掃封塋, 時近節祀, 始擧闕禮, 載焚黃紙, 一盃相酹, 九原難起. 宿草前墳, 哀我仲子, 泉臺咫尺, 神理或倚, 生者何堪, 淚從如水. 尙饗.

500) 절사(節祀) : 철이나 명절(名節)을 따라 지내는 제사(祭祀).

◎ 큰 질부 임씨를 제사지내는 글 祭伯姪婦任氏文

갑진년(1784) 2월 12일 큰 질부 풍천 임씨를 장차 온읍 선영의 아래에 장사지내려 하면서, 숙부 세황은 아들 관(僙)을 보내어 술과 안주를 차려 놓고 글로써 곡하며 이별하노라.

아아! 공인(恭人)이 우리 가문에 들어올 때 내가 일곱 살이었는데 이제 팔순을 바라보며 죽을 날이 가까운 나이가 되었다. 집안의 옛 일을 떠올려보니 푸른 바다가 뽕나무로 변하는 것을 몇 번이나 겪었던가? 그래서 공인은 슬픔과 기쁨을 실컷 겪으며 오랜 세월을 보냈다. 우리 집안에 있으면서 노나라 영광전처럼[501] 우뚝하였으며, 부인의 가르침으로 자식들도 모두 어질었으며, 근면하고 검소하여 집안을 일으켜서 우리 집안 제사[502]를 맡아 감당하였다. 누린 수명이 오래인지라 돌아감에 서운함이 없으니 공인의 죽음에 대해 누군들 복이 아니라 하랴. 오직 나만 남겨진 사람의 슬픔 때문에 눈물이 줄줄 흐르는 것을 참을 수 없구나. 옛날 일을 회상하면서 길게 탄식하며 현명한 이의 죽음을 아파하노라. 상향.

原文 甲辰二月十二日，伯姪婦豐川任氏，將葬于溫邑先兆之下，叔父世晃遣子僙，設果醪以文哭訣曰：

嗚呼! 恭人之入吾門時，余七歲，今於望八垂死之年. 追想家中故事，閱歷幾番滄桑，而恭人飽經悲歡，星霜屢嬗，在吾家，巋然爲魯殿靈光，熊荻之敎，有兒皆賢，勤儉成家，尸我烝嘗. 享以遐籌，歸以無憾，恭人之喪，人孰不福之，而獨余後死之悲，不禁老淚之淋浪，懷疇昔而永歎，痛懿哲之淪亡. 尙饗.

501) 노전영광(魯殿靈光) : 전한 경제(景帝)의 아들이자 노왕(魯王)이었던 공왕(恭王)이 세운 영광전(靈光殿)을 말한다. 왕연수(王延壽)의 「노영광전부(魯靈光殿賦)」에, '연광전만이 홀로 우뚝 남아 있어라'고 하였다. 『문선』에 보인다.

502) 증상(烝嘗) : 증은 겨울에 지내는 제사, 상은 가을에 지내는 제사를 말한다.

◎ 화천 이의숙을 제사지내는 글 祭花川李儀叔文

유세차, 을사년(1785) 6월 10일 병든 친구 표암은 와서 화천[503] 옹의 영전에 곡하며 그 영원히 돌아감을 전별하면서 글을 지어서 고합니다. 지난 해 겨울 10월 내가 명을 받아 연경에 가게 되었을 때 공은 밤에 가마를 타고 여러 자제들을 데리고 방문하여 이별할 적에 술을 따라서 나에게 먹이며 말하기를 "이런 안주들은 남들이 전별할 때도 없지는 않을 것이나 반드시 내 술은 마셔야 합니다"라고 하였습니다. 내 나이가 많음을 걱정하면서 내가 평안히 돌아오기를 빌어주고, 손을 잡으며 도타운 정을 표시하고 망설이며 차마 놓지 못하였지요. 나는 말하기를 "일흔이 넘은 나이에 멀리 만 리 길을 가니 무사히 돌아오는 것을 내 스스로도 기약하지 못합니다. 그러나 따뜻한 집에서 한가히 지내는 사람이야 다시 어떤 근심이 있겠습니까" 하였습니다. 이때에 서리가 뜰에 가득 내렸고 달빛은 대낮 같았지요. 서로 전송하며 문에 이르렀던 두 사람의 정이 간절했는데, 어찌 그 헤어짐이 생사 간의 영원한 이별이 될 것을 생각이나 했겠습니까. 그러나 멀리 갔던 나는 온전히 돌아오고, 쉬며 한가히 지내던 그대는 갑자기 돌아갔습니다. 내가 본래 변변찮은 사람이라 교유하는 벗도 드물어 오직 마음을 알고 우정을 가져 늙도록 변함없는 사람은 겨우 두세 명 정도일 뿐입니다. 연객 허필[504] 같이 맑고 높았던 이는 먼저 돌아간 지가 20년에 가깝고, 자시(子時) 임희성[505] 같

503) 이수봉(李壽鳳, 1710~?) : 조선 후기의 문신. 본관은 함평(咸平). 자는 의숙(儀叔), 호는 화천(花川). 현감 경익(景翼)의 아들이다. 1757년 경상도 안핵사로 가기도 했고 이후 강계부사가 되어서 삼폐(蔘弊)를 지적하고, 강계 은점의 세금을 호조에 납부하는 대신 강계부민에게 삼을 조달하는 비용으로 주도록 한 바 있다. 1767년 동지정사(冬至正使) 전은군(全恩君)의 서장관이 되어 청나라에 다녀오고, 이듬해 대사간이 되어 조영순(趙榮順)을 탄핵하는 계를 정지시켰다가 1773년 사직당하고 제주도 대정현으로 귀양갔다가 곧 풀려나 다시 승지가 되었다.

504) 허필(許佖, 1709~1761) : 자는 여정(汝正)이요 호는 연객(煙客)이다. 본관은 양천(陽川)이다. 영조 때 시서화(詩書畫)에 뛰어나 삼절(三絶)로 이름났다. 진사시에 합격했으나 벼슬보다 학문에 열중하였다.

이 공경하고 삼가던 사람이 누운 무덤의 풀은 두 해가 되어 갑니다. 그대의 문채와 풍류는 진실로 다른 사람의 이목을 비출 뿐 아니라 겸하여 나와 인척(姻戚)의 정리도 있으므로, 내가 만년에 교유하며 서로 더불어 의지하고 믿은 것은 오직 공 한 사람뿐이었습니다. 내가 혹 나귀를 타고 방문하여 맑은 담소를 나누며 밤을 지새우기도 하였고, 공도 가마를 타고 자주 나를 방문하여 취하도록 마신 후에 돌아가기도 하였습니다. 늘그막에 서로 교유하는 기쁨이 이보다 더할 것이 없을 것입니다. 남쪽 동산에서 꽃구경하던 즐거움과 서쪽 호수에서 술 싣고 가던 발걸음이 꿈속 일만 같습니다. 때로 혹 문장을 평하면 말이 늠름하여 매번 자유자재로 호리병을 치는 듯한 느낌이 있었지요. 공을 깊이 아는 자는 나만이 세상에 살아 있다지만, 나를 깊이 아는 사람은 몇 명이나 있을까? 공은 일찍이 임성규의 만사(挽詞)에서 '흐르는 물 거문고 소리를 내고, 높은 소나무 골짜기에 우뚝 솟았네[流水鳴琴, 高松聳壑]'라는 구절을 썼지요. 내가 매번 이 말을 외우고 음미하며 망령되이 말하기를 '이것은 유독 성규(聖圭)의 기미(氣味)와 정신만을 비유한 것이 아니요 실은 스스로 자기를 말한 뜻이다'라고 하였습니다. 이제 산속 누각에 비가 개이고 푸른 소나무가 골짜기를 굽어보는 중 달밤에 거문고 소리 듣는데 그 곡조가 맑고도 빼어나니 늙은이의 심정이 문득 좋지 못합니다. 이 뜻을 아는 사람은 없을 것이니 어찌하면 화천 옹을 여기에 이르게 하여 다시 '소나무의 학과 울리는 거문고[松鶴鳴琴]'의 구절을 읊게 하겠습니까. 아아! 공의 상여가 떠날 날이 가까우므로 병중에도 억지로 와서 몇 행의

---

505) 임희성(任希聖, 1712~1783) : 조선 후기의 학자. 본관은 풍천(豐川). 자는 자시(子時), 호는 재간(在澗)·간옹(澗翁)이다. 아비는 응교 광(珖)이며, 어미는 남양홍씨(南陽洪氏)이다. 1741년 생원시에 합격하여 음보(蔭補)로 효릉참봉(孝陵參奉)과 직장을 하였으나 얼마 안 되어 사직하고 귀향하였다. 「잠언(箴言)」과 「지일십계(至日十誡)」 등을 지어 수신의 지표로 삼는 등 학문에 있어 실천의 중요성을 강조하였다. 『경서차록(經書箚錄)』과 『국조상신열전(國朝相臣列傳)』을 펴낸 바 있으며, 문집으로 『재간집』3권이 있다.

글로 전별합니다. 지난 겨울 연행 갈 때의 이별이 완연히 엊그제만 같은데, 인간의 일이란 기약할 수 없는 것이 이와 같습니다. 또한 어찌 부르짖으며 길이 통곡만 하면서, 얼마 안 되어 다시 만날 이치가 있음을 생각하지 않겠습니까. 상향.

原文 維歲次[506], 乙巳六月初十日, 豹菴病友來, 哭花川翁靈座, 餞其大歸, 操文以告曰 : 昨歲冬十月, 余啣命赴燕京, 公夜乘肩輿, 率羣子弟枉訪, 叙別酌酒餉余曰 : "若肴若蔬, 非無他人之餞饌, 而必飮我酒也." 憫我篤老, 祝我穩旋, 握手繾眷, 低回不忍捨. 余曰 : "逾七之年, 遠作萬里之行, 無恙歸來, 吾不自期. 而煖屋閒養者, 復何憂哉." 時霜華滿地, 月色如晝. 相送至門, 二情依依, 豈料此別卽死生永訣. 而遠邁者穩旋, 閒養者奄忽也. 余本踈拙, 鮮有交友, 而獨知心托契至老不替者, 僅數三人而已. 淸高若烟客, 而先歸近二十年, 雅飭如子時, 而墓草, 將再宿矣. 惟公文采風流, 實有照映人耳目, 兼之以婚姻之誼, 余之晩年, 從遊相與依恃者, 獨公一人在耳. 余或騎驢相訪, 淸談竟夕, 公亦肩籃頻枉, 帶醉而還, 晩暮從遊之歡, 無過乎是. 南園賞花之樂, 西湖載酒之行, 便若一夢中事. 時或評論文章, 談鋒凜然, 每有如意擊壺之感. 知公深者, 惟我在世, 而知余之深者, 亦有幾人乎哉. 公嘗挽任友聖圭, 有'流水鳴琴, 高松聳壑'之句. 余每諷味斯語, 妄以謂'此非獨喩聖圭氣味精神, 實自家自道之意耳.' 今當山閣雨霽, 蒼松俯壑, 月夜聽琴, 聲調淸越, 老懷於此, 忽忽然不樂, 此意盖無知者, 安得致花翁於此中, 復誦'松鶴鳴琴'之句也[507]. 嗟! 公靷行將在不日, 力疾來, 餞侑以數行之文. 昨冬燕行之別, 宛然在俄頃, 而人事之不可期如此, 亦何必噭然長號, 不念夫不久相會之理也. 尙饗.

506) 『표암집』에는 차(次)가 없다.
507) 『표암집』에는 학(鶴)이 학(壑)으로 되어 있다.

◎ 여송오[508]와 여감호[509]를 함께 봉향하는 제문 呂松塢鑑湖幷享祠宇祭文[510]

가래나무 무성한 남쪽 지방에 태어나니, 가학(家學)의 연원이 아비에게서 아들에게 전해졌도다. 가문이 모두 아름다웠으나 그 아름다움 드러나지 않았네. 송오(松塢)의 학문의 역량은 아이 때부터 나타나, 옥패를 두르고 저 성균관[511]에서 노닐었지. 무릉도인(武陵道人)[512]을 스승으로 따르니 영민함은 견줄 데가 없었네. 이때 세 현사(賢士) 의리로 연마하였지. 대곡 성운[513]과 교유하여 자주 찾아뵈었네. 가을 서리 같이 서늘한 기운으로 조정에 글을 올리니,[514] 사람들은 외우며 시원해 하였고 원수의 머리 저자에 걸렸다네. 상국(相國)은 말하기를 "시골에도 뛰어난 선비

508) 여응구(呂應龜, 1523~1577) : 조선 중기의 문신. 본관은 성산(星山)이다. 자는 문서(文瑞), 호는 송오(松塢)이다. 주세붕(周世鵬)의 문인이다. 1565년 문정왕후가 병석에 있을 때에 승려 보우가 제를 올리려 하자 김우굉(金宇宏)과 함께 상소를 올리는 일을 주도하였다. 1572년 별시에 급제하여 성균관학유(成均館學諭)에 제수되었으나 취임하지 않았다. 경호(鏡湖)부근에 정자를 짓고 소나무를 심은 뒤 스스로 '송오'라고 호를 붙여 후학을 교육하는 데에 힘썼다. 송계서원(松溪書院)과 경양서원(鏡陽書院)에 제향되었다. 저서로 『송오유집(松塢遺集)』 1책이 있다.

509) 여대노(呂大老, 1552~?) : 본관은 성주(星州)이다. 자는 위수(渭叟)요 호는 감호(鑑湖)이다. 선조(宣祖) 16년(1583)에 진사시에 급제하였다. 부친은 여응귀(呂應龜)이며 조부(祖父)는 여종호(呂從濩)이다. 임진란 발발 당시 지례현감으로 임명되었는데, 초기에는 성을 버리고 도망하였다. 나중에 금산 의병장이 되어 거창에 주둔하고 있던 김면의 병군에 합세하여 활동하였다.

510) 『표암집』에는 제문(祭文)이 고제문(告祭文)으로 되어 있다.

511) 반수(泮水) : 반수란 반궁의 앞부분 주위 절반에 물을 두는 것이라는 말이나. 반궁(泮宮)은 태학(太學), 즉 성균관을 말한다.

512) 주세붕(周世鵬, 1495~1554) : 호는 무릉도인. 1552년 생원시와 별시문과에 급제하여 관직생활을 시작했던 조선 전기의 문신이자 학자로, 백운동 서원을 설립하여 사액받은 인물로 유명하다. 저서로 『죽계지(竹溪志)』, 『해동명신언행록(海東名臣言行錄)』, 『진헌심도(進獻心圖)』 등이 있다.

513) 성운(成運, 1497~1579) : 본관은 창녕(昌寧)이다. 자는 건숙(健叔)이요 호는 대곡(大谷)이며 형이 을사사화로 화를 입자 조정에 뜻을 버리고 속리산에 은거한 후 학문에만 정진하였다.

514) 투궤(投匭) : 궤(匭)는 상자를 말한다. 당(唐) 수공(垂拱) 2년, 궤원(匭院)을 설치하고 구리로 궤 4개를 만들어 조당(朝堂)에 놓고 사방에서 온 문서를 받아 넣었다. 즉 이 상자에 문서를 넣는 것을 투궤라고 한다.

가 있구나" 하였지.

변변찮은 우역(郵驛)에서 채소만 먹으면서 청렴과 간명함으로 자기를 다스렸다네. 과거에 급제하기는 마흔이 넘어서였다네. 재주는 높은데 지위는 낮았지만 마음 쓰지 않았도다. 경치 좋은 곳에 숨어 살면서 행동을 보아 징조를 상고하고,[515] 자연을 기뻐하면서 경서와 역사서를 즐겨 읽었네. 두루 구휼함에 뜻을 두었고, 화려한 것을 경계했다네. 우리 자손들과 함께 해서 경건하게 제사를 받드니, 맘 따뜻한 공인(恭人)께서 진실로 깨끗한 복을 받으시리라. 여러 경사가 후손에게 있으리니 남겨주신 가르침 징험할 수 있으리.

여감호(呂鑑湖)의 덕업은 진실로 공과 비슷하였네. 그 효도에 감격하여 물고기가 뛰어올랐고,[516] 교훈은 아버지에게서 받았다네.[517] 풍모는 달처럼 맑고 기개는 산처럼 우뚝하였고, 필체는 강물이 터진 듯이 넓고도 끝이 없었네. 생강과 계피처럼 매운 성품이었기에, 서리처럼 차가운 글로[518] 저 탐욕스럽고 비루한 이들에게 침을 뱉었네. 간흉한 사람은 좋아하지 않아서 편지 한 장 주고받지 않았네. 모두가 그대를 배척하였으나 자신의 불운으로 돌렸다네.[519] 낚시나 하면서 시비에는 관계하지 않았지. 진사 급제가 지척에 있을 때 남쪽 기운 매우 악하여 집과 마을 떠들썩했네. 의병이 일어났다는 소문에 지시를 밝게 들으니 조정에서는

515) 『주역』 이괘(履卦)의 상구(上九)를 설명하는 말에 '행동을 보아 징조를 상고하되 주선함이 완벽하면 매우 길하다(視履考祥, 其旋元吉)'라 하였는데, 거기에서 끌어온 표현이다.

516) 효자 왕상(王祥)이 병드신 부모님께서 잉어를 드시고 싶다고 하자 겨울에 얼음을 깨고 그 옆에서 울었더니 잉어가 얼음 위에 뛰어올랐다고 하는 고사에서 가져온 것이다.

517) 공자의 아들 백어(伯魚)가 마당을 달려가는 것을 본 공자가 아들과 이야기를 나누며 가르친 고사를 말한다.

518) 계등(溪藤) : 중국 절강성 섬계(剡溪)의 물이 종이 만들기에 적합했다. 또 그 부근에서 나는 등나무 껍질로 만든 종이가 유명하였다. 그래서 종이를 다른 말로 계등이라고 한다.

519) 감지(坎止) : 『주역』, 감괘의 내용을 말하는 것으로 '흐름에 따라 가다가 웅덩이를 만나면 그친다(順流而行, 遇坎而止)'라 하여 진퇴를 억지로 하지 않고 흐름에 따라 맡기는 처세관을 가리킨다.

아름답다 하여서 관사의 벼슬아치를 삼았네. 예를 지켜 문병을 자주 하고 의에 맞게 하여 굶지 않았네. 천병(天兵)이 내려오는 때에 계획과 하는 일 믿을 만하게 하니, 하는 일마다 옳지 않은 것이 없어 많은 이들 자주 벼슬에 추천했네.

아! 공의 평생 하는 바를 보자면[520] 우복 정경세[521]가 사귀기를 허락하였고 여헌 장현광[522]이 제문을 지었으며, 동래(東萊)[523]가 또 나왔다고 김씨가 논평했도다. 군자로다 이 사람이여 백세를 기다릴 만하리. 마치 흐르는 물과 같아 근원이 깨끗하고 찌꺼기가 없으시네. 저 뿌리박힘이 튼튼하여 가지와 잎도 우거졌도다. 부친의 뜻 계승하여[524] 언행이 기름지고 아름다우셨네. 혁혁한 그 가문 오직 덕이 있어 복이 있도다. 후손을 이끌고 선현을 빛냈으니 백대에 아름다움을 이루도다.

돌아가신 후 제사를 지내자는 선비들의 의견 일제히 일어나니 내 개

---

520) 『논어』 「위정(爲政)」편에 "그의 행동을 보고 이유를 살피며 편안히 여기는 것을 살피면 사람이 어떻게 자기를 숨길 수 있으리오 어떻게 자기를 숨길 수 있으리오![視其所以, 觀其所由, 察其所安, 人焉廋哉, 人焉廋哉]"라 했는데, 거기에서 끌어온 표현이다. 여기서 이(以)는 '하다'라는 뜻으로 해석해야 한다.

521) 정경세(鄭經世, 1563~1633) : 본관은 진주(晉州). 자는 경임(景任), 호는 우복(愚伏)이고 시호는 문장(文莊)이다. 유성룡의 제자이다. 당쟁으로 시끄러운 정계를 떠나 관직을 사양하고 고향에 돌아와 학문연구에 전념하였으며 특히 예학에 조예가 깊었다. 서원을 세워야 함을 역설하고 유생을 설득하여 도남서원(道南書院)을 창건하고, 오현(五賢)을 종사(從祀)하기도 했다. 광해군 즉위 후 만언소(萬言疏)를 올려 사치의 풍습을 경계하고 인물의 전형을 공정하게 하며 학문에 힘쓸 것을 상소하기도 했다. 『우복집』, 『상례참고(喪禮參考)』 등의 저서가 있다.

522) 장현광(張顯光, 1554~1637) : 본관은 인동(仁同). 자는 덕회(德晦), 호는 여헌(旅軒)이고, 시호는 문강(文康)이다. 학문에 정진하여 23세 때에 재능과 행실이 드러나 조정에 천거되었다. 이후 평생을 두고 조정의 잦은 부름을 받았으나 번번이 나아가지 않고 학문에 힘썼다. 정구(鄭逑)에게 수학한 적이 있어 퇴계학파로 보기도 하지만 이기론·심성론 등에서 이황(李滉)과 다른 점이 많다. 저서로 『여헌집』, 『성리설(性理說)』, 『역학도설(易學圖說)』 등이 있다.

523) 감호 여대노의 경우 임진왜란 때에 의병으로 활동한 것을 주로 설명하는 부분이므로, 여기에서의 동래(東萊)는 동래부사 송상현인듯 하나 자세하지는 않다.

524) 간고(幹蠱) : 『주역(周易)』 「고괘(蠱卦)」 '초육(初六)'에 나오는 말로 간부지고(幹父之蠱)의 준말이다. 아들이 아버지의 뜻을 계승 발전시키는 것을 말한다.

인의 의견이 아니요 모두의 의견이라네. 제기를 차려 나란히 향사함에 예의로 볼 때 어찌 아니할 수 있겠는가. 사당을 새로 짓는 것은 법령으로 혹 금지할 수 있으나 만약에 우리나라의 예를 상고한다면 조묘를 하지 않고 길이 제사를 지내야 하리라.[525] 우리 자손들은 삼가 고향[526]을 지키면서 길이 제사를 지내리니 누군들 감복하지 않으랴. 오직 새로워진 묘당의 모습은 시대가 기대함이 있는 것 같도다. 이에 단청을 베풀었으니 엄숙한 집이로다. 2대(代)를 받들어 올려 하나로 모시니 봄가을로 제사지냄을 이제부터 시작하리라. 수고한 공이 우리 종문에 있었으니 사람들 중에 은혜를 받지 않은 사람이 없었도다. 근본에 보답하려는 정성 깊었고 덕을 숭상하는 의식이 성대하도다. 영혼이 혹시 계시다면 이를 영원히 흠향하시라. 자자손손 억만 대에 이를 때까지.

原文 喬梓有菀, 篤生南紀, 家塾淵源, 父以傳子. 匹休一門, 不顯其美. 松塢學力, 粤自童齒, 瓊琚玉佩, 遊彼泮水. 從師武陵, 穎敏罕比. 時有三賢, 硏確義理, 交情大谷, 頻奉杖几. 烈烈秋霜, 九重投匭, 輿人誦快, 揭醎藁市[527], 相國言焉, 林泉有士.

殘郵賴蘇, 廉簡律已. 策名金榜, 晩逾强仕, 才高職卑, 匪我戚喜. 捿遁仙區, 考祥視履, 怡情泉石, 自娛經史. 義在周恤, 戒存華靡. 同我子孫, 虔奉椢簋, 溫溫恭人, 實受純祉. 積慶在後, 可徵遺軌.

鑑湖德業, 寔公肖似. 孝感躍魚, 訓承趍鯉. 風裁月朗, 氣宇山峙, 筆决江河, 浩無涯涘. 薑辛桂辣, 性味則爾, 霜冷溪藤, 唾彼貪鄙. 兇人莫好, 不報尺紙, 儘爾排斥, 任我坎止. 篧篧漁竿, 不關非是. 蓮輝桂香, 俄在尺咫, 南氛甚惡, 騷厥宅里. 風聲義旅, 明聽指使. 廷議曰嘉, 乃官司李. 禮多病問, 義不飢死. 天兵日下, 料辦有恃, 無適非宜, 中外屢擬.

---

525) 부조(不祧) : 묘제(廟制)에 의하면, 일정한 대수(代數)가 지나면 그 신주(神主)를 태조의 묘(廟)로 옮긴다. 이를 조(祧)라고 한다. 다만 그 공덕(功德)이 매우 뛰어난 인물의 신주는 특별 대우하여 그 대수가 지나도 옮기지 않는데, 이것을 부조 또는 불천(不遷)이라 한다.

526) 상자(桑梓) : 상자는 뽕나무와 가래나무를 말한다. 옛날에는 집의 담 밑에 보통 이 두 나무를 심었다. 그래서 이 두 나무를 써서 고향 또는 향리(鄕里)라는 의미를 나타낸다.

527) 『표암집』에는 욱(醎)이 괵(馘)으로 되어 있다.

猗公一生, 觀厥所以, 愚伏許交, 旅軒歎誄. 東萊又出, 藉論金氏. 君子哉人, 百世可俟. 譬如泉流, 源潔無滓. 相彼根柢, 枝葉薿薿. 幹蠱用譽, 行肥言旨. 奕奕咸譜, 維德有祉[528], 啓後紹前, 濟美百禩.

歿而祭社, 士論齊起, 非敢私吾, 公議是視. 俎豆幷享, 於禮曷已. 院宇新創, 令或禁止. 若稽邦禮, 不祧長祀. 凡我雲仍, 敬守桑梓, 如其永享, 孰不感只. 維新廟貌, 時若有企. 乃施丹雘, 有儼戚㞯. 兩世躋奉, 一體同揆, 春芬秋苾, 自今伊始. 功在吾宗, 人莫不彼[529]. 報本誠深, 尙德儀侈. 精靈彷彿, 永言歆此. 子子孫孫, 萬億及秭.

◎ 봄가을 제사 때의 축문 春秋時享祝文

보배를 품고 몸을 편안히 하며
경사를 쌓아 후세에 물려줬네.
공경하며 밝히 제사를 올리니
영원히 오래도록 변함없으리. (송오공 축문)

도의로써 서로 수련하여
학업을 계속 이어주셨네.
우리 자손을 도와주시니
제사를[530] 변함없이 올리리. (감호공 축문)

原文 ‖ 懷寶安身, 積慶貽後, 敬薦明享, 無替永久(松塢公)
道義涵泳, 學業承繼, 祐我子孫, 芬苾無替(鑑湖公)

528) 『표암집』에는 지(祉)가 지(址)로 되어 있다.
529) 원문에는 피(彼)로 되어 있으나, 피(被)의 오자로 보인다. 여기에서는 피(被)로 새긴다.
530) 분필(芬苾)은 제사 음식을 가리킨다. 『시경(詩經)』「초초자자(楚楚者茨)」에, '苾芬孝祀, 神嗜飮食'이라 한 용례가 있다.

◎ 금산 조유[531]의 위패를 향현사에 봉안하는 고제문 金山曺公逾鄕賢祠位板奉安告祭文

빼어난 기운 있는 영남 지방에 기이한 보배 모이고 응축되어 이름난 유자와 큰 선비가 노을처럼 빽빽하고 구름일 듯 일어났네. 공도 천부적인 재질로 우리 도를 이으셨도다. 옷을 걷어 올리는 정성으로 가서 배우니[532] 스승과 벗이 있었다네. 옥과 뿔을 쪼고 갈 듯하였고, 얇은 얼음을 밟은 듯 깊은 못가에 간 듯하였네. 계속 정진하여 낮은 데로부터 높은 데 올라가니 고장 사람들은 사모하여 우리나라의 안자나 증자라고들 했지. 궁궐에 글을 올려 저 요망한 중을 배척하니, 비뚤어진 도가 현혹하지 못하여 바른 기운이 더욱 늘어났다네. 쌓아둔 것이 높은 값으로 팔리지는 못하였으나[533] 도는 사람을 기다려 커졌네. 사람들이 잊지 못하여 돌아가신 후에도 명성이 일컬어지니 마을에 있는 사당에 마침내 올리려고 하네. 세상은 진실로 평안하기 어려우니 옥에 파리가 붙었다 할 만하나, 헤아리지 못한 것이 많으니 저들이 어떻게 능하리오. 변변찮은 제수로[534] 제사를 올리고는 잠시 철회되었다가 이내 이어졌네. 좋은

531) 『조선왕조실록』 영조 11년 윤 4월 18일 기록에 '금산(金山)의 사인(士人) 조유(曺逾)에게 증직(贈職)하라고 명하였다. 조유는 바로 고 명신(名臣) 조위(曺偉)의 후손이었고, 선정신(先正臣) 성혼(成渾)의 외손이었다. 김재로(金在魯)가 그의 박학하고 실천하는 공적을 포상하도록 청하였으므로 이러한 명령이 있었다'라는 기록이 나온다.

532) 구의(摳衣) : 눈 위에 서서 옷을 걷어 올린다는 정문입설(程門立雪)이라는 고사에서 나온 말이다. 송나라의 유초(游酢)와 양시(楊時)가 정이를 방문하였는데, 그 때 정이는 명상에 잠겨 있자 눈이 날리는 가운데서도 그 앞에 서서 기다렸다. 이후 스승을 찾아가 공손히 배움을 청한다는 의미로 사용한다. 『송사(宋史)』 「양시열전(楊時列傳)」에 보인다.

533) 온미가수(韞未價售) : 훌륭한 품성과 자질을 갖고서도 감추고 드러내지 않았다는 말이다. 『논어(論語)』 「자한(子罕)」에 '아름다운 옥을 궤 속에 넣어 감추어 두고만 계시렵니까, 제 값을 받고 파시렵니까?[有美玉於斯, 韞匵而藏諸, 求善賈而沽諸]'에 나오는 대목을 이용하여 쓴 글이다.

534) 빈번(蘋蘩) : 빈번은 시원치 않은 물풀로, 제사를 지낼 때 쓰는 제수가 변변치 않을 때 빈번이라 말한다. 이를 통해 제수는 변변찮아도 정성만 있으면 제사에 쓸 수 있다는 식으로 표현하고는 했다. 『시경』 「채번(采蘩)」에 '빈번을 캐어 공후(公侯)의 제사에 쓴다[于以采蘩, 于沼于沚, 于以用之, 公侯之事]'라는 구절이 있다.

날을 가려서 희생과 술을 다시 올릴 것이네. 영원히 갈 여럿의 의논은 반드시 일을 이길 수 있으리. 삼가 이 이유를 알리니 성신(聖神)께서는 여기에 의지하소서.

原文 ‖ 靈淑山南, 奇鍾瑰凝, 鴻儒碩士, 霞蔚雲興. 公又天挺, 斯道是承. 摳衣負笈, 有師有朋. 琢磨玉角, 臨履淵氷, 不進不已, 自卑而升. 鄕里懷慕, 曰吾顔曾. 九閽琅函, 斥彼妖僧, 左道不蠱, 正氣益增. 韞未價售, 道待人弘. 俾也不忘[535], 沒世名稱, 維鄕有社, 遂乃隮陞, 世固難平, 謂玉可蠅, 多不知量, 彼哉焉能. 蘋蘩歲享, 暫撤旋仍. 載涓日吉, 牲酒重登. 百載公議, 定必有勝. 敬告厥由, 惟神是憑.

◎ 해암유공을 제사지내는 글 祭海巖柳公文

아무 연월일에 옛 친구 진산 강세황은 해암유공의 영전에 고합니다.

공이 돌아간 후로부터 한 마디 말로 정을 표하여 공에게 이별을 고하려 하였지만 종이를 펴면 눈물이 흐르고, 붓을 잡으면 가슴이 막혀 길게 탄식하면서 쓰기를 그만둔 것이 여러 번이었소. 내가 또 어찌 차마 한 마디 말로 내 마음을 써서 이 슬픔을 풀지 않을 수 있겠소. 아아! 슬프다.

내 나이 열다섯에 공의 가문과 혼인을 맺었지요. 공은 나보다 한 살이 어려서 서로 매우 기뻐하였소. 어린 아이들이 서로 즐겁게 노는 것과 다름이 없었지요. 중간에 인사(人事)가 여러 번 변하여 이별했다 다시 만나며 슬퍼하고 기뻐했던 것은 말할 겨를도 없고 차마 꺼내지도 못합니다.

공이 안산에 거처한 지 얼마 안 되어 나도 한양에서 이사하여 안산에

535) 『표암집』에는 불(不)이 가(可)로 되어 있다.

살게 되었지요. 서로 간의 거리가 십 리도 못 되므로 말을 타거나 혹 지팡이를 짚고 왕래하니, 대개 며칠 동안도 떨어진 적이 없었소. 술을 가져오라 하여 담소를 나누고 붓을 휘둘러서 시를 짓다보면 성대하고 질탕하여 즐기기에 충분하였으므로, 신세가 궁핍하고 답답한 것을 잊을 수 있었지요. 혹 한두 구의 좋은 말과 서너 행의 글씨가 옛 법을 얻으면 문득 감탄하고 탄식하면서 서로 번갈아 읊기도 하다 보면, 인간 세상에 다시 어떤 일이 있는지는 거의 알지도 못할 지경이었지요.

중간에 불행을 만나 나는 짝을 잃고 공은 형제를 잃은 슬픔이 있었소. 내가 죽을 것만 같은 아픔을 안게 되니 전에 즐거웠던 것에는 생각이 미치지 않더이다. 나는 가난하고 어려워 죽을 정도여서 겨우 실 한 오라기만한 목숨만 남아 있을 뿐인데 어린 자식들은 집에 가득하여 배고프고 춥다고 울부짖었지요. 공이 모두 집으로 데려다 기르면서 어루만지고 가르쳐서 차례로 어른이 되게 했소. 오늘에 이르러서 고초를 면하여 조금이나마 글씨라도 구별할 수 있는 것은 진실로 공의 덕이오. 내가 또 한양으로 옮기니, 반평생 동안 만나서 서로 함께하던 즐거움은 이때부터 소원해졌지요. 각기 늙기도 했고 일에 얽매이기도 해서 수십 리 되는 땅[536]을 말 타고 방문하지도 못하여 다만 짧은 편지글로 서로 안부만 묻다 보니, 두 사람 마음이 간절하여서 꿈속에서만 수고로이 찾을 뿐이었지요.

공의 병이 위중하다는 소식을 듣고는 곧 달려가 친히 살피려고 했으나 늙은 몸의 병이 심각하여 일어나려다 도리어 넘어지고 말았소. 얼마 후 조금 나아졌다가 다시 위중해졌다는 소식을 들었으나 혹 신명의 도우심을 입어 서로 다시 만날 날이 있을 것이라 여겼는데 오늘 갑자기 이 지경에 이르렀으니, 이번 생은 이미 끝나버렸군요. 차마 무슨 말을 하리오.

536) 사(舍) : 군대는 하루에 30리를 걷는다는데, 이렇게 군인이 하루에 걷는 거리를 사라 한다.

나는 이제 여든을 바라보니 다시 인간 세상에 미련은 없고, 저승에서 다시 만날 날이 멀지 않은 것을 아오. 그러나 인간 세상에서 오래 떨어져 있다가 다시 만나는 것처럼 저승에서 기쁘게 서로 맞이할 수 있을까? 옛 사람이 비록 이런 말을 남기기는 했지만, 이것은 슬픔을 막아보려는 깨우침에 불과한 것이지 어찌 정말 그럴 수 있겠는가.

공과 함께 우리나라 사람의 문장을 평할 때면 공은 번번이 제문을 지적하면서 "글이란 본래 체제가 있는 법인데, 우리나라의 글을 보면 그 사람의 평생 동안의 언행과 문장을 쓰되 비지(碑誌)에서 하는 것과 비슷하게 하니, 이것이 문장으로서의 큰 병통이다" 하였으므로 내가 이제 공의 제문을 쓰면서는 공의 효와 우애의 돈독함, 학식의 풍부함, 시문의 넓음, 전고(典故)의 자세함을 늘어놓는 데까지 가지는 않으려 하오. 공의 영혼이 만약 아신다면 이 뜻을 헤아려 주시겠지요. 혹 내가 몇 년간 더 살게 된다면 장차 공의 행적을 적어 공의 맏이에게 주어서 훗날 묘도문을 새기게 하겠소이다. 그러나 하루 살아있는 일도 기약하기가 어려우니 어찌 꼭 하겠다고 확정할 수 있겠소이까. 공에게는 가업을 이을 자식이 있고 자손들이 계속해서 아름다우니, 인생에서 이를 얻으면 또한 행운이라 할 수 있지요. 일의 궁달과 빈부는 모두 가는 대로 맡길 뿐 다시 무엇을 말할 필요가 있겠소. 아아! 슬프다.

原文 年月日故友晉山姜世晃, 告于海巖柳公之靈曰 : 自公之逝, 欲以一語寫情, 告訣於公, 而伸紙而涕漬, 操筆而胸塞, 長吁而罷休者, 屢矣. 其又何忍無一辭抒此心洩此哀乎. 嗚呼! 哀哉.

余年十五委禽於公之門, 公少吾一歲, 相得甚歡. 無異童稚之相嬉戲. 中間人事嬗變, 離合悲歡有不暇言而不忍提者.

逮公之寓於安, 未幾而吾亦自京而流, 接於安之邑治, 相距不滿十里, 或策蹇, 或杖策, 盖無數日之相隔. 命酒談讌, 揮毫賦詩, 淋漓跌宕, 有足樂者, 相與忘其身世之窮愁鬱悒也. 或得一二句警語・數三行古法, 輒咨嗟歎賞[537], 迭相詠玩, 殆不知人世更有何事.

中遭不幸, 余又失耦, 公有割半之悲, 余抱半死之慟, 向之所欣已不可追,而余之貧困濱死，僅餘一縷耳，幼稚滿室，飢凍啼呼．公皆率養于家，撫育教督，次第成立．至今而得免顚連，粗解魚魯，寔公之賜也．余又移寓于京，而半生會合相與之樂，自此而踈．各已衰邁，事故牽拘，未命駕相尋於數舍之地，只以片牘相候問，兩心懸結，魂夢徒勞．

及聞公疾篤之報，卽欲馳下親診，而衰疾委頓，欲起還仆．旋聞向歇時復添劇，意或終獲神明之祐，復有相逢之日，今遽至此，此生已休，尙忍何言．

顧余日就昏耄，不復有人世之念，地下相逢[538]，知在不遠．然其歡然相迓，能如人間之久別重逢者耶．古人雖有此語，此不過以妄塞悲之喩，豈眞然乎否乎．

每與公評東人文章，公輒指摘祭誄之文曰："文自有體段，每見東文，鋪陳其人之平生言行文章，有類乎碑誌之爲，此爲文字之大病．" 余今於祭公之文，不欲以公之孝友之篤・學識之富・詩文之宏肆・典故之詳博爲覼縷而及之．公之靈其如有知，庶可以諒此意否．苟或尙延數年之喘，將記公之事行，以付於公之胤，或爲異日墓道之刻．然而朝暮難期，亦何能定其必能也．公有子克家[539]，有孫而繼美，人生得此亦云幸．事窮達貧富摠屬悠悠，復何足道也哉．嗚呼！哀哉．

537)『표암집』에는 탄(歎)이 탄(嘆)으로 되어 있다.
538)『표암집』에는 봉(逢)이 종(從)으로 되어 있다.
539)『표암집』에는 공유자극가(公有子克家)가 공유이자극가(公有而子克家)로 되어 있다.

행장(行狀)

◎ 죽은 아내 공인 유씨의 행장 亡室恭人柳氏行狀

무릇 어떤 사람의 아름다운 덕과 훌륭한 행위가 남들보다 뛰어나더라도, 사는 동안 높은 지위로 밝히 드러나지 못하거나 죽은 후에 문장이 뛰어난 인물이나 지위가 높은 인물이 늘어놓아 드러내 주지 않는다면 모두 사라져버리고 일컬어지지 않을 것이니 뒷세상 사람이 무엇을 근거로 알 수 있으랴. 혹 문자로 쓰인 것이 있더라도 또 누가 믿을 만한지 아닌지 살펴서 오래도록 전해줄 것이랴. 하물며 부인의 언행은 집 밖을 벗어나지 못하니 그 명성이 친척 밖으로 퍼져나가지 못한다. 지위가 현달했는데도 오히려 드러나지 못할 수 있고, 글을 빌어서도 믿을 만한지 살필 수 없기도 한데, 하물며 부인이기 때문에 현달한 지위나 일컬어질 만한 글도 없는 사람임에랴. 내가 이것을 속으로 슬퍼한다.

공인의 성은 유씨로 진주 사람이다. 숙종 계사년(1713) 4월 17일 인시(寅時)에 태어났다. 아비는 진사 뢰이며 조부는 판서 명현, 증조부는 교리 영, 외조부는 참판 사천 목임일로, 정미년(1727) 3월에 나에게 시집왔다. 나는 진주 강세황이다. 아비는 판부사 현, 조부는 판부사 증영의정 백년, 양조부는 증좌찬성 계년, 증조부는 첨지중추부사 증좌의정 주, 외조부는 통덕낭 광주 이익만이다.

공인의 어렸을 적 재주와 행실과 언어는 내가 자세히 알지 못한다. 시집오자 돌아가신 아버지 백각공께서 한번 보시고는 매우 기이하게 여기며 사랑하시면서 말씀하시기를 "열다섯 여자 아이의 행동거지와 언사가 움직임마다 법도에 맞구나. 아마 일찍부터 지혜로워 그런 것인가, 아니면 혹 나이가 실제로는 이보다 더 많은데 덜어서 열다섯이라 한 것인가?" 하셨다. 대개 당시 습속에 신부의 나이가 너무 많으면 혹 덜어서 나이를 부르는 풍속이 있기도 했다. 돌아가신 아버지께서는, 그의 나이가 너무 어린데도 보통 사람과 달리 성숙한 것을 의심하신 것이다. 돌아가신 어머니 정경부인께서도 그를 더욱 도타이 사랑하여 일마다 번번이 의논하시면서 "너의 통달한 지식과 의견은 보통의 부녀자들과 비교할 수 없다" 하셨다. 공인은 시부모 섬기기를 매우 삼가며 부지런히 하였다. 또한 사랑해주심을 믿고 교만한 적도, 능력을 팔아서 자랑한 적도 없었다. 두 동서와 다섯 시누이가 있었는데 그들을 섬기되 공경함을 다하고 의를 도타이 하였다. 또 나이가 공인보다 많은 두 질부와 함께 한 대문 안에 산 지 수십 년이 되도록 늘 기꺼운 모습으로 온화하게 하였다. 일찍이 장단점을 논하거나 후함과 박함을 따진 적이 없었고, 그들의 걱정거리를 걱정하고 그들의 즐거움을 즐거워하면서 터럭만큼도 다투거나 시기하고 비교하는 뜻이 없었으니, 비록 종들이나 지극히 무식한 자라도 사랑하고 흠모하며 칭송하였다. 바느질 솜씨나 음식 솜씨 같은 것도 모두 민첩하고 깨끗하였으며 한 번도 힘들다고 사양한 적이 없었다. 기유년(1729) 겨울 처음으로 아들을 낳으니 돌아가신 아버지께서 매우 기뻐하시면서 어릴 적 쓰는 자(字)를 '태희(太喜)'로 지으셨다.

이 해 겨울 공인의 아버지 진사의 부고가 이르렀다. 전에 진사는 해

남에 귀양 가 계셨는데 풀려나지 못하시고 귀양지에서 돌아가신 것이다. 공인은 부르짖으며 졸도하면서 살고 싶은 마음이 없는 듯 아파하였다. 계축년(1733) 내 둘째 형의 아들이 태어난 지 일 년도 못 되어 역병에 걸렸다. 바야흐로 오한이 나는데도 먹일 만한 젖도 없었다. 이때에 공인은 창질에 걸리면 소용없는 것을 알면서도 안고서 그에게 젖을 먹여서 끝내 죽음에서 벗어나게 하였으니 이 또한 어찌 보통 세속의 부인이 능히 할 수 있는 것이랴? 이 해 여름 둘째 형수가 돌아가시자 그 해 가을에 아버지께서 장사를 지내기 위해서 상여를 따라 진천으로 가시려 했다. 공인은 속으로 걱정하면서 조용히 나에게 말하기를 "팔순 노친께서 더위에 먼 길을 가시면 반드시 몸을 상하실 것이니 자식 된 자가 어찌 다른 형제에게 수행하라고 맡겨놓고 혼자 편안히 거할 수 있겠습니까?" 하였다. 내가 그제야 깨닫고 뒤따라서 출발하였다. 8월에 선부군께서 진천의 농가에서 돌아가셨다. 아아! 슬프다. 내가 따라가 도와서 보호하다가 망극한 변을 만날 때까지, 처음부터 끝까지 선부군의 곁을 지킬 수 있었던 것도 또한 공인의 힘이었다. 겨울이 되어 천안에 장사를 지낼 때에도 공인은 한양으로부터 수백리 길을 달려와 곡하고는 온갖 제수를 준비하여 예로 제사지내어 유감이 없게 했다.

정사년(1737) 집이 가난해서 여럿이 함께 살 수 없었으므로 남소문 안쪽의 본가로부터 남대문 밖 염초교(焰硝橋)[540] 가로 이사하였다. 이곳은 곧 공인의 본가이다. 본가가 난산에 살고 있었기 때문에 그 빈집을 빌려서 잠시 머문 것이다. 공인은 가난한 까닭에 위로 칠순의 늙으신 시어머니께서 계시는 데도 몸소 봉양하고 싶은 바람을 이룰 수 없는 것을 늘 탄식하였다. 경신년(1740) 3월에 또 시어머니상을 당하니, 그 아파하고 몸을 상할 듯 슬퍼하는 것이 시아버지상 때와 똑같았다. 내가 일찍이 부모를 여의고 가난은 날로 더욱 심해져서 오래도록 한양에 살 수 없으므로

540) 염초교(焰硝橋) : 지금 서울역 북쪽인 중구 중림동의 염천교를 말한다.

갑자년(1744) 겨울 처음으로 안산군의 농가를 샀지만, 공인은 가난함을 편안히 여기며 거처하는 곳에 원망이 없었다. 공인의 본가와의 거리가 오 리 정도라 때때로 어머님을 근친해서 마음을 편히 해드렸다.

공인은 모두 자식 일곱을 낳았는데 둘째와 셋째와 넷째가 모두 대여섯 살이나 서너 살에 차례로 요절하였다. 공인은 나를 위로하려는 뜻에서 힘써 지극한 정을 꺾어서 과하게 슬퍼하지 않았으나 이때에 이미 건강이 상하지 않을 수 없었다. 나는 형편이 좋지 못하여 이룬 것이 없었고 성품상 생업에 어두워서 쌀이나 소금이 어떤 물건인지도 몰랐으므로 곤궁함이 지극하여 온 집안사람이 죽조차도 잇지를 못하였다.

공인은 늘 탄식하기를 "사람이 과거에 합격하여 현달한 벼슬자리를 얻는 것은 진실로 하늘에 달려있는 것이라 노력해서 이룰 수 있는 것이 아니므로 감히 바라지 않습니다. 여러 세대를 겪다 보면 사람 중에 간혹 일찍 죽는 이도 있고 더러는 자식이 없는 사람도 있으며 부부끼리 반목하는 사람도 있는데 나는 다행히 이 몇 가지에서는 벗어난 사람입니다. 오직 이 가난 하나만큼은 이처럼 심하고 낭군의 성품이 이와 같으니 이번 생에서는 장차 조금이라도 여유 있는 날이 없을 듯합니다. 이 또한 운명인가 봅니다" 하였다.

대저 공인은 성품이 본래 화려한 것을 좋아하지 않았다. 그러나 태어나 자랄 때는 잘 살다가, 늘그막에야 가난하고 고달픈 때를 만나 거친 음식을 먹고 허름한 옷을 입으니 비록 어쩔 수 없이 했겠지마는 견디기는 힘들었을 것이다. 또 출산과 자녀 양육을 너무 일찍부터 했기 때문에 기력이 너무 떨어져 8~9년 이래 맥이 약해지는 병[虛勞疾]을 얻었다. 때로 위독하기도 조금 나아지기도 했으나, 약을 쓰거나 치료하는 것도 제때 하지 못하고 가난과 나의 어두움 탓에 일에서 벗어나지도 못하였다.

병자년(1756) 여름 셋째아들이 나이 열넷에 병이 들어 학질 증세와 비슷했는데 자못 위태로웠다. 이때 이웃에도 크게 돌림병이 있었으므로 혹 이 병인가 염려하였다. 공인이 밤낮으로 맘을 태우더니 너댓새 만에 공인까지 병에 들었다. 증세가 과거에 앓았던 병과 똑같아서 처음에는 염려하지 않고 전과 같이 낫기를 바랐으나 이로부터 대엿새 만에 점점 위태로워지더니 병을 얻은 지 이레 만에 이미 어떻게 할 수 없게 되어 버렸다. 그래서 스스로 땀을 내었는데 땀을 내니 원기가 따라서 크게 떨어져 갑자기 죽으니 이 날은 5월 1일 오시(午時)였다. 아아! 슬프다. 아아! 가슴 아프다. 숙환이 자주 나타나 점점 심해지다가 이 지경에 이른 것인가? 아니면 전염병에 걸려서 쇠잔해진 기운 때문에 지탱하지 못하고 여기에 이른 것인가? 혹 하늘이 정해준 운명이라 피할 수 없었던 것인가? 치료 방법이 잘못된 것인가?

공인은 병중에 말하기를 "홀로 되신 어머니께서 늙으셨는데 이런 근심을 끼쳐드리니 불효가 큽니다" 하였고 또 말하기를 "위로는 늙으신 어머님이 계시고, 둘째 아이 나이 열여덟에 아직 관례도 치르지 못했으니 이것이 눈을 감을 수 없는 한입니다. 나이 겨우 마흔넷인 것이 비록 서운하기는 하나 요절하는 것과는 다르니 어찌하겠습니까" 하였다. 이때 셋째 아이의 병이 아직 위독하여 옆에 있었는데 그를 가리키며 말하기를 "이 아이는 효성스럽고 순한데 요절할까 걱정입니다. 만약 내가 죽고 아이가 산다면 이 또한 다행이겠습니다" 하였다. 그 밖에 더 한 말은 없고 혼미한 가운데 때로 어머니를 부를 뿐이었다. 아아!

내가 공인과 부부가 된 지 이제 꼭 삼십 년이 되었다. 내가 추우면 공인이 입혀주었고 내가 주리면 공인이 먹여주었으며 내가 병들면 공인이 치료해 주었다. 내 부모 섬기기를 효성스럽고 근면하게 하였으며 또 함께 6년 동안 상을 치렀다. 공인은 나에 대해서 그 은혜를 다하였고 그 정을 다하여 한 오라기만큼의 한도 없다 할 수 있다. 공인이 가난함은 내가 생업을 꾸리는 데에 솜씨가 없었던 탓이요 공인의 힘듦은 내가 이룬 것이 없는 잘못이며, 공인의 병은 내가 치료하는 데 어두웠던 때문이다. 공인의 죽음에 이르기까지 내가 공인을 저버린 것이 매우 심하니, 내가 또 무슨 맘으로 뻔뻔스런 얼굴로 이 세상에 살아 있으리오.

공인은 항상 내가 오래도록 성묘를 빠뜨릴까봐 경계하면서, 힘들게 양식과 종과 말을 마련하여 가기를 권하며 "만약 과거에 힘쓰는 마음으로 묘를 살핀다면 집이 비록 가난하다 해도 어찌 일 년에 한 번 가지 않겠습니까" 하였다. 내가 그 말에 크게 감동하고 부끄러워했다. 또 일찍이 말하기를 "자녀들이 어려서 교만하고 어리석은 것은 본성이 그렇기 때문이 아니요 모두 부모의 잘못입니다. 아이 때부터 돌보아 회복시키기를 힘쓰고 가르치고 꾸짖기를 엄하게 하여 한결같이 함부로 하지 못하게 한다면, 사납고 거만하여 바꾸기 어렵게 되지는 않을 것입니다" 하였다. 평생 무당이나 점쟁이는 절대로 믿지 않으며 말하기를 "부인이 무당이나 점쟁이를 좋아하는 것은 자연스런 성정입니다. 그러나 내가 이것을 믿지 않는 것은 다른 식견이 있어서가 아닙니다. 다만 그 소용없음을 보아서일 뿐입니다" 하였다. 평소 내 성품이 살림에 익숙하지 못함을 알아서 비록 가난이 매우 심해져도 일찍이 한 마디도 말하지 않았다. 심지어 빚을 지고 쌀을 빌려와도 나에게 알리지 않았고 나도 물은 적이 없었다. 일찍이 아이들을 가르치기를 "이 세상 남자는 오직 글만을 일로 여기고 이 밖에는 아무 것도 할 일이 없는 것처럼 여기는데, 그러나 내가 보니 사람이 행의(行誼)는 따로 글 밖에 있었다" 하므로 그제서야 글이란 것은 그저 무턱대고 높여야 할 것이 못 된다는 것을 알게 되었다. 비루하게 아첨하는 습속을 매우 싫어하며 혹 어떤 이 중에 이와 같은 사람이 있다는 말을 들으면 침을 뱉으며 말하려고 하지 않았다. 일찍이 글을 배운 적은 없었지만 스스로 깨우쳐서 고금의 일을 대략 알았다. 또 남이 책 읽는 것을 들으면 뜻풀이를 기다리지 않고도 이미 큰 뜻을 이해하였다. 일찍이 내가 고법서를 베껴 쓰는 연습을 하는 것을 보고는 웃으며 말하기를 "어찌 이런 무익한 일을 하십니까. 비록 온 세상 사람이 명필이라 하더라도 또한 무슨 소용이겠습니까" 하였다. 또 내가 교유하는 것이 너무 잡다함을 간하며 항상 말하기를 "사람 중에는 진실로 교유할 만한 사람과 교유하지 말아야 할 사람이 있습니다.

어찌 모든 사람마다 허여하며 뒷날의 근심을 생각하지 않으십니까?" 하였다. 혹 문틈으로 좌석의 손님을 보거나 혹 한두 마디 말을 들으면 문득 그 현명하고 어리석은 정도를 평하여 뒷사람은 이와 같고 앞사람은 이와 같은 듯하다고 하면 신기하게도 적중하여 어긋남이 없었다. 늘 말하기를 "살림살이가 어려워 늙으신 어머니께 근심을 끼치니 이것이 참으로 한스럽고 가슴 아픕니다" 하였다. 올 여름 이웃에 전염병이 극성을 부리자 내가 부촌의 본가 곁으로 피하는 것이 좋겠다고 자주 말하였더니 문득 답하기를 "이렇게 궁핍한데 거기에 간다면 틀림없이 늙으신 부모님의 근심만 더하게 될 것입니다. 이 때문에 차마 가지 못할 뿐입니다" 하였다. 여기에서 그 효성스러운 한 면을 볼 수 있다.

공인이 죽은 지 나흘 만에야 비로소 관을 마련하여 내가 큰 아이와 함께 마을 뒤편 원당사에 우선 두었다. 또 며칠 만에 부촌의 백운암으로 옮기니 이곳이 곧 유씨의 묘이다. 둘째 아이와 넷째 아이가 나란히 부촌에 묻혔다. 셋째 아이는 병이 아직 낫지 않아 옛 집에 머물러 두었다. 여러 어린 아이들이 견디어 성장할 수 있을지 어쩔지는 아직 모르겠다. 하루가 일 년 같이 길고 온 산이 고요하여 오직 들리는 것이라고는 새와 냇물이 우는 소리라 사람의 슬픔을 돋운다. 부자가 눈물을 흘리며 조용히 이 정경을 대하고 있으니 비록 철이나 돌 같은 심장을 가진 사람이라도 오히려 견디기 어려울 것이다. 어찌 능히 붓을 적시고 종이를 펴서 꿈같은 옛날을 생각하며 이렇게 지극히 애절한 말을 적는단 말인가.

아들이 내게 공인의 평생을 간략히 써 주기를 청하니, 아마도 끝내 사라져 일컬어지지 못할까 걱정하는 뜻일 것이다. 나도 불쌍히 여겨 억지로 허락하였으나 붓을 내려쓰지 못하고 눈물만 떨구며 글을 이루지 못한 채 다만 그 생몰년월일만 썼다. 이름과 지위가 혁혁한 것은 논할 수 있는 것이 아니고 문사는 거칠고 누추하여 말할 만한 것이 없으니, 부인의 아름다움은 누가 다시 말하리오. 아아! 슬프다. 아아! 가슴 아프다. 이제 이를 큰 아들 인에게 주니 모름지기 상자에 넣었다가 셋째 동생이 장성하기를 기다린 후에 꺼내어 보여줄 것이니라.

原文 ‖ 凡人之美德懿行, 雖超倫拔萃者, 生前無名位之顯赫, 死後未得文章鉅公之鋪張而誇耀焉, 則皆湮沒而不稱, 後之人何從而知之. 雖或有文字之記述, 又孰能考信而傳久也. 況乎婦人之言行, 不越于閨闥之間[541], 聲稱不出乎姻黨之外. 此又席顯赫而猶不能表著, 藉文辭而猶不足考信. 又況乎以婦人而無顯赫與文辭之足稱者乎. 余於是心竊悲之.

恭人姓柳氏, 晉州人也. 生于肅廟癸巳四月十七日寅時, 考進士耒, 祖考判書命賢, 曾祖考校理穎, 外祖考參判泗川睦林一, 丁未三月歸于余. 余卽晉州姜世晃也. 考判府事𥞥, 祖考判府事 贈領議政栢年, 養祖考贈左贊成桂年, 曾祖考僉知中樞府事贈左議政籒, 外祖考通德郎廣州李翊晩.

其幼時之才行言語非余所得以詳也. 及乎于歸, 先考白閣公一見亟奇愛之曰: "十五歲女兒擧止言辭, 動而合節, 豈其夙慧乃爾耶. 抑或年實過是, 減稱十五也." 盖流俗新婦年過多者, 或有減稱年之風. 先考訝其年太少而老成之異凡也. 先妣貞敬夫人愛之尤篤, 每遇事輒與諮議曰: "汝之通達之識解, 非尋常婦女比也." 恭人事舅姑, 克敬克勤, 亦未嘗恃愛而慢, 售能而衒. 有二娣姒五小姑, 事之咸能盡其恭而篤其義. 又有兩姪婦, 年皆長於恭人, 同居一門之內, 至數十年, 怡然而和, 未嘗論長短, 效厚薄, 憂其憂, 樂其樂, 絶無分毫爭詰猜較之意, 雖婢隸輩至無識者, 亦能愛慕而稱道焉. 至若針線之技, 烹飪之方, 亦皆敏而潔, 又未嘗以勤苦辭. 己酉冬, 始生男子, 先府君甚喜, 命小字曰太喜.

是冬, 恭人之考進士府君訃至. 先是, 進士府君謫海南, 未蒙放而卒於謫所. 恭人哀號隕絶, 慟不欲生. 癸丑, 余之第二兄之子, 生未晬染癘, 方發汗而無乳可哺. 時恭人心知其爲癘而䁥, 抱而乳之, 卒免於死, 此亦豈流俗婦女之所能乎. 是夏, 第二兄嫂逝, 於其秋, 先府君爲營其窆藏, 扶櫬向鎭川, 恭人心竊憂慮, 私謂余曰: "八十老親, 當暑遠役, 必多傷損, 爲子弟者, 其可以他兄弟之陪護, 獨爲安居乎." 余乃警悟而隨發. 至八月先府君卒於鎭川之村舍, 嗚呼, 痛哉. 余之得隨行而扶護, 以至遭罔極之變, 而能免離側而終始之者, 盖亦恭人之力也. 及冬而窆于天安也, 恭人自京城, 奔哭於屢百里程, 經理百需, 祭之以禮, 無所憾焉.

541) 『표암집』에는 우(于)가 호(乎)로 되어 있다.

丁巳, 以家貧, 人衆不能同居, 自南小門內本第, 析居于南大門外焰硝橋上, 卽恭人之本第, 而本家寓安山, 盖借其空舍而暫寓也. 恭人每歎, 以貧之故, 上有七十老姑而未卒躬養之願. 逮乎庚申三月, 又遭終天之痛, 其慟慕哀毁前後如一焉. 余旣失恃怙, 貧日以益甚, 不能久住於京城, 甲子冬始買屋於安山郡治之村舍, 恭人顧安其貧而無怨所居. 距恭人之本第, 五里而遙, 時時省覲於慈夫人, 意固安之.

恭人前後產子七人, 第二第三第四皆五六歲三四歲, 次第而夭. 恭人雖勉折至情, 不爲過慽, 以慰余意, 然於此, 已不能不少損其天和. 而念余落拓無所成, 性又迂踈於生事, 不知米鹽爲何物, 窮窘之極, 擧家之粥, 猶不能繼. 恭人常歎曰: "人之登高科取顯仕, 是固在天, 不可力致, 非所敢望. 歷數世, 人或有早歿者, 或有無子者, 或有夫妻反目者, 吾幸免於是數者, 惟此一貧. 乃至此極, 而丈夫性如若此, 此生其將無少裕之日, 其亦命矣."

夫恭人性故不喜華靡, 然生長於繁華榮盛之際, 垂老而値窮貧困阨之會, 食之鹿糲, 衣之垢獘, 雖强之而不能堪. 又以產育之太早而且多氣血大損, 自八九年來, 得虛勞疾, 時劇時歇, 藥治亦不能以時, 亦坐貧與余之迂, 不解事也.

丙子夏, 第三子年方十四, 患似瘧之症, 頗危劇. 時隣比大有染癘, 或慮爲是疾, 恭人日夜焦心, 至四五日, 恭人又病, 作證形一似曾患虛勞, 初不爲慮, 惟望如前, 自可至五六日而漸危, 得病七日, 已不可爲. 乃自力取汗, 得汗而元氣隨而大陷, 奄忽而逝, 卽五月初一日午時也. 嗚呼! 痛矣. 嗚呼! 痛矣. 豈其宿疾之屢發而漸深以至是耶, 抑其時氣之染着而敗餘之氣不能支而至是耶, 其或天定之命, 不能逃耶, 其治療之方, 乖其宜耶.

恭人於病中曰: "偏慈老矣, 貽以是憂, 不孝大矣." 又曰: "上有老慈, 第一兒年十八, 尙未成冠, 是爲不瞑之恨. 年纔四十四, 此雖可憾, 亦異於夭天也, 奈何." 時第三兒病尙危在傍, 指而言曰: "此兒孝順, 恐其夭折, 若吾死而兒生, 亦云幸矣." 餘無所言, 昏囈中, 時時呼母而已. 嗟乎!

自吾與恭人爲夫妻, 于今恰滿三十年矣. 余寒而恭人衣之, 余飢而恭人食之, 余病而恭人療之, 能事余父母孝且勤, 且與共六年之喪. 恭人之於余, 可謂極其恩, 盡其情, 無絲髮憾矣. 恭人之窮, 乃余拙謀生之過也, 恭人之困, 乃余無所成之過也, 恭人之病, 乃余昧治療之過也. 至於恭人之死而余之負恭人, 爲至矣極矣. 余又何心强顔, 稱人於此世也.

恭人常規余久闕省墓行, 或辛勤辦資粮雇僕馬以勸行曰: "若能以赴擧之心省墓, 家雖貧, 豈不能一年一行乎." 余大感愧其言. 又嘗曰: "人家子女,幼而驕騃, 皆非其本性然也, 乃其父母之過也. 自在孩提, 勤其顧復而嚴其誨責, 勿使一任其意, 則自不至狠傲難化." 平生絶不信巫祝卜筮, 曰 : "婦人之好巫卜, 殆性也. 然吾獨不信此者, 無他見識, 亦只見其無靈故耳." 素知余性不解産業事, 雖貧到十分, 未嘗以一言及也. 至於擧債受糶, 亦不令余知, 余亦未嘗問也. 嘗誨兒輩曰 : "今世男子, 惟以文詞爲業, 若以爲此外, 無他可爲事. 然以吾觀之, 人之行誼, 別在文詞外, 始知文詞之不足徒尙也." 最惡卑諂媚悅之習, 或聞人有近是者, 唾而不欲道. 未嘗學習文詞而自能通解, 畧知古今事. 且聞人讀書, 不待訓解, 已領會大意. 嘗見余臨古法書, 笑曰 : "何作此無益之事, 雖擧世稱名筆, 亦何用." 每諫汝交遊太雜, 常曰, "人固有可交不可交, 安得每人相許, 不思後患耶." 或從門隙覘座客, 或聽其一二談話, 輒評其賢愚高下, 後將若此, 前必若此, 奇中而不爽焉. 每曰 : "以家計之艱, 貽老慈之憂, 是吾至恨至痛." 及今夏隣癘甚熾, 余屢語以宜避於釜村本第之傍, 則輒答曰 : "窮乏如此, 到彼, 必尤爲老親憂, 是以不忍去耳." 於此, 亦可見其孝性之一端也.

恭人喪四日始就木, 余與長兒奔寓邑後之元堂寺. 又數日移寓於釜村之白雲菴[542], 卽柳氏之墳墓也. 第二兒第四兒並置於釜村, 第三兒病未復[543], 仍留舊第, 未知諸稚其能支保而成長否. 長日如年, 四山寂然, 惟聞鳥啼澗鳴, 助人悲咽. 父子垂淚, 默對此情此境, 雖鐵心石腸, 猶不可堪. 顧安能濡毫伸紙, 追理昔夢, 寫此至哀至切之辭乎.

兒子請余畧述恭人平生, 盖其意恐遂湮沒不稱. 余亦憐而强許, 筆未下而淚交墜, 不能成字, 只記其生卒年月. 名位顯赫, 非可論也. 文辭荒陋, 無可言者, 婦人之懿美, 誰復稱焉. 嗚呼! 痛矣. 嗚呼! 痛矣. 今以是付長子 儐, 須藏于篋衍, 待汝三弟長成, 出而示之而已.

542) 『표암집』에서는 어(於)가 우(于)로 되어 있다.
543) 『표암집』에서는 병미부(病未復)가 병상미부(病尙未復)로 되어 있다.

◎ 해암유공 행장[544] 海巖柳公行狀

해암유공의 휘는 경종이요 자는 덕조이다. 그 선조는 진주 사람이다. 아버지 휘 뢰는 성균관 진사이고 할아버지 휘 명현은 이조판서이며 증조부 휘 영은 홍문관 응교이고 어머니는 사천 목씨로 대사헌 임일의 따님이시다. 공은 숙종 40년 갑오년(1714) 12월 6일에 태어나 지금 임금 8년 갑신년(1784) 7월 18일에 죽으니 향년 71세이다. 이 해 9월 안산 부곡의 선영 아래에 장사지냈다. 아들은 성이고 손자는 중화이며, 사위가 한 명이었으니 최홍진이다. 내가 매우 노쇠하고 병든 탓에 60리 길을 가서 곡하지 못하였다. 밝은 사람의 스러짐을 슬퍼하고 옛 벗 중에 남은 사람이 없음을 서러워한다. 옛날 일을 생각하니 살아서나 죽어서나 저버리게 된 것이 부끄럽다.

이제 그릇되이 임금의 은총을 입어 부사로서 연경에 나아가는데 공의 아들 성이 중화를 보내어 편지를 전하고 슬픔을 하소연하며 말하기를 "돌아가신 아버지의 평생을 아는 이는 오직 공뿐입니다. 여관에 머무는 동안 행록을 대강 쓰셔서 먼 길 가시는 혼을 위로해 주시면 좋겠습니다" 하였다. 내가 읽고는 슬퍼져서 생사에 관한 감정이 더욱 간절하였다. 압록강에 이르러서부터 봉황성을 지나도록 보고 들은 산천과 노래와 풍속을 모두 다 기록하였으나 고국에 돌아가서 전대를 풀 때 누가 다시 논평해 줄 것이며, 누구와 함께 기이한 경관을 자랑하고 장쾌한 여행을 말하리오. 와서 연경의 여관에 머물다 보니 어느덧 섣달을

544) 유경종의 행장은 세 가지 이본이 있다. 진주유문(晉州柳門)이 소장하고 있는 초고본 「해암유공행장초」(유중화 작)와 이를 수정하여 강세황이 자필로 정서한 「해암유공행장(海巖柳公行狀)」, 그리고 이 자초본(自筆本) 행장을 문집 간행 목적으로 다시 필사한 『표암유고』(한국정신문화연구원 간행본, 1979) 소재 「해암유공행장」이 그것이다. 이 중 초고본에는 자필본에 삭제된 일부 내용이 고스란히 남아 있는데, 이익에게 수학한 일, 이용휴·안정복과 친구 사이였다는 진술 등이 특기할 만하며, 자구(字句)의 수정 과정도 뚜렷하게 남아 있다. 김동준의 「海巖 柳慶種의 詩文學 研究」(서울대 박사논문, 2003) 참조.

맞게 되어 등불 하나 마주하고 있으려니 온갖 감정이 교차한다. 이에 죽은 벗이 남긴 자식의 부탁을 떠올리니 돕지 않을 수 없기에 마침내 정신을 수습하여 붓을 잡아 쓴다.

공은 진실로 효자였다. 약관도 되기 전에 아버지의 상을 당하여 예를 극진히 하였고 홀로 되신 어머니를 모시되 한결같이 순종하여 마음과 뜻을 다하였으며 어머니의 안색을 살펴 갖추어 드렸다.[545] 매번 저녁 잠자리를 살펴 드리고 새벽 문안을 할 때면 반드시 옷을 갖추어 입고 나아가 무릎을 꿇고 단정히 앉아서 고금의 경사(經史) 및 우리나라의 옛날이야기를 해드렸다. 간혹 하루 종일 하더라도 감히 조금도 게을리하지 않았다. 몸소 음식의 맛을 보았으며 맛난 음식이 떨어지지 않게 하였고, 어머니의 마음에 혹 기쁘지 않은 기색이 있으면 조용히 맞춰 드려[546] 기쁘고 온화함을 다하도록 힘썼다. 돌아가신 후로는 일찍이 꿩구이나 벌꿀을 입에 대지 못하였으니 아마도 어머니께서 좋아하시던 것이라 차마 먹을 수 없었던 것이다.

모부인께서는 지병이 있으셨는데 공이 지극한 정성으로 간호하였다. 낫기와 재발하기를 자주하더니 기축년 가을 모친의 연세 이미 팔순이 되자 병이 더욱 심해졌다. 공은 몸소 옷을 벗지 않고 옆에서 간호하기를 밤낮 없이 했다. 울면서 어쩔 줄 몰라 하며 밖에 앉아 하늘에 기도하여 자신의 몸으로 대신하기를 원하였다. 이와 같이 하기를 백일동안 하였으나 끝내 상을 당하게 되었다. 공은 늙은 나이에 통곡하며 기절하더니 빈소를 이루고서도 곡 하기를 멈추지 않았다.

이때는 매우 추운 겨울이었으나 흙바닥에서 흙덩이를 베고 자며[547]

---

545) 색양(色養) : 어버이의 안색을 살펴 거기에 맞춰 드리거나 늘 기쁘고 온화한 기색으로 부모를 봉양하는 것을 말한다. 색난(色難)이라 하기도 한다. 『논어』 「위정(爲政)」에 나온다.

546) 도달(導達) : 아랫사람이 윗사람에게 알려주는 것을 말한다.

547) 침괴(枕塊) : 『의례(儀禮)』 「기석례(旣夕禮)」에 '거적을 깔고 흙덩이를 벤다[寢苫枕塊]'라는 용례가 있다.

물과 곡식알을 씹어서 겨우 실오라기 같은 목숨을 버티었다. 장례를 치른 후로는 매일 새벽 산에 올라 묘를 둘러보며 곡하고 돌아와서는 몸소 제사를 지냈다. 저녁에도 묘에 올라 슬피 부르짖으니 들판의 농부 중에 그 곡소리를 듣고 스스로 노래하기를 그치고 그를 위하여 감동하여 우는 자까지 있었다. 복(服)을 마친 후에도 아침저녁으로 묘소에 배알하는 예를 멈추지 않았다. 심하게 더울 때나 매우 추울 때나 폭우가 내릴 때나 눈이 매우 많이 쌓여서 몸을 적시고 발이 빠지며 숨이 가쁘고 땀이 흐르게 되어도, 심지어 병이 나도 하루도 거른 적이 없었다. 기축년부터 지금까지 16년 동안 하니 마음을 오래 썩인 것이 빌미가 되어 끝내 일어나지 못하게 되었다. 아아! 공의 효가 어찌 이리 순수하고 도타웠던가? 상을 만나 장례를 치르기도 전에 고장의 사대부들이 그 효행을 적어 조정에 올려 정표해 주기를 청하니 나 한 사람만이 칭찬하는 것이 아니다.

공의 중부(仲父) 판관공(判官公) 유내(柳徠)[548]가 원통하게도 화를 만났는데 하나 있는 아들도 일찍 죽어 문호가 곧바로 끊어지게 되었다. 공은 마음을 끓이며 뼛속까지 아파하면서 답답한 것을 드러내서 지성으로 나아가, 단서[549]를 시원히 씻기를 바랐으나 곧 좋아하지 않는 자들이 이를 막았다. 공은 더욱 아프고 한스러워하며 중부의 관직을 회복시키지 못하면 지하에서 뵙지도 않으리라 맹세하면서 십 년이 지나도록 괴로움도 글을 써서 임금께 노날하게 하였다. 임금께서 특별히 불쌍이 여겨 즉시 신원하라는 명을 내려주셨다. 이때에 임금의 은혜가 밝히 빛

548) 유내(柳徠, 1687～1728) : 자는 자산(子山)이고 호는 서림(西林)이다. 1728년 무신난(戊申亂) 당시 안동판관(安東判官)으로 나갔다가 오히려 반란에 가담했다는 혐의를 받음으로써 가문의 몰락은 가속화되었다. 그는 무신란 발발 한 달 뒤인 1728년 5월 9일 장살(杖殺) 당했다.

549) 단서(丹書) : 죄를 기록한 문서에 죄인의 성명을 기록하여 영구불멸하게 하는 것을 말한다. 확실히 기록하여 사라지지 않게 한다는 의미의 단서철권(丹書鐵券)이라고 하기도 한다.

나니 마치 마른 나무가 봄을 맞은 듯했다. 사람 중에 누가 공에게 감탄하지 않으리오? 공은 판관공에게 있어서 '아들은 아니나 아들이 된 자요, 효를 하려 하였다가 결국 효를 행한 자'라 할 수 있다. 아아! 공의 뜻이 어찌 그리 비장하고도 힘들었던가.

공은 어려서부터 문예에 재주가 있었다. 총명함이 남보다 뛰어나서 책을 한 번 보면 잊어버리지 않았고, 늘 마음을 쏟아 정밀히 살폈다. 홀로 책 보기를 좋아하여 항상 방문을 닫고 앉아 손에서 책을 놓지 않았다. 등잔불을 살라 밤을 새우면서 매우 열심히 하여 집안에서 소장하고 있던 만 권의 책들을 서너 번 궁구했을 뿐만이 아니라, 여러 경전의 오묘한 뜻을 한 올 한 올 분석하고 역대의 사실을 구슬 꿰듯 하였다. 제자백가도 널리 섭렵하지 않은 것이 없었고 송명 제자(諸子)들의 작품을 자기 말처럼 읊기도 했다. 이외에 문자학의 소리와 뜻까지 모두 통하여 깨우쳤다. 그런 까닭에 글을 지으면 속 시원히 흠뻑 젖어서 근원과 지류가 끊임없는 것이 마치 긴 강이 끝이 없는 듯하였다. 지금 그 책이 집에 있으니 후일에 보는 자에게는 양자운550)이 있는 듯할 것이다. 우리나라의 대가를 가지고 그 높이를 논한다면 오직 목은 이색551)이나 점필재 김종직552)의 중간쯤이 아니겠는가. 아아! 공의 문장은 어찌 이리 풍

550) 서촉의 양자운은 능력이 뛰어났으나 생전에 알아주는 사람이 없어 불행히 생을 마감했다. 그러나 그의 사후 그가 지은 『태현경』은 사람들에게 널리 사랑을 받아서 그 책 때문에 낙양의 종이 가격이 높아졌다는 말까지 나올 정도였다.

551) 이색(李穡, 1328~1396) : 자는 영숙(穎叔)이며 호는 목은(牧隱)이다. 본관은 한산(韓山)이며 시호는 문정(文靖)이다. 고려에 끝까지 절개를 지킨 삼은(三隱)의 한 사람이다. 1389년 위화도회군으로 우왕이 강화로 쫓겨나자 조민수(曺敏修)와 함께 창왕을 옹립시키고 명나라에 사신으로 가서 이성계(李成桂) 일파의 세력을 억제하려 하였으나 실패했다. 이후 죽기까지 출사하지 않았으나 그의 문하에서 나온 권근·김종직·변계량 등이 조선 성리학의 주류를 이루었다. 저서에 『목은문고(牧隱文藁)』와 『목은시고(牧隱詩藁)』 등이 있다.

552) 김종직(金宗直, 1431~1492) : 자는 계온(季昷)이고 호는 점필재(佔畢齋)이다. 시호는 문충(文忠)이다. 1459년 식년문과에 정과로 급제, 사가독서(賜暇讀書)하기도 했다. 이후 공조참판 등 여러 벼슬을 역임했다. 고려 말 정몽주·길재의 학통을 이은 아버지에게 수학하여 결국 사림의 조종(祖宗)이 되었다. 그가 지은 「조의제문(弔義帝文)」이 빌

부하였던가.

공은 타고난 자질이 순수하고 아름다운 데다 가정에서 듣고 본 것이 있어 근신하고 엄격하여 스스로 법도를 따랐다. 우리나라 여러 현인 중에 도산 이황 선생을 가장 흠모하여 『퇴계집』 한 질은 책상에서 치운 적이 없었다. 행동과 풍채가 진중하여 바라보면 엄숙하니 비록 부잡하고 허탄한 사람이라도 한 번 공의 방에 들어가면 무안하게 여겨 삼가는 모습을 지었다. 도타이 화목하며 구휼을 널리 한 것은 본성이 그러한 것이니, 안으로 형제와 밖으로 친척에게도 모두 정성을 다하여 감복하지 않는 이가 없었다. 선조의 묘를 지키는 일은 더욱 정성을 다하였다. 공은 항상 마소유[553]가 '선인의 허물어진 집을 지키면서 향리 사람들로부터 선한 사람이라 칭송받는 정도면 된다' 했던 말을 외우면서 자제들을 경계시켰다. 아아! 공이 스스로 기약한 것이 여기에 그쳤단 말인가.

질병이나 우환이 없는 때에는 반드시 글을 지었으므로, 시는 몇천 수나 되는지 알지 못하고 문은 그 절반쯤 된다. 여항에서 떠도는 이야기들이나 명물·도수 분야도 반드시 기록하여 밝혀 놓았고, 사람에게 날마다 일어나는 온갖 물정까지도 모두 글로 모아 두었는데, 그 중에는 기이한 말이나 지극한 의론도 여럿 있다. 공은 우리나라의 옛 일에 더욱 박식하여 단군과 기자 이후 고려 말에 이르기까지의 이야기를 도도하게 하였으며, 우리 조선의 옛일들을 생생하게 풀어내기를 어제 일처럼 하였다. 명종과 선조 시절의 유명하고 높은 인물들의 경력과 문장까지도 모두 통달하였다. 특히 우리나라 일을 이야기하는 것을 좋아하였

미가 되어 1498년에 무오사화가 일어나 부관참시(剖棺斬屍) 당하였다. 저서로 『점필재집』, 『청구풍아(青丘風雅)』 등이 있다.

553) 마소유(馬少游) : 후한(後漢)의 복파장군(伏波將軍) 마원(馬援)의 종제(從弟)이다. 마소유는 마원에게 말하기를 "선비가 한 세상에 났으면 입고 먹는 것만 겨우 해결할 정도면 충분하고, 하택거(下澤車)에 관단마(款段馬)를 몰고서 군(郡)의 연사(掾史)로서 묘를 지키고 살면서, 향리로부터 선인(善人)이라 일컬어질 정도면 충분하다"라 하였다. 나중에 마원이 교지(交趾) 출정하였다가 군중에서 병을 얻게 되자 탄식하면서 마소유의 말을 떠올렸다고 한다. 『후한서(後漢書)』 24권에 나온다.

으며 여러 문집을 널리 읽었기 때문에 각종 묘비 · 묘갈 · 행장 · 묘지 등을 서로 참조하고 모두 꿰뚫어 아무개는 어떤 고장 출신이며 아무개는 아무개의 자손이라는 것을 자세히 알지 못하는 것이 없었다.

깨끗한 것을 좋아하는 성품이라, 거처하는 방에 먼지 하나도 없었으며 지붕에 닿도록 책을 놓되 반듯반듯하게 하였다. 대야에 물을 담아 항상 자리 옆에 두고는 한 번 뒷간에 다녀오면 번번이 손을 씻더니 만년에는 거의 한 가지 벽이 될 정도가 되었다. 술 마시는 것을 좋아하였으나 많이 마시지는 않았으니, 불우한 슬픔을 취함에 맡긴 것이다. 그러나 집이 가난하여 술 빚을 도구가 없어서 혹 손님이 이르러도 술을 내지 못하니 문득 한숨지을 뿐이었다. 내가 일찍이 장난으로 말하기를, "공의 단점은 두 가지가 있습니다. 지나치게 공손하여 오만한 것과 너무 삼가서 친밀하기 어렵게 하는 것입니다. 그렇기 때문에 또래 친구들 사이에 화합함이 적으며 움직이는 즈음에 막히는 것이 없지 않은 것이지요"라 했더니 공은 문득 웃고 답하지 않았다.

아아! 우리나라는 작은 나라라 인물이 나타나는 일이 진실로 드문데, 백 년 이래로는 더욱 그러하다. 공은 누대에 걸친 벼슬아치 집안에서 뛰어난 정기를 받아 태어나, 행의가 저와 같이 우뚝하고 문장은 저와 같이 풍부하며 학력이 저와 같이 활동력이 있었으나 끝내 그 쓰임을 다하지 못하였으니, 하늘의 보답이 공에게는 어찌 이와 같이 어그러졌던가? 깊은 산속에서 곤궁하게 늙어가다 거친 베옷에 몸이 싸여 두터운 흙에 묻혀서 풀과 함께 썩게 되니, 나와 같이 공을 깊이 아는 이가 어찌 크게 슬퍼하지 않겠는가?

지난 정미년(1727)에 나는 공의 누이와 혼인하였다. 그때 내 나이 열다섯이었고 공은 열넷이었는데 형제의 의를 맺어 손을 잡고 어깨를 나란히 하였다. 그러는 50여 년 동안 온갖 어려움과 기쁨과 슬픔을 모조리 겪으면서 의기투합함이 젖과 물이 합함[554]과 같았다. 내가 본래 불우하여 포의로 곤궁하게 살다가 중년에 아내를 잃고 외로이 돌아갈 바가 없게 되었으나, 공은 누이가 있고 없음과 상관없이 애정을 더욱 도타이 하였다. 나도 지기로 허여하여 매번 시 한 편, 글씨나 그림 한 점이 있을 때마다 서로 대하여 기쁘게 감상하였다. 늙어 죽을 때까지 서로 떨어지지 말자 약속하였는데, 공이 지하에 들어간 지 벌써 반 년이나 되었다. 이제 내가 흰머리 성성한 늙은 나이에 그릇되이 사신의 명을 받고 추운 날 강을 건너는 여가에 옛날을 돌아보니 아득하기가 꿈만 같다. 문사가 보잘 것 없어 행장을 바칠 수 없으나, 다만 공의 대략을 모아 이와 같이 쓰노라.

原文 海巖柳公, 諱慶種, 字德祖. 其先晉州人也. 考諱耒成均進士, 祖諱考命賢吏曺判書, 曾祖諱穎弘文應教, 妣泗川睦氏大司憲林一之女也. 公生于我肅宗四十年甲午十二月初六日, 卒于今上八年甲辰七月十八日, 享年七十一. 以其年九月, 葬于安山釜谷先兆之下, 有子一人焺, 有孫一人重和, 有女婿一人崔弘晉. 余甚衰病, 未能往哭於二息之程. 悲哲人之其萎, 悼舊老之無餘. 緬懷疇昔, 慚負幽明.

今蒙誤恩以副价赴燕, 焺遣重和致書而訴哀曰:“知先父平生惟公, 在乞於旅館滯留之日, 草成行錄, 庶慰長逝之魂.” 余覽而悲之, 益切存歿之感, 及乎渡鴨水, 歷鳳城, 山川謠俗, 儘堪記述, 還歸故國, 誰復發槖論評, 與同詑奇觀說壯遊也. 來留燕館, 奄值歲除. 一燈相守, 百感交中. 仍念亡友遺孤之托, 不可以不副, 遂乃抖擻神精, 攬筆而書之.

公眞孝子也. 未弱冠, 遭先公憂, 克盡其禮, 奉侍偏母, 壹於承順, 殫心竭志, 備以色養. 每於定省之時, 必冠帶而進, 斂膝端坐, 誦說古今經史, 仍及東方故事. 或至終日, 莫敢少懈. 躬親嘗味, 甘旨不匱, 親志或有不豫, 從容導達, 務盡和悅. 自遭艱後, 未嘗以雉炙與蜂液近口, 盖以慈夫人所嗜, 不忍輒嘗焉.

母夫人素抱疾病, 公至誠救護, 屢獲痊復, 至己丑秋, 親齡已八耋, 疾愈篤. 公身不脫衣, 左右扶將, 無晝無夜, 涕泣遑遑, 露坐禱天, 願以身代. 如是者百日, 竟罹巨創. 公以白首之年, 號慕隕絶, 殯成而哭不止.

554) 유수지합(乳水之合) : 물과 젖이 서로 합해지는 것으로 융흡(融洽)을 비유한다. 청나라 허승흠(許承欽)의 「제채부진화책(題蔡怀眞畵冊)」이라는 시에 ‘將軍幕下稱乳水, 受命勤王事可紀’라는 용례가 있다.

時値嚴冬，土處枕塊，水穀之餟，僅支一縷. 旣葬，每晨登山，繞墓而哭，歸親奠獻. 夕又上塚哀號，在野農夫，至有聞哭聲而輟謳，爲之感泣者. 服闋而朝暮謁墓之禮，仍以不廢，雖盛暑隆寒暴雨積雪，沾身塗足喘急流汗，至疾作，未嘗一日闕也. 自己丑至今十六年，積傷爲祟，竟至不起. 嗚呼! 公之孝何其純且篤也. 喪未及葬，鄕中士夫，錄其孝行，呈府願旌表，非余一人所獨稱之者也.

公之仲父判官公，以至寃掇奇禍，一子早夭，門戶便絶. 公腐心痛骨，冀暴幽鬱，至誠有格，快雪丹書，未久不喜者沮之. 公愈益痛恨，誓不復仲父之官，無以見地下，又垂過十年[555)]，泣血成書，達于宸聰. 自上特垂哀矜，立下再伸之命. 當是時，恩光赫然，若枯木之逢春. 人孰不爲公感歎. 公於判官公，可謂非子而子，欲孝爲孝也. 嗚呼! 公之志何其悲且苦也.

公在童年，文藝夙就. 聰明絶人，一覽不遺，潛心專精. 獨好看書，常閉一室，手不釋卷，焚膏繼晷，兀兀孜孜，家藏萬卷，不啻三四溫繹，羣經奧義，毫分縷析，歷代事實，珠貫繩連，諸子百家，莫不博洽，宋明諸子之作，如誦己言. 旁及字學音義，亦皆貫通曉習. 故其爲文，雱霈淋漓，源流混混，若長河之無涯. 今其書在家，後之觀者，自有子雲在. 若以東方大家比論其高，不其惟牧隱佔俾之間乎. 嗚呼! 公之文，何其贍且富也.

天質純美，襲以家庭聞見，謹愼儼恪，自循繩墨. 於東方諸賢，最慕陶山先生，退溪集一帙，不離案上. 儀容凝重，望之儼然，雖浮褋妄誕之人，一入公之室，靦然爲謹勑容. 敦睦任恤，本性然也. 內以同氣，外以親族，盡其情誼，無不感服. 於先墓守護，尤兢兢致勤焉. 公常誦馬少游守先人墳廬[556)]，鄕里稱善人之語，以戒子姪. 噫! 公之所自期者，止於是乎.

際非疾病憂故，必有述作. 詩不知幾千首，文亦半之. 街巷俚野之談，名物度數之分，必記錄而發明之，人生日用事爲物情，亦皆收拾筆墨間，其中多有奇言至論. 公於東方故事，尤極該博，檀箕以後，降至麗末，談說滾滾，本朝故實歷歷，如昨日事. 明宣之際，名公鉅卿，出處文章，擧皆洞貫. 惟其喜談東事，博觀諸集，故碑碣狀誌參互共貫，某氏之籍某鄕，某人之爲某孫，無不瞭然.

性好潔，所坐之室，一塵不留，連屋編帙，正正方方. 盥盆盛水，常置座側，一有便溺，輒洗手，晩年殆成一癖. 好飮酒，不多酌，不遇之悲，一寓之

555) 『표암집』에만 우수과십년(又垂過十年) 다음에 지성걸애(至誠乞哀)가 추가되어 있다.
556) 『표암집』에는 상(常)이 상(嘗)으로 되어 있다.

於醉鄕, 而家貧無釀具, 或有賓至, 不置酒, 輒喟然而已. 余嘗戱謂 "公之短處有二, 過恭近傲, 太愼傷密, 故儕友之間, 尠有和合, 動作之際, 不無窒碍." 公輒笑而不答.

嗚呼! 吾東小邦也, 人物固罕出, 百年以來, 尤覺寂寥. 公以奕世軒冕, 鍾生間氣, 行誼如彼其卓也, 文章如彼其富也, 學力如彼其動也, 而終不究其用, 天之報公何若是盭哉. 窮老深山, 大布裹身, 埋之厚土, 與草同腐, 若余知公之深者, 安得不爽然而悲也.

昔余丁未娶於公之姊, 時余年十五, 公年十四, 結爲兄弟, 提手比肩, 中間五十餘年, 飽閱風霜歡戚, 氣味之相好, 有乳水之合. 余本落拓, 布衣困窮, 中年喪配, 踽踽若無所歸, 公不以姊氏之有無而情愛益篤也. 余亦相許以知己, 每有一篇詩一書畵, 相對歡賞, 期之以至老死不相離也, 公歸地下, 倏爾半載[557]. 今余白首垂老, 謬膺專對之命, 氷霜跋涉之餘, 追憶平昔, 怳若一夢. 文辭荒拙, 不能效狀德之文, 只撮公之大略, 書之如此.

◎ 표암이 스스로 지은 글 翁自誌[558]

옹이 스스로 붙인 호는 표옹이다. 어려서부터 등에 있는 흰 얼룩무늬가 표범과 비슷하여 호로 삼았으니, 대개 스스로 장난삼아 해본 것이다. 옹의 성은 강씨요 관향은 진주이며 이름은 세황, 자는 광지이다. 아버지는 대제학 문안공 휘 현이고 조부는 설봉 문정공 휘 백년이며 증조부는 죽창공 첨지중추부사 휘 주이니, 고려조 은열공 휘 민첨의 후손이다. 외조부는 광주 이공 휘 익만이다.

옹은 숙묘 계사년(1713) 윤5월 21일에 태어났다. 어려서부터 총명하여 열서너 살에 행서를 쓸 수 있어서 글씨를 구해다가 병풍을 만든다는 사람도 있었다. 열다섯에 진주유씨의 딸에게 장가들었는데 그녀는 현숙하

557) 『표암집』에서는 이(爾)가 이(已)로 되어 있다.
558) 이 글은 『정춘루첩(靜春樓帖)』에 실려 있는 것이라 표시되어 있다.

여 부덕(婦德)이 있었다. 큰형님 부사공이 참소를 입어 귀향 가게 되니 옹은 세상길이 험한 것을 알고 영예는 바랄 만하지 않다고 여겨 과거시험에 나아가려는 생각을 버렸다. 오직 옛글에 전념하여 당송의 작품을 암송한 것이 매우 많았다. 마음을 가라앉혀 생각한 지 수십 년에 식견과 이해가 점차 통달되어서 깊은 조예와 홀로 얻은 견해가 있었다. 혹 작자의 이름을 가려도 시대가 언제인지 구분할 수 있을 정도였다. 시를 읊조리는 것을 달갑게 여기지 않아서 간혹 지은 것이 있어도 번번이 버리고 거두지 않다. 이런 까닭에 상자에는 한 권으로 묶을 만한 원고도 남아 있지 않았다. 아버지 문안공께서 64세에 옹을 낳아 매우 사랑하셔서 잠시도 곁을 떠나지 못하게 하시었고, 가르침을 지극하게 하셨다. 계축년(1733) 작은 형수가 죽었을 때에 문안공께서는 이 때 팔순을 넘으셨는데도 장차 진천에 장사지내는 것을 친히 보려 하셨다. 옹이 울며 가는 것이 마땅하지 않다고 간하였으나 따르지 않으셨고, 모시려 하였으나 또한 허락하지 않으셨다. 그래서 몰래 시종과 말을 빌려서 알리지 않고 뒤를 따라갔다. 도중에야 문안공께서 비로소 아셨으나 그 정성을 갸륵하게 여기셔서 나무라지 않으셨다. 진천에 이르러 끝내 아버지를 잃는 아픔을 겪게 되었으니 아아! 슬프다. 경신년(1740)에는 어머니의 상을 당했다.

복(服)이 끝나자 안산군에 터를 잡아 낡은 집 여다홉 칸을 지으니 쓸쓸하였다. 생계에 관한 일은 전혀 묻지를 않고 오직 문사와 붓과 벼루를 가지고 스스로 즐겼다. 또 그림 그리는 일을 좋아하여 때로 혹 붓을 놀리면 질편하고 우아하여 속기를 벗어나기도 했다. 산수도는 대체로 왕몽[559]과 황공망[560]의 법이 있었고, 묵란(墨蘭)이나 묵죽(墨竹) 그림은

559) 왕몽(王蒙, 1308?~1385) : 자는 숙명(叔明)이요 호는 황학산초(黃鶴山樵) 또는 향광거사(香光居士)이다. 조맹부(趙孟頫)의 외손자로, 그림에서 그의 영향을 많이 받았으나 후에는 왕유(王維)・동원(董源) 등을 모범으로 삼았다. 황공망(黃公望), 오진(吳鎭), 예찬(倪瓚) 등과 함께 원말의 4대가로 불린다. 대체로 그의 그림은 묵법수윤(墨法秀潤)이라는 평을 받는데, 이런 그림은 남종화(南宗畵)의 전형으로서, 후세의 명・청 문

더욱 맑고도 굳세어 세속의 기운을 끊은 듯하였으나, 세상에 깊이 아는 자가 없고 스스로도 잘 하는 일이라 여기지 않아 다만 흥을 품고 마음에 맞는 것을 펼쳐낼 뿐이었다. 혹 남이 농담삼아 구하면 속으로는 몹시 싫고 괴롭지만 또한 일찍이 매정하게 물리치지는 않고 건성으로 응하여 남의 뜻을 뿌리치려 하지 않았다. 서법에서는 이왕(二王), 즉 왕희지나 왕헌지를 본받고 미불과 조맹부의 서법을 섞어 자못 깊은 묘미를 이루었다. 전서와 예서에도 예스러운 뜻을 터득하였다. 매번 흥이 일면 옛날 법서 여러 줄을 임서함으로써 조용하고 한가하면서도 맑고 원대한 뜻을 거기에 담았다.

성품이 조용하고 담박한 탓에 세속을 초월하여 삼베옷과 거친 밥에도 편안히 여기며 싫어하지 않으면서 일찍이 가난함과 군색함을 마음에 두지 않았다. 마음이 어질고 관대하여 대체로 남의 근심을 근심하고 남의 즐거움을 즐거워하는 것에 뜻을 두었다. 서로 깊이 아는 자들은 또한 이 때문에 옹을 허락하였다. 참의(參議) 임정(任珽)은 옹의 매형이었는데, 옹의 글씨가 왕희지나 왕헌지의 묘한 경지에 나아갔다고 칭찬하기도 했다. 우연히 잔치에서 함께 두보의 「검무가(劍舞歌)」를 화운했는데 책상을 치며 옹의 글을 읊어보고는 말하기를 "우리나라 백년 이래로 이런 시는 없었다"고 하기도 했다. 승지 최성대(崔成大)가 일찍이 어느 집에서 옹이 옛 그림에 쓴 작은 해서 글씨를 보고 놀라 말하기를 "중국 사람을 따라갈 수 없는 것이 이와 같나"고 하더니, 옹이 썼다는 것을 알고 나서는 또 칭찬하기를 "중국 사람도 미칠 수 없는 경지다"라 하였다. 또 옹의 「연강첩장도가(煙江疊嶂圖歌)」를 보고는 탄식하기를 "시는 또 글

인화가에게 커다란 영향을 끼쳤다. 「송하저서도(松下著書圖)」 등의 그림이 유명하다.

560) 황공망(黃公望, 1269~1354) : 원나라 상숙(常熟) 사람으로, 자는 자구(子久), 호는 일봉(一峯) 또는 대치산인(大癡山人) 또는 정서도인(井西道人)이라 한다. 본래 성은 육(陸)이었으나 영가(永嘉) 황씨를 이었다. 지원(至元) 연간에 절서 염방사(浙西廉訪使) 서염(徐琰)의 초청으로 서리가 된 적도 있으나 곧 사직하고 부춘산에 은거하며 그림을 그렸다. 산수화에 특히 능하여 원나라 말기의 4대가 중 하나로 꼽힌다.

씨보다 훨씬 더 낫다"라 하였다. 두 공은 모두 문단의 원로인데 옹을 넘치도록 추켜세움이 이와 같았다. 옹은 체구가 작고 모습도 보잘 것 없어 갑자기 만나는 자는 옹의 마음속에 또한 스스로 독특한 식견과 오묘한 견해가 있음을 알지 못하였다. 가볍게 여겨서 모욕하는 자가 있어도 옹은 으레 그러려니 하며 웃어 넘겼다.

계미년(1763) 작은 아들 흔이 급제하였다. 임금께서 옛 신하의 도타운 충정을 생각하시고 선왕의 융성한 대우를 돌아보셔서 은혜로운 말씀이 정중하셨다. 경연의 신하들이 옹이 문장에 능하고 서화를 잘 한다며 아뢰니, 임금께서는 특별히 교서를 내리시기를 "말세에는 시기하는 마음이 많아, 천한 기술 때문에 얕보는 자가 있을까 싶으니 다시는 그림을 잘 그린다 하지 말라" 하셨다. 대개 임금께서 미천한 신하를 사랑하고 아껴주시며 곡진하게 보살펴 주시기를 이렇게 보통이 넘게 하시었다. 옹이 이런 말씀을 받고는 땅에 엎드려 놀라 울기를 사흘 동안 하니 눈이 퉁퉁 부었다. 오직 이나 서캐 같은 이 천한 것이 어찌 일찍이 한 번이라도 임금님 곁에 가기를 바랐을 것이리오. 다만 선신(先臣)의 옛 은혜로 천고에 드문 은혜를 내린 것이니 정건[561]에게 임금께서 글을 써 준 것과 비교할지라도 훨씬 더 분에 넘치는 일이다. 이로부터 마침내 그림과 붓을 태워버리고 다시 하지 않기로 맹세하였고 사람들도 강권하여 구하려 하지 않았다. 이때의 의론이 또한 혹 벼슬을 시키려 하였지만 스스로 서둘러 나아갈 뜻이 없었다. 옹은 여러 대에 걸쳐 벼슬한 가문이나, 운명과 시기가 어그러져 낙척하였고 늘그막에는 시골에 물러나 살면서 시골 노인들과 자리나 다투었다. 만년에는 한양에 발길을 끊고

561) 정건(鄭虔) : 당나라 사람. 자는 약제(弱齊)요 형양(滎陽) 사람인데 광문관박사(廣文館博士)가 되었다. 집이 가난해 종이를 구할 수 없으므로 자은사(慈恩寺)에서 감나무 잎을 모아 그것에 시를 짓고 직접 글씨도 쓰며 그림도 그려넣었다. 현종(玄宗)이 이것을 보고 그가 글씨와 시와 그림 세 가지에서 모두 세상에 뛰어났다는 의미로 '정건삼절(鄭虔三絶)'이라 썼다. 즉 형양 삼절은 곧 이 정건을 가리킨다. 『당서(唐書)』 202권, 「정건전(鄭虔傳)」에 나온다.

사람을 만나지 않으면서 때때로 대지팡이와 짚신으로 들판을 거닐었다.

겉으로는 성품이 졸렬한 듯하였으나 속은 자못 영특하고 지혜로워 뛰어난 식견과 공교로운 생각도 가지고 있었다. 심오한 음률과 기교한 기완(器玩)이라도 한번 귀와 눈에 접하면 환히 깨우치지 못하는 것이 없었다. 손으로는 바둑의 흑백을 집지 않았고, 절대로 여러 잡기를 좋아하지 않았으며, 일찍이 점쟁이와 더불어 운명을 말하거나 관상법에 대해 이야기한 일도 없었다. 풍수쟁이의 말은 더욱 믿지 않았다. 병자년(1756) 아내가 죽었으나 이때도 풍수가를 불러 땅을 살피지 않고 스스로 과천 사동의 한적한 땅에 자리를 잡아 무덤을 썼다. 아들 넷 인(儐), 흔(俒), 관(僴), 빈(儐)을 두었으나 모두 대략 문자만 이해시켰을 뿐 다른 가르침을 준 적은 없고 오직 집에서 대대로 내려오듯 효도하고 우애하여 선대의 가르침을 욕보이지 말라고만 권면하였다.

옹이 일찍이 자화상을 그렸는데 다만 그 정신에 치중하여 그린 것이라, 세속의 재주 있는 무리가 그린 초상화와는 아주 다르다. 이에 스스로 생각하기를 내가 죽어 남에게 묘지와 행장을 구하느니, 차라리 스스로 평소의 대략을 적어놓으면 거의 사실과 비슷할 수 있을 것이라 여겼다. 마침내 붓 가는 대로 이와 같이 써서 자식들에게 남긴다. 훗날 이 글을 보는 사람 중에 반드시 그 세상을 논하고 그 사람을 생각하면서 그 불우하였음을 슬퍼하고 옹을 위해 한숨 쉬며 탄식하는 이가 있을 것이나. 그러나 이것으로도 어찌 옹을 일기에 충분하리오? 옹은 이미 스스로 기꺼이 여겨 가슴속을 넓고도 평탄하게 하여 터럭만큼도 슬퍼하며 자득하지 못하는 것이 없었다.

지금 임금(영조) 42년 병술년(1766) 가을 표옹은 스스로 쓰노라. 이 때 나이 쉰 넷이다.

原文 | 翁自號豹翁, 自幼背有白癜斑紋似豹, 仍以爲號, 盖自戱之也. 翁姓姜氏, 貫晉州, 名世晃, 字光之. 考大提學文安公諱鋧, 祖雪峰文貞公諱栢年, 曾

祖竹窓僉知中樞諱籲, 麗朝殷烈公諱民瞻之後, 外祖廣州李公諱翊晩[562].

翁生于肅廟癸巳閏五月二十一日. 幼聰穎, 年十三四, 能作行書, 或有求而作屛障者. 十五娶晉州柳氏之女, 賢淑有婦德, 家伯氏府使公, 被誣竄謫, 翁如知世路險巇, 榮名爲不足慕, 無意赴科試, 惟專精於古文辭, 暗誦唐宋篇什甚富. 潛心數十年, 識解漸透, 有深造獨得之見, 或掩作者名氏, 亦能辨別時代高下. 不屑吟詠, 或有述作, 輒棄去不收. 以故篋衍無一編藁. 文安公六十四, 乃生不肖, 甚奇愛之, 不許暫離膝前, 敎誨備至. 癸丑仲嫂逝, 文安公時逾八耋, 將親視窆于鎭川, 不肖泣諫不宜行不從, 欲隨侍亦不許. 於是, 潛借僕馬, 不告而追於後. 至路中, 文安公始覺之, 憐其誠, 亦不責焉. 至鎭竟罹終天之痛, 嗚呼! 痛哉. 庚申遭先妣喪.

服闋, 卜居安山郡, 治老屋八九楹, 蕭然也. 絶不問產業事, 唯以文史筆硏自娛. 又好繪事, 時或弄筆, 淋漓高雅, 脫去俗蹊. 山水大有王黃鶴黃大癡法, 墨蘭竹尤淸勁絶塵世, 無有深識者, 亦不自以爲能事, 聊以述興適意而已. 或爲求者所嬲, 心甚厭苦, 亦未嘗峻却, 惟漫應之, 不欲拂人意. 書法二王, 雜以米趙, 頗造深妙. 旁及篆隷, 自得古意. 每興至, 臨古法書數行, 以寄其蕭散淸遠之趣.

性恬素澹泊, 超然物表, 麻衣糲飯, 亦安之不猒, 未嘗以貧窘嬰於懷中, 心仁恕, 粗有意於憂人憂, 樂人樂. 相知之深者, 亦或以是許之. 任參議珽, 翁之姊夫也. 嘗稱翁書獨臻二王妙處. 偶於宴席, 共和杜工部劍舞歌, 拍案朗誦曰 : "我東百載, 無此詩." 崔承旨成大嘗於人家, 見翁題古畵小楷, 驚曰 : "華人之不可及如此." 及知爲翁書, 又詑曰 : "華人所不能及." 又見翁煙江疊嶂圖歌, 歎曰 : "詩復大勝於書." 二公皆詞林宿匠, 而濫推翁如此. 翁體短小貌不揚, 驟遇者不知其中, 亦自有卓識妙解, 有易而侮之者, 輒夷然一笑.

癸未仲子俒中第, 聖上念舊臣忠貞之篤, 追先王眷遇之隆, 恩敎鄭重, 筵臣奏賤臣以能文章善書畵, 上特敎曰 : "末世多忮心, 想人或有以賤技小之者, 勿復言善畵事." 盖聖意愛惜微臣, 曲加覆護, 乃出尋常至此. 臣承是敎, 伏地驚號泣涕三日, 目爲之瞳, 唯此蟣蝨之賤, 顧何嘗一近耿光, 而只以先臣之故恩私, 曠絶千古罕有, 比諸鄭滎陽三絶自御題, 尤萬萬逈絶者矣. 自是遂焚畵筆, 誓不復作, 人亦不能强索焉. 時議亦或欲官之, 自無汲汲進取

562) 아버지, 할아버지, 증조할아버지, 은열공, 외할아버지의 이름은 원문에 빠져 있으나 보충해서 넣었다.

意. 翁以奕世軒冕, 命與時乖落拓, 至老退處鄕村, 與野老爭席, 晩更掃迹京塵, 不接人面, 時以竹杖芒屨, 逍遙原野.

外似拙樸, 中頗靈慧, 有絶識巧思. 至於樂律之微奧, 器玩之奇巧, 一接耳目, 無不瞭然解悟. 手不拈棋子黑白, 絶不喜方技雜術, 未嘗與術士論星命・談相法, 尤不信堪輿家言. 丙子, 內子喪逝, 亦不邀術人相地, 自占果川砂洞之間地, 以營窆焉. 有四子儐俒儫儐, 皆略解文字, 無他敎誡, 唯勉以家傳孝友, 不辱先訓而已.

翁嘗自寫眞, 獨得其神情, 與俗工之徒傳狀貌者逈異. 仍自念身歿而求誌狀於人, 曷若自寫其平日之大略, 庶得髣髴之似耶. 遂信筆書此, 以遺兒輩. 後之覽此文者, 其必有論其世想其人, 悲其不遇, 爲翁而欷歔感慨者. 然是烏足以知翁哉. 翁已自能怡然而樂, 胸中浩浩焉坦坦焉, 無毫髮憾嗟不自得者矣.

上之四十二年丙戌秋, 豹翁自書. 時年五十有四.

◎ 돌아가신 아버지 정헌대부 한성부판윤 겸 지의금부사 오위도총부 도총관 부군 행장 先考正獻大夫漢城府判尹兼知義禁府事五衛都摠府都摠管府君行狀

부군의 휘는 세황, 자는 광지, 호는 표암이다. 어려서부터 등에 흰 얼룩무늬가 선명하므로 이것으로 자호(自號)를 지었으니 대개 스스로 장난삼아 해본 것이다. 우리 강씨는 관향이 진주이다. 시조 휘 민첨은 고려조에 거란을 토벌한 공으로 삼중대광벽상공신에 추증되어 지금 진주에서 제사를 지내고 있다. 휘 윤지는 우리 조선에 들어와 공조판서를 하였다. 그 후 고관대작 문신이 대대로 이어져 선비의 행실[儒行]이 전해지는 집안으로 세상에 유명했다. 또 대대로 장수하였고 관직도 높았다. 6대조 동추공 이하 2대는 모두 벼슬하여 여전히 문헌으로 전하고 있다. 고조부 휘 운상은 효도로 정려가 내려져 영의정에 추증되었다. 증조부 휘 주는 호가 죽창인데 선조 때 형님이셨던 대헌공 휘 첨과 함께 한림, 삼사, 천

관랑을 거쳐 연세 여든으로 품계를 더하여 좌의정에 추증되었다. 아들 둘을 낳았는데 장자는 휘 계년으로 호는 취적당이니 지극한 행실과 숨겨진 덕이 있었으며 77세의 수를 누려서 좌찬성에 추증되었다. 둘째는 휘 백년으로 호는 설봉이다. 판중추 예문관제학을 하였고 영의정에 추증되었으며 청백리에 뽑혔다. 79세의 수를 누려서 기로소에 들었으며 시호는 문정이다. 충청도와 황해도의 사림들이 제사를 올린다.

문정공께서 두 아들을 낳으시니 장자 휘 선은 병조참판으로 호는 자각이다. 둘째는 휘 현으로, 판중추부사와 대제학을 역임하였고 84세의 수를 누려 기로소에 들었다. 호는 백각이요 시호는 문안이다. 찬성공에게 후사가 없으므로 문안공의 아들 지실을 데려다가 죽창공의 제사를 주관하게 하였다. 본 부인은 한양 조씨로 응교 휘 위봉의 따님이요 대제학 용주 휘 경의 손녀이시다. 계비(繼妣)는 광주 이씨로 재상을 지낸 동고 준경의 후손이요 부사 휘 휴징의 손녀이시며 통덕랑 휘 익만의 따님이며 외조부는 동중추 휘 훤이다.

숙종 계사년(1713) 윤5월 21일 묘시 부군께서 한양 남소동 집에서 태어나니 이씨의 소생이다. 문안공께서는 3남 6녀를 기르셨는데 부군의 순서는 맨 마지막으로, 늦게야 보신 것이다. 그런 까닭에 애정을 가장 많이 쏟아 무릎에 두시며 가르치시니 이를 갈 나이도 되기 전에 성품과 도량이 날로 지혜로워지고 총명이 남보다 뛰어났다. 여덟 살에 글 짓는 것에 능하여서, 비둘기가 새겨진 지팡이563)에 대해 읊기를 '지팡이 머리에 있는 새는 흰 눈 같은 옷으로 덮이니, 우리나라의 슬픔을 아는 것 같네'라 하였으니 대개 경자년 명릉의 국상을 당하였을 때였던 것이다. 10살에 문안공께서 예조판서가 되어 도화서 생도의 시험을 관장할 적에 부군께서 어른을 대신하여 그 차례와 우열을 매기되 조금도 실수가 없게 하니 노련한 화사(畵師)들이 그 밝은 안목에 승복하였다. 또 일찍이

563) 구장(鳩杖) : 비둘기는 본래 먹다가 잘 체한다고 한다. 때문에 음식을 조심하라는 의미로 노인의 지팡이에 비둘기의 모양을 새겼다. 때문에 그 지팡이를 구장이라 한다.

관가의 문서 너덧 글자를 대신 썼는데 예조판서 윤순이 10세 아이의 글씨라는 것을 알고는 크게 칭찬을 하면서 말하기를 "반드시 한 시대에 이름을 드날릴 것이다" 하였다.[564] 12세에는 남의 등에 업혀 과거장에 들어가 나이 많은 선비들이 정문(程文)을 지으려 생각할 때에 옆에서 도와서 솜씨 있게 변려의 대구를 이루어 시험지를 써 내려간 것이 마치 구슬을 꿴 듯하였다. 과거장에 가득한 사람들이 둘러보며 신통하다고 칭찬하지 않는 이가 없었다.

문장이나 역사, 글씨와 그림 및 다른 기예까지 모두 뛰어나서, 배우지 않고도 깨달아 각기 공교로운 수준이 되었지만 하는 것을 달갑게 여기지는 않았다. 자형 치재 임정 공은 풍류 있고 우아하여 남을 인정하는 경우가 적었는데 유독 부군의 글에 대해서만은 늘 탄복하셨다. 일찍이 잔치 자리에서 함께 두보의 「검무가」에 화운하자 책상을 치면서 읊조리며 말하기를 "우리나라 백년 이래에 이런 시는 없었다"고 하였다. 한 시대 사림의 여러 노장들이 모두 나이를 잊고 교제함을 허락하기도 하였다. 열두세 살에는 행서를 쓸 수 있어서, 그 글씨를 구하여 병풍을 만드는 이들도 많았다.

열다섯에 진주유씨와 혼인하였다. 아비는 진사 휘 뢰이고 조부는 이조판서 휘 명현이며 증조부는 홍문관 응교 휘 영이고 고조부는 홍문관 교리 휘 격이며 외조부는 대사헌 휘 목림일 공이다. 부드럽고 아름다우며 맑고 공경하여 내개 옛 여사(女士)의 행실이 있으므로 모든 친척이 다 감복하였다.

문안공께서 장차 아흔에 가까우실 때에는 내외의 손자와 증손이 집에 가득하였는데 이때에는 이미 장성한 이들이 많았다. 그런데 유독 부

564) 조언림(趙彦林, 1784~1856)의 『이사재기문록(二四齋記聞錄)』에 이때의 일이 자세하게 기록되어 있다. 당시 예조판서로 있던 백각공 강현이 예조에 서목(書目)을 바치려 준비할 때에 표암이 옆에 있다가 '공문을 받았다'는 뜻인 '도부(到付)'라고 써서 보내었더니, 나중에 경기 관찰사 윤순이 와서 그 두 글자가 천하의 명필이라면서 누가 썼는지 물었다. 6세의 표암이 쓴 것을 알고는 크게 칭찬했다고 한다.

군에게 공적이건 사적이건 문서와 응대를 모두 맡겨서 대신 수고하게 하시니 부군께서 일찍 성취했음을 알 만 하다. 대개 문안공께서는 64세에 부군을 낳으셨다. 나중에 부군께서 아들을 낳아 어느덧 5세가 되니 비단 옷을 입히고 맛있는 것을 주며 만년에 기뻐하셨다.

계축년 부군의 둘째 형수께서 세상을 떠났다. 문안공께서는 이때 이미 매우 연로하셨는데도 친히 진천에 가서 장지를 보려 하셨다. 부군께서 끝까지 울며 말리면서 가는 것이 옳지 않다 하였으나 따르지 않으셨다. 수행하면서 챙겨 드리려 하였으나 그것도 허락하지 않으셨다. 이때에 부군께서는 몰래 종과 말을 빌려 알리지 않고 따라가셨다. 문안공께서는 중도에야 비로소 아시고는 그 정성을 어여삐 여겨 막지는 않으셨다. 진천에 이르러 공이 과연 병석에 드셨는데 한 달이 넘자 더욱 위독하셨다. 돌아눕는 것도 남의 도움이 필요하셔서 부군께서 붙들어 부축하는데 부친의 뜻에 맞게 하였다. 왼쪽으로 하려 하시면 먼저 왼쪽으로 했고 오른쪽으로 하려 하시면 먼저 오른쪽으로 하였다. 늘 조금도 게으르게 하지 않아서 약을 먹이고, 미리 수의[565]를 준비하고 조용히 조치하면서 정성을 다해 하늘에 기도하였으나 끝내 상을 당하였다. 부르짖고 가슴을 치는 모습과 반함과 염습하는 절차의 형식이나 내용이[566] 예에 들어맞았다. 객지에서 변을 만났으나 삼가여 끝내 남은 한이 없게 하셨다. 천안으로 반장하여 시묘살이 삼년을 하셨다. 『문안공유고』12권과 『자각고』4권을 손수 깨끗이 베껴 쓰기도 하셨다. 한양의 집으로 돌아와서는……[567] 홀로 어머님을 모시면서 얼굴빛과 봉양함이 골고루

565) 세제(歲制) : 일 년여에 걸쳐 준비하여야 마련할 수 있는 관을 말한다. 이와 비슷한 것으로, 석 달여에 걸쳐 준비하여 마련한 옷을 가리키는 시제(時制)와 한 달여에 걸쳐 준비하여 마련하는 옷을 가리키는 월제(月制)가 있다.

566) 이척(易戚) : 형식적으로나 내용적으로 훌륭히 상례를 치르는 것을 말한다. 『논어(論語)』「팔일(八佾)」에 "상례는 형식적으로 잘하기보다는 차라리 슬퍼하는 마음이 가득해야 한다[喪與其易也寧戚]"고 하였다.

567) 여기 빠진 부분이 있다. 일부러 긁어내어 14자 정도를 글자를 알아볼 수 없게 했다.

지극하였다. 경신년 정경부인께서 돌아가시자 슬퍼하기를 앞선 부친의 상과 같이 하고 충청도의 묘소에 합부하였다.

삼년상을 마치자마자 세상길은 험악하고 영화로운 이름은 흠모할 만한 것이 아님을 알아서 마침내 벼슬길에 나가려는 뜻을 접고는 경기도 안산으로 집을 옮겼다. 그곳에서 낡은 집 서너 칸을 얻었으나 비바람을 막기도 어려웠다. 집안 살림이 두루 어렵고 거친 음식조차 잇지 못하였으나 편안한 듯하였다.

해암 휘 유경종은 실은 부군의 처남이며, 문장에 뛰어난 선비인데, 그의 집에 소장한 책이 수만 권이었다. 그와 이웃하여 살면서 서로 절차탁마하였다. 거문고를 연주하며 차를 품평하기도 하고, 책을 펴보며 붓을 놀려서, 드넓고 한가로우면서도 맑고 심원한 아취를 붙이려 하였다. 이때만 해도 넓고도 평탄하게 몸을 마칠 것같이 하셨으나 이후 임금께서 '시서화 삼절의 예능에 능하다'고 말씀하신 것이 온 세상에 널리 알려졌다.

어려서 경전을 두루 읽고 고문의 뜻을 유의하였으며, 양한과 당송의 제가들을 취하되 한 사람에 치우치지 않았다. 때때로 글을 짓되 한결같이 옛 작가를 따라 그 폭과 법도를 오로지 취하여 창달하여서 글을 가지고 글자를 따르는 것을 숭상하였으니 대개 가정에서 전해지는 방법이었다. 시는 육유(陸游)를 흠모하여서 구상하는 데에 시간을 들이지 않고 붓을 잡고 곧장 내려 긋는데도 말이 매우 담박하고 우아하였으며, 시의 정수를 얻어 속된 기운이나 말이 전혀 없었다. 두기 최성대가 부군께서 옛 그림에 쓰신 작은 해서 글씨를 보고 놀라 말하기를 "중국 사람을 따라잡을 수 없음이 이와 같다"라고 하더니 부군께서 쓴 것임을 알고는 또 말하기를 "중국 사람도 미칠 수 없는 바이다"라 하기도 했다. 또 「연강첩장도가」를 보고 탄복하기를 "시는 글씨보다 훨씬 더 낫다"고 하였다. 시문에서 남보다 뛰어나서 깊이 도달하고 홀로 터득한 견해가 있어서 혹 작자의 이름을 가려도 고금과 상하를 변별해 낼 수 있었다.

어떤 사람이 옛 사람의 시 중에 많이 알려지지 않은 것 수십 수를 적고 자기가 지은 시 몇 수를 섞어 보이며 말하기를 "이것은 제가 최근에 지은 것이니 시험 삼아 봐 주십시오" 하였다. 부군께서는 쭉 본 후 곧 구별하여, "이것은 당나라 사람의 작품이요, 이것은 송나라 사람의 작품이며 이것은 원나라 사람의 작품, 이것은 명나라 사람의 작품이며 그 사이 몇 편은 우리나라 사람의 작품이다"고 했다. 마치 흑백을 구별하며 하나 둘을 세듯 하니 그 사람이 놀라 쓰러지려 했다.

일찍이 다른 사람과 함께 예와 지금 사람의 문체에 대해 이야기를 할 때, 그 사람이 말하기를 "문장은 기예입니다. 나중에 나온 이가 더욱 재주가 있을 것이니 지금 것을 버리고 옛날 것만을 좇는 것은 마땅하지 않습니다" 하자 부군께서는 매우 준엄하게 말씀하시기를 "시대의 추이에 따라서 비난과 기림이 따르는 것은 모든 기예가 다 그렇지만 문체는 그러하지 않다" 하셨다. 과거 때문에 공부한 적은 없었으나 하는 수 없이 시험에 나아가면 문득 유사에게 뽑히게 되었다. 서법에서는 왕희지나 왕헌지를 본받고 미불과 조맹부의 서법을 섞어 신의 경지에 이르기도 하였다. 한편으로는 전서와 예서에도 옛 뜻을 깊이 터득하셨다. 매번 글씨를 달라는 요구를 들으셨는데 때때로 생각이 이르면 만전과 견폭[568] 수백 벌에 쓰셨다.

해서 초서 각 체를 썼는데 간혹 커다란 글씨를 쓰기도 하셨다. 순식간에 남김없이 다 휘둘렀는데, 마치 은갈고리나 쇠줄 같았으며 용이 당기고 호랑이가 움켜잡는 듯하였다. 당송 사람의 글은 암송하는 것이 매우 많아서, 매번 종이를 펼치고 임서할 적에 책을 검토하지 않으시고 곧장 붓을 내달리는 것이 마치 쏟아지는 물과 같아 나오는 것이 끝이 없으면서도 중복되는 것이 전혀 없었다. 보는 사람이 모두 말하기를 "글자 쓰는 법만 괜찮은 것이 아니라 그 기억하고 읊는 것의 넓음은 비

568) 만전(蠻牋)은 오랑캐들이 시를 받기 위해 가져오는 종이이다. 나중에는 보통 그냥 시를 쓰는 종이라는 의미로 사용된다.

할 데가 없다"고 하였다.

옛 사람의 큰 문자 같은 것에는 경솔한 뜻으로 서화에 평하는 것을 처음부터 신경 쓰지 않았다. 손 가는 대로 써도 구절이나 말마다 맑고 놀라우며 오묘하고 뛰어나지 않은 것이 없었다. 사람들은 한 글자나 조각 글이라도 간직하는 것을 영광으로 여겼다. 뜰에 싸라기눈이 내릴 적에 지팡이 끝으로 사자를 그린 적도 있었는데 그 모습이 모든 짐승을 때려잡을 듯했다. 또 백록지 전폭에다가 팔을 들고서 한 길이 넘는 획을 내리 그어 배접해서 보았는데 먹줄을 그은 듯 곧았으니 신묘함이 이와 같았다.

한 시기 묘도문자나 비석은 부군의 손으로 쓰신 것이 많다. 대개 글씨에 대해서는 홀로 깨달은 오묘한 비결이 있었다. 항상 말하기를 "왕우군의 정맥은 당나라 네 사람에게 있으니, 시대가 가깝기 때문이다. 황정견과 채양이 당을 본뜨고 문징명과 축윤명이 송을 본떴다. 그러니 지금 사람은 명나라 사람을 법 받지 않을 수가 없다. 우리나라 중고(中古) 시절 한 두 사람이 옛 전서에 뛰어났다는 것은 망령된 이야기일 뿐이다. 지금 세상에 있으면서 어찌 뛰어넘어 갑자기 옛 법에 접할 수 있겠는가. 이런 까닭으로 「난정서」 정무본은 당의 모사본에 미치지 못하고, 당본은 송설 조맹부의 「십삼발본(十三跋本)」에 미치지 못한다. 세상에 돌아다니는 「필진도」는 후대 사람의 위작으로, 문자가 틀렸고 자법이 속되어서 사람들을 그르치게 한 것이 많다" 하셨다.

사람 중에 근세의 서가들이 말하는 정봉(正鋒)과 편봉(偏鋒)에 대해서 힘써 논쟁한 이가 있었다. 부군께서 웃으며 말씀하시기를 "고운지 추한지 솜씨 있는지 졸렬한지는 구름과 안개가 일어났다 사라지는 것과 같습니다. 이는 다만 붓 끝으로 하는 장난일 뿐입니다"라고 하셨다. 부사 정지순은 서법을 깨우친 사람이었는데, 일찍이 부군에 대해 말하기를 "같은 시대이기 때문에 별 것 아니게 생각하지만, 후대 사람은 표암의 글씨를 한 글자라도 얻으면 틀림없이 무덤까지 가지고 가고 싶어 할 것이다" 하였다. 지사 조윤형이 말하기를 "표암은 천품(天品)이 매우 높아 온갖 아름다움을 만들어내니 따로 한 길을 만들면 천 권을 읽은 기미를 볼 수 있을 것이다" 하였다.

화법은 오로지 왕몽과 황공망을 본받아 속된 것을 버리고 질편하고 고아하였으며 번다하거나 더러운 것은 짓지 않았다. 묵란도나 묵죽도에 더욱 솜씨가 있어 맑고 굳세며 속된 기운이 없었으니, 중국에서 구하더라도 이런 작자를 쉽게 얻지는 못할 것이다. 간혹 작품을 달라고 사람이 귀찮게 굴면 괴로워하고 싫증도 내었지만 또한 일찍이 매정하게 물리치지는 않고 다만 되는대로 응하면서 남의 뜻을 어기려 하지 않으셨다. 종정(鍾鼎)에 새긴 글이나 금석(金石)에 쓴 그림에서부터 옛 이돈동기(彛敦董器)에 이르기까지 감상안이 오묘한 경지에 들었다. 도장을 파는 것은 한나라 위나라 사람의 옛 법을 얻었다. 특히 문자학에 깊어서 점획의 착오와 음운의 그릇됨은 사소한 것이라도 반드시 분석해 내셨다. 제자백가를 두루 꿰뚫어 섭렵하셨으며 더욱이 명나라 사람의 사적은 더욱 잘 알아서 하나도 빠뜨린 것이 없으셨다.

연객 허필과 마음을 나누는 친구셨다. 일찍이 장난으로 말하기를, "연옹이 나를 아는 것은 내가 나를 아는 것보다 낫다. 왕몽과 유윤[569]이 서로 자랑하는 것은 지나친 것이 아니다"라고 하였다. 매번 단풍 들고 꽃 피는 철마다 함께 근교의 유명 산천을 구경하였고, 산에 들어서면 부리는 사람들을 보내고 붉고 푸른 위험한 곳에 지팡이 짚고 걸으면서도 피곤함을 잊었다. 머뭇대며 멋진 경치를 감상하면서 두 분이 시와 그림을 번갈아 이루어 책으로 만들고는 제목은 『연표록』이라 하였다. 그 작품들은 풍경이 비취는 듯하여 사람들이 다투어 그 고움을 칭찬하였다.

569) 유윤(劉尹)은 바람이 맑고 달이 밝은 날이면 문득 그의 벗인 현도(玄度)를 떠올렸다고 한다. '淸風朗月 輒思玄度' 현도는 동진(東晉)의 선비 허순(許詢)의 자(字)이다. 『세설신어(世說新語)』「언어(言語)」에 전한다.

계미년(1763) 둘째 아들 흔이 과거에 급제하였다. 임금께서, 선왕의 융성한 돌보심과 옛 신하의 돈독한 충정을 생각하시어 부군의 큰 형님 세윤(世胤)의 관직을 회복시키라 명하셨다. 임금의 은혜로운 말씀이 정중하였으며 선대의 고사를 끌어대는 것을 전날의 일처럼 뚜렷하게 하셨고 한 가족처럼 친근히 하셨다. 경연에 참석한 신하 중에 부군께서 문장에 능하고 서화를 잘 한다고 아뢰는 이가 있었다. 임금께서 말씀하시기를 "사람에게는 시기심이 많아서 천한 기술 때문에 얕보는 자가 있을 것이니 다시는 그림 그리는 일을 잘 한다 하지 말라. 전에 서명응이 '이 사람에게 이런 기술이 있다'고 말했으나 내가 답하지 않은 것은 나 나름대로 생각이 있어서였다" 하셨다. 대개 임금께서 아끼셔서 곡진히 보호하심이 특별하여 여기에까지 이른 것이었다. 부군께서는 은혜로운 가르침에 감격하여 사흘간 울어서 눈이 붓기도 하셨다. 이에 말하기를 "천한 신하가 어찌 한번이라도 임금님을 뵐 수 있었으리오마는 도타운 돌아보심은 천고에 드물도다. 정건에게 임금이 글을 내린 것과 비교해 볼지라도 훨씬 더 분에 넘치는 일이다. 이로부터 마침내 그림과 글씨를 태워버리고 다시는 하지 않으셨으며 사람들도 감히 억지로 구하지 않았다.

종손 이복과 이정이 나란히 과거에 오르고 큰 아들 인(儐)이 또 과거에 합격하였으며 셋째 아들 관(僴)과 막내아들 빈이 연이어 진사시에 오르니 집인의 운이 짐짐 융성해졌다. 부군께서는 그럴수록 더욱 겸손하고 자제하셨다. 시를 지어 경계하며 항상 말하기를 "나라의 은혜를 받고 조상의 업적을 계승하여 오늘이 있게 되었으니, 충과 효에 힘쓰지 않는다면 너희들은 자식 된 도리를 다하지 못한 것이다" 하시니 여러 자손들이 명을 받들어 매우 조심하였다.

계사년 봄, 임금께서 양로연을 행하실 때 인(儐)이 주서로 입시하였다. 임금께서 말씀하기를 "선왕(숙종)께서 기해년(1719)에 친히 서루(西樓)의 보첩(寶牒)을 쓰시고 열 명의 나이든 신하에게 석장연을 베푸셨다. 저 주서의 조부가 그 한 사람이었다" 하시고 특별히 인을 앞으로 나오게 하여 물으시기를 "그대의 아비는 지금 나이가 어떻게 되는가?" 하시니, 대답하기를 "예순 하나입니다" 하였다. 말씀하시기를 "상훈(常訓)에 '어찌 이르지 않았는가. 경등은 오라' 하시던 가르침이 마치 어제처럼 황홀하기만 한데, 그 때 기로소에 들었던 신하의 친아들 중에 신하로 있는 자는 지금 오직 그대의 아비뿐이니 귀하도다" 하셨다. 이에 전교를 내려 "입시한 주부 강인의 아비는 곧 옛 대제학의 아들이다. 61세에 아직 유적(儒籍)에 있으니 현주(懸註)[570]하여 등용함으로써 내가 몸소 아버지의 뜻을 잃지 않았음을 보이노라" 하셨다. 영릉참봉을 제수하셨으나 부군께서는 노쇠한 나이에 벼슬살이하는 것은 평소의 뜻이 아니었기에 임금의 명에 사례하고는 즉시 사임하셨다. 갑오년에 둘째 아들 흔(俒)이 입시할 때 임금께서 또 부군이 사직한 일을 언급하시며 특별히 육품으로 올릴 것을 명하시고, 옛 중신(重臣)의 관직을 누리게 하여 사포서(司圃署) 별제(別提)를 제수하셨다. 임금의 은혜가 더욱 도타우니 감히 한 가지 일이라도 어길 수 없으므로 부군께서는 노력해서 직무에 이바지하셨다.

을미년 상의원 주부로 옮기고 곧 또 사헌부감찰 겸 한성부판관으로 옮겼다. 병신년 봄 기구유생과(耆耈儒生科, 나이 많은 유생들에게 보이는 과거)가 열릴 때, 부군께서 경조랑으로서 여러 선비들을 이끌고 과거시험장에 나아갔다가 장원을 차지하였다. 지금 임금(정조)께서 세자로 계실 때 부상으로 고기를 하사하시며 내리는 글 서두를 고쳐쓰시기를 "수성이 내리 비춰어 흰 머리로 등용되었네"라고 하셨다. 임금께서 옛 일을 끌어다 수백 마디 말을 하시고는 동부승지로 뽑아 제수하셨으며 호조에 명하여 옥관자를 만들어 내리셨다. 또 법악(法樂)[571]을 내리시고 친히

570) 현주(懸註) : 어떤 벼슬을 맡을 후보자를 추천할 때, 추천하는 이유를 대상자의 이름 밑에 기록하는 것을 현주라 한다.

571) 법악(法樂) : 나라의 행사나 의식에 연주하는 정악을 말한다.

글을 써서 내려주시며 문안공을 제사하라 하셨다.

그 다음 달 영조께서 승하하시자 그리워하여 울부짖기를 마치 친부모상과 같이 하며 말씀하시기를 "받은 은혜는 하늘 같은데 조그마한 정성도 바치지 못했다" 하셨다. 이후로는 임금의 제삿날이 되면 반드시 채소 반찬만 드셨다. 병조참지에 임명되었다가 옮기어 중추부에 소속되셨다. 정유년 병조의 분사[572] 당상관으로서 소현세자의 사당에 신주를 묻는 예에 경호를 맡으셨다. 무술년 문과정시에 장원하여 은례(恩例)로 가선대부의 품계에 오르셨다. 대개 문정공과 문안공 및 부군까지 2품으로 뽑힌 것은 모두 문과정시(文科庭試)를 통해서였다. 한성부우윤 겸 부총관에 제수되셨다. 기해년 남양부사에 임명되어 간교한 자를 잡아들이고 가난하고 외로운 이들을 구휼하니 위엄과 은혜가 함께 펼쳐지기도 했다. 경자년에 감사의 혐의로 인하여 그만두었다가 부총관에 임명되고 좌윤에 오르셨다. 신축년 호조참판에 임명되어 임금의 초상화 그리는 일을 감독하셨다.

가을에 임금께서 친히 인도하여 비원의 아름다운 경치를 노닐게 하고 법온(法醞)[573]을 베푸셨다. 부군께서 돌아와 자랑하시며 말씀하시기를, "명나라의 양사기(楊士奇)·이현(李賢)·한옹(韓雍)의 무리가 모두 「사유기(賜遊記)」를 남겼으나 이것은 환관들로 하여금 인도케 하여 노닐게 한 것뿐이었다. 일찍이 우리 임금과 같이 몸소 인도하여 가르쳐 주시며 친히 지근함을 곱히시 함께 유림한 이는 없었다"[574] 하셨다. 임인년 큰아들이 임금을 모신 것에 따른 은례(恩例)로 가의대부의 품계에 오르셨다. 또 동의금 총관에 임명되셨다. 전에서 사은숙배[575]를 올리자 임금

572) 분사(分司) : 조선 시대에 경연의 일을 맡았던 관청(官廳).

573) 법온(法醞) : 임금이 내리는 교법(敎法) 묶음을 말한다.

574) 권3의 「호가유금원기(扈駕遊禁苑記)」가 바로 이때의 일을 기록한 것이다.

575) 숙사(肅謝) : 벼슬에 임명된 후 처음 출사(出仕)할 때에 먼저 왕을 뵙고 절하는 것을 숙배(肅拜) 또는 사은(謝恩)이라 한다. 이 둘을 합친 사은숙배(謝恩肅拜)에서 두 글자를 떼어 숙사라 하기도 한다.

께서 그를 응시하시고는 가까이 있는 신하에게 말씀하기를 "풍채와 운치가 우뚝한 것이 마치 신선의 그림 같구나" 하셨다.

계묘년 병조참판에 제수되었다가 바뀌어서 동중추부총관에 임명되셨다. 문정공께서 현종 계축년(1673)에 71세여서 참판으로 품계를 올려 기로당 유사의 직임을 맡게 한 적이 있는데, 대개 노인을 우대하는 특별한 은혜이셨다. 임금께서 『국조보감』을 읽으실 때 이 조목을 지적하며 말씀하시기를 "이 재상은 조손(祖孫)이 71세에 똑같이 계(癸)년에 있게 되니 일이 우연이 아니다" 하시고 특별히 지사에게 부탁하여 부군께서 기로소에 들어가기를 허락하셨으니, 상감의 마음이 선대의 일을 서술하는 데에서 나온 것이다. 한성부판윤으로 임명하셨다.

갑신년에 도총관에 제수되었다. 이때 건융제가 팔순이 되어 천수연(千叟宴)을 열었는데 부군께서 부사(副使)로 뽑혀 연경에 들어가 잔치에 참여하셨다. 건륭제가 불러 보고 함께 원명원(圓明園)에 이르러 노닐며 감상하다가 어제시(御題詩) 인본(印本)을 하사하셨으며, 예를 뛰어넘게 후하게 주어 우대함을 표시하였다. 저 사람들도 서화에 명성이 있었다는 것을 익히 들었던 터라, 요동 순무사 박명이 말하기를 "시는 육유[576]를 조종으로 삼고 글씨는 왕희지의 풍골이 있도다"라고 하였다. 일강관(日講官) 옹방강(翁方綱)과 유용(劉鏞)의 무리는 실제로 사원(詞垣)[577]의 인재[578]인데, 부군의 글씨를 보고는 크게 공경하고 탄복하며 말하기를 "타고난 재능을 펼친 것이다"고 하였다. 혹은 몇 해 전에 비싼 값으로 부군의 작품을 샀던 사람들이 낙관이 없다고 하며 와서 물었으며, 부군

576) 원문에는 방관(放觀)이라 썼다. 이는 육유의 자(字)이다.

577) 사원(詞垣)은 문학(文學)을 관장하는 부서를 말한다. 우리나라로 말하자면 한림원이나 홍문관을 이른다.

578) 원문에는 교초(翹楚)라 썼다. 초는 가시[荊]라는 의미이다. 가시나무는 잡목 중에서도 그나마 사용할 만한 것이다. 때문에 재능이 뛰어나지 못한 사람 가운데에서도 그나마 나은 자를 뽑아 쓰는 것을 교초(翹楚)라고 한다. 『시경』 「광한(廣漢)」에 "다북 섶 속에, 그 초를 베도다[翹翹錯薪, 言刈其楚]"라 한 용례가 있다.

의 작품을 구하는 자로 저자거리와 같이 되었다. 부군이 고집스러운 데가 있어서 모두를 허락하지 않았으니 대개 반드시 두터운 폐백이 있음을 싫어해서였다. 대략 요구를 채워주니 매양 감탄과 칭찬을 받았다. 마치고 돌아오자 임금께서 가까운 신하에게 명하여 인삼과 약재를 전해주며 의주에서 맞이하여 위로하셨다.

을사년 조정에 돌아오자 또 판윤 겸 총관을 제수하셨다. 연경으로 갈 때 쓰고 남은 돈으로 문안공의 연시례(延謚禮), 즉 시호를 받는 의례를 행하였다. 71세의 연세로 만 리 먼 길을 다녀왔는데도 피곤함을 보이신 적이 없고 정신이 날마다 왕성하였다. 사시던 집은 남산 아래에 있었는데 하나의 이름난 동산이었다. 가까이에 그림과 책을 둔 채 발을 드리우고 안석에 기대었는데 위치가 정결하고 산뜻하였으며, 흥취는 안정되고 편안하였다. 환한 얼굴 흰 머리로 때로 오래된 소나무와 상수리나무 사이에서 노닐면서 손님을 불러 술을 따르고 소요하며 유유자적하였다. 조정에서 요청하는 기거의 예는 일찍이 혹시라도 폐기한 적이 없었다. 어떤 이가 말하기를 "삼 대가 기로회에 참여하고 네 아들이 모두 현달하였으니 만년의 큰 복이라 한 시대의 부러움이 됩니다" 하였다. 부군께서는 겸손하고 겸손해서 그것을 있는 것으로 여기지 않았으므로 스스로 편안하지 못한 기색을 보였다. 무신년 중추부사에 임명되셨다. 경술년 임금께서 원자의 탄생을 경축하여 부군에게 정헌대부의 품계를 더하시고 지중추부사에 제수하셨다.

신해년 정월에 병이 드셨다. 23일 술시 정신이 어지럽지 않을 때에 붓을 적셔 '푸른 솔은 늙지 않고 학과 사슴 함께 우네[蒼松不老, 鶴鹿齊鳴]'라는 여덟 글자 한 마디만을 쓰셨을 뿐 죽은 뒤의 일에 대해서는 말하지 않으신 채 자연스레 돌아가셨다. 아아! 슬프다. 부고가 들리자 조회를 쉬고 시장을 철시하고 제사와 부의를 관례에 따라 하였다. 3월 22일 묘시 진천 백락면 대음리 건좌 동산에 장례 지내니 향년 79세셨다.

아들 넷을 낳으시니, 큰 아들 인은 문과에 급제하여 승지를 지냈다.

이상질의 딸을 아내로 맞아 1남 3녀를 낳았으니, 아들 이벽은 이형건의 딸을 아내로 맞았고 장녀는 지금 주서인 허간에게 시집갔다. 다음 딸은 진사 이유동에게 시집갔으며 다음 딸은 남극긍에게 시집갔다. 서자는 이함이다. 이벽은 딸이 하나 있는데 남도관(南道寬)에게 시집갔다.

둘째 아들 흔은 문과에 급제하여 승지를 지냈으며 생원 정광서의 딸을 아내로 맞아 아들 둘을 낳았다. 장자 이천은 진사로, 진사 송책의 딸을 아내로 맞이하여 아들 둘과 딸 하나를 낳았는데 모두 어리다. 둘째 아들 이문은 교리 임희우의 딸을 아내로 맞았다. 서자 이대는 첫 아내로 조익상의 딸을 맞이했다가 정순경의 서녀를 계취(繼娶)하여 두 딸을 낳았으나 모두 어리다.

셋째 관은 음사로 전 의금부도사이다. 유성신의 딸을 아내로 맞이하여 아들 이면을 낳았다. 이면은 진사 송책의 딸을 아내로 맞이하여 아들 하나를 낳았으나 어리다.

막내 빈은 문과를 하였으며 전 교리이다. 이세굉의 딸을 처음 아내로 맞이하여 딸 하나를 낳았는데 황기헌에게 시집갔다. 정세순의 딸을 계취하여 1남 1녀를 낳았다. 아들 이구는 지금 교리 남리익의 딸을 아내로 맞이하였고 딸은 어리다.

측실에서 아들 신을 낳았는데, 먼저는 대사간 임준의 서녀를 아내로 맞이하여 아들 둘을 낳았다. 장자는 이중이요 차자는 이오이다. 진사 민윤세의 서녀를 계취하였다.

부군께서는 성품이 화려한 것을 좋아하지 않으셔서, 옷이나 기물이 조금이라도 사치하다 싶으면 으레 물리쳐 버리셨다. 장기와 바둑은 두지도 않으셨고 술도 잘 드시지 않으셨다. 드시는 것도 매우 적어서 매끼니마다 올리는 것은 쌀 몇 움큼에 지나지 않았다. 남과 더불어 다투는 일이 없었으며 재물이나 이익에도 담박하여서 마치 살림이란 것이 무슨 일인지도 모르는 것처럼 하셨다. 풍류가 도탑고 인애가 넘쳐서 사람을 대함에 너그러우셨고 사랑하며 즐거워하기를 늘 먼저 하셨다. 항상 옛 사람의 "편안하고 고요히 먼 곳을 바라본다[寧靜致遠][579]"라는 말을 좋아하여 비록 어려운 때를 만나더라도 늘 편안하게 하여 마음이 흔들리는 일이 없으셨다. 패관이나 음양복서나 방술 등의 잡서는 보지 않으셨다. 일찍이 점쟁이들과 사주를 논하거나 관상 보는 법을 이야기하지 않았고, 풍수가의 말은 더욱 믿지 않으셨다. 병자년 정부인 유씨가 돌아갔는데도 풍수쟁이를 불러 묘자리를 보지 않고 스스로 과천 사곡동의 한적한 땅에 자리를 잡아 장사지냈다.

백씨 부사공이 출계해서 백부 참판공의 후사가 되었으므로 중씨 만회공이 실제로 문안공의 제사를 주관하였다. 그런데도 천안에 있는 묘소에 철 따라 내려가 성묘하였으며, 제사와 명절에 혹 못 가게 되면 안절부절 하시었다. 종손 이복[580]이 일찍 아버지를 여의어 배우지 못하였으므로 지성으로 가르쳐 성취하게 하여 문호를 일으키기도 하셨다. 질녀 중에 과부가 되어 곤궁함이 심한 자는 관봉이 비록 적었으나 반드시 나누어서 함께 하였다. 둘째 형의 아들 급이 후사가 없으므로 둘째 아들 흔의 작은 아들 이문을 급의 아들로 삼아, 문안공 뒤를 잇고 신주를 한양으로 모셔와 종손의 일을 대신하셨다. 자식들에게 공부에 힘쓰기를 가르치셨을 뿐만 아니라 언제나 집안에서의 행위를 힘쓰라고 다정하게 타이르셨다.

아아! 부군께서는 대대로 뛰어난 문필이시며, 가문의 귀한 분이셨다. 천성이 뛰어나게 기이하셨고, 학문의 역량은 순수하고 바르셨다. 임금을 도울 큰 지략을 품고 세상을 구할 재주를 지니셨으니, 만일 젊어서

579) 한나라 말기 유비를 섬겼던 제갈공명(諸葛孔明)이 남긴 말로, 본래 구절은 '담박하게 뜻을 밝히 하고 편안하고 고요히 먼 곳을 바라본다[淡泊明志, 寧靜致遠]'는 것이다. 조선시대에는 이 교훈을 널리 받아들여 이를 이유로 제갈공명을 문묘에 종향하기도 했다. 출전이 본래 어디인지는 확실하지 않다.

580) 강이복(姜彛福, 1736~?) : 자는 유호(攸好)요 본관은 진주이다. 1763년 증광시(增廣試)에 급제하였다. 부친은 강위(姜偉)이며 모친은 밀창군(密昌君) 이직(李樴)의 따님이시다. 조부는 강세황의 맏형인 강세윤(姜世胤)이다.

부터 뽑혀 그 쌓은 포부를 펼쳐볼 수 있었더라면 그 재능은 곡식의 관리나 군대의 일을 다룰 수 있었을 것이며, 그 공명정대함은 정책과 인재를 등용하는 일을 다룰 수 있었을 것이다. 무엇에 적용한들 마땅하지 않았으랴만 세월과 명운이 이미 가버렸다. 사람의 일이 갑자기 변하여 중년 이래로는 불우하여 알아주는 이를 만나지 못하셨다. 교외의 적막한 물가에 떨어져 살면서 술 마시며 읊조리고 붓끝을 휘두르는 것으로만 그 광대한 정을 붙일 뿐 슬퍼하거나 탄식하며 자득하지 못하는 기색이 있지도 않으셨다.

만년에 비로소 벼슬길에 나아감을 얻으셨으나, 문필의 뛰어난 기예로 임금의 특별하신 돌아봄을 입어, 벼슬한 지[581] 겨우 8년 만에 갑자기 대신의 지위[582]에 올라 이름이 조정의 반열에 이어졌다. 중요한 일을 맡았으면서도 몸소 궁궐에서 숙직하는 일을 하며 옆에서 일을 돕는 것을 허락하셨다. 활달한 마음은 사무의 번다함에서 벗어났으나, (상께서는) 은혜로이 길러주시며 예우하시면서 힘든 임무를 맡기지 아니하셨다. 자주 앞자리로 불러 붓을 적셔서 밝은 시대 문치를 숭상하는 성대한 교화를 돕게 하셨다. 상감의 은혜가 날로 도탑고 은총으로 주시는 것이 곧 매우 많아서 상방(尙方)[583]의 비단을 주셨으며, 임금께서 내원(內院)의 약제를 연이어 내리시기도 하셨다. 선대왕의 초상을 그릴 것을 명하기도 하시고, 하사하는 책력에 친히 글을 써주기도 하셨다.[584]

임금께서 지어 주신 제문은 이렇다.

---

581) 원문에는 석갈(釋褐)이라 썼다. 갈옷을 벗는다는 말로, 벼슬하기 전에 갈옷을 입다가 벼슬하면서 이 옷을 벗고 공복을 입는다는 뜻에서 벼슬살이를 하게 되었다는 뜻으로 쓴다.

582) 경월(卿月) : 『서경(書經)』 「홍범(洪範)」의 "왕은 해를 살피고 고급 관원은 달을 살피고 하급 관리는 날을 살핀다[王省惟歲, 卿士惟月, 師尹惟日]"에서 나온 말로, 귀족이나 고관을 나타내는 뜻으로 쓴다.

583) 상방(尙方) : 왕의 물건(御物)을 관장하는 기관이며, 제실용(祭室用) 기물을 만드는 일 등을 관장한다.

584) 원문에는 신한(宸翰)이라 썼다. 임금이 쓰는 글을 말한다.

소탈한 마음과 우아한 풍류
필묵으로만 흔적 남아
수많은 종이에 붓 놀려
병풍과 서첩 남겼도다.
벼슬이 끊이지 않았고
삼절인 정건과 같았지.
중국에 사신 가서 나라 빛내고
기로소 들어 선대를 이었네.
인재 얻기 어려움을 생각하며
초라한 술잔을 베푸노라.

오직 이 열 구의 아름다운 글[585]은 하늘의 은하수[586]처럼 밝히 빛난다. 서로 함께한 성대함을 일일이 표현한 것이니 고금을 돌아본들 융성한 알아줌 입기를 이와 같이 한 사람이 얼마나 되겠는가. 평소 그 시작과 끝, 밝고 어두움을 살펴 한 편의 글로 말한 것이니 임금과의[587] 만남은 진실로 천재일우라고 이를 만하다.

평소의 효도하고 우애한 일이 언행에 나타나고 맑고 삼가는 몸가짐은 보고 들은 데에서 두터워졌다. 세상에서 뛰어난 재주는 중국과 오랑캐를 놀라게 할 수 있었고 어린아이나 부녀자들까지도 모두 그 이름을 외우면서 그 어짊을 흠모하고 그 풍모를 우러러 보았다. 표방하는 이도 없고, 기예를 시기하는 이도 없이 한 나라의 모든 사람의 의견이 똑같이 그리했다. 다만 일생동안 온축한 바를 잠시 중앙이나 지방에 사용했으나 그 실효는 다하지 못하여 제목(題目)이 한 번도 대각에 걸리지 못하였고, 계책을 올린 것이 한 번도 조정에서 의논된 적이 없었다. 헌상

585) 원문에는 운장(雲章)이라 썼다. 이는 『시경(詩經)』 「역박(棫樸)」의 "찬란하다 저 은하수, 하늘을 수놓은 듯[倬彼雲漢 爲章于天]"이라 한 구절에서 가져온 말로, 은하수가 밤하늘에 아름답게 펼쳐진 것처럼 아름답다는 뜻인데 주로 임금의 글을 지칭할 때 쓴다.

586) 소회(昭回) : 하늘의 은하수라는 뜻인데, 주로 왕이 직접 쓴 글을 높여 부를 때 쓴다.

587) 소융(昭融) : 하늘. 『시경(詩經)』 「대아(大雅)」 '기취(旣醉)'에 "매우 밝고 뚜렷하니 높고 밝게 끝내 좋으시겠네[昭明有融, 高朗令終]"라고 했다.

을 장식할 만한 문장[588]과 천지 고금에 관한 식견이 밝은 세상에 조금도 펼쳐지지 못하고 다만 만년에야 이름을 올라갔을 뿐이니, 단단한 돌[固石]인데도 당세에 알려지지 못했다고 이를 수 있다.

아아! 공인의 자질로 세상에 다시없는 알아줌을 만났으니, 문명의 성대함이 쇠락하더라도 그 영화로움과 고움은 한 시대에 전해질 것이다. 그렇다면 장차 글을 지을 만한 군자에게 구하여 역사가의 바로잡음[校]과 태상씨의 채록함을 갖추어서 아름다운 덕을 그려내어야 할 것이니, 못난 내가 사사로이 할 것은 아니다. 가만히 생각건대 전형과 의범이 날로 멀어지고 날마다 사라지는 것을 두려워하여 삼가 대강을 모아서 이와 같이 늘어놓는다. 하늘이 무너지는 슬픔을 당하여 눈물이 흘러 종이를 적시니 다시 어찌 감히 한 글자라도 넘치게 미화해서 부모를 속이는 일을 초래하겠는가.

돌아보건대 오직 시문 산고 5권이 상자에 보관되어 있고, 평소 남기신 작품들[589]이 세상에 흩어져 있으니 반드시 부군을 알고 말하며 정신을 이해하는 사람이 있을 것이다. 그렇다면 이는 또한 시대를 뛰어넘는 부군의 지우이다. 큰 형님과 작은 형님 두 분은 부군께서 살아계실 때에 먼저 돌아가셨으므로, 부족한 내가 부군에 대해서 마치 부군께서 조부 문안공에 대해 하신 것과 같이 하였을 뿐이다. 못난 자식 빈은 울며 피를 토한다.

原文 府君諱世晃, 字光之, 號豹菴, 自幼背有白癜斑紋炳炳然, 仍自爲號, 盖自戱之也. 吾姜氏, 貫晉州. 始祖諱民瞻, 在麗朝, 以討平契丹功封, 贈三重大

588) 원문에는 보불(黼黻)이라 썼다. 왕의 옷자락에 수놓는 무늬와 문자를 말한다.

589) 원문에는 길광편우라 썼다. 길광은 짐승 이름이다. 『십주기(十洲記)』에 '한 무제(漢武帝) 때에 서국왕(西國王)이 길광의 털로 만든 외투를 바쳤는데, 황백으로 대개 신마(神馬)의 유이다. 그 털외투는 물에 들어간 지 여러 날에도 가라앉지 않고 불에 던져져도 타지 않는다'라는 구절이 있다. 때문에 '신마(神馬)의 털 하나'라는 뜻의 길광편우가 나중에는 문인(文人)이 남긴 작품 중에서 겨우 발견된 진품을 나타내는 뜻으로 쓰였다.

匡壁上功臣, 至今祀于晉. 諱允祉, 入我朝, 工曹判書. 其後圭組蟬聯, 代有聞人, 以儒行傳家, 又世壽, 俱存宦蹟. 六代祖同樞公以下二代, 皆入仕, 尙不失文獻之傳. 高祖父諱雲祥, 以孝旌閭, 贈領議政. 曾祖諱𥳽, 號竹窓, 當一穆陵盛際, 與伯氏大憲公諱籛, 歷翰林三司天官郞, 以大耋加階, 贈左議政. 生二男, 長諱桂年, 號翠謫堂, 有至行隱德, 享大耋, 贈左贊成. 次諱栢年, 號雪峯. 判中樞藝文提學, 贈領議政, 選淸白吏. 享大耋入耆社, 諡文貞. 湖中海西士林俎豆之.

文貞公生二男, 長諱銑, 兵曹參判, 號紫閣. 次諱鋧, 判中樞大提學, 享大耋入耆社, 號白閣, 諡文安. 贊成公無嗣, 取文安公子之實, 尸竹窓公祀. 元妣漢陽趙氏, 應教諱威鳳女, 大提學龍洲諱絅孫女. 繼妣廣州李氏, 東皐相公諱浚慶後孫, 府使諱休徵孫女, 通德郞諱翊晩女, 外祖同中樞具公諱翮.

肅宗癸巳閏五月二十一日卯時, 府君生于漢京南小洞第, 實李氏出. 文安公育三男六女, 府君序居第九, 晩擧也. 故情愛最鍾, 置膝遇誨, 未毁齔, 性度日慧, 聰穎絶人. 八歲能屬文, 詠鳩杖曰 : '杖頭鳥, 身被白雪衣, 如知東土哀.' 盖當庚子明陵國恤也. 在十歲, 文安公長春官, 畵署生徒取才, 替長者, 等其次第優劣, 無係髮爽, 老畵師服明鑑. 又嘗代題帖牒四五字, 尹禮判淳知其爲十歲兒書, 大加稱賞曰 : "必擅一代名云." 十一二歲, 負人背入場屋, 宿儒之作程文思索也, 在側提助, 巧成儷耦語, 寫表券, 若貫珠. 滿場環覩, 無不稱神.

文史書畵, 旁技曲藝, 摠能, 不學而悟, 各臻工妙, 不屑爲也. 姊兄巵齋任公珽, 風流文雅, 少詡可人, 獨於府君詞翰每傾服. 嘗於宴席, 共和杜工部劒舞歌, 拍案朗誦曰 : "我東百載, 無此詩." 一時詞林諸老匠, 皆許交忘年. 十二三能作行書, 人多求而作屛障者.

十五娶晉州柳氏, 考進士諱耒, 祖吏曹判書諱命賢, 曾祖弘文館應教諱潁, 高祖弘文館校理諱格, 外祖大司憲睦公諱林一. 柔嘉淑悊, 大有古女士行, 六親咸服.

文安公將躋九耋, 內外孫曾滿堂, 已多長成. 獨於府君, 公私畢硏酬接, 以委之用代勞, 其夙就可知也. 盖文安公六十四歲而生府君, 府君奄生男子, 遽至五歲, 衣綵含飴供, 晩境歡娛.

癸丑, 仲嫂逝, 文安公時已篤老, 將親視窆于鎭川, 府君遂泣諫不宜行不從, 欲隨而護之亦不許. 於是, 潛借僕馬, 不告而躡. 其後, 公中途始悟, 憐其誠, 不之禁. 到鎭, 公果寢疾, 跨月危篤, 轉側須於人, 府君抱持扶將, 順適親意, 欲左而先左之, 欲右而先右之. 頃刻不少懈對, 投藥餌, 預輸歲製,從容措置, 竭誠禱天, 竟罹創, 號擗之容, 含殮之節, 易戚中禮. 客土遭變, 愼終無遺憾. 反葬於天安地, 廬墓三年. 文安公遺稿十二卷, 紫閣稿四卷, 手自淨寫. 還京第, ○○……○○,[590] 獨奉慈闈, 色養備至. 庚申, 貞敬夫人棄子孫, 哀毁如初, 合祔湖壟.

三喪纔闋, 知世塗險峨, 爲榮名不足慕, 遂無意進就, 撤寓於京畿安山郡治, 老屋數三間, 不庇風雨, 家事旁落, 蔬糲不繼, 晏如也.

柳海巖諱慶種, 實府君娋弟, 文章士也. 家藏書數萬卷. 隣居相切磋, 調琴品茶, 繙書弄翰, 以寄芝曠散淸遠之趣. 浩浩坦坦, 若將終身, 而上云之'能三絶之藝', 橫截一代.

少日遍讀經傳, 留意於古文義, 取兩漢唐宋諸家, 不偏一氏. 時有選述, 一遵古作家, 尺幅規度, 專取暢達, 以文從字順爲尙, 蓋家庭傳襲然也.

詩慕放翁, 略不搆思, 操筆立就下, 語極淡雅, 得詩篇髓, 絶不帶例俗語彙. 崔杜機成大見府君題古畵小楷, 驚曰: "華人之不可及如此." 及知爲府君書, 又詫曰: "華人所不能及." 又見煙江疊嶂圖歌, 歎曰: "詩復大勝於書." 見解絶人於詩文. 有深造獨得之見, 或掩作者名氏, 亦能辨別古今上下. 或人錄古人律絶不膾炙者數十餘首, 雜己作數首, 示之曰: "此余近稿, 盍以試之." 府君瞥見, 輒辨曰此則唐, 曰此則宋, 曰元, 曰明, 其間數篇, 乃東人作. 若辨黑白計一二, 其人驚絶欲倒.

嘗與人扵說古今人文體, 人曰: "文章技藝也, 後出逾工, 不當舍今而趣古." 府君切厲之曰: "世代所趣, 毁譽隨之, 百技皆能, 文體則有未然者." 未嘗肄擧子業, 强或赴試, 輒中有司選. 書法二王, 雜以米趙, 造神化, 旁及篆隷深得古意. 每被人求索, 有時意到, 蠻牋絹幅, 累數百本.

書楷草各體式, 擘窠大字, 須臾之頃, 掃遍無餘, 銀鉤鐵索, 龍挐虎攫. 暗誦唐宋人篇什甚富, 每攤紙臨書, 不檢本卷, 直下筆如瀉水, 其出不窮, 絶不重疊, 見者咸曰: "非但字法可, 則其博於記誦, 殆無比云."

如古人大文字率意. 書畵題評, 初不經意, 隨手而寫, 無一句一語, 不淸警妙絶. 雖隻字片辭, 人以藏弆爲榮. 於中庭微雪, 以杖端劃成獅, 有百獸顱裂意. 又於白鹿紙全幅, 懸腕竪畵長踰丈許, 摺帖而較視之, 具直如繩, 神如此.

一時, 墓道碑版, 多布出於手書. 盖於筆, 訣有獨悟之妙. 常曰: "右軍正

590) 이 부분에 약 14자 정도의 글자가 있으나 일부러 글자를 긁어내거나 감추려 하였다. 현재 보이는 것으로 미루어볼 때 표암의 형에 관한 내용인 듯하나 자세히 알아볼 수는 없다.

脈, 在於唐四家, 時之近也, 黃蔡而效唐, 文徵仲祝允明而效宋. 今人不得不師法皇明人. 吾東方中古一二家, 古篆之工, 妄耳. 在今之世, 安有超接, 遽古之理. 是故, 蘭亭定武本, 不及唐摸賜本, 唐本不及於松雪十三跋本. 世所行筆陣圖, 後人贋作, 文字紕繆, 字法俗惡, 人之爲所誤者, 多矣."

人有以近世筆家正鋒偏鋒語, 苦口力爭. 府君笑曰:"姸媸巧拙, 視以雲烟起滅, 直是筆端遊戲耳." 餘不必較誌 鄭府使持淳曉於書者, 嘗謂府君○曰:"同時故易之耳, 後人必有得隻字, 而願爲殉葬者." 曹知事允亨曰:"天品甚高, 鎔鑄衆美, 別作一徑, 有以見讀千卷氣味."

畫法, 專仿王黃鶴黃大癡, 脫袪俗蹊, 淋漓高雅, 不作繁縟澳涩態. 尤工於墨蘭竹, 淸勁絶塵, 求之中華, 作者不易得. 或爲求者所嬲, 甚苦猒, 亦未嘗峻却, 惟漫應之, 不欲拂人意. 鍾鼎窾識, 金石刻畫, 至若古彛敦·董器, 鑑賞入妙. 圖章鐫法, 得漢魏人嫡傳. 邃於字學, 字畫之差誤, 音韻之譌舛, 亦必毫辨縷析. 諸子百家, 貫穿該洽, 尤詳皇明人事蹟, 一無所遺.

與許烟客佖, 爲知心友. 嘗戲曰:"烟翁之知我, 勝我自知. 王濛劉尹之相夸詡, 不爲過也." 每於楓節花辰, 同賞畿內名山川, 入山, 舍徒御, 丹危翠險, 杖屨忘疲. 留連勝境, 詩畫迭就, 作帖子, 題曰烟豹錄. 風采照映, 人爭豔賞.

癸未, 仲子俔等第. 上追先王眷遇之隆, 念舊臣忠貞之篤, 命復伯氏官秩. 恩言鄭重, 掩提先故, 歷歷若前日, 疑疑以家人. 筵臣有爲奏, 府君能文章善書畫. 上曰:"人心多歧, 易有以賤技小之者, 勿復言善畫事. 向來徐命膺言, 此人有此技, 予之不答, 有意也." 盖聖意, 爲之愛惜, 曲加覆護, 乃出尋常至此. 府君感激恩諭, 涕泣三日, 目爲之腫. 乃曰:"賤臣何嘗一覲耿光, 而隆眷曠絶千古罕有. 比之鄭滎陽自御製, 反有萬萬逡絶者." 自是遂焚棄畫筆, 不復作, 人亦不敢强索焉.

從孫彛福彛正後先登科, 伯子寅又登第, 叔子僖季子儐聯登上庠, 家運稍康. 府君益存謙抑. 作詩示戒, 常曰:"受國家恩, 承祖先庥, 有今日, 其不勉勗於忠孝, 汝曹有非人子職者." 諸子姓承命兢兢焉.

癸巳春, 上行養老宴, 寅以注書入侍. 上曰:"寧考己亥, 親題西樓寶牒, 錫宴十耆臣. 彼注書之祖, 卽其一也." 特令進前問:"汝父今年幾何?" 對曰:"六十一歲矣." 敎曰:"常訓豈不云乎, 卿等來乎之敎, 怳然如昨, 伊時耆臣親子在臣, 惟爾父, 貴矣." 仍傳曰:"入侍注書姜寅之父, 卽故大提學之子. 而六十一歲尙在儒籍, 其令懸注調用, 以示予體昔年不忘其父之意." 拜英陵參奉, 衰年仕進, 非素志也, 拜命卽遞. 甲午, 仲子俔入侍, 上又言府君遞職事, 命特爲陞六, 其令故重臣官享, 拜司圃別提. 恩眷益隆, 不敢一事違慢, 黽勉供仕.

乙未, 移尙衣主簿, 旋移司憲府監察, 又移漢城判官. 丙申春, 設耆耉儒生科, 府君以京兆郞, 領諸儒入場赴試, 占第一名. 今上在東宮, 改臚贊頭辭曰:“壽星下照, 黃髮登庸.” 上追提故事, 縷縷累百言, 擢授同副承旨, 命度支造給玉圈, 又賜法樂, 親製文賜祭文安公.

其翌月, 英廟升遐, 攀號若考妣喪, 曰:“承恩如天, 未效蕘蟻之忱.” 後値國忌必啜素. 拜兵曹參知, 遞付中樞. 丁酉, 以兵曹分司堂上, 陪衛昭顯廟埋安之禮. 戊戌, 魁文臣庭試, 恩例陞嘉善階. 盖文貞文安暨府君超擢二品, 兼由文庭. 拜漢城府右尹兼副摠管. 己亥, 除南陽府使, 戢奸猾, 恤窮孤, 威惠竝行. 庚子, 因監司嫌遞, 拜副摠管, 陞左尹. 辛丑, 拜戶曹參判, 監董御容摸寫.

秋上親率 游禁苑佳處, 宣法醞. 府君歸而詑曰:“皇明楊士奇李賢韓雍輩皆有賜遊記, 不過令中官導之遊而已. 未嘗如我聖上躬率而指敎, 親屈至尊, 與同遊樂者.” 壬寅, 用伯子侍從恩例, 陞嘉義階. 又拜同義禁摠管. 於帳殿肅謝, 上爲之顧眄, 謂近侍曰:“風韻昻藏, 若老仙圖.”

癸卯, 拜兵曹參判, 遞拜同中樞副摠管. 文貞公在顯宗癸丑年爲七十一, 由亞卿陞資, 命察耆堂有司任, 盖優老特恩也. 上講國朝寶鑑, 拈此段, 敎曰:“此宰臣祖孫, 七十一歲同在癸年, 事不偶爾.” 特付知事, 許入耆社, 聖心出於述先也. 拜漢城府判尹.

甲辰, 拜都摠管. 時乾隆帝以大耋設千叟宴, 府君充副价, 赴燕與宴. 乾隆引對, 共詣圓明園游賞, 賜御製詩印本. 厚賚超例, 示其優待. 彼人慣聞書畵名, 遼東巡撫博明曰:“詩宗放觀, 字有晉人風骨.” 日講官翁方綱劉鏞輩, 實詞垣翹楚, 見書法, 大敬服曰:“天骨開張.” 或以重價購得有年者, 以無落款, 來質焉, 求者如市. 府君有所執並不許, 盖嫌其必有厚贄也, 約略酬應以塞之, 每爲歎賞. 及其竣歸也, 上命近侍, 賚傳蔘料, 迎勞於灣上.

乙巳還朝, 又授判尹兼摠管. 用燕橐餘資, 行文安公延諡禮. 望八之年, 萬里遠役, 未嘗示憊, 神明日腴旺. 居第在南山下, 一所名園也. 左右圖史, 垂簾隱几, 位置潔楚, 興居靖夷. 韶顔華髮, 有時容與於長松壽櫟間, 邀賓命酌, 逍遙以自適. 朝請起居之禮, 未嘗或廢人. 或曰:“三世耆美, 四男俱顯, 晩來隆福, 爲一時豔羡.” 府君謙謙, 不有以示不自安之色. 戊申拜知中樞. 庚戌, 元子誕降稱慶, 加正憲階, 拜知中樞.

辛亥正月, 以微恙. 二十三日戌時, 神識不錯, 索濡毫書, ‘蒼松不老, 鶴鹿齊鳴', 八字一言, 不及身後事, 翛然而逝. 嗚呼痛哉. 訃聞掇朝市, 弔祭致賻如例. 三月二十二日卯時, 葬於鎭川白洛面大陰里乾坐原, 享年七十九.

生四子, 伯儐文科承旨. 娶李尙質女, 生一男三女, 男彛璧娶李亨健女, 女長適許晽, 今注書. 次適李儒東進士, 次適南扆兢. 庶男彛瑊. 彛璧一女適南道寬.

仲侻文科承旨, 娶生員鄭光瑞女, 生二男. 長彛天進士, 娶進士宋策女, 生二男一女並幼. 次彛文娶校理任希雨女. 庶男彛大, 初娶趙益祥女, 繼娶鄭淳慶, 庶女生二女並幼.

叔僡蔭仕, 前禁府都事. 娶柳省申女, 生一男彛冕. 娶進士宋策女, 生一男幼.

季儐文科前校理. 聚李世宏女, 生一女適黃基憲. 從娶鄭世淳女, 生一男一女. 男彛九, 娶今敎理南履翼女, 女幼.

側室生一男信, 初娶大司諫任埈庶女, 生二男. 長彛中, 次彛五. 從娶進士閔胤世庶女.

府君性不喜華靡, 服飾器用, 稍近侈汰, 輒斥祛之. 不拈棋博, 不務杯勺, 飮啖甚少, 每時所進, 不過數溢米. 與物罔有競, 於一切財利泊, 如不知産業爲何事. 風流篤厚, 仁愛藹洽, 待人懋寬恕, 愛樂每爲之先. 常愛古人寧靜致遠語, 雖當紛攘中, 每以安詳, 不撓爲事. 不看虞初稗官陰陽卜筮方技雜書, 未嘗與術士論星命談相法, 尤不信堪輿家言. 丙子貞夫人柳氏喪逝, 不邀術人相地, 自占果川砂哭洞之閒地, 以營窆.

伯氏府使公, 出爲伯父參判公嗣, 仲氏晩悔公, 實主文安公祀. 在天安墓, 下往省必以時, 忌辰俗節, 或不得赴臨, 殆不能定情. 從孫彛福, 蚤孤失學, 至誠提誨, 繼成就, 立門戶. 侄女有寡而窮甚者, 官俸雖少, 必分以儕之. 仲氏子伋無嗣, 以仲子侻次子彛文爲伋子, 承文安公後, 奉祠版於京第, 攝行宗祧事, 勉飭不肖輩不第文字業, 諄諄所戒, 常在內行之飭勵焉.

嗚呼! 府君蔭胄高筆, 門閥鼎貴. 姿性卓異, 學力純正, 抱致君之漢略, 負需世之才具, 苟其擢用於妙歲, 展試其素蓄, 則以幹務而錢穀甲兵, 以公明而機策銓衡, 何適非宜而年運已往. 人事遽嬗, 中身以來落拓無所遇, 栖遲放散於郊圻寂寞之濱, 觴詠毫素, 一寓其曠坦之情, 無有戚嗟不自得之色.

逮夫晩暮之境, 始獲登進, 乃以翰墨之絶藝, 偏蒙特達之聖眷, 釋褐, 纔八載, 遽躋卿月, 名綴朝班. 任其優逸, 身處禁直, 許以周旋. 曠豁之襟抱, 超脫事務之煩, 惠養之禮遇, 不貽任使之勞. 頻賜引接前席, 染翰毗贊昭代尙文之盛化. 恩顧日渥, 寵錫便蕃. 尙方之紈綺退隨, 內院之珍劑絡繹. 命寫標識於先王之御眞, 親灑宸翰於恩頒之曆面.

至其御撰賜祭文若曰: "踈襟雅韻, 粗跡雲煙, 揮毫萬紙, 內屛宮牋, 卿官不冷, 三絶則虔, 北槎華國, 西樓踵先. 才難之思, 薄酹是宣." 惟此十句雲章, 昭回于天, 歷歷摸寫, 其相與之盛, 歷數今古, 遭際之隆若是者, 幾何人哉. 夷攷其終始顯晦, 以言其筆翰一事, 昭融之契, 誠可謂千載一遇.

若其平日孝友之政, 見於言行, 淸謹之操, 塗於覩聞. 其絶代之才華, 能使華夷驚眼, 童孺婦女皆誦名號, 慕其賢而仰其風. 無標牓, 無忌技, 一國衆論之所同然也. 但其一生所韞, 薄試內外之用, 未究其實, 題目, 一不掛臺閣, 謨猷, 一不參廊廟, 軒裳黼黻之文·天地古今之識, 不少展於晅明之世, 祇坐於通籍之衰晩耳, 固石而謂不見知於當世也

噫! 以公人之姿, 遭不世之遇, 其灑落文明之盛, 榮豔一代, 流傳來許. 然則將徼惠於立言之君子, 以備史氏之校[591]太常之採而摸狀德美, 非不肖所敢私者. 窃恐典型儀範, 日遠而日湮, 謹撮梗槩略此鋪譔, 至哀崩迫涕涔淫漬紙, 更何敢一字溢美, 以招誣親之譏也.

顧惟詩文散稿五卷, 藏在巾衍, 行素間吉光片羽, 散落人間, 必有知言而會神者, 則是亦府君朝暮之遇也. 伯仲兩兄, 先逝於府君在世之日, 不肖之於府君, 若府君之於文安公而已矣. 不肖孤僨泣血.

591) 교(校)로 보이나 확실하지 않다.

부록(附錄)

◎ 한성부판윤 강세황 공의 시호를 청하는 글 漢城府判尹姜公世晃諡狀

정헌대부 한성부판윤 강공의 휘는 세황이고 자는 광지요 표암은 호이다. 그 선대는 진주 사람이다. 휘 민첨이 고려조에 거란을 토벌하여 지위가 상주국(上柱國)에 이르고 은열공에 봉해져 진주에서 제사지낸다. 휘 윤지는 조선에 들어 공조전서를 역임하였다. 선비의 행실로 세상에 이름이 났다. 이 집안 사람은 대대로 장수하였고 관직도 높았다. 고조의 휘는 순상으로 효도 정려되었으며 영의정에 추증되었다. 증조의 휘는 주인데 호가 죽창으로 목릉성세에 예문관 검열과 전랑(銓郎)을 역임하고 좌의정에 추증되었다. 죽창공은 아들 둘을 두었는데, 장자 휘 계년은 호가 취주당으로 지극한 행실이 있어 좌찬성에 추증되었다. 차자 휘 백년은 호가 설봉으로 판중추부사 겸 홍문관 제학을 하였다. 청백리로 뽑혔으며 영의정에 추증되었고 시호는 문정이다. 그의 작은 아들 휘 현은 판중추부사 겸 대제학을 역임하였다. 호는 백각이요 시호는 문안이다. 찬성공의 후사로 들어갔다. 한양조씨와 혼인하니, 대제학 경의 손녀이다. 광주이씨를 재취했으니 영의정 충정공 준경의 후손이다.

숙종 계사년 윤5월 21일에 공을 낳았다. 문안공은 아들이 셋이었는데 공이 막내이다. 공은 자질과 성품이 보통 사람보다 훨씬 뛰어나서 매우 총명하고 영리하였다. 여섯 살에 문장을 지을 줄 알았다. 경자년 명릉의 국상 중에 문안공께서 흰 비둘기가 새겨진 지팡이를 갖고 계시면서 공에게 시를 지으라고 명하자 대답하고는 읊기를 '지팡이 위 새 한 마리, 날지도 울지도 않네. 몸에 흰 눈옷 입음은, 우리나라의 슬픔 아는 듯'이라 하였다. 10살에 문안공께서 예조판서가 되어 화서(畵署)의 시험에 등수를 매기고 있었다. 공이 슬쩍 보고는 품평하는데 조금도 틀림이 없으니, 나이 먹은 선생들이 모두 신기하게 여겼다. 또 관가 문서 네댓 글자를 대신 썼는데 백하 윤순공이 보고 크게 놀라 말하기를 "마땅히 천고에 뛰어난 기예를 이룰 것이다" 하였다. 열 살 남짓 되었을 때 과거 시험장에 들어가 답안지를 쓰니 시험장에서 보는 사람들이 모두 놀라기도 했다.

계축년 문안공의 연세 여든이셨는데 진천으로 며느리의 장지를 보러 가셨다. 공이 가려 하였으나 허락하지 않으시자 몰래 따라가니 중도에야 비로소 아셨다. 진천에 이르러서 문안공께서 과연 병들어 누우셨다. 공이 정성을 다하여 보호하였으나 끝내 상사(喪事)를 만났다. 미리 관을 준비하여[1] 갑자기 당하는 일이라도 예에 소홀한 것이 없게 하였다. 천안 땅에 옮겨 시묘살이를 3년간 하며 슬퍼함을 지나치리만큼 하였다. 『문안공유고』12권을 정성을 들여 손수 썼다. 상복을 벗은 후로는[2] 어머니를 더욱 기쁘고 편안하게 모셨다. 어머니 상을 마친 뒤로는 끝내 벼슬길에 나아가는 데 뜻을 두지 않았다. 안산에 거처하였는데 낡은 집

---

1) 세제(歲制) : 미리 마련해둔 관(棺)을 이름. 『예기(禮記)』「왕제(王制)」에 '나이 60세가 되면 세제한다[六十歲制]'라 하였다.

2) 원문에는 외제(外除)라 했다. 이것은 겉에 입은 상복을 벗는다는 말이다. '겉으로 상복을 벗음에 따라 속으로 슬퍼하는 마음이 없어진다[外除內除]'는 용례가 『예기(禮記)』「잡기(雜記)」에 있다.

몇 칸은 비바람도 가리지 못할 정도였으며 밥과 채소 반찬도 자주 걸렀으나 여기에 연연하지 않았다.

계미년 작은 아들 흔이 과거에 급제하였을 때 영조께서 선왕이 문안공을 대우하시던 것을 떠올리고 은혜로운 말씀을 도타이 내려주시며 돌보심을 보통 사람보다 넘게 해 주셨다. 영의정 홍봉한이 그가 글을 잘 짓고 서화에도 솜씨가 있다고 아뢰자 임금께서 말씀하시기를 "사람의 마음은 여러 가지라 천한 기예를 가졌다 하여 무시하는 사람이 있기가 쉽다. 다시는 서화에 관한 일을 말하지 말라. 지난번에 서명응이 이 사람에게 이러한 기술이 있다고 말했는데 내가 답하지 않은 것은 이유가 있어서이다" 하셨으니, 대개 임금의 뜻은 그의 재주를 중히 여겨 곡진히 사랑하고 보호해주신 것이다. 공이 감격하여 사흘 동안 눈물을 흘리니 눈이 부을 정도였다. 이에 말하기를 "천한 신은 일찍이 한 번도 임금님을 뵌 적이 없는데도 천한 신을 사랑해 주심이 이에 이르시도다. 정건에게 임금께서 글을 써 주신 것과 비교할지라도 훨씬 특별한 일이다. 옛날이나 지금의 신하들이 일찍이 듣지 못하던 일인 것이다" 하고는 이로부터 다시는 남을 위하여 그림을 그리지 않았으며 사람들도 억지로 권하지 못하였다.

종손(從孫) 이복과 이정, 큰 아들 인이 연달아 과거에 급제하고 셋째 아들 관과 막내아들 빈이 연달아 진사가 되어 가문이 점점 번성하게 되었으나, 공은 더욱 겸양하면서 시를 지어 집안사람들을 경계시켰다. 항상 말하기를 "나라에서 은혜를 받고 조상의 덕을 이어 받아 오늘이 있게 되었으니 감히 충성과 효도로 스스로 힘쓰지 않을 수 있겠는가?" 하였다.

임진년 임금께서 양로례(養老禮[3])를 행하실 때 인이 사관으로 앞자리에 서자 임금께서 말씀하기를 "선왕께서 기해년에 친히 서루의 보첩을

3) 양로례(養老禮) : 80세 이상의 노인을 위해 향교의 교정에서 잔치를 베푸는 일.

쓰시고 열 명의 나이든 신하에게 석장연을 베푸셨는데, 그대의 조부도 그들 중 한 명이었다. 그대의 아비는 지금 나이가 어떻게 되는가?" 하시니, 대답하기를 "예순입니다" 하였다. 임금께서 말하기를 "상훈(常訓)에 '어찌 이르지 않았느냐? 경들이여 들라' 했던 교훈이 환하기가 엊그제와 같다. 나이든 신하의 친아들 중에 지금 오직 그대의 아비만 있을 뿐이니 어찌 귀하지 않으리오" 하셨다. 이에 명하시기를 "입시한 주부 강인의 아비는 곧 옛 대제학의 아들이다. 예순이 되었는데도 아직 유적(儒籍)에 있으므로 현주(懸註)하여 등용함으로써 내가 노인을 예로 대우하여 그 아비를 잊지 않는 뜻을 보이게 하라" 하셨다.

계사년에 영릉참봉을 제수하셨으나 노쇠한 나이에 벼슬살이하는 것은 평소의 뜻이 아니었기에 임금의 명에 사례하고는 즉시 그만 두었다. 이 해 공의 회갑날에 자식들이 술을 마련하여 올리려 하자 공이 눈물을 흘리며 말하기를 "옛 현인이 말하기를 '부모께서 계시지 않으시면 생일은 마땅히 배로 슬프다[4]'라 하였으니 이제 생일날이 되어 무슨 마음으로 음식을 먹으리오. 또 임오년부터 이런 날이면 늘 채소[5]만 먹은 것은 너희들이 아는 바이다. 다시 말하지 마라" 이 날은 곧 사도세자[6]의 제삿날이기도 했다.

갑오년 작은 아들 흔이 임금을 모실 때는 임금께서 또 공이 벼슬을 그만둔 일을 언급하시며 6품으로 올릴 것을 명하고 하여금 옛 중신(重臣)의 제사를 모시는 관직의 녹봉을 받게 하며 사포서(司圃署) 별제(別提)에 임명하시니 공이 어쩔 수 없이 관직에 나아갔다. 을미년 상의원 주부로 옮기고 곧 또 사헌부감찰 겸 한성부판관으로 옮겼다. 병신년에 임금의 연세가 높으신 것을 기념하여 봄에 기구과(耆耉科)를 여니, 공이 경조랑으로 선비들을 이끌고 과거장에 나아가 일등을 차지하였다. 임금께

4) 『근사록』에 나온다.
5) 원문에는 식소(食素)라 썼다. 이는 육류나 생선류를 먹지 않는 것을 말한다.
6) 현융원(顯隆園)은 사도세자의 묘이다.

서 옛 일을 회고하시면서 은혜로운 하교를 여러 차례 수백 마디 말로 해주셨다. 동부승지로 발탁하여 임명하시면서 호조[度支]에 명하여 옥관자를 만들어 내리시고 또 법악을 내려 영화롭게 하고 친히 글을 써서 문안공을 제사하게 하였다.

다음 달 영조께서 승하하시자 그리워하여 울부짖기를 마치 친부모상과 같이 하였으며 받은 은혜에 대해 보답하지 못한 것을 평생의 한으로 여겼다. 병조참지에 임명되었다. 무술년 문과정시에 장원하여 가선대부의 품계에 올랐다. 문정공과 문안공 및 공까지 모두 문과정시를 거쳐 참판에 뽑혔으니 우리나라에 일찍이 없던 일이다. 한성부우윤 겸 부총관에 임명되었다. 기해년 남양부사로 임명되어 위엄과 은혜를 함께 펼치니 아전들은 두려워하고 백성들은 감격하였다. 일 년 만에 관청이 깨끗하고 조용하여 아무 일도 없는 듯하였다. 신축년에 호조참판에 제수되어 임금의 초상화를 그리는 일을 감독하였다. 가을에 임금께서 비원을 돌아보실 때 공을 불러 함께 노닐면서 법온(法醞)[7]을 베푸셨다. 공이 물러나 집안사람들에게 말하기를 "옛날에 명나라의 양사기 · 이현 · 한옹의 무리가 모두 「사유기(賜遊記)」를 남겼으나 이것은 환관을 시켜 인도하여 노닐게 한 것뿐이었다. 어찌 상원의 깊은 땅에서 신하가 임금을 모시고 한 집안 사람처럼 노닐며 담소를 나눈 것과 같겠는가"라 하고는 글을 지어 색다른 돌보심을 기록하였다.[8]

임인년(1782) 큰 아들 인이 시종한 일로 은혜롭게도 가의대부의 품계로 올려주시며 동의금을 제수하셨다. 일찍이 총관으로서 임금의 장막 앞에서 정중히 인사를 올리자 임금이 그를 돌아보시고는 경연의 신하에게 말씀하기를 "풍채와 운치가 우뚝한 것이 마치 노신선의 그림 같구나"라고 하셨다. 계묘년 병조참판에 임명되었다. 문정공은 현종 계축년(1673) 연세 71세에 이조참판을 거쳐서 특별히 정경(正卿)으로 뽑혀 기로

7) 법온(法醞)은 임금이 내리는 교법(敎法) 묶음을 말한다.
8) 표암의 시 중 「호가유금원기(扈駕遊禁苑記)」가 바로 이때의 일을 기록한 것이다.

소의 당상관으로 임명되었다. 임금이 『국조보감』을 강하실 때 이 글을 보시고 말씀하시기를 "이 재상은 할아버지와 손자가 71세에 똑같이 계묘년에 있게 되니 일이 우연이 아니다" 하시고 특별히 지중추부사를 제수하고 기로소에 들어가기를 허락하시며 한성부판윤으로 임명하셨다.

갑신년(1784) 도총관에 임명되었다. 이때 건융제가 여든이 되어 생일 잔치를 벌이게 되었다. 예조에서 보낸 자문에 성절사는 덕 있는 노성한 이를 택하여 보내자는 말이 있었다. 조정에서 의논하는데 선택하기가 매우 어려웠다. 이휘지[9] 공을 기노소의 대신으로서 정사로 삼았으나 부사는 마땅한 사람을 정하기가 어려웠던 것이다. 임금께서 말씀하시기를 "상경(上卿)이 부사가 되는 경우가 이미 많이 있었고, 또 중신으로서 한 번 중국을 보지 않을 수 없다" 하시고는 마침내 공을 부사로 충원하여 연경에 가게 했다. 중국 사람들은 공의 서화에 대한 명성을 익히 들었던 터라 구하는 자가 구름처럼 모였다. 공은 작은 기술을 뽐내는 것을 부끄럽게 여겼으나 강권하므로 나중에야 대충 응하였다.

요동 순무 박명이 말하기를 "시는 방옹을 조종으로 삼고 글씨는 왕희지의 풍골이 있도다" 하였다. 일강관 석암 유용[10]과 담계 옹방강[11]은

---

9) 이휘지(李徽之, 1715~1785) : 자는 미경(美卿)이고 호는 노포(老圃)이며 본관은 전주(全州)이다. 시호는 문헌(文憲)이다. 좌의정 관명(觀命)의 아들이다. 1766년 정시문과에 급제하였다. 성절사(聖節使)로 청나라에 다녀온 공으로 홍문관 대제학에 임명되기도 하였다. 규장각제학, 평안도관찰사, 우의정을 역임하였다. 나중에 『영조실록』의 편찬을 주관하였다. 1784년 사은 겸 동지사(謝恩兼冬至使)로 청나라에 다녀와 기로소(耆老所)에 들었다.

10) 유용(劉鏞, 1719~1804) : 중국 건융제 시절에 활동했던 사람으로 호는 석암(石庵)이다. 시에서는 동기창과 소동파를 배우고, 서법에서는 역대 제가의 서법을 배워 크게 성취하였다.

11) 옹방강(翁方綱, 1733~1818) : 청나라 때에 활동한 서예가로 특히 금석문에 능한 것으로 알려져 있다. 사고전서(四庫全書)의 찬수관(纂修官)을 역임하였다. 유용(劉墉), 왕문치(王文治), 양동서(梁同書) 등과 함께 청나라 4대 서예가로 꼽힌다. 의리와 문사(文詞)의 결합을 주장한 시론(詩論)인 기리설(肌理說)도 유명하다. 『양한금석기(兩漢金石記)』, 『초산정명고(焦山鼎銘考)』, 『소미재난정고(蘇米齋蘭亭考)』, 『석주시화(石洲詩話)』 등의 저서를 남겼다.

글씨로 천하에 명성이 자자했는데, 공의 글씨를 보고는 탄식하여 말하기를 "타고난 재능을 펼친 것이다" 하고, 혹 글씨 조각이라도 얻으면 경쟁하듯 비싼 가격으로 사 갔다. 돌아올 때에는 임금께서 가까운 신하를 시켜 의주에서 맞이하여 수고로움을 치하하고 인삼 약제를 하사하셨다.

경술년에 원자께서 탄생하신 경사로 정헌대부의 품계를 더하였다. 신해년 정월 23일 병이 들어 갑자기 죽었다. 부고가 들리자 조회를 쉬고 시장을 철시하고 제사와 부의를 관례에 따라 하였다. 삼월에 진천 백락면 건좌 동산에 장례를 치르니 향년 79세였다. 진주유씨와 혼인하니 진사 뢰의 따님이요 이조판서 명현의 손녀이시다. 그녀는 부드럽고 아름다우며 맑고 현명하여 여사(女士)의 행실이 있어 문중 사람들이 모두 칭송하였다. 아들 넷을 낳으니 인은 문과 승지요, 흔도 문과 승지며, 관은 음직으로 첨추를 하였고 빈은 문과 교리를 하였다. 서자 신은 첨추를 하였다. 내·외손과 증손은 백 명에 가까웠다.

문안공께서 64세에 공을 낳으셨는데, 공은 영특하고 일찍 성취하여 문안공이 만년에 글쓰는 일이나 손님 접대하는 수고로움을 공에게 다 맡기셨다. 공은 연달아 아들을 낳아 부친의 뜻을 기쁘게 해 드리고 효도를 도타이 하였다. 생전의 모신 일과 장례하고 제사 지내는 예를 모두 서운함이 없게 하였다. 때가 되면 반드시 몸소 묘소를 살폈으며 늙도록 어린 아이와 같이 부모를 그리워함이 있었다. 친척 중에 고아나 과부가 된 자는 어루만져 구휼하고 깨우쳐 인도하였으며 관봉이 비록 적었으나 반드시 나누어 주었다. 자식들을 가르치는 데에서는 먼저 행실을 단속한 후 문예를 하게 하였고, 집안에서 항상 엄숙하였다.

타고난 성품이 낙천적이고 온화하였으며 담박하고 욕심이 적어서 무릇 물건이 화려한 것은 돌아보지도 않았다. 매일 먹는 것이 고작 몇 홉 정도였으나, 빼어남이 밖으로 드러났다. 사람을 대우함에 어질고 아끼는 기색이 겉으로 드러나 매우 즐겁게 한결같이 진정이 표출되었다. 그런 까닭에 사람들 중에 친하거나 소원한 사람이 없어 한 번 공을 보면 기뻐하기를 친척과 같이하였다. 항상 옛 사람의 고요하면서도 심원한 말을 좋아하여 비록 어려운 때에 있더라도 평상시와 같이 편안히 여겼다. 책 보는 것을 좋아하여 손에서 책을 놓지 않았으나, 이야기책이나 기술에 관한 책은 한 번도 눈을 둔 적이 없었다. 어렸을 적에 경전을 읽어 먼저 뜻을 궁구하였고 또 양한과 당송의 제가들을 취하여 읽어서, 글을 쓸 때 고인의 궤범을 실천하여 따르는 것으로 높임을 삼았다.

시는 육유의 것을 좋아하였다. 참봉 이광려가 일찍이 말하기를 "시어가 매우 담박하고 우아하여 속된 기운이 전혀 없다" 하였다. 식견이 매우 뛰어나 오묘한 경지를 스스로 깨달은 것도 있어서, 옛 사람의 시문을 보면 작가의 이름을 찾아보지 않아도 능히 변별하여 시대의 고하를 예측할 수 있었다. 서법은 왕희지·왕헌지와 미불·조맹부를 본받아 진전시킨 것이 정밀하고 높았다. 해서·초서·전서·예서체 벽과(擘窠)[12]까지 각체에 모두 신묘해서 옥판과 비단첩을 날마다 앞에 쌓아놓고 각기 구하는 바대로 응하였다.

옛 사람의 격언이나 경사(警詞), 진편(珍編)과 좋은 시들을 기억하여 암송하는데 하면 할수록 끝이 없었다. 보는 사람이 놀라 감탄하며 말하기를 "외우는 것이 글씨 쓰는 재주와 똑같다"고 하였다. 무릇 같은 시대의 공경·거인들이 묘수(墓隧)와 비판(碑板), 석궁(釋宮)과 범우(梵宇)를 써서 새길 때에 공의 글씨를 얻는 일이 많았다. 일찍이 말하기를 "왕희지의 바른 맥은 당나라 사가(四家)에 있으므로, 황정견·채양은 당을 본뜨고, 문징명·축윤명은 송을 본떴다. 지금 사람이 왕희지를 본뜨려 하면 마땅히 먼저 송과 명을 본떠야 한다. 지금 세상에 어찌 뛰어넘어 직접 옛 먼 곳과 맞닿겠는가. 그런 까닭에 「난정정무본」[13]은 당나라 시기 모사본에

12) 벽과(擘窠) : 벽(擘)은 곧 엄지 손가락이요, 과(窠)는 곧 구멍으로, 큰 글씨를 쓸 때 붓 잡는 방식을 말하는 일종의 서법 전문용어이다. 당나라 안진경(顔眞卿)이 창시하였다.

13) 난정정무본(蘭亭定武本) : 왕희지 자신이 지은 「난정기(蘭亭記)」를 쓴 서첩이다. 난정이 있던 곳은 정무군(定武軍)이 주둔하던 곳이므로 난정정무본이라 한다.

미치지 못하고 당본은 송설도인 조맹부의 「십삼발본(十三跋本)」[14]에 미치지 못한다. 세상에 유통되는 「필진도」[15]는 위작이 많다" 하였다.

글 쓰는 사람의 정봉과 편봉을 가지고 논쟁하는 사람이 있었다. 공이 웃으며 말하기를 "곱고 추함이나 공교로움이나 서툶은 안개나 구름이 일어났다 사라지는 것과 같으니, 다만 붓 끝의 희롱일 뿐이다" 하였다. 부사 정지순은 서법을 깊이 깨달은 사람인데, 그가 일찍이 말하기를 "같은 시대에 사니까 쉬울 뿐이다. 뒷사람은 반드시 (표암의 글씨를) 한 글자라도 얻으면 순장하기를 원할 것이다" 하였다. 지사 조윤형은 말하기를 "타고난 기품이 매우 고아하고 온갖 아름다움을 만들어내니 따로 한 길을 만들면 천 권 책을 깨뜨릴 기상을 볼 수 있을 것이다" 하였다.

화법에서 타고난 재능이 특히 높아서 한 점 속된 말이 없었다. 묵난도와 묵죽도는 더욱 맑고 굳세고 뛰어났다. 종정(鐘鼎)의 관지(款識)[16]나 금석(金石)에 새긴 그림에서부터 옛 이돈동기(彝敦董器)[17]에 이르기까지 감상하고 만드는 것이 오묘한 경지에 들었다. 도장을 파는 것은 한나라 위나라 사람의 옛 법을 얻었다. 특히 문자학에도 조예가 깊어 점획의 착오와 음운의 그릇됨은 사소한 것도 반드시 구분해 내었다. 제자백가를 두루 관통하여 섭렵하였으며 명나라 사람의 사적에 대해서는 더욱 잘 알아서 하나도 빠뜨린 것이 없었다.

공은 어려서 가정의 교훈을 받들어 일찍이 세상을 다스릴 학문을 품었다. 그러나 고아가 되는 어려움을 겪은 후에 영예로운 진취에 뜻이 없어서 황량한 교외의 물가로 물러나 거처하면서 붓과 책[18]으로 스스

14) 「난정첩본(蘭亭帖本)」에 13편의 발문(跋文)이 붙여진 것을 말한다.

15) 필진도(筆陣圖) : 글씨 쓰는 방법을 풀이한 것으로, 진(晉) 나라 위부인(衛夫人)이 지은 것이라는 설도 있고 왕희지(王羲之)가 한 것이라는 설도 있다.

16) 관지(款識) : 도장을 찍거나 글씨를 써서 표시하는 것을 말한다.

17) 이(彝)는 술동이보다 약간 작은 술그릇으로, 제기(祭器)로 쓰인다. 나중에는 종묘에 항상 두는 종정(鐘鼎)의 종류까지도 '이'라고 불렀다. 『좌전』에 용례가 보인다. 돈(敦)은 서직(黍稷)을 담는 제기(祭器)로 『예기』에 그 용례가 보인다.

18) 표상(縹緗) : 표(縹)는 담청색(淡靑色)의 비단이고, 상(緗)은 천황색(淺黃色)의 비단. 옛

로 즐겼으며 명예와 이익에는 담박하였다. 늦게야 한묵(翰墨)의 재주로 특별히 세상에 다시없을 알아줌을 입어 자주 왕을 접견하며 총애하심을 성대히 받았다. 심지어 선대왕의 어진을 그리게까지 하셨으니 임금께서 공을 아끼시는 것이 이와 같았다.

공이 돌아감에 친히 다음과 같이 글을 써서 권하셨다.

소탈한 마음과 우아한 풍류
필묵으로만 흔적 남아
수많은 종이에 붓 놀려
병풍과 서첩 남기었도다.
벼슬이 낮지 않았고
삼절인 정건과 같았지.
중국에 사신 가서 나라 빛내고
기로소 들어 선대를 이었네.
인재 얻기 어려움을 생각하며
초라한 술잔을 베푸노라.

공은 나라에 성대하게 이름을 날렸고 여항에서 융성하게 대우받았으며, 하늘의 은하수 같은 임금의 이 글[19]은 보통을 넘어섰다. 시종 은혜와 영광을 입었으니, 어찌 옛날에도 드물게 있는 자가 아니라 하겠는가.

공의 재주는 조정에 훌륭한 계책을 내기에 충분하고 공의 문장은 교묘(郊廟)[20]에 울려 퍼지게 하기에 충분하였지만, 중년에 불우하여 조금도 펼친 바가 없었다. 화려하고 성대한 명성이 기예에 가려진 바가 되었으니, 공과 같은 사람이 '알아줌을 입었다[遇]'고 할 수 있겠는가. 그

사람이 표와 상을 가지고 책의 표지로 사용하였으므로 책을 가리키는 용어가 되었다.

19) '운한(雲漢)'이라는 표현은 『시경』 「운한(雲漢)」편에서 가져온 것이며, 화곤(華袞)은 본래 삼공(三公)의 복장이었다. 그래서 화곤은 왕공(王公)을 뜻한다.

20) 교묘(郊廟) : 천지에 대한 제사인 교(郊), 즉 교사(郊祀) 혹은 교제(郊祭)와 선조에 대한 제사인 묘제(廟祭)를 말함. 동지(冬至) 때에는 남교(南郊)에서 하고, 하지(夏至) 때는 북교(北郊)에서 올렸음.

러나 포의로서 지존의 중히 여긴 바가 되어, 흰 머리 노인 때에 관직에 올라 품계를 뛰어넘어 경(卿)의 반열에 올라서, 성신의 신을 끌고 일월의 곁에서 노닐며 붓대를 잡고 앞에서 모시니 임금께서 감동하셨다. 옥 같은 풍채로 조정에 들어 천하에 이름을 날렸다.

이제 공이 세상을 떠난 지 50년이지만 초가집에 비친 달의 예스러움처럼 조그만 조각에 쓰인 필묵도 사람들에게 보배로운 바가 되어, 비록 세 가정으로 이루어진 작은 시골의 수재라도 반드시 '표암 강선생'을 말한다. 우세남(虞世南)의 서한(書翰)과 같다는 칭찬을 받고 미원장(米元章)의 선화(宣和)와 대가 되어, 역사에 빛을 드리우고 예술 분야에서 영광스럽고 사랑받는 바가 되었으니, 공과 같은 사람이 불우했다 할 수 있겠는가.

공의 집안은 죽창공부터 공에 이르기까지 모두 4대가 문장으로 관각의 벼슬을 하였고 대대로 장수하여 4대가 명종·선조를 섬긴 이래 아홉 성조 226년을 지냈으니 공의 집안이 향수한 해를 모두 합하면 327년이다. 고금 씨족의 벌열과 그 영화로운 이름과 누린 수와 받은 복의 성대함은 이와 더불어 짝할 사람이 드무니 또한 공의 집안의 어질고 도타우며 깊이 쌓은 덕과 청렴하고 수양한 몸가짐이 이에 이르게 하기에 충분했음을 볼 수 있다. 어찌 성대하지 않은가.

공은 남산 아래에 살았다. 동산의 물총새와 소나무 그늘, 흐르는 시냇물이 뜰을 두르고, 주렴과 궤안이 소용한 가운데 그림과 책이 서로 비치며 여윈 얼굴에 띠를 느슨히 하고, 책갈피를 빼고 녹관(綠管)을 희롱하니21) 바라보면 마치 땅에 사는 신선과 같았다. 온유한 풍류가 넓고도 유장하므로 심지어 사람들이 모여서 보기도 했다. 지금의 글 쓰는 선비들이 선생을 말할 때에 막연히 고내의 전기에 나오는 사람과 같다고까지 한다.

21) 책을 읽고 글씨를 썼다는 의미인 것 같다.

원용(元容)의 선조인 양파공(陽坡公)[22]의 묘갈명은 곧 공의 집안 설봉공의 글이다. 대를 이은 우호가 이미 오래되고 사는 곳도 같은 동네라 어려서부터 어르신들을 따라 공의 이름을 들었다. 비록 장난하며 노는 어린 시절이었으나 또한 공의 글씨가 보배로울 만하다는 것을 알고는 흠모하고 좋아하는 마음이 이와 같았다. 그렇다면 공의 행덕은 마땅히 내가 다른 사람보다 상세히 앎이 있을 것이다. 이제 공의 손자 기(淯)가 시호를 청하는 글을 맡기므로 삼가 그 일과 행실을 모아 태상 씨께 고하나이다.

原文 正憲大夫漢城府判尹姜公, 諱世晃, 字光之, 豹菴號也. 其先晉州人. 諱民瞻, 在勝朝, 討平契丹, 位上柱國, 封殷烈公, 祠于晉. 諱允祉, 入我朝, 工曹典書, 以儒行世, 其家世壽而貴. 高祖諱雲祥, 以孝旌閭, 贈領議政. 曾祖諱籒, 號竹窓, 當穆陵盛際, 歷內翰銓郎, 贈左議政. 竹窓公二子, 長諱桂年, 號翠洒堂, 有至行, 贈左贊成. 次諱栢年, 號雪峯, 判中樞提文苑, 被淸白選, 贈領議政, 謚文貞. 次子諱鋧, 判中樞主文衡, 號白閣, 謚文安. 入爲贊成公嗣, 配漢陽趙氏, 大提學絅孫. 繼配廣州李氏, 領議政忠正公浚慶後也.

肅宗癸巳閏五月二十一日生公, 文安公三子, 公其季也. 公姿性超類, 聰穎絶異. 六歲能屬文. 庚子明陵國哀時, 文安公有粉白鳩杖, 命公賦之, 應聲曰 : '杖上有一鳥, 不飛又不鳴. 身被白雪衣, 如知東土哀.' 十歲, 文安公長春曹, 第次畵署課試, 公睇閱而評品之, 無毫髮爽, 老師咸神異之. 又代題曺牒四五字, 白下尹公淳見之大驚曰 : "當爲千古絶藝." 十餘歲, 入科場寫券, 觀者幾傾場.

癸丑, 文安公年大耋而往視子婦窆事於鎭川. 公欲隨不許, 公潛躡之, 中路始覺之. 抵鎭, 文安公果寢疾. 公竭誠扶護, 竟罹創而預具歲制, 不以倉卒而有闕於禮者, 克襄於天安地, 廬墓三年, 哀毁過至. 文安公遺稿十二卷,

---

22) 정태화(鄭太和, 1602~1673) : 자는 유춘이며 호는 양파(陽坡)이고 본관은 동래(東萊)이다. 시호는 익헌(翼憲)이다. 영의정 광필(光弼)의 5대손으로, 좌의정 치화(致和)와 예조참판 만화(萬和) 등 삼형제가 모두 당시에 유명하였다. 1624년 진사시에 합격한 후 1637년 세자시강원의 보덕이 되어 소현세자(昭顯世子)를 따라 심양(瀋陽)에 가기까지, 당하관 청요직(淸要職)을 두루 역임하였다. 소현세자의 죽음과 후계문제 등 정치적으로 혼란한 때 살았으나, 성품이 온화하고 대인관계가 원만하여 위기를 맞지 않았다. 저서로 『양파유고』, 『양파연기』가 있다.

手寫寓誡. 外除, 奉慈氏極愉婉. 遭艱旣闋, 遂無意進取. 寓居安山, 老屋數椽, 不庇風雨, 飯蔬屢空, 不以爲意.

癸未, 仲子俔擢第, 英宗追念先王所以眷遇於文安公, 恩言隆重, 眷顧出常. 領相洪鳳漢奏某能文詞工書畫, 上曰: "人心多歧, 易有以賤技而小之者, 勿復言書畵事. 向來徐命膺言此人有此技, 予之不答有以也. 蓋聖意重其才而曲爲之愛護." 公感激而出涕者三日, 目爲之膧. 乃曰: "賤臣未嘗一覲耿光, 而愛賤臣至此, 比之鄭滎陽三絶御題, 殆有過者, 今古人臣之未嘗聞也." 自是不復爲人作畵, 人亦不能强之.

從孫彛福彛正伯子儐連占科名, 叔子僡季子傧聯登上庠, 家門稍盛, 公益謙抑, 作詩戒家人, 常曰: "受國家恩, 承祖先庥, 得有今日, 敢不自勖以忠孝哉."

壬辰, 上行養老禮, 儐以史官前席, 上曰: "寧考己亥, 親題西樓寶牒, 錫宴十耆臣. 汝祖卽其一也. 汝父今年幾許?" 對曰: "六十." 上曰: "常訓豈不云乎. 卿等來乎之敎, 怳然如昨, 伊時耆臣親子, 在今惟爾父, 豈不貴乎." 仍敎曰: "入侍注書姜儐之父, 卽故大提學之子, 而六十尙在儒籍, 其令懸註調用, 以示予禮耆年不忘其父之意."

癸巳, 拜英陵參奉, 衰年供仕, 非素志也, 肅命卽遞. 是年公之回甲日, 諸子欲具盃勺, 公流涕曰: "古賢云父母不在, 生日當倍悲慟. 今當劬勞之日, 何心爲食. 且自壬午, 是日每食素, 汝輩所知也. 勿復言." 是日卽顯隆園忌辰也.

甲午, 仲子俔侍上, 上又及公遞職事, 命陞六品, 令故重臣祀板享官俸, 拜司圃署別提, 公黽勉就職. 乙未移尙衣院主簿, 旋又移司憲府監察漢城府判官. 丙申聖壽彌隆, 春設耆耈科, 公以京兆郎, 領諸儒赴試場, 占第一名. 上追思故事, 恩敎屢屢數百言, 擢授同副承旨, 命度支造賜玉圈, 又賜法樂以榮之, 親製文侑祭文安公.

翌月英宗昇遐, 攀號若考妣喪, 以受恩無報, 爲終身恨. 拜兵曹參知. 戊戌魁文科庭試, 陞嘉善階. 文貞文安曁公, 俱由文庭試擢亞卿, 國朝所未有也. 拜漢城府右尹兼副摠管. 己亥除南陽府使, 威惠竝行, 吏慴民懷. 朞年而官府淸淨, 若無事然. 辛丑拜戶曹參判, 監董御容摸寫. 秋上御禁苑, 召公陪遊, 宣法醞. 公退而語家人曰: "昔皇明楊士奇李賢韓雍輩皆有賜遊記, 此不過令中間導之遊而已, 豈如臣之侍聖上於上苑深嚴之地, 遊讌談笑若家人也哉." 爲文而識異眷.

壬寅, 推伯子儐侍從, 恩陞嘉義階, 拜同義禁. 嘗以摠管肅謝於御帳前,

부록(附錄)

上爲之顧眄, 謂筵臣曰 : “風韻昻藏, 若老仙圖.” 癸卯拜兵曹參判. 文貞公在顯廟癸丑年七十一, 由吏曹參判, 特擢正卿, 命爲耆社堂上. 上講國朝寶鑑, 臨此文, 敎曰 : “此宰相祖孫, 七十一歲同在癸歲, 事不偶爾.” 特除知中樞府事, 許入耆社, 拜漢城府判尹.

甲辰, 拜都摠管. 時乾隆帝以大耋設千秋宴. 禮部移咨, 有節使擇送耆德之語. 朝議極遴選. 李公徽之以耆社大臣爲上价, 副使難其人. 上曰 :.“上卿副价, 亦多已例. 且此重臣不可不一見中華.” 遂以公充副价赴燕京. 中朝人慣聞公書畵名, 求者雲集. 公恥衒小技, 强而後畧應之.

遼東巡撫博明曰 : “詩宗放翁, 字有晉人風骨.” 日講官劉石菴鏞・翁覃溪方綱書名重天下. 見公書歎曰 : “天骨開張.” 或得片紙, 競以重價爭購. 及還上命近侍, 迎勞於灣上, 賜蔘劑.

庚戌, 元子誕降之慶, 加正憲階. 辛亥正月二十三日, 以微恙翛然而逝. 訃聞掇朝市, 吊賻如儀. 三月葬鎭川白洛面乾坐原, 享年七十九. 配晉州柳氏, 進士耒女, 吏曹判書命賢孫. 柔嘉淑哲, 有女士行, 宗黨咸稱之. 生四子, 曰儐文科承旨, 曰俒文科承旨, 曰儹蔭僉樞, 曰儐文科校理. 庶子信僉樞. 內外孫曾近百人.

文安公六十四歲而公生, 公穎悟夙就, 文安公晩年, 於筆硯應接之勞, 一委公焉. 公連擧男悅親意, 篤於孝. 生事葬祭之禮, 俱無憾. 時節必躬省阡墓, 至老有孺子慕. 親戚之孤寡者, 撫恤誨導, 官俸雖少, 必分與. 敎諸子, 先行檢而後文藝, 閨門之內, 常穆如也.

天性樂易祥和, 淡泊寡欲, 凡器物之華靡者不顧也. 每日所食纔數龠, 而英華外敷. 待人仁愛之色著於形, 憂憂樂樂, 一出於誠. 故人無親疎, 一見公悅之如親戚. 常愛古人寧靜致遠語, 雖處撓攘, 安閒若平常. 喜看書, 手不釋卷. 而稗官方技之書, 一未嘗寓目. 少時讀經傳, 先究旨義, 又取兩漢唐宋諸家讀之, 下筆循蹈古人軌範而以從順爲尙.

詩喜陸游. 李參奉匡呂常曰 : “詩語極淡雅, 絶不俚俗.” 見解超絶, 有自悟獨造之妙, 見古人詩文, 未及考名氏, 而能辨測其時代高下. 書法二王米趙, 造詣精高. 楷草篆隷擘窠各體, 無不神妙. 玉板絹牒, 日堆於前, 各以所求者應之.

古人格語警詞, 珍編佳什, 出諸記誦, 愈多愈不可窮. 見者驚歎曰 : “記性與筆才等耳.” 凡一代公卿巨人墓隧碑板釋宮梵宇記載之刻, 以得公書相多焉. 嘗曰 : “右軍正傳, 在於唐四家, 黃蔡效唐, 文祝效宋. 今人欲法右軍, 當先法宋明. 由今之世, 何可躐蹴而直接古遠乎. 是故, 蘭亭定武本, 不及唐摸賜本, 唐本不及於松雪十三跋本. 世所行筆陣圖, 贋作多矣."

人有以筆家正鋒偏鋒語力爭, 公笑曰:"姸媸巧拙, 如烟雲起滅, 直是筆端遊戲耳." 鄭府使持淳深曉書法, 嘗謂 "同時故易之耳. 後人必有得隻字而願爲殉葬者." 曹知事允亨曰:"天品甚高, 鎔鑄衆美, 別作一徑, 有以見讀破千卷氣象."

畵法天分特高, 無一點塵俗語. 墨蘭竹尤淸勁逈絶. 鍾鼎款識, 金石鏤畵, 以至古彛敦董器, 鑑裁入妙, 圖章鐫刻, 得漢魏人古法. 邃於字學, 點畫之差誤, 音韻之譌舛, 必毫辨縷析. 諸子百家, 貫穿該洽, 尤詳皇明人事蹟, 一無所遺.

公早承詩禮之訓, 夙抱經世之學, 而孤露以後, 無意榮進, 退處荒郊之濱, 以毫素縹緗自娛, 於名利泊如也. 晩以翰墨之藝, 特蒙不世之知, 頻賜引接, 寵賜便蕃. 至命寫摽題於先大王御眞, 上之愛公書如此.

及公逝, 親製文侑之曰:"疎襟雅韻, 粗跡雲煙, 揮毫萬紙, 內屛宮牋, 卿官不冷, 三絶則虔. 北槎華國, 西樓踵先. 才難之思, 薄酎是宣." 公鳴國之盛, 遇巷之隆, 而雲漢宸藻, 踰於華袞. 終始恩榮, 豈非曠前世而罕有者哉.

公之才足以訏謨嚴廊, 公之文足以管絃郊廟, 而中歲落拓, 一無所展布. 華聞盛名, 爲技藝所掩, 如公者其可謂遇乎. 然而以布衣爲至尊所重, 皓髮釋褐, 超躋班卿, 曳星辰之履, 遊日月之側, 染翰侍前, 人主動容, 拭玉入朝, 天下聞名.

今去公世五十年, 而片楮寸墨之爲人所珍寶, 如草坊白月之古, 雖三家村秀才, 必誦曰:"姜豹菴先生." 虞世南書翰之褒, 米元章宣和之對, 垂輝青史, 爲藝林所榮寵, 如公者其可謂不遇乎.

公家自竹窓公至公四世, 俱以文章官舘閣, 而世享遐筭, 四世事明宣以來, 九聖朝寶曆爲二百二十六年, 而公家所享年紀, 摠計爲三百二十有七年. 古今氏族之閥, 其榮名壽考福履之盛, 鮮與之匹, 亦可見公家仁厚積累之德, 淸儉修養之操, 有足以致此也, 豈不盛哉.

公居第南山下, 園翠松陰, 鳴澗繞庭除, 簾几蕭然, 圖史交暎, 臞顔緩帶, 抽牙籤弄綠管, 人望之若平地神仙, 而卽之溫如, 風流弘長, 所至人聚觀之. 今之操毫之士語先生, 邈然如古代傳紀中人.

元容先祖陽坡公墓碣, 卽公家雪峰公文也. 世好之講已久, 而居又同里閈, 童時從長老, 聞公之名, 雖遊嬉時, 亦知公書之爲可寶, 其慕好之心如此, 則公之行德, 宜有詳於人者矣. 今公之孫潘, 屬以節惠之狀, 謹撮事行, 告于太常氏.

◎ 판윤 강표암 삼대가 기로소에 들어가는 것을 기념하여 쓴 글

豹菴姜判尹三世入耆社序

대저 개국 초 기로소를 설치한 이래로 기로소에 들어간 이들의 명단을 살피면 수삼대가 서로 이어서 들어간 사람은 360년간 한두 가문에 불과하였다. 대개 그 규정이, 문관 중에 나이가 칠순이고 직위가 정경(正卿)이 아닌 사람은 들어가기를 허락하지 않기 때문이다. 그런 까닭에 사람 중에 3~4대 또는 6~7대가 모두 과거에 급제하고 대대로 경상(卿相)에 오른 사람은 간혹 있기는 해도, 일흔 이상의 수를 누린 이들만은 매우 적다. 그러니 3~4대가 이어서 기로소에 들어가는 일은 거의 없는 경우이다. 사람에게 있어서 수명이란 가장 귀한 것이며 천하의 달존(達尊)[1]이 되는 이유이기도 하다. 이런 까닭으로 기자가 홍범구주의 오복[2]을 쓰면서 그 하나를 '수명'이라 했으니, 성인께서 연장자를 높이고 공경하는 의리를 여기에서 볼 수 있다.

이제 나의 벗 표암 강광지는 젊어서 발군의 재주를 지녔으나 감춘 재주를 다 펴지 못하였다.[3] 오직 우리 영종대왕께서 보위에 계신 지 31년에 환갑을 맞이하여 태조·숙종을 이어서 영수각에 어휘(御諱)를 적어 보존하고[4] 노인을 공경하는 의전을 행할 때마다 노인에 대한 은혜를

1) 달존(達尊) : 『맹자(孟子)』에 나오는 구절로, "세상에 달존은 셋이 있는데, 벼슬이 그 하나로, 나이가 그 하나요, 덕이 그 하나이다. 조정에서는 벼슬만한 것이 없고, 시골에서는 나이가 제일이며, 세상 백성을 돕고 교화하는 데는 덕만한 것이 없다[天下有達尊三 : 爵一, 齒一, 德一. 朝廷莫如爵, 鄕黨莫如齒, 輔世長民莫如德. 惡得有其一, 以慢其二哉?]"라 하였다.

2) 오복(五福) : 『서경(書經)』 「홍범(洪範)」에 의하면, 기자(箕子)의 홍범구주(洪範九疇)에는 수(壽), 부(富), 강녕(康寧), 유호덕(攸好德), 고종명(考終命)이라는 다섯 조목이 있는데 이를 오복이라 한다.

3) 원문 '척확지굴(尺蠖之屈)'은 『주역(周易)』 「계사전(繫辭傳) 하(下)」에 나오는 내용으로 "자벌레가 몸을 굽히는 것은 몸을 펴기 위함이요, 용과 뱀이 칩거하는 것은 몸을 보존하기 위함이다[尺蠖之屈 以求信也 龍蛇之蟄 以存身也]"라 한 것이다. 재주를 가진 사람이 자취를 감추고 지내면서 때를 기다린다는 의미로 사용한다.

4) 공경 중에 나이가 70세가 된 사람은 기로소(耆老所)에 들어가게 되고 영수각(靈壽

더욱 도타이 하셨다. 영종의 연세 이미 일흔하고도 둘에 이르니 이때는 을미년이다. 이때에 표암이 비로소 61세가 되어 갑자기 기로과의 으뜸으로 발탁되고 곧 승정원의 직위를 임명받았다. 또 지금 성상께서 선왕의 유업을 이어받으신 후 또 문신이 기예를 다투는 시험에서 장원을 하여 지위가 아경(亞卿)에 이르렀다. 그 옛날 표암의 선대부 태학사 백각공께서 시에 능하셔서 문신의 시 대결에서 장원하여 가선대부의 지위에 이르셨는데 표암이 또 시로 반열을 뛰어넘게 된 것이다. 그런 까닭에 내가 표암이 허리에 금띠를 차는 날에 7언 10율을 지어 축하했다. 또 들으니 표암의 조부 상서 설봉공께서는 71세에 정경에 올라 기로소에 오르셨는데, 이 해가 계(癸)에 속하였다 한다. 그 후에 백각공이 이어서 기로소에 들어가신 것이다. 이제 우리 성상께서 선대왕의 정사를 이으셔서 무릇 나이든 신하를 대우하는 예를 더욱 융숭하게 하셨는데, 표암이 금년 나이 칠순이라는 것을 들으시고는 특별히 팔좌[5]의 반열에 올리시고 곧 명하여 기로소에 이름을 올리도록 하셨다.

조손(祖孫)이 함께 71세에 기로소에 들어가게 되었는데, 이 해의 간지가 계축이었으니 임금께서 말씀을 이어내리시며 조손의 일이 서로 부합함을 아름답다 하셨다. 표암의 집안에서는 그 은혜로운 대우가 보통을 뛰어넘는 것에 감탄하였고, 한 세상 사람들은 삼대가 기로소의 장부에 이름을 올리는 것을 흠모하여 모두 말하기를 "기이하도다, 표옹의 복이여!" 하였다. 표옹은 어찌 삼대가 수와 지위를 함께 누려 여기에까지 이를 수 있었을까. 나라가 세워진 이래 드물게 있는 아름다운 일이라 오리가 솟아오르고 제비도 축하하지 않음이 없다. 이에 성대한 잔치를 베풀고 손님을 불러 종과 북을 울리고 악기를 연주하여 즐거운 일을 권하니 이는 진실로 고금에 드물게 보는 것이다. 『주역』 곤괘의 문언(文

閣)에 화상을 거는데, 임금의 경우 60세만 되어도 기로소에 들게 된다.

5) 팔좌(八座)는 시대에 따라 각각 나타내는 바가 다르다. 예컨대 송대(宋代)에는 오상서(五尙書)·이복야(二僕射)·일령(一令)을 말하였다.

言)에 '선을 쌓은 집안에 반드시 남은 경사가 있다'[6] 하더니 표옹의 집안이 대대로 선을 쌓아서 여기에 이르러 연속 삼대가 수를 누리며 지위를 누리는 경사가 있음을 똑바로 알겠다.

내가 여기에서 또 다른 할 말이 있다. 우리 영종께서 장수를 향유하시고부터 조정의 높은 벼슬아치 중에 누런 머리의 늙은 신하가 있고, 여항의 서민이 또 백세의 노인이다. 이는 하늘이 영종께서 어진 정치를 행하는 것을 도우려 남극성관으로 하여금 우리 동방에 와서 비춰게 하시고는, 먼저 우리 영종께 장수를 내리셔서 남은 빛이 신하와 서민들에게 이르도록 하신 것이다. 이제부터 후로는 장차 온 나라가 장수의 땅[7]에 오르는 것을 볼 것이다. 이로부터 우리 성상의 수가 저 높은 언덕과 나란할 것이요 성자신손(聖子神孫)이 계속해서 반드시 끝없는 수를 누릴 것이다. 표암의 자손들이 또 능히 조상의 어짊과 선을 따른다면 대대로 기로소에 들어가는 복을 절로 향유할 수 있을 것이니 힘쓰라.

갑신년 음력 5월 77세의 벗 파산 윤영조(1708~?)는 쓴다.

原文‖ 自夫國初創設耆老所以來, 按其題名案, 能數三世相繼入者, 迨三百六十餘年間, 不過一二家也. 盖其規, 非文官年七十・位正卿者, 不許入. 故人之三四代・六七代, 俱登龍榜・世躋卿相者, 間或有之, 而獨其享稀年者, 甚尠也. 則能三四代續而入耆社者, 空谷絶跫也. 此所以壽之於人最貴而爲天下達尊者也. 是以, 箕疇五福之叙一曰稱壽, 聖人之尙齒敬老之義, 斯可見矣.

今余友豹菴姜光之, 少擅拔類之才, 未伸尺蠖之屈. 惟我英宗大王卽祚之三十一年, 睿甲復回, 繼太祖肅宗而書藏御諱於靈壽閣, 每推養老之典, 益厚待耆之恩, 曁英宗聖壽, 已至八耋有二而歲乙未也. 于時豹菴始以望七

---

6) 『주역』 곤괘(坤卦)의 문언에는 "積善之家, 必有餘慶, 積不善之家, 必有餘殃. 臣弑其君, 子弑其父, 非一朝一夕之故, 其所由來者漸矣. 由辯之不早辯也. 易曰: "履霜, 堅冰至" 蓋言順也"라 되어 있다.

7) 장수의 땅: 원문은 수역(壽域)이라 되어 있다. 이것은 『한서(漢書)』 「예악지(禮樂志)」에 나오는 구절로, "온 세상의 백성을 이끌어 인수(仁壽)의 지역에 오르게 한다"라 하였다. 보통 좋은 세상을 나타내는 의미로 쓴다.

之年, 遽擢耆科之首, 卽除銀臺之職, 及當聖上纘緖之後, 又魁文臣戰藝之試, 位至亞卿. 伊昔豹菴之先大夫太學士白閣公, 以詩魁文臣之詩, 擢嘉善之秩, 豹菴又以詩班超. 故余於豹菴帶金之日, 作七言十律以賀. 而又聞豹菴之王考尙書雪峯公, 七十一歲, 陞正卿, 入耆社, 歲屬癸丑, 而其後白閣公繼入耆社矣. 今我聖上繼述先后之政, 凡待耆臣之禮, 克加便蕃, 而聞豹菴年今七旬, 有一特陞八坐之列, 卽命耆府題名.

自上諭, 以乃祖乃孫俱以七十一歲入耆社, 而年干又同, 玉音誕敷, 嘉其祖孫之事相符. 豹菴家則感其恩遇之出尋常, 一世人則欽其三世之題耆案, 咸曰:“奇哉. 是翁福哉.” 是翁何能得三世壽與位之俱享而致此. 自國初所罕有之美事也耶. 莫不奐超而蹔賀. 於是焉, 開盛宴, 延賓客, 鳴鐘鼓, 奏絲管, 以侑樂事, 此誠古今鮮覩者也, 坤之文言曰:‘積善之家, 必有餘慶’, 定知豹菴之家世積善而致此, 繼三代壽而愼之慶也歟.”

余於此抑有言者, 自我英宗寶齡之遐享, 朝廷搢紳旣多黃髮老臣, 閭里庶民又多百歲耆人, 此天佑英宗行仁之治, 使南極星官來莅我東而照輝之, 先貽我英宗遐壽而餘輝及於臣庶. 自此以後, 將見擧一國躋壽域之上, 而我聖上從此壽齊阜陵, 聖子神孫繼繼必享無彊之壽, 而豹菴之子孫, 又能率乃祖之仁善, 則代代入耆社之禧, 自可享矣, 勉旃哉.

甲辰仲夏, 七十七歲, 友坡山尹榮祖序.

표암 강세황과 그 산문집의 이모저모

1. 가계

강세황의 집안은 소북파(小北波)의 명문가였다. 삼대가 기로소(耆老所)에 들어간 특이한 가문의 내력도 있었다. 이미 그의 가계와 생애에 대해서는 많은 연구 성과가 축적되어 있다. 여기에서는 종합적으로 정리하는 선에서 논의 하고자 한다.[1)]

우선 그의 증조부인 강주(姜籒, 1566~1650)부터 살펴보자. 강주는 자가 사고(師古)이고 호는 죽창(竹窓)이다. 1595년 을미 별시문과(乙未別試文科)에 급제하였다. 1596년 예문관검열(藝文館檢閱)과, 1602년 이조정랑(吏曹正郎)을 각각 역임했다. 관원으로서의 면모는 이덕형(李德泂)의 『죽천한화(竹泉閑話)』에 잘 나타나 있으니, 냉철한 판단력과 신념이 뚜렷한 인물

1) 변영섭, 『표암강세황회화연구』, 일지사, 1988; 정은진, 「표암 강세황의 미의식과 시문창작」, 성균관대 박사논문, 2004. 이 두 연구에 가계·교유·생애·서지사항이 잘 정리되어 있다.

이었던 것으로 보인다. 문집으로 『죽창집(竹窓集)』이 있다. 소북의 문인들 중에서 두보의 시를 가장 잘 소화해냈다는 평을 받았다.

조부인 강백년(姜栢年, 1603~1681)은 자가 숙구(叔久), 호는 설봉(雪峯)이다. 1646년 부교리로 있을 때 강빈옥사(姜嬪獄事)가 일어나자 강빈의 억울함을 상소했다가 한때 삭직되었다. 이해 문과중시에 장원급제하여 동부승지(同副承旨)에 오르고 이듬해 상소하여 전국의 향교(鄕校)를 재흥하게 하였으며, 1648년 대사간으로서 다시 강빈의 신원(伸寃)을 상소하였다가 청풍군수(淸風郡守)로 좌천되었다. 1660년 예조참판으로서 동지부사(冬至副使)가 되어 청(淸)나라에 다녀왔다. 문명(文名)이 높았으며 기로소에 들어갔다. 1690년 영의정에 추증되었고, 후에 청백리(淸白吏)로 뽑혔다. 저서로는 『한계만록(閑溪漫錄)』, 『설봉집(雪峯集)』 등이 있다.

부친인 강현(姜鋧, 1650~1733)은 자가 자정(子精)이고, 호는 백각(白閣)이다. 1675년 진사가 되고, 1680년 정시문과에 급제하였다. 1689년 이조참의, 1694년 예조참판이 되었다. 1701년 인현왕후의 상을 당하여 고부사(告訃使)로 청(淸)나라에 다녀온 후 형조판서·대제학·예조판서·한성부판윤 등을 역임하였다. 경종 때 다시 의금부판사·좌참찬을 지낸 뒤 기로소(耆老所)에 들어갔다. 1625년 신임사화를 다스린 죄로 삭출되었으나, 기로소에 들어간 사실이 참작되어 곧 풀려났다. 1689년 기사환국(己巳換局) 뒤에 이조참의로 발탁되어 남인 정권의 인사권을 장악하기도 하였다. 그는 1694년 갑술환국(甲戌換局)에서도 숙청되지 않았으나, 뜻밖에 1709년 예조판서의 신분으로 큰 아들인 강세윤(姜世胤, 1684~1741)의 과거시험 부정에 가담한 혐의로 파직됐다. 그에 대해서는 『표암유고(豹菴遺稿)』 「문안공신도비(文安公神道碑)」에 자세히 실려 있다.

이처럼 정치의 부침에도 불구하고 그의 가문은 전형적인 명문가로 명맥을 유지했다. 삼대가 기로소에 들어간 일은 조선 전체를 살펴보아도 흔한 일이 아니었다. 이러한 명가의 전통은 강세황에게 이어졌고, 그의 자손들에게 전해졌다. 특히 그의 아들들에게는 표암의 예술적인 능력이 많이 전달되었다. 이규상이 그림을 칭찬하였던 강인(姜人寅), 꿩을 잘 그렸던 강신(姜信, 1767~1821)이 있었다. 강흔(姜俒, 1767~1821)의 문집에도 예술 비평이 적지 않다. 또, 손자인 강이오(姜彛五, 1788~?)와 증손자 강진(姜溍, 1807~1858)에게로 이러한 예술적인 기질은 이어졌다.

2. 생애

강세황은 1713년 윤 5월 21일 아버지 강현과 어머니 광주이씨(廣州李氏) 익만(翊晩)의 따님 사이에서 3남 6녀 중 아홉째로 태어났다. 어려서부터 총명하여 열 서너 살에 행서를 쓸 수 있어서 글씨를 구해다가 병풍을 만든다는 사람도 있었다.

15세 때에 유뢰(柳耒, ?~1729)의 장녀 진주유씨(1713~1756)에게 장가들었다. 16세 때에는 이인좌난에 맏형인 강세윤(姜世胤)과 장인 유뢰가 연루되는 불운을 겪기도 하였다. 28세 때에는 어머니 상을 당하여서 3년 동안 시묘살이를 했다. 32세 때를 시작으로 60대에 이르기까지 30년간의 안산(安山)에서 청장년기를 보냈는데 이 시기에 그는 학문과 예술에 큰 변화를 겪게 된다. 안산으로의 이주는 가난이 큰 이유였지만 결과적으로 그에게 도약의 한 계기로 작용하였다. 이때 글씨나 그림·문장에 대한 논평도 많이 했으니 시서화(詩書畵) 삼절(三絶)의 명성에 걸맞는 활동을 펼쳤다. 또, 여러 문인·화가들과 활발한 교류를 나누어 시(詩)나, 제발(題跋)을 남겼다.

그의 나이 44세 때에 그에게 충격적인 사건이 벌어진다. 이때에 아내 진주유씨의 죽음을 목도하게 된다. 그는 당시의 비통한 심정을 「망실류씨묘지명(亡室柳氏墓誌銘)」, 「제망실문(祭亡室文)」, 「도망팔절(悼亡八絶)」 등에 남기고 있다. 무기력한 가장이었던 자신을 대신해 헌신적으로 가족을 건사했던 부인이었으니 그의 충격이 더욱 클 수밖에 없었다.

54세 때에는 「표옹자지(豹翁自誌)」를 써서 그때까지의 자신의 삶을 반추하였다. 여기에는 그의 예술가로서의 자의식이 짙게 투영되어 있다. 이로서 굴곡 많았던 청장년기의 삶을 마무리 짓는 셈이 된다.

이제 그의 새로운 관직 생활이 시작되는 61세부터 생을 마칠 때까지인 노년 시기의 삶을 간략히 살펴보겠다. 63세 때에 영조가 포의로 지내는 강세황에게 영릉참봉(英陵參奉)을 제수하였다. 여러 관직을 거쳐서 그의 나이 69세 때에는 호조참판(戶曹參判)으로 임금의 초상을 그리는 일을 감독하였다. 이즈음 정조의 안내로 금원(禁苑), 즉 오늘날의 비원을 관람하고 「호가유금원기(扈駕遊禁苑記)」라는 글을 남겨 이때의 감격스런 감회를 적고 있다. 70세에는 김홍도와 함께 호랑이 그림을 그리기도 하였는데, 유경종은 이때의 광경을 「영화호(詠畫虎)」라는 시에 담았다. 72세 때에는 평소 관심이 많았던 북경(北京)에 건륭황제의 천수연(千叟宴)에 참석하기 위해 부사(副使)의 자격으로 가게 되었다. 이때 중국의 여러 지식인과 접촉하여 시를 교환하였다. 76세 때에는 금강산을 유람하고 「유금강산기(遊金剛山記)」 등을 남겼다. 노령임에도 불구하고 이때까지 활발히 활동하였다. 그의 나이 79세 때 드디어 붓을 달라 청하여 "蒼松不老, 鶴鹿齊鳴(창송불로, 학록제명 : 푸른 소나무는 늙지 않고 학과 사슴이 일제히 운다)" 8자를 쓰고 세상을 떠났다.

한마디로 표암은 예술가의 삶을 실천하였다 할 수 있다. 많은 책들을 탐독하였고, 뛰어난 서화 작품을 감상하고 품평하였다. 조선후기 예술사에서 그의 족적은 어떤 이보다 선명하다. 그러한 그의 삶을 간략하게 정리하기는 힘들다. 누구보다 장수를 누려 오랜 세월 많은 일들을 경험했고, 많은 업적을 남겨놓았다. 기존의 연구에는 그의 생애와 연보가 충실히 정리되어 있다. 여기에서 상세히 밝히는 것은 군더더기에 불과하므로 중요한 생의 궤적만을 소개하는 것으로 대신한다.

3. 교유관계

누군가가 교유했던 인물을 살펴보면 그 사람의 위상이 잘 드러난다. 표암이 만났던 인물들은 당대 최고의 예술가와 문인들이었다. 그는 조선후기 예술사에서 최고의 지성인이라 할 수 있다. 그가 만났던 인물들은 문인·서예가·화가 등 여러 분야에 포진되어 있다. 그는 주로 안산, 서울을 오가며 광범위한 교유를 맺었다.

우선 문인들로는 최성대(崔成大 1691~1761), 임정(任珽, 1694~1750) 등 선배 세대로부터, 신광수(申光洙, 1712~1775), 유경종(柳慶種, 1714~1784), 조중보(趙重普, 1708~1781), 이수봉(李壽鳳, 1710~1785), 이광려(李匡呂, 1720~1783), 정경순(鄭景淳, 1721~1795), 정지순(鄭持淳, 1723~?) 등 동료·후배들과 교류하였다. 이 중에 가장 주목할 인물은 유경종이다. 유경종은 표암의 처남이지만 지기(知己)와 같은 존재였다. 그와 문학을 함께 비평하기도 했으며, 물질적으로 많은 도움을 받기도 하였다. 또, 조중보도 유경종 못지않은 친분을 가졌던 것으로 보인다. 표암이 해암과 수작한 시편의 회수가 15회였다면 조중보와 수작한 시편의 회수는 21회나 된다. 『표암유고』「차조의옹규보중보(次趙蟻翁奎輔重普)」에 의하면 의옹은 그 삶의 곤궁함에도 불구하고 오거서를 수장한 장서가였다. 삶의 구차함에도 불구하고 오거서를 상대로 독서와 시작에 몰두한 그였기에 표암의 좋은 사우가 되었을 것이다.[2)]

또 여주 일문과의 교유를 들 수 있다. 이익을 필두로 이용휴(李用休, 1708~1772)와 교유하였다. 이용휴와는 직접적인 교유의 흔적은 많지 않다. 강세황이 유경종·이용휴와 함께 『우초신지(虞初新志)』를 필사했다는 연구를 통해서 그들의 교유를 간접적으로 확인할 수 있다.[3)] 그가 주

2) 문영오, 『표암 강세황 시서연구』, 태학사, 1997, 39면 참조.

3) 김영진, 「우초신지의 판본과 조선후기 문인들의 명청소품 열독」, 『조선후기 소품문

로 교유했던 인물은 보통 환(煥)·재(載)자 항렬이었다. 이광환(李匡煥, 1702~?)·이재덕(李載德, 1711~1768)·이창환(李昌煥, 1699~?)·이현환(李玄煥, 1713~1773) 등을 꼽을 수 있다. 특히 이현환과의 교유가 주목된다. 표암과 이현환은 깊은 교감을 가졌고, 서로 발전적인 자극을 주었다.

예술가와의 교유도 있었다. 이들은 대부분 여항의 인물이었다. 심사정(沈師正, 1707~1769)·허필(許佖, 1708~1768)·최북(崔北, 1713~1786)·조윤형(曺允亨, 1725~1799)·김홍도(金弘道, 1745~1816)·김응환(金應煥, 1742~1789)·손석휘(孫錫輝)·김희성(金喜盛)·신의측(申矣測) 등이 있다. 특히 허필과 매우 친밀했다. 현전하는 허필의 40여 편의 제화(題畵)가 모두 강세황의 작품을 품평한 것이나, 허필이 '표암의 그림에 연객의 평이 없으면 마치 어진 이가 갓을 쓰지 않은 듯하다'고 한 말에서도 알 수 있듯 이 둘은 서로 진정한 예술적 동지라고 할 수 있다.[4] 사제지간이었던 김홍도와의 만남도 매우 인상적이다. 조선후기 화단에서 두 거장이 만남을 가졌다는 사실만으로도 중요한 의의를 가진다. 표암의 문집에서 「송김찰방홍도김찰방응환서(送金察訪弘道金察訪應煥序)」, 「단원기(檀園記)」, 「유금강산기(遊金剛山記)」 등은 모두 김홍도와 관련된 글들이다. 이것을 통해 김홍도가 표암의 문하에 출입하면서 표암이 죽을 때까지 지속적인 왕래가 있었음을 알 수 있다. 그들은 사제지간이지만, 망년지우(忘年之友)의 모습을 보이기도 한다.

표암은 소북·남인계 인사들과 주로 교유하였다. 박제가(朴齊家, 1750~1805)·이덕무(李德懋, 1760~1840)·남공철(南公轍) 등과도 만남을 가졌다. 그는 예술가·문인들과 폭넓은 교유를 하였으며, 그들의 신분은 여항인들까지 다양하였다. 한마디로 당대의 주요 인사들과 전방위적인 친분을 나눴음을 확인할 수 있다. 표암은 그들의 만남을 통해 예술적인 관심을 촉발 받고, 아울러 그러한 관심을 그들에게 촉발시켰다. 이

의 실체』 참조.

4) 정은진, 「표암 강세황의 미의식과 시문창작」, 성균관대 박사논문, 2004, 39면 참조.

러한 교유관계를 통해서 그가 조선후기 예술사에서 매우 중요한 위치를 점했음을 확인할 수 있다.

4. 문집의 이본

표암의 저술에 대해서는 선행 연구에서 체계적으로 잘 정리되어 있다. 현재 대표적인 표암의 저술은 『표암유고(豹菴遺稿)』·『표암집(豹菴集)』을 들 수 있다. 『표암유고』는 1979년 한국정신문화연구원에서 영인되었다. 필사본의 형태로 6권 3책으로 구성되어 있다. 1권에서 3권까지는 시(詩), 4권에서 6권까지는 문(文)이 수록되어 있다.[5]

『표암집』은 필사본의 형태로 5권 2책으로 구성되어 있다. 소장자는 강한신이다.[6] 정은진은 『표암집』·『표암유고』를 상세히 비교하여 설명해 놓았다. 지금 아래에 서술할 내용들은 그의 논의를 정리하였음을 밝힌다.

『표암집』은 5권 2책으로 구성되어 있으며 권1~권2에는 시로, 권3~권5까지는 문으로 구성되어 있다. 『표암유고』는 시를 권1~권3으로 분류한 반면, 『표암집』은 권1~권2로 나누었다. 자세한 내용을 검토해 보면 두 사본 간에는 글자의 출입이 있으며, 『표암집』에 실려 있지 않은 작품이 『표암유고』에 실려 있기도 하다.

그렇다면 이 둘은 과연 어떠한 관계에 있는 것인가? 일단 두 필사본의 필적을 토대로 살펴보기로 하겠다. 이 두 필사본은 동일인의 필적으

5) 이 판본에 대해서는 최순우, 「표암고의 회화사적 의의」, 『표암유고』, 정신문화연구원, 1979에 상세히 정리되어 있어서 재론하지 않는다.

6) 『표암집』에 대해서는 정은진, 「표암 강세황의 미의식과 시문창작」, 성균관대 박사논문, 2004, 7~14면에 잘 정리되어 있다.

로 기록되어 있는데, 강세황의 막내아들 강빈(姜儐, 1745~1802)의 것이다. 다만 차이라면 『표암유고』는 처음부터 끝까지 강빈이 필사한 것인 반면 『표암집』은 강빈의 글씨로 이루어져 있지만 마지막 부분에 부친의 친필을 노출시킨 것이 다른 점이라 하겠다. 아마도 강한신의 『표암집』이 바로 행장을 쓸 당시 남아 있던 유고를 정사(淨寫)한 것으로 추정된다.

끝으로 정리해보면 다음과 같다. 강빈이 보완하여 만든 『표암유고』는 『표암집』보다 강세황의 작품을 보다 많이 수록한 장점이 있다. 그런데 『표암유고』에는 오기로 판단되는 부분이 더러 포착되고, 어떤 작품의 경우 누락된 경우도 있다. 『표암유고』에서 오기로 보이는 부분과 생략되어 있는 부분을 중심으로 『표암집』과 대조한 결과, 판본의 정확도에서는 『표암집』이 훨씬 신뢰성이 있음을 확인할 수 있었다.

5. 표암 산문의 세계

정신문화연구원에서 펴낸 『표암유고』는 운문 3권과 산문 3권으로 구성되어 있으며, 이중 산문 부분에는 약 170여 편이 실려 있다. 이들 글은 글의 종류별로 묶어 서(序)·기(記)·설(說)·소인(小引)·서(書)·계(啓)·제발(題跋)·찬(讚)·명(銘)·묘지명(墓誌銘)·묘갈명(墓碣銘)·제문(祭文)·행장(行狀)으로 구분되어 있으나 여기에서는 글의 내용별로 분류하여 표암의 면모와 그 작품 세계를 간략히 소개하려 한다.

표암 강세황의 문화예술사적 위치에 대해서는 회화, 서예, 전각 등의 분야로 나누어 생각해 볼 수 있으며, 그의 산문 역시 이와 관련한 언급이 많다. 시문도 많이 남겼을 뿐만 아니라, 조선후기 명청 소품문의 유행에 따른 시대적인 경향성도 보이는데 이런 시대적 조류와 관련하여

서도 표암은 주목할 만한 인물이다. 또한 산문에는 표암 자신과 가족들 간에 느껴지는 인간미도 보이는데 이런 내용도 몇몇 살펴볼 것이다.

(1)

표암은 문학·서예·그림에서 모두 뛰어난 능력을 지녀 영정조 당시에 시서화(詩書畵) 삼절(三節)로 칭송을 받았던 인물이지만 청장년 시절까지는 극심한 가난에 시달렸다. 그러다가 말년에 가서야 임금 등 많은 이들로부터 여러 차례 특별대우를 받았다. 그의 문집 곳곳에서 임금의 특별한 배려를 볼 수 있는데, 그 중 두 가지만 이야기하면 다음과 같다.

표암이 출세하지 못하고 있을 당시, 경연에 참여하는 신하 중 한 명이 표암이 그림과 글씨를 잘 쓴다는 말을 하였는데 임금은 대꾸를 하지 않았다. 나중에 임금이 표암과 대면하게 되었을 때, '세대가 악하여 시기심을 갖는 사람이 많아 무시할 수 있으니 다시는 그림 잘 그린다는 말을 하지 말라. 내가 전에 어느 신하의 말에 대꾸를 하지 않은 것은 깊은 뜻이 있어서였다'라고 하였다. 임금의 이와 같은 깊은 배려를 알게 된 표암은 눈물을 흘리며 이후 상당기간 동안 절필(絶筆)하였다. 사실 조선과 같은 봉건 유교 국가에서 무명의 한 선비가 시기 질투를 당할까봐 일부러 어떤 칭찬에 대꾸를 하지 않았다가 나중에 등용하는 배려를 하는 것은 흔한 일이 아니다. 이 같은 내용은 「표옹자지(豹翁自誌)」, 「선고정헌대부한성부판윤겸지의금부사오위도총부도총관부군행장(先考正獻大夫漢城府判尹兼知義禁府事五衛都摠府都摠管府君行狀)」 등에 공통적으로 실려 있다.

당시 임금이 그를 극진히 대접했다는 사실을 알 수 있는 또 하나의 글은 「호가유금원기(扈駕遊禁苑記)」이다. 이 글은 당시 임금 정조가 표암 및 몇몇 사람을 위해 직접 비원 여러 곳을 안내해 준 내용을 쓴 글이다. 이 글은 표암이 69세 되던 1781년에 다섯 폭이나 되는 큰 병풍에 글씨를 쓰는 일로 입시했을 때의 일을 기록한 것으로, 임금은 이 글을 쓰기 전에 몸소 표암 등을 위해 금원, 즉 요즘말로 비원 구석구석을 안내하여 구경시켜 준다. 지나는 곳마다 친절히 안내하여 어느 곳에서는 "만약 비 온 뒤에 왔더라면 물이 제법 불어서 상당히 볼 만했을 텐데 지금은 물줄기가 줄어서 약하니 유감이오"라며 제일 좋은 경치를 보여주지 못함을 안타까워하기도 하고, "여기 다른 곳도 볼 만하오" 하며 길을 재촉하기도 하였으며, "이 길로 가면 옆에 굴 하나가 있는데, 굴의 깊이가 몇 리나 되는지 알 수 없을 정도요. 옛날에 어떤 사람이 안에 들어갔다가 큰 뱀에게 물렸으니 경들은 굳이 들어갈 것 없소"라며 주의를 주기도 하였다.

임금이 시관(侍官)을 시킨 것도 아니라 직접 왕의 후원을 안내하여 구경시켜준 일은 다른 예를 찾아보기 힘들 만큼 파격적인 것이었다. 이 글을 통해 우리는 당시 비원 구석구석의 모습을 알 수 있을 뿐만 아니라 임금이 표암 등에게 베푼 파격적인 대우를 확인할 수 있다. 이런 일화는 그의 시대사적 위치를 어느 정도 가늠해볼 수 있는 방증이 되기도 할 것이다.

(2)

시서화 삼절로 일컬어졌던 표암인 만큼 그가 당시 글씨와 그림 등에 대해 남긴 평은 당시 예술을 바라보는 기준이 되기도 했으며, 또한 현재에도 당시 예술사를 바라보는 기준 시각이 될 정도이다.

우선 서예에 대해서 살펴보자. 『표암유고』에는 다른 사람의 글씨 뒤에 쓴 제발문이 매우 많다.

표암은 자신의 글씨에 대해 「표옹자지」에서 이렇게 정리했다. '서법에서는 이왕(二王), 즉 왕희지나 왕헌지를 본받고 미불과 조맹부의 서법을 섞어 자못 깊은 묘미를 이루었다. 전서와 예서에도 예스러운 뜻을 터득하였다. 매번 홍이 일면 옛날 법서 여러 줄을 임서함으로써 조용하고 한가하면서도 맑고 원대한 뜻을 거기에 담았다.' 다른 이들의 평가나 글에서도 그를 두고 이왕과 미불, 조맹부의 서법을 닮았다는 평가는 공통적이다.

그의 산문에서는 세상에 돌아다니는 법첩에 관한 평가나 의견제시가 많은데 특히 왕희지의 「난정첩」에 대한 관심은 더욱 각별했다. 표암은, 우리나라에 전하는 「난정첩」은 베껴 새기기를 거듭하여 참모습을 잃었다며 깊이 탄식하였다. 탄식 끝에 고본 「난정첩」을 구하여 새로 새기면서 쓴 글도 있다. 「제신각난정서인본후(題新刻蘭亭序印本後)」, 「자서난정일본입각잉제기하(自書蘭亭一本入刻 仍題其下)」가 그것이다. 이양빙의 「성황비(城隍碑)」를 통해서 전서체의 기준을 말하고 오늘날의 폐단을 지적한 「제수모이양빙성황비후(題手摹李陽氷城隍碑後)」, 「우제(又題)」를 남기기도 했고, 송나라 서법의 대가인 채양의 『여지보(荔枝譜)』에 대해 자세히 논평하기도 했다. 특히 채양의 『여지보』에 대해서는 자세히 설명하면서 '단정하고 정돈되어 백대의 모범이 되기에 충분하다'고 평가하기도 했다. 이밖에 「제역산비(題嶧山碑)」의 저자가 그간 세상에 잘못 알려져 있었던 것을 지적하여 이것이 이사가 아니라 서현의 글씨라고 설명하기도 하는 등 이 분야에서 잘못 알려진 것들을 여럿 지적하였다. 당대도 그렇고 오늘날에도 그의 서화평에 대해서는 많은 이들이 귀를 기울인다.

특히 쌍천(雙川) 손석휘(孫錫輝)의 글씨에 대해 평한 것은 「제비쌍천옹임첩(題批雙川翁臨帖)」 등 40여 편에 가깝다. 쌍천옹에 대한 표암의 평가는 거의 대부분 '힘차고 굳센 기운'을 담았다는 것이었다. 표암은 칠순에 가까운 나이에도 불구하고 뿜어내는 쌍천의 그 기세에 감탄하면서도 부러운 기색을 감추지 않았다. 우리의 관심을 끄는 것은 정작 그 평의 내용은 아니다.

손석휘의 글씨에 대한 평가를 담은 글이 그렇게 많이 『표암유고』에 실리게 된 사연이 그 서권 끝에 부기되어 있는데, 여기에 관심을 기울일 만하다. 표암 사후에 아들 빈(儐)이 아비 표암의 유고를 정리할 때 신의칙(申矣測)이 이것을 깨끗이 정리하여 가져와 유고에 부기하게 되었다는 것이다. 강빈은 손석휘를 설명하기를 "손 노인은 진실로 여항 사람 중 남보다 뛰어나게 기이한 아취를 지닌 분으로, 아버지께서 그를 정성껏 대접한 것은 이 때문이다"라고 하였다. 표암이 최소한 예술 분야에 관한 한 신분의 고하를 넘어 여항의 인물과도 깊은 교제를 했다는 것을 이들 서권을 통해 알 수 있다.

(3)

이제 그림과 관련하여 표암을 볼 차례이다. 현재까지 전하고 있는 강세황의 그림은 여럿이다. 「벽오청서도(碧梧淸書圖)」, 「송도기행첩(松都紀行帖)」, 「영통동구(靈通洞口)」 등이 그의 대표적인 작품이며 이들은 모두 매우 높은 성취를 거두었다는 평가를 받는다.

표암은 주로 산수화를 그렸고 이와 함께 화조도, 화훼도도 꽤 많이 그렸다. 그래서 변영섭 교수는 그가 산수화 분야에서 한국적인 남종문인화풍을 정착시키는 데 공헌했을 뿐만 아니라 화훼 등의 부분에서도 독자적인 경지를 이룩하였다고 평가(『표암 강세황 회화 연구』 128면)하기도 했다. 그의 그림 세계 대해서 일일이 설명하려면 수백 쪽에 걸쳐 말해도 부족할 정도이나, 그의 산문을 통해 몇몇 부분만 이야기해 보면 다음과 같다.

그가 남긴 산문들을 통해서 그림과 관련한 그의 여러 견해를 볼 수 있다. 우선 「묵죽도권후(墨竹圖卷後)」를 예로 들 만하다. 우선 표암은, 묵죽도와 묵난도를 그리는 문제를 언급하면서 묵죽도 그림 부분에서는 중국의 문동(文同), 조맹부(趙孟頫)가 뛰어났고, 우리나라 사람 중에서는 이정(李霆)과 유덕장(柳德章)을 손꼽았다. 그러면서 묵난도에 대해서는 이렇게 말하였다.

> 난을 그리는 것에는 뛰어난 사람이 더욱 드물다. 대개 우리나라에는 옛날부터 '난'이라 이르는 것이 없었다. 비록 더러 그림을 보고 따라 그려보지만 진짜 난을 본 적이 없으므로 그림 속에 혼을 불어넣을 수가 없다. 옛날의 좋은 화보는 우리나라에 전해진 것이 없고, 또 화보 중에서 몇 폭 모사한 것이 전해진다고 한들 혹 이로 인하여 묘한 것을 깨닫는 사람이 있을까?
>
> 『십죽제화보(十竹齋畵譜)』에 있는 「난보(蘭譜)」를 지금 여기에 옮겨 그린다. 그러나 난정을 그리고자 하는 사람들이 어찌 이것을 가지고 그 오묘함에 이를 수 있겠는가. 모름지기 난이나 대나무 실물을 잘 살피고, 선배들이 남긴 것을 널리 보는 것은 물론 따라 그려보는 노력을 쌓아야만 성공할 수 있을 것이다. 또 배우는 사람이 가진 식견의 깊이와 필력의 강약과도 관계가 있다. 비록 장난거리에 불과한 일이라도 그 어려움이 이와 같은데 누가 학문과 문사 쌓는 일을 제쳐놓고 보잘 것 없는 작은 기예에 정신과 세월을 소비하겠는가.

이 글에서 표암은 그림을 잘 그리는 방법을 소개하고 있음을 볼 수 있다. 난을 제대로 그리기 위해서는 실물을 자세히 살피고 옛사람들의 그림을 보면서 겸하여 이것들을 모사하는 연습을 오랫동안 반복해야 한다. 여기에 깊은 지식과 강한 필력이 더해질 때 오묘한 경지에 이를 수 있다는 것이다. 표암 스스로도 실물을 잘 살피고 『십죽제화보』를 보고 몇 년간 따라 그려보는 한편 식견과 필력을 높이기 위해 항상 노력했다는 것 역시 이런 글을 통해서 알 수 있다.

표암은 그림에 대한 깊은 안목을 바탕으로 여러 사람들의 특징과 수준을 평가하는 글도 여럿 남겼다. 예컨대 「유금강산기(遊金剛山記)」에는 산수화 부분에 관해 당대 화가들을 평가한 내용이 담겨있다. 표암은 당대 유명한 화가였던 정선(鄭敾)과 심사정(沈師正)의 그림을 다음과 같이 평가했다. 즉 "정선은 평소 익숙한 필법으로 자유롭게 휘둘러 돌 모양이나 봉우리 형상까지도 한결같이 열마준법(裂麻皴法)으로 어지럽게 그렸으므로 진경을 묘사하는 데에는 논하기에 부족한 듯하다. 반면에 심사정은 정선 보다는 약간 뛰어나지만 그 역시 고아하고 넓은 식견이 없다"는 것이다. 정선이라 하면 중・고등학교 교과서에서조차 진경산수화를 그린 대표적 화가로 소개되는데 표암은 오히려 정선의 그림이 진경과는 거리가 멀다고 평가하고 있는 점이 눈에 띈다.

이와 대조적으로 표암은 같은 글에서 김홍도와 김응환의 그림에 대해서는 격찬을 아끼지 않고 있다. 즉 "두 사람은 각자 그 장점을 살려서 한 명은 '씩씩하고 굳세면서도 울창하고 빼어난 풍치'를 다하였고, 다른 한명은 '부드럽고 고우면서도 섬세하고 교묘한 모양'을 다하였으니, 둘 다 우리나라에 전에 있지 않았던 신필(神筆)이라 할 만 하다"라 하였다. 김홍도에 대한 표암의 평가는 거의 절대적이라 할 수 있을 만큼인데, 이 점에 대해서는 다음 항에서 좀더 살펴보겠다.

표암은 자화상도 두세 번 그려서 그 옆에 스스로 찬을 붙이면서 자신의 모습과 평생과 그 포부를 써놓기도 했다. 말하자면 '모습은 변변찮지만 툭 트인 마음을 가졌다'는 것이고, 또한 '포부는 컸으나 늙어서야 벼슬하였을 뿐 경륜을 다 펼치지 못했다'는 아쉬움도 표현하고 있다. 「화상자찬(畵像自讚)」 1, 2가 바로 그 글이다. 그 그림과 글을 보며 표암을 다시 떠올려볼 일이다.

(4)

일반인들에게 표암에 대해 설명할 때 가장 효과적인 사실은 그가 단원 김홍도의 스승이라는 점이다. 실제 그의 문집에 김홍도에 대해 평한 글도 여럿 나오고, 김홍도와 유람했던 이야기도 몇 편 더 나온다. 「유금강산기」에서는 표암의 서자 신(信)과 김홍도가 퉁소와 피리로 서로 화답해 가면서 산길을 가는 모습을 뒤에서 흐뭇하게 보고 있는 표암의 모습이 드러나기도 한다. 마치 사랑스러운 두 아들을 보고 있는 듯한 느낌까지 난다. 또 「단원기(檀園記)」 두 편은, 김홍도가 '단원'으로 자신의 호를 삼기로 정한 후 이것에 대한 기문을 표암에게 요청하므로, 표암이 이것에 응하여 쓴 것이다. 그 둘의 인연과 교감의 깊이를 짐작케 하는 대목이다.

보통 사람은 인물화면 인물화, 산수화면 산수화, 초충도면 초충도 이렇게 하나에만 능할 뿐 다른 것에는 솜씨가 없게 마련이다. 그런데도 오직 김홍도만은 인물·산수·선불(仙佛)·화과(花果)·금충(禽蟲)·어해(魚蟹) 등 모든 분야에서 오묘한 경지를 드러내는 특별한 사람이라며 표암은 칭찬했다. 그러나 막상 표암의 칭찬은 이런 기술적인 분야에 멈추지 않는다. 김홍도가 임금의 초상화인 어진(御眞)을 두 번이나 그리면서 평민 화가로서 극히 이례적으로 찰방 벼슬을 제수받았는데도, 돌아와서는 본연의 분수를 지켜 정갈한 방에 앉아 세상의 번다한 것에 관심을 끊은 것을 표암은 부각시켰다.

또한 표암이 쓴 「단원기」에서 두드러지게 나타나는 것은 음악을 좋아하는 김홍도의 모습이다. 세속의 더러움, 소란스러움에 관심을 끊고 조용하고 아담한 집안에서 때로 거문고를 타고 피리를 부는 김홍도야말로 '저자에 살면서도 속세를 벗어난' 인물이라는 것이다. 사실 김홍도가 스스로 호로 삼은 '단원'은 명나라 때의 화가 이유방(李流芳)의 호이다. 이유방은 문사로서 고상하고 밝았으며, 그림도 기이하고 전아했던 인물이다. 표암이 보았을 때 그런 이유방과 김홍도가 썩 잘 어울린다고 생각했던 것을 「단원기」를 통해 알 수 있다.

표암은 단원과 자신의 만남과 관계가 평생 세 번 변했다고 했다. 그의 말을 빌려 그대로 써 보면 "처음은 김홍도 군이 어린 아이로 내 문하에 다닐 적이다. 이때는 이따금 그의 솜씨를 칭찬하기도 하고 더러는 그림 그리는 방법을 일러 주기도 하였다. 중년에는 함께 같은 관청에서 아침저녁으로 같이 있었다. 말년에는 함께 예술계에 있으면서 지기(知己)의 감정을 느꼈다." 결국 처음에는 제자로 시작했다가 말년에는 서로

지기로 인정하고 그렇게 느낄 만큼 각별했던 이들의 관계를 우리는 알 수 있다.

(5)

조선 후기는 명청소품문의 유행과 함께 일상의 자잘한 것들에 대한 관심이 증대되었던 시기인데, 표암은 이런 시대적 유행의 첫머리에 있는 인물이다. 일상에 대한 그의 관심은 끝이 없어서 「적벽부기(赤壁賦器)」와 같은 생활물품에 관한 내용에서부터 「구원고설(枸元膏說)」 같이 약재에 관한 내용, 「녹변(鹿邊)」과 같은 한자 부수 문제를 논한 것까지 닿지 않는 분야가 없다.

특히 그가 안경·먹·종이·도장 등 자잘한 일상 용품에 대해 남긴 기록 역시 해당 물건에 대한 사(史)를 논할 때 매우 중요하게 다루어지고 있다. 예컨대 「안경(眼鏡)」에서는

> 안경은 유리로 만들기도 하고 수정으로 만들기도 한다. 흰색도 있고 검은색도 있으며, 더러는 푸르기도 하고 더러는 자줏빛을 띠기도 한다. 큰 것도 있고 작은 것도 있어서 모양이 한결 같지는 않다. 대체로 갈아서 만드는 방법은 네 주위를 얇게 하고 가운데만 약간 볼록하게 하는 것이다. 그렇게 하여 눈에서 떨어뜨려 사물을 보면 배나 밝고 또 크게 보인다. 그러나 너무 돌출하게 하면 가까운 것은 볼 수 있으나 약간 멀어지면 어슴푸레하고, 너무 평평하게 하면 먼 것은 볼 수 있으나 그리 분명하거나 크게 보이지 않는다. 주변이 두껍고 가운데가 오목하면 매우 세밀한 것까지 볼 수 있으나, 가까운 것도 먼 것 같아져 어슴푸레 분명치 않다. 이것은 먼 것을 볼 수 없는 사람에게 편리하다. 가운데가 볼록한 것으로 햇빛을 받아 쑥에다 대면 문득 불이 일어난다. 약간만 볼록한 것은 해 그림자가 멀어진 후에야 비로소 불이 일어난다. 평평한 것이나 오목한 것은 불이 생기지 않는다. 수정은 빛이 밝고 흠이 없는 것을 상품으로 친다. 그 성질이 단단하여 부서질 염려가 없고 재질이 밝아서 침침한 단점이 없다. 유리 또한 밝고도 단단하지만 끝내 수정에

> 못 미친다. 오수정(烏水晶), 자유리(紫琉璃)는 비록 선명하기는 해도 빛깔이 어두워 눈에 병이 나서 선명한 것을 꺼리는 사람에게 편리하다. 간혹 소뿔이나 거북등으로 테를 만든 것도 있고, 더러는 은이나 구리로 테를 만든 것도 있다. 또 뿔이나 은과 구리로 단지 두 개의 둥근 조각을 연결시키기만 할뿐 테를 만들지 않은 것도 있다. (…후략…)

라 하여 안경 렌즈와 테의 종류와 재료와 만드는 법 등이 자세히 적혀 있다. 이어지는 내용에서는 재료의 산지와 이것에 따라 제품 호오(好惡)를 평한 것 등에 이르기까지 없는 내용이 없을 정도이다. 오늘날에도 안경에 관한 이론적 고찰을 할 때 표암의 이 글은 빠지지 않고 언급된다. 초기에 이만큼 정밀하고 자세히 논한 내용은 다시 찾아보기 힘들 정도다.

문방사우에 속하는 붓이나 종이나 벼루에 대해서도 각각 「붓」, 「종이」, 「벼루」라는 제목의 글을 남겨 이들 물건은 어디에서 나며 또 어떤 것이 어떤 면에서 좋거나 나쁘다는 특징을 잘 정리해 두었다. 그 스스로가 그림도 그리고 글씨도 쓰는 예술가였기에 이런 것들에 대한 관심은 더더욱 컸을 것이며, 그래서 그의 설명과 판단은 더욱 정확했다.

이밖에 석면과 도장을 설명한 「불회목(不灰木)」과 「도서(圖書)」가 있고, 「서양금(西洋琴)」, 「괴석(怪石)」 등에 이르기까지 각각 산문을 남겼다. 표암이 언급하고 있는 대상은 그 범위가 매우 광범위하여 오늘날까지도 다양한 독자들의 관심을 끈다.

〈6〉

표암은 그의 선친께서 60세가 넘어서야 태어난 늦둥이였다. 때문에 선친의 매우 도타운 사랑을 받았다. 「문안공신도비(文安公神道碑)」에, 표암의 선친 김현은 표암은 잠시도 당신 곁에서 떠나게 하지 않았으며, 또한 총명한 것을 아껴서 스스로 해야 할 일을 표암에게 대신하게 하고는 그것을 바라보면서 매우 흐뭇이 여기시는 장면이 잘 드러난다.

「제조아황정첩후(題曹娥黃庭帖後)」, 「제화인사한첩후(題華人詞翰帖後)」와 「우(又)」에는 표암의 아버지 문안공 김현이 중국에 사신으로 갔을 때의 일이 담겨있다. 특히 전자에는 김현이 중국에서 예전 왕희지의 전례를 흉내 내어 거위를 주로 샀던 「조아비첩」과 「황정경첩」을 70년 만에 우연히 심 아무개의 손에서 발견하고 감격하는 이야기도 실려 있어 흥미를 끈다.

그러나 부모가 너무 늙어서야 태어난 표암이기에 어렸을 적에 양친께서 모두 돌아가셨고, 그의 선대는 대대로 청백리로 유명한 분들이라 축재(蓄財)해 놓은 것도 없어서 표암은 오랫동안 극심한 가난에 시달렸다. 게다가 그 스스로도 60세가 훌쩍 넘어서야 벼슬살이를 시작하였기 때문에 그 사이에 겪었던 가난은 이루 다 말할 수 없을 정도였다. 그래서 가족, 특히 아내와 관련한 그의 글은 절절하기 그지없다. 동갑인 유씨 부인은 혼인한 후 40대 초반 죽을 때까지 갖은 고생을 다 하며 가정을 이끌다가 가난으로 인한 영양 결핍과 과로로 인한 병으로 죽었는데, 이를 두고 표암은 여러 차례 자신의 무능을 탓하며 서글퍼했다.

아내에 대한 표암의 절절한 감정을 보려고 할 때에는 「제망실문(祭亡室文)」이 가장 좋다. 여기에서 표암은 아내 유씨에 대한 어떤 소개나 평가 등은 생략한 채 아내를 잃은 통곡으로 시작하여, 경제적 어려움으로 인해 그녀가 겪은 어려움을 몇 가지 예를 들어 반복해서 말하고 있다. 10여 명 되는 가족이 죽도 먹을 수 없는 상황에서 오로지 유씨만 바라보고 있었던 일, 너무 가난해 폐결핵에 걸렸어도 치료받지 못한 일, 병중에도 경제적 어려움으로 늙으신 어머니를 모시지 못하는 것을 안타까워 한 일, 경제적인 안정을 위해 친정 곁으로 이사하자고 하자 어머님께서 걱정하실까봐 한사코 마다한 일, 가난 때문에 과년(過年)한 둘째 아들의 혼례를 치르지 못한 것을 가슴 아파한 일 등을 차례로 늘어놓았다. 전편에 걸쳐 가난으로 인한 한(恨)만이 짙게 드러나며, 아내를 되살릴 수 없는 현실에 절망하는 모습이 역력하다.

이밖에 「망실유씨묘지명(亡室柳氏墓誌銘)」, 「제망실묘문(祭亡室墓文)」, 「망실공인유씨행장(亡室恭人柳氏行狀)」에서도 표암과 아내 유씨의 관계를 볼 수 있다. 여기에 싣지는 않았으나 운문 중 「도망팔절(悼亡八絶)」에도 아내에 대한 표암의 감정이 잘 드러난다.

표암은 슬하에 아들 넷과 서자 하나를 두었으나 이들에게 많은 글을 남기지는 않았다. 아들 관이 산사에서 공부하고 있을 때 보낸 「답관아서문(答儇兒書問)」 등 네 통의 편지와 서자 신이 꿩 그림을 그린 것을 보고 쓴 「제신아화치후(題信兒畵雉後)」가 전부이다. 이들 편지는 아들이 공부하다가 궁금한 것을 물은 것에 대한 답변, 어려운 가정 형편을 생각해서, 자신의 사후에 제사를 지낼 때 굳이 술을 마련하지 않아도 된다는 유훈(遺訓) 격의 글이고 나머지 두 통은 표암 자신이 놋쇠로 술통을 만들었다는 것을 자랑하며 그 방법을 설명한 글이다. 서자 신의 그림을 보고 쓴 글에서는 자신의 미술적 재능을 물려받은 아들에 대한 사랑을 표현하면서도 그림으로 인하여 천대받을까 걱정하는 아비의 심정이 드러나 있다.

이밖에 표암은 친인척 중 특히 자형이었던 치재(任庬) 임정(任珽)을 아버지처럼 따랐으며, 한 살 손아래 처남이었던 해암(海巖) 유경종(柳慶種)과 지음(知音)을 나누었다. 「제임치재문(祭任庬齋文)」, 「제해암유공문(祭海巖柳公文)」, 「해암유공행장(海巖柳公行狀)」, 「답해암계(答海巖啓)」에서 표암은 직접 이들의 삶의 행적을 정리했고, 그의 글 곳곳에서 이들과 함께 했던 말들이 드러난다. 이들은 오랜 시간 힘들고 외로웠던 표암에게 큰 힘을 주었던 버팀목이었던 셈이다.

| 참고문헌 |

(1) 자료

강세황, 『豹菴遺稿』, 한국정신문화연구원 간행본, 1979
______, 『豹菴集』, 강한신 소장본
유경종, 『海巖稿』, 강경훈 소장본
이용휴, 『惠寰雜著』, 강경훈 소장본.

(2) 저작

강명관, 『여항문학연구』, 창작과 비평사, 1997.
문영오, 『표암 강세황 詩書 연구』, 태학사, 1997.
변영섭, 『표암 강세황 회화 연구』, 일지사, 1988.
안휘준, 『한국회화사』, 一志社, 1993.
이동주, 『우리 옛그림의 아름다움』, 시공사, 1996.

(3) 논문

김은희, 「표암 강세황의 예술철학사상 연구」, 성균관대 박사논문, 1992.
박동욱, 「혜환 이용휴의 문학연구」, 성균관대 박사논문, 2006.
변영섭, 「표암 강세황 회화 연구」, 이화여대 박사논문, 1987.
유홍준, 「조선후기 화론 연구-傳神論과 寫實論을 중심으로」, 성균관대 박사논문, 1997.
정 민, 「18세기 우정론의 맥락에서 본 이용휴의 생지명고」, 『18세기 조선 지식인의 발견』, 휴머니스트, 2007, 367~398면.
정은진, 「강세황의 안산생활과 문예활동」, 『한국한문학연구』 25집, 한국한문학회, 2000.4, 367~396면.
정은진, 「표암 강세황의 미의식과 詩文창작」, 성균관대 박사논문, 2004.

| 찾아보기 |

서명 및 작품명

기타 용어

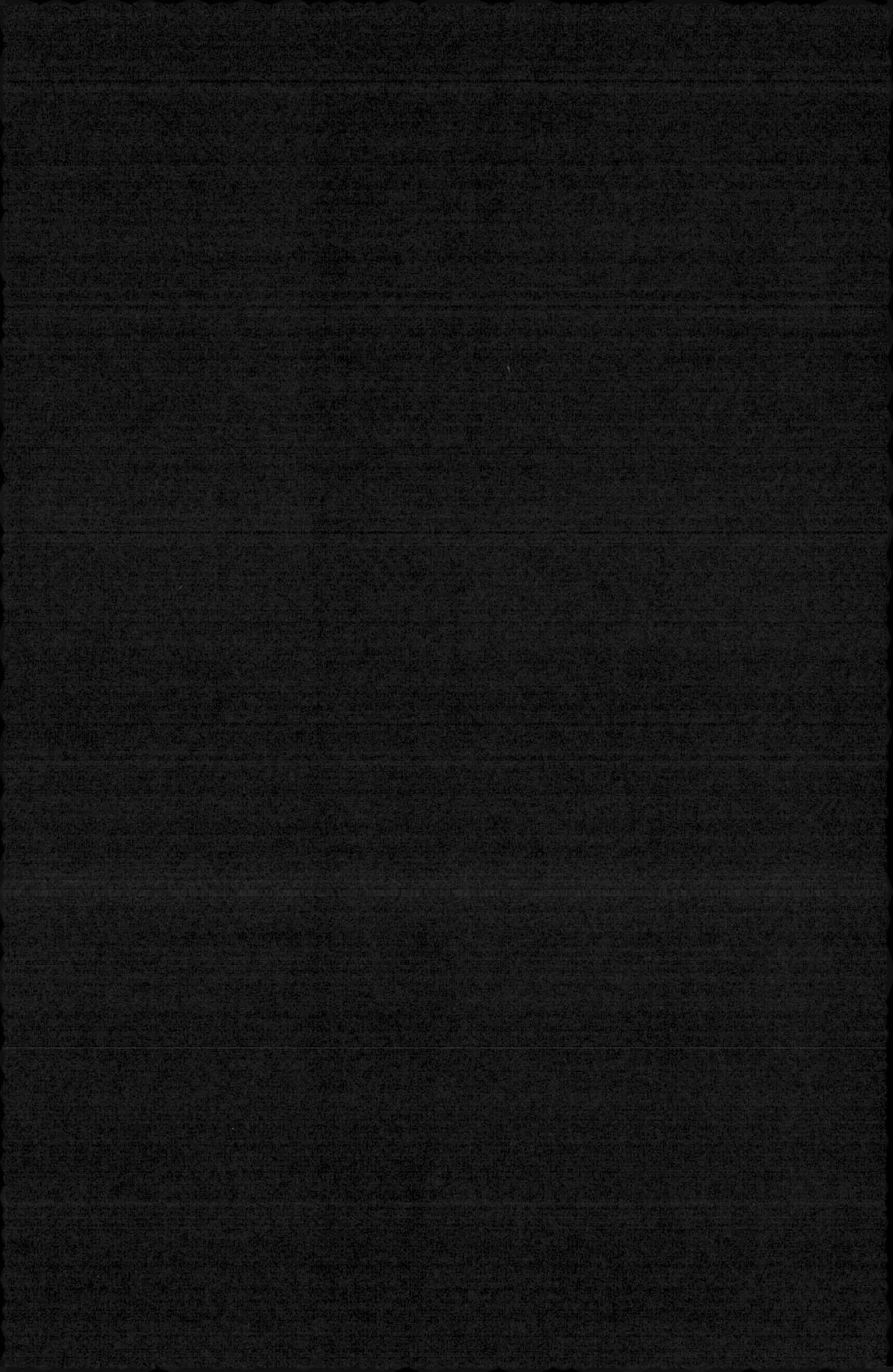